1950년대편 **1**권
한국 현대사 산책

1950년대편 **1권** [개정증보판]

한국 현대사 산책
6·25 전쟁에서 4·19 혁명 전야까지

강준만 지음

인물과
사상사

머리말

6·25는 아직
끝나지 않았다

공포감과 순응주의의 내면화

    2000년에 이루어진 한 조사에 따르면, 6·25 전쟁은 과거 2,000년 동안 한국사의 10대 사건 가운데 으뜸을 차지했다고 한다.[1] 그런데 우리는 6·25 전쟁에 대해 그러한 중요성에 상응하는 관심을 보이고 있는가? 영화 〈태극기 휘날리며〉(2004)가 1,000만 명 이상의 관객을 동원한 걸 그러한 관심으로 볼 수 있을까? 2003년 『한겨레』가 서울과 수도권 초·중·고교생 375명을 대상으로 실시한 여론조사에 따르면, 6·25 전쟁 발발일과 정전협정일을 제대로 적어낸 학생은 각각 전체의 57.9%와 2.9%에 불과한 것으로 나타났다.[2] 그까짓 날짜 외우는 게 뭐가 중요하냐고 생각해도 되는 걸까?

    이 질문들에 대한 답은 사회학자 김동춘이 그의 저서『전쟁과 사회: 우리에게 한국전쟁은 무엇이었나?』(2000)에서 행한 자기 성찰의 발언으로 대신하는 게 좋을 것 같다. 김동춘은 6·25 전쟁 연구를 하면서 자신의 과거 무의식적인 행동 속에는 이미 6·25 전쟁을 직·간접적으로 겪은 한국인들이 갖는 본능적인 공포감과 순응주의가 철저히 내면화되어 있다는 새로운 사실을 발견했다고 말한다.

그는 "그동안 사회과학자로서 서구의 이론들만 주로 공부하다 보니 필자 자신이 바로 한국전쟁의 지긋지긋한 기억이 일상을 옥죄는 상황에서 살아왔다는 사실을 망각한 것이다. 이러한 반성들은 군사적인 것과 사회경제적인 것을 분리해서 사고해온 한국의 기존 사회과학과 그러한 패러다임에 입각한 한국 사회 연구에 대한 회의로 연결되었다"며 다음과 같이 말했다.

"사실 필자를 포함한 대다수의 사회과학자들은 한국전쟁의 사실들을 제대로 알지 못하고 있으며 또 그것이 오늘의 한국 사회에 어떻게 영향을 미치는지 생각조차 해보지 않은 채 한국 정치, 한국 경제, 한국 외교, 그리고 한국 사회가 이렇다 저렇다 하고 말해온 것이다. 20세기의 가장 치열한 전쟁을 치른 우리가 한국전쟁의 경험을 사실 재구성은 물론 이론적으로도 정리하지 못했다는 것은 부끄러운 일이다."[3]

한국의 사회과학자들이 그렇게 '부끄러운 일'을 저지르게 된 데엔 여러 이유가 있겠지만, 그 가운데 하나로 아직도 자유롭지 못한 상황을 빼놓을 순 없을 것이다. 김동춘은 "이 극우 반공주의라는 '압제하는 앎'은 공직자를 추방할 수 있고, 멀쩡한 사람을 생매장할 수 있는 무시무시한 폭력"이라고 말한다.[4]

물론 그러한 '폭력'은 지금도 사회 곳곳에 잠재해 있으며, 한국인들은 그 점을 잘 알고 있다. '폭력'에 대한 공포는 안전의 욕구를 부추긴다.

모든 것이 객관적으로 안전한 상황에서도 도무지 안심을 할 수 없다. 언제 '폭력'이 나와 내 가족을 덮칠지 모른다고 우려하는 사람들에게 안심은 절대 금물이다. 늘 경계하는 눈초리로 주위를 살피며 만일의 사태에 대비해야만 한다.

'6·25 심성'의 지배를 받는 사회

6·25 전쟁이 한국 사회에 미친 영향으로 그런 '공포감과 순응주의의 내면화' 못지않게 중요한 것은 일상적 삶의 활동에서도 나타나는 이른바 '6·25 심성'일 것이다. 그건 전쟁하듯 세상을 살고 있는 한국인들의 의식의 심연에 자리 잡고 있는 그 무엇이다. 적어도 개화기에서부터 군사독재정권에 이르기까지 '죽기 아니면 살기'식의 생존경쟁을 강요당했던 한국인들의 역사 가운데 가장 치열했고 처참했던 사건이 6·25 전쟁일 것이기에 그런 불행한 역사의 결과, 한국인의 체질로 굳어진 독특한 행태와 의식을 가리켜 '6·25 심성'이라고 부를 수 있지 않겠느냐는 것이다.

한국인은 아직도 6·25 전쟁 시절을 살 듯이 '죽느냐 사느냐'식의 처절한 삶을 살고 있다. 6·25 전쟁도 끝났고 '보릿고개'도 끝났지만, 그 시절을 살던 정신은 아직 살아 있다. 왜? 개화기에서부터 개발독재 체제에 이르기까지 모든 지배층이 한국인으로 하여금 모든 공적公的 체제 자체에 불신을 갖게끔 만든 건 물론이고 생존을 위해 사적私的인 연고와 정실에 의존하지 않으면 안 되게끔 만들었던 시절이 너무 길었기 때문이다.

공식적인 체제와 제도를 불신하고 사적인 '줄'과 '빽'을 신뢰하는 사회에 사는 사람들은 피곤할 수밖에 없다. 모든 걸 사적으로 해결해야 하기 때문이다. '한국 남성은 피곤하다'고 외치는 신문·잡지 기사들을 읽어보면 늘 주요 소재가 바로 그 '줄'과 관련된 것임을 잘 알 수 있다. 줄을 만들고 강화하기 위해 '눈치'는 필수다. '눈치'는 기본일 뿐 그 외에 필요한 게 한두 가지가 아니다. 한국의 음주 문화는 우선적으로 즐기기 위한 게 아니다. 줄을 만들고 두껍게 하기 위한 처절한 생존경쟁이다.

머리가 다 커서만 그런 처절한 '줄 만들기' 전쟁을 하는 게 아니다. 그 전쟁은 유치원 때부터 시작된다. 대학입시 전쟁이라는 게 별 게 아니다. 그건 우선적으로 학연이라는 줄을 만들기 위한 전쟁이다. 한국 사회에서 학연보다 투자 수익성이 높고 질긴 생명력을 갖고 있는 게 있겠는가? 이런 이치를 모르면 한국의 살인적인 대학입시 전쟁은 좀처럼 이해할 수 없다. 그건 적나라한 '생존 투쟁'이요 '계급 투쟁'이다. 6·25는 끝났지만 그들은 여전히 또다른 6·25를 겪고 있는 것이다.

그 이후의 시절도 그렇지만, 특히 1950년대는 6·25의 연장선상에 놓여 있는 시절이었다. 1950년대를 지배한 이승만 체제를 어떻게 평가하느냐 하는 문제는 6·25 전쟁을 어떻게 평가하느냐 하는 문제와 직결된다. 그런 의미에서도 6·25는 아직 끝나지 않았다. 6·25를 둘러싼 갈등은 아직도 현재진행형이기 때문이다.

1950년대를 어떻게 볼 것인가?

겉으론 순수하게 보이는 작은 행사 하나도 그 '의미'를 둘러싼 갈등을 피해가지는 못한다. 예컨대, '6·25 때 음식 나눠먹기 운동'은 어떤

가? 대학생과 직장인 대상의 선교단체인 한사랑선교회는 어려운 시절을 되새겨 감사와 절제를 생활화하자는 취지로 '6·25 때 음식 나눠먹기 운동'을 벌였다. 이 음식 나눠먹기 운동이 1991년 서울대에서 작은 갈등을 빚었다. 6월 21일 서울대 한사랑선교회가 학생회관 앞에서 보리밥·개떡·수제비 등을 메뉴로 6·25 때 음식 먹기 행사를 벌였으나 2시간 만에 총학생회 측이 "행사를 알리는 대자보 내용에 문제가 있다"며 대자보 철거를 요구하는 바람에 중단되었다. 총학생회 측은 대자보 중 "16개국으로 구성된 유엔군의 지원은 역사상 유례가 없는 것으로 하나님의 지원에 의한 것"이라는 내용을 문제삼았다. 총학생회 측은 "6·25때 음식 먹기 운동 자체는 반대하지 않으나 학생운동과 노동운동을 공산주의운동으로 매도하고 정권의 정당성을 간접적으로 선전하는 것은 곤란하다"고 밝혔다.[5]

보리밥과 개떡과 수제비 하나에도 그런 깊은 뜻이 숨어 있었단 말인가? 그렇다. 그간 한국 사회에서 6·25를 전후로 하여 벌어진 모든 행사는 북한과 미국을 어떻게 볼 것인가 하는 문제에서 자유로울 수 없었고 자유로울 뜻도 없었다. 6·25에 대한 평가는 1950년대는 물론 이승만 체제와 더 나아가 대한민국 체제에 대한 평가와 어떤 식으로건 만날 수밖에 없다.

1990년 서울대의 인구 및 발전문제연구소가 실시한 여론조사에서 이승만 정부를 "부정과 부패로 얼룩진 독재정권이었다"고 평가한 사람은 전체 응답자의 53.1%였다. 이승만 정부를 "자유민주주의 제도를 도입한 정부"와 "국난을 극복한 위기 수습 정부"로 평가하는 응답도 각각 21.2%와 18.9%가 나왔다. 전체적으로 보면 부정적 평가와 긍정적 평가

의 비율은 6대 4 정도로 부정적 평가가 우세한 것으로 나타났다.[6]

6·25 전쟁과 이승만 정부를 어떻게 평가하느냐 하는 문제는 한가로운 '역사 탐구'가 아니다. 그건 여태까지 그래왔고 앞으로도 계속될 뜨거운 사회적 쟁점이다. 정부의 정책은 물론 개인과 집단의 현실적 이해관계에 큰 영향을 미칠 수 있는 이슈다.

그러나 이 책은 그런 논쟁의 소용돌이 한복판으로 뛰어들진 않을 것이다. 이 책의 주된 목적은 1950년대의 모습을 가능한 한 많이 다양하게 보여주는 데에 있기 때문이다. 참담한 동족상잔同族相殘과 더불어 전후 잿더미로 변한 사회에서 벌어진 비극적인 사건들로 점철된 1950년대를 긍정적인 눈길로 봐주기는 어려운 일이겠지만, 그 1950년대가 오늘의 뿌리라는 걸 어찌 부인할 수 있으랴. 그래서 우선 사실들부터 제대로 알고 나서 논쟁을 하더라도 해보자는 것이다.

1950년대의 두 얼굴

6·25 전쟁이 낳은 소용돌이는 많은 지식인을 곤혹스럽게 만들었다. 6·25는 악마의 저주로 간주되어야 마땅한 일이었다. 사망자, 부상자, 실종자를 포함한 인명 손실은 300만 명으로 전체 인구의 10분의 1이나 되었으며, 1,000만 명이 가족과 헤어졌고 500만 명은 난민이 된.[7] 말과 글로 다할 수 없는 끔찍한 비극을 낳은 그 전쟁이 영원히 악마의 저주로 여겨지지 않는다면 과연 무엇이 악마의 저주란 말인가?

박명림은 그런 곤혹스러움을 비켜가기 위해 '분단의 역설'이라는 표현을 쓴다. 그는 분단의 역설 중 가장 크고 비밀스런 역설은 그것이 사회의 발전에 기여했다는 역설일 것이라고 말한다.[8] 그가 말한 역설의 핵심은 '국가의 안정'이지만, 더욱 큰 역설은 흔히 '지옥'으로 묘사된 전쟁의 참상이 불러일으킨 그 어떤 정신적 자세일 것이다.

정진상은 6·25 전쟁이 촉진한 생존경쟁, 물질만능주의, 개인주의, 경쟁과 같은 가치들은 자본주의 이데올로기의 심층을 구성하는 것들이라고 말한다.[9] 전쟁의 소용돌이에서 발생한 평준화 의식과 상승 이동의 기회균등화가 사회 발전에 기여했다는 뜻일 게다.

하긴 혼란으로 인해 하루아침에 지위와 신세가 뒤바뀔 때 사람들은 무슨 생각을 했을까? "너나 내가 다를 게 무엇이냐. 너는 어쩌다 출세를 했을 뿐이니 나도 운수만 따르면 출세하는 건 시간 문제다"는 생각을 했을 것이고, 이런 사고방식이 뜨거운 교육열로 이어지면서 긍정적으로 작용한 점도 있을 것이다.[10]

그러나 그런 역설들은 훗날 성공을 이룬 뒤에 나온 결과론일 뿐, 1950년대의 한국 사회가 암울하고 추악한 그림으로 가득 차 있었다는 건 분명한 사실이다. 가치 평가는 각자 알아서 소화할 일이고, 여기선 가능한 한 다양한 관점과 측면에서 1950년대의 구석구석을 찾아가 도는 걸로 만족하기로 하자.

1950년대의 모든 현장을 다 찾아갈 수는 없을 것이다. 여기서 이 책뿐만 아니라 6·25 전쟁과 1950년대를 다루는 책들이 처음부터 안고 들어갈 수밖에 없는 한계를 분명히 지적해두는 게 좋을 것 같다. 아니 그 한계는 동서고금을 막론하고 전쟁과 전후 사회를 다루는 모든 역사서와 문학작품이 갖는 공통적인 문제라고 보는 것이 옳을 것이다. 그 한계는 6·25가 과연 모든 사람에게 악마의 저주로 간주되어 마땅한 일이었는가 하는 의문과 관련된 것이다. 꼭 그렇진 않다. 기록으론 거의 찾아보기 어렵지만, 지역과 사람에 따라선 6·25 전쟁 중 특별히 전쟁의 고통이라고 할 만한 걸 겪지 않은 사람들도 있다. 마을에 들어온 북한 인민군 병사들이 친절하기까지 했다는 증언들도 있다.

그런 사람은 좌익이었는가? 아니다. 좌우左右 구분의 필요성을 전혀 느끼지 못한, 이념에서 자유로운 사람들이었다. 그런 평화는 그 마을에 좌우 어느 한쪽으로 용맹을 떨치려 드는 유지급 지도자가 없었기 때문에 가능한 행운이었겠지만, 간신히 먹고사는 사람들에게 원초적으로 누군가를 증오해야 할 그 무엇이 있었을 리 없다. 이는 한동안 북한을 점령했던 국군을 대한 북한 사람들에게도 마찬가지였을 것이다.

그러나 그런 이야기는 기록되지 않는다. 별 가치가 없다고 보기 때문이다. 기록할 수도 없다. 위험한 일이기 때문이다. 기록되는 건 좌우 어느 쪽에 의해서건 피바람이 휩쓸고 지나간 사건들이다. 피바람까진 아니라 하더라도 전쟁과 전후 사회에 대한 기록은 시련과 고통 중심으로 이루어지기 마련이다. 애국심 하나로 자신의 목숨을 내던지면서 용감하게 싸운 병사들의 이야기도 주로 군의 전사戰史에서만 기록될 뿐이다. 미담美談도 주변적인 것으로 간주된다. 그래서 모든 게 부정적이고 어두울 수밖에 없다.

진정한 화해를 위하여

그런 식의 기록은 역사의 왜곡인가? 역할 분담으로 받아들이는 것이 좋을 것 같다. 이 책 역시 군사·정치·경제·사회·문화 등 전반에 걸쳐

1950년대의 모든 걸 다 다루긴 하겠지만 그 점에선 역사의 어느 일면만을 보는 것에 지나지 않는다는 점을 분명히 해둘 필요가 있겠다. 전쟁과 전후 사회의 어둡고 부정적인 면을 보는 것에도 그 나름의 소중한 가치가 있다. 어렵게 이야기할 것 없이, 살아남은 자가 죽은 자에 대해 지켜야 할 예의, 시련과 고통을 겪지 않은 자가 시련과 고통을 겪은 자에 대한 예의 차원에서라도 무엇을 더 중요하게 생각해야 하는가 하는 건 자명하다.

오늘과 내일을 위해서도 그렇다. 남북 화해와 그 이전에 이루어야 할 남한 내부의 화해를 위해서도 사람들 사이에 깊이 패인 골의 깊이를 속속들이 아는 건 중요하다. 모든 걸 알고서 잊자고 외치는 것과 아무것도 모르면서 무작정 껴안겠다고 덤벼드는 것 사이의 차이는 매우 크다. 전자는 진정한 화해를 가능하게 하지만, 후자는 실망과 환멸만을 가져올 뿐이다.

예컨대, 미국에 대한 북한의 증오는 이념적인 것이 아니라 충분히 그럴 만한 역사적 근거가 있다는 것을 이해하지 않고서 어찌 남북 화해가 가능하겠는가? 마찬가지로 체험에서 비롯된 뿌리 깊은 반공주의를 체험이 없는 사람이 오늘날의 잣대로 평가해 비난의 대상으로 삼는 건 어리석다. 체험의 한계를 지적하는 우회적 비판은 가능할지언정, 생사生死의 경계선을 넘나든 체험에서 비롯된 개인적 확신을 비판으로 정면 돌파하겠다는 건 갈등만 증폭시킬 뿐이다.

1950년대를 겪지 못한 한국인들은 1950년대에 대한 이해를 위해 애쓰되 1950년대를 겪은 사람들에 대해 너그러워질 필요가 있다. 그게 공정하다. 윗세대가 아랫세대를 이해하는 건 진보적이요 심지어 당위라고 평가받는 반면, 그 반대는 성립되지 않는다. 이는 매우 불공평한 '젊음 예찬 문화'다.

너그러움을 발휘해야 할 건 또 있다. 이 책에 많이 인용된 1950년대 사람들의 글이나 말을 읽다보면 가끔 좀 어색하다는 걸 느끼게 될 것이다. 문법에 어긋나는 것들도 있다. 1940년대도 마찬가지였지만, 1950년대 사람들은 일제강점기에 태어나 자랐기 때문에 모국어 능력에 다소의 문제점을 지니고 있었던 것으로 보인다. 유종호의 표현을 빌리자면, 1950년대는 "오문誤文과 악문惡文의 범람 시대"였다.[11] 문인들조차 그랬다고 하니, 문인 아닌 보통 사람들의 말과 글에 대해 너그러운 자세를 갖는 것이 좋을 듯하다.

그런 너그러움은 '이념'에 대해서도 필요하다. 더 정확히 말하자면, '이념'이 아니라 '이념'으로 포장된 그 어떤 체험, 정서, 이해관계일 것이다. 현재 한국 사회를 지배하고 있는 커다란 갈등 전선의 해소는 1950년대에 대한 이해를 필요로 한다. 1950년대를 이해해야 그 갈등도 이해가 될 것이고 갈등 극복의 길도 모색될 수 있을 것이다. 모든 걸 이성만으로 넘어서려는 건 무모하며, 오직 체험과 정서만 내세우는 건 참담하다. 1950년대가 오늘날 한국인들의 뿌리임을 겸허하게 받아들이려는 자세가 필요하다. 이제 그런 '이해와 화해를 위한 산책'의 길로 나서보자.

'증오·혐오의 대량생산 체제'를 넘어서

그런 산책을 위해선 진영 논리를 잠시나마 접어두는 게 좋겠다. 지금 우리는 '증오·혐오의 대량생산 체제'하에 살고 있기 때문이다. 지난

2023년 봄 "윤석열 매국노", "이재명 깡패" 운운해대는 수준까지 나아간 혐오 조장 현수막 경쟁은 정당들의 저질 수준을 폭로하면서 많은 시민을 분노하게 만들었다. 심지어 "길거리를 걷기만 해도 욕이 나온다"는 불만이 쏟아질 정도였다.

정당 현수막은 하나 만드는 데 10만 원이 들어간다는데 이 비용은 국고보조금이나 정치후원금으로 충당된다. 의원들이 자기 돈을 써야 한다면 과연 그런 '정당 현수막 공해' 사태가 일어났을지 의문이다. 영국 정치가 윈스턴 처칠Winston Churchill, 1871~1947이 했다는 말이 떠오른다. "정당은 곧 콜럼버스다. 둘 다 출발하면서도 어디로 가는 줄 몰랐고, 가서도 거기가 어딘지 몰랐다. 그리고 그 모든 과정은 남의 돈으로 했다."

의원들이 국민 세금으로 이런저런 특권을 누리며 사는 건 문제삼지 않으련다. 의원들은 정당의 특별한 지위를 내세우지만 오늘날 정당은 사실상 '증오·혐오를 선동하는 공장'으로 전락했다는 게 훨씬 더 중요한 문제다. 국민권익위원회가 발표한 '2022년 부패인식도 조사' 결과에 따르면, 일반 국민은 '정당·입법'을 가장 부패하다고 평가한 것으로 나타났다. 자신들의 부패에 대한 관심을 돌리기 위해 증오·혐오를 선동하는 건가? 매우 특별하긴 하지만 그러려고 정당을 만든 건 아니잖은가?

자신들이 누리는 특별한 지위에 대한 인식을 처음부터 다시 하는 게 좋겠다. 의원들은 정당을 "광고주, 일반 사업자나 같은 개념으로 보는 것"에 강한 문제의식을 느껴 정당 명의 현수막 설치에 사실상 무한대의 자유를 보장하는 광고물관리법 개정안을 밀어붙였다지만, 일반 사업자 수준의 상식이라도 가져달라는 게 민심임을 왜 모르는가?

현수막은 '증오·혐오의 대량생산 체제'의 아주 작은 부분에 지나지 않는다. 사실상 '증오·혐오를 선동하는 공장'으로서 정당은 유튜브에서부터 SNS에 이르기까지 다양한 미디어에 걸쳐 수많은 계열사를 거느리고 있다. 이 계열사들은 다 나름의 명분을 내세우긴 하지만, 성장 이전에 생존을 위해선 증오·혐오를 선동해야 한다는 철칙하에 움직인다. 이건 이전엔 경험하지 못했던, 해방정국과 1950년대의 선전·선동가들이 꿈도 꿀 수 없었던 신세계다.

지식인? 이제 그런 건 없다. 진영의 선전·선동가만 있을 뿐이다. 지식인이 활동하던 공론장이 무너지고 어느 진영에 속하느냐 하는 편가르기만 살아남은 유튜브·SNS 세계는 이성과 논리가 아니라 감성과 공감에 의해 움직인다. 누가 더 자기 진영의 우두머리를 격하게 찬양하며 상대 진영의 우두머리를 격하게 비난하느냐가 모든 걸 결정한다. 그렇다고 해서 서둘러 그런 세상에 투항할 필요는 없다. 90%의 사람들이 그런 진영 전쟁의 포로로 살아간다 해도 민주주의 체제하에선 남은 10%의 사람들이 승패를 결정하니까 말이다. 즉, 진영 전쟁 자체를 증오·혐오하는 소수의 사람들에게도 승산은 있다는 것이다.

이 책은 21년 전에 출간되어 독자들의 과분한 사랑을 받은 『한국 현대사 산책 1950년대편』의 개정증보판이다. 누구나 인정하겠지만, 한국처럼 현대사가 끊임없이 다시 쓰거나 수정하거나 보완해야 할 필요성이 큰 나라는 없을 게다. 한국의 운명에 큰 영향을 미친 나라들의 비밀문서가 해제되고, 비극적인 과거에 대한 진상이 뒤늦게 밝혀지면서 배상과 보상이 논의되는 상황에서 개정증보판을 너무 늦게 낸 건 아닌지 모르겠다. 독자들의 너그러운 이해가 있기를 바라마지 않는다. 오래 살아야만 가능한, 한 번 더 개정증보판을 낼 수 있는 행운을 누릴 수 있기를 감히 기대해본다. 이 책은 '진영 전쟁'이라는 패싸움 자체를 증오·혐오하는 소수파의 관점이라는 편향성이 있다는 걸 밝혀둔다.

2025년 9월

강준만

차례

머리말 —— 6·25는 아직 끝나지 않았다

공포감과 순응주의의 내면화 • 5   '6·25 심성'의 지배를 받는 사회 • 7   1950년대를 어떻게 볼 것인가? • 8   1950년대의 두 얼굴 • 10   진정한 화해를 위하여 • 12   '증오·혐오의 대량생산 체제'를 넘어서 • 14

제1부   1950년: 골육상쟁의 근본주의

제1장 —— '공갈 때리기'의 비극

이승만 정권의 미신이 된 북진통일론 • 31   북한의 음흉하고도 실질적인 남침 준비 • 33   6·25 이전의 학살극 • 34   브레이크가 없는 이승만의 허풍 • 36   농민에게 농지를 돌려준 농지개혁 • 38   '공갈 정책'의 비극적 말로 • 40   반공의 '정치 상품화', 매카시즘 • 42

역사 산책 1 "음력설을 쇠는 악덕배들의 광태" • 45

제2장 —— 이승만의 참패로 끝난 총선거

미국의 '선거 연기' 반대 • 47   중간파의 승리로 끝난 총선 • 49   중간파에 가해진 탄압 • 51   '내가 승리한 것이요' • 53   민중은 민국당도 거부했다 • 54   이승만과 김일성의 '책임 윤리'의 부재 • 56

제3장 —— 1950년 6월 25일 새벽 4시 40분

'남침 유도설'을 낳을 정도의 무방비 • 58   오판과 오보의 연속 • 59   "미국인 2,500명을 우리가 다 죽이겠소" • 62   이승만의 거짓 녹음 방송 • 64

제4장 ── 이승만과 정부의 갈팡질팡

서두른 한강 다리 폭파 • 67   인민군의 서울 점령 후 3일간의 수수께끼 • 70   그들이 대한민국을 망치고 있었다 • 72   도망 다니기에 바빴던 이승만 • 74   스미스 부대의 참패 • 76   한국군의 작전지휘권 이양 • 78   낙동강 방어선 구축, 다부동 전투의 승리 • 80

역사 산책 2 채병덕과 신성모 • 83

제5장 ── 서울에서 벌어진 '서바이벌 게임'

처단인가, 포섭인가? • 86   선전전에 동원된 남한 정치인들 • 87   이병철과 박헌영과 시보레 자동차 • 89   인민재판과 기회주의 • 91   서울 시민들의 일상적 삶 • 93   아귀다툼을 낳은 굶주림 • 96

제6장 ── 학살: 뿌리 뽑고 씨 말리기

골육상쟁의 근본주의 • 98   20만 명을 죽인 국민보도연맹 학살 • 100   '혈서 충성 맹세'로 살아남기 • 102   '나주 부대'의 '함정 학살' • 104   임철우의 '곡두 운동회' • 105

제7장 ── 노근리: "모든 피난민을 향해 사격하라"

미군의 3박 4일 인간 사냥 • 107   피난민은 작전에 귀찮은 존재 • 109   미군의 인종차별주의 • 111   44년간 '존재하지 않았던 사건' • 114

제8장 ── 두 얼굴: 학도병과 상류층

'돼지몰이'로 불린 상류층의 일본 밀항 • 117   쌍권총으로 무장한 김두한의 활약 • 118   학도의용군의 참전 • 120   남한 소년병들끼리의 전투 • 123

제9장 — 적반하장: 도강파와 잔류파

인천상륙작전과 서울 수복 • 125　"내가 국민 앞에 왜 사과를 해" • 128　엉망진창 부역자 재판 • 130　서울에 잔류했던 사학자 김성칠의 증언 • 132　'빨갱이년'으로 몰린 박완서의 증언 • 134

역사 산책 3　얼굴 없는 '켈로부대' • 136

역사 산책 4　제주 4·3 사건과 '귀신 잡는 해병' • 139

역사 산책 5　"화랑 담배 연기 속에 사라진 전우야" • 142

역사 산책 6　'시민증이 없으면 죽은 목숨' • 145

제10장 — 악순환: 피를 보면 피에 굶주린다

'한 많은 미아리 고개' • 147　고양 금정굴 민간인 학살 사건 • 149　오두리 마을의 비극 • 151　병균의 논리로 정당화한 학살 • 152

제11장 — "평양 점령은 수치였다"

국군과 유엔군의 38선 돌파 • 154　트루먼과 맥아더의 회담 • 157　이승만과 미군의 갈등 • 158　'반성의 시기에 날뛰는 한국인들' • 160　약탈에서부터 무너진 전선 • 162　'살아도 같이 살고 죽어도 같이 죽자'? • 164

제12장 — 신천 학살, 중국 참전, 미국 원자탄

남북 합작의 '인간지옥' • 167　기독교와 마르크스주의라는 '손님들' • 169　"전 한반도는 끔찍한 잿더미' • 171　미국의 도취, 중국의 참전 • 172　중국군의 '인해전술' 또는 '유격전술' • 175　트루먼의 '원자탄 사용 검토' • 177

역사 산책 7 소련과 일본의 비밀 참전 • 178

제13장 —— 함평과 흥남: 두 개의 다른 지옥도

함평 주민 524명 학살 • 181　견벽청야는 제11사단 작전명령 • 184　흥남 철수 작전 • 185　배를 타지 못한 사람들의 저주 • 187

제14장 —— "전쟁의 최초 희생자는 진실이다"

신문들의 활동과 'PRESS 완장 특권' • 190　종군기자들의 어려움 • 192　TV 없는 라디오 방송기자의 활동 • 194　만화·문학·영화의 참전 • 195

제2부　　　　　1951년: '톱질 전쟁'의 와중에서

제1장 —— 1·4 후퇴: 서울에서 부산까지

'무인지경'으로 변한 서울 • 201　유엔군의 견벽청야 • 203　피난민으로 뒤덮인 부산 • 204　강원용의 지옥 체험과 증언 • 206　리영희의 지옥 체험과 증언 • 208

제2장 —— 맥아더와 리지웨이: 원자폭탄과 몰살 작전

미8군 사령관 리지웨이의 부임 • 210　맥아더가 계산해놓은 원자탄 26개 • 212　리지웨이의 '몰살 작전' • 213　공산군의 '도덕적 승리'? • 215　추위와 굶주림으로 무너진 중국군 • 216

제3장 — 국민방위군: 9만 명을 죽인 '해골의 행렬'

"동사·아사·병사를 방치한 천인공노할 사건" ● 218　육군 통역 장교 리영희의 증언 ● 220　김윤근·신성모·이승만의 적반하장 ● 222　국민방위군 고위층의 거대한 예산 착복 ● 223　규명되지 않은 정치자금 조성 의혹 ● 225　"국군 병사는 죽을 때 '빽' 하고 죽는다" ● 228

제4장 — 거창: 무엇을 지키기 위한 전쟁인가?

'거창 양민 학살: 그 잊혀진 피울음' ● 231　신성모의 사건 은폐 지시 ● 233　조병옥과 이시영의 고언 ● 236　이승만의 특정인 총애 ● 238

역사 산책 8　이승만의 김종원·김창룡 총애 ● 241

역사 산책 9　거창, 그 이후 ● 243

제5장 — 해리 트루먼의 더글러스 맥아더 해임

'공동묘지'로 변한 서울 ● 246　트루먼에게 도전한 맥아더 ● 249　원자탄 사용을 원했던 이승만 ● 251　지리멸렬 상태에 빠진 한국군 집중 훈련 ● 252　더글러스 맥아더는 '영웅'인가? ● 254　한국에선 영웅이었던 맥아더 ● 256

역사 산책 10　6·25로 인한 전 국토의 묘지화 ● 259

제6장 — 휴전회담: 개성에서 판문점까지

소련의 휴전 제의 ● 261　7월 10일에 시작된 정전협상 ● 263　'기 싸움'과 '눈 싸움' ● 265　한국을 배제한 샌프란시스코 평화조약 ● 267　정전회담장의 '슬픈 에피소드' ● 270

제7장 ── 지리산에서 '쥐잡기 작전'

'낮에는 대한민국, 밤에는 인민공화국' • 273   빨치산 투쟁의 행태 • 276   고은의 빨치산 시 • 278   남부군 총사령관 이현상의 최후 • 279

제8장 ── 이승만의 자유당 창당

이승만, "이젠 정당이 필요하다" • 282   이범석은 누구인가? • 283   '원내 자유당'과 '원외 자유당' • 284   "이승만이 국민의 지지는 받았다"? • 287

제9장 ── 전쟁 중의 뜨거운 교육열

'애국복권' 열풍과 도박 성행 • 289   '삼팔따라지'의 교육열 • 290   6·25 전쟁 중의 교육 • 291   대학은 징집 회피의 수단 • 293   이승만 왕조 시대의 관존민비 • 295

제3부 1952년: '군사 전쟁'과 '정치 전쟁'

제1장 ── 미국은 세균폭탄을 투하했는가?

북한과 중국의 세균전 항의 • 299   스스로 의혹을 키운 미국 • 301   이승만, "휴전은 소련의 흉계" • 303

제2장 ── 부산: 경계가 없는 전쟁과 정치

'쓰레기통'과 '장미꽃' • 306   자유당의 승리로 끝난 지방선거 • 308   조작된 '무장공비 사건'과 계엄령 선포 • 310   부통령 김성수의 '사임 이유서' • 312   미국의 이승만 제거 계획 • 314   미국이 개입한 발췌개헌안 타협 • 315

역사 산책 11 이승만의 이종찬에 대한 분노 • 319

역사 산책 12 이승만 암살 미수 사건의 진상 • 321

제3장 — 거제도: 6·25 전쟁의 축소판

17만 6,000여 명의 포로 • 324   포로수용소는 제3전선 • 326   '자동송환' 대 '자유송환' 공방전 • 327   수용소 사령관 납치 사건 • 329   미군의 수풍댐 폭격 • 332   평양 폭격과 백마고지 전투 • 333

제4장 — 대통령 선거: 이승만과 아이젠하워

중석불 사건 • 335   77세 대통령, 81세 부통령 후보 • 337   이승만 74.6%, 조봉암 11.4% • 338   미국의 대통령 선거 • 340   아이젠하워의 한국 방문 • 342   "백만학도에게 북진 명령을!" • 345

역사 산책 13 '청계천 화장실'과 '아이젠하워 양변기' • 347

제5장 — 조선방직·삼성물산·기아산업

부산 조선방직 노동쟁의 사건 • 350   자유당의 하부 단체로 편입된 대한노총 • 352   1년 만에 17배로 커진 삼성물산 • 354   '삼천리호' 자전거의 탄생 • 356

제6장 — 전쟁 속의 언론과 대중문화

피난지 부산에서 신문의 활동 • 358   '나는 너를 싫어한다' 사건 • 360   라디오 방송과 전쟁 공보 영화 • 362   〈아내의 노래〉와 〈전선야곡〉 • 364   국군 장병 위문 • 366   상이군인의 분노와 비극 • 368   전쟁 중에도 크리스마스는 찾아온다 • 370

주 • 373

1950년대편 2권

제1부 1953

전쟁의 잿더미 속에서

- 제1장　보릿고개와 인플레이션
- 제2장　'스탈린 사망'에서 '북진궐기대회'까지
- 제3장　이승만의 '반공포로 석방'
- 제4장　휴전: '반공이 아닌, 반한을 위한 전쟁'
- 제5장　민간인 학살: 끝나지 않은 전쟁
- 제6장　포로 송환: '광장'과 '밀실'의 와중에서
- 제7장　김일성의 남로당파 숙청
- 제8장　한미상호방위조약과 '반공 선민주의'
- 제9장　유엔마담·꿀꿀이 죽·비로도
- 제10장　샌프란시스코: 동경과 숭배 대상으로서 미국
- 제11장　기독교: 반공·친미·기복
- 제12장　만인에 대한 만인의 투쟁
- 제13장　월남과 월북: 두 개의 생존방식

제2부 1954

자유당 독재체제의 구축

- 제1장　이승만의 족청계 제거
- 제2장　제3대 총선: "개헌 조건부로 입후보케 하라"
- 제3장　이승만의 방미: 불행한 방문
- 제4장　중임 제한 폐지를 위한 사사오입 개헌
- 제5장　'자유부인'과 '허벅다리 부인'
- 제6장　이승만이 일으킨 한글 간소화 파동
- 제7장　『한국일보』 창간, 기독교방송 개국

1950년대편 2권

제8장 　문학: 예술원·펜클럽·실존주의
제9장 　군복 강도·졸업식·카투사·월드컵

제3부　'우상 정치'와 '동원 정치'
1955

제1장 　이승만은 '예수나 석가와 같은 성자'
제2장 　반둥회의: 평화공존은 친공인가?
제3장 　반일운동과 반공운동의 결합
제4장 　"학도를 정치 도구로 이용하지 말라"
제5장 　민국당 자유민주파가 만든 민주당
제6장 　'괴뢰 이승만' 사건과 『사상계』의 활약
제7장 　군: 부정부패의 창궐
제8장 　불교: 정화인가, 법난인가?
제9장 　박인수 사건: '숫처녀 논쟁'
제10장 　"전쟁 미망인의 타락을 막아라"
제11장 　〈피아골〉·〈아리조나 카우보이〉·국민 명랑화 운동
제12장 　박태선·문선명·나운몽, 신흥종교 번성
제13장 　도시화·베이비붐·결혼식장·박인환·노동귀족

1950년대편 3권

제1부 1956

'동원 대중'과 '피해 대중'

- 제1장 　김창룡을 알면 이승만과 1950년대가 보인다
- 제2장 　이승만과 자유당: '우의마의 정치'
- 제3장 　신익희와 민주당: '비 내리는 호남선'
- 제4장 　조봉암과 진보당: '피해 대중'을 위하여
- 제5장 　자유당의 '민주당 죽이기'
- 제6장 　미국의 잉여농산물과 여촌야도
- 제7장 　북한: '주체 이론'과 '8월 종파사건'
- 제8장 　"한국의 기독교는 무엇을 하고 있는가"
- 제9장 　22세 논객 이어령의 '우상의 파괴'
- 제10장 　『동아일보』·HLKZ-TV·AFKN-TV
- 제11장 　김시스터스·〈자유부인〉·수세식 화장실

제2부 1957

'장길산'과 '홍길동'을 기다린 세상

- 제1장 　국민반, 장충단공원 폭력 사태, 선거법 개정 논란
- 제2장 　세상을 조롱한 가짜 이강석 사건
- 제3장 　북진통일·병역 기피·맥아더·유엔군 사령부
- 제4장 　1957년은 '소년소녀 사냥의 해'?
- 제5장 　"그래도 남한은 이렇게 자유스럽지 않아요?"
- 제6장 　관훈클럽·언론 부패·만화잡지·앰프촌

1950년대편 3권

제3부 1958

'생각하는 백성'과 '인의 장막'
- 제1장　'인의 장막'에 갇힌 이승만
- 제2장　이승만의 '세계 4대 강국론'
- 제3장　'진보당 죽이기'와 제4대 총선거
- 제4장　"생각하는 백성이라야 산다"
- 제5장　국가보안법과 내각제 개헌 파동

제4부 1959

파국을 향한 질주
- 제1장　대한반공청년단·반공예술인단·대한노총
- 제2장　재일교포 북송 반대 시위
- 제3장　조봉암 사형: 216만 표는 어디로 갔는가?
- 제4장　『경향신문』 폐간 사건
- 제5장　재벌의 형성: 정경유착의 게임
- 제6장　김동리·이어령 논쟁: 실존주의와 서구적 교양주의
- 제7장　라디오, 아나운서, 멜로영화 전성시대
- 제8장　조병옥 사망: 청천벽력·망연자실
- 제9장　"지식을 팔아 영달을 꿈꾸는 지식인들이여"
- 제10장　3·15 선거에서 4·19 전야까지

맺는말　'소용돌이 문화'의 명암

제1부 1950년 | 골육상쟁의 근본주의

- '공갈 때리기'의 비극
- 이승만의 참패로 끝난 총선거
- 1950년 6월 25일 새벽 4시 40분
- 이승만과 정부의 갈팡질팡
- 서울에서 벌어진 '서바이벌 게임'
- 학살: 뿌리 뽑고 씨 말리기
- 노근리: "모든 피난민들을 향해 사격하라"
- 두 얼굴: 학도병과 상류층
- 적반하장: 도강파와 잔류파
- 악순환: 피를 보면 피에 굶주린다
- "평양 점령은 수치였다"
- 신천 학살, 중국 참전, 미국 원자탄
- 함평과 흥남: 두 개의 다른 지옥도
- "전쟁의 최초 희생자는 진실이다"

'공갈 때리기'의
비극

이승만 정권의 미신이 된 북진통일론

1950년 1월 19일 사회부 장관이자 목사인 이윤영은 '무녀 금지령'을 준비하고 있다는 담화를 발표했다.[1] 그럼에도 각 동네별로 반장班長이 나서서 돈을 거둬 벌이는 '대동굿'이 성행했다. 굿 비용을 내지 않으면 "한 해 신수가 나쁘다"고 겁을 주는 수법까지 동원되었다.[2]

이승만 정권은 계속 '미신타파 주간'을 설정하는 등의 캠페인 공세를 폈다. 정부는 1950년 설을 앞두고 무당, 점쟁이 등이 솔선해 직업을 전환해줄 것을 요청하기도 했다.[3] 서울시 신생활촉진회는 현수막과 가두방송 등을 동원한 캠페인을 전개했다.[4] 1950년 5월 신생활촉진회는 '가두 복술卜術 업자 일소 주간'을 정해 '명랑한 거리' 만들기 운동을 전개했다.[5]

이런 일련의 운동이 아무런 성과를 거두지 못하자, 언론은 당국이

기진맥진氣盡脈盡했으며 '호령號令'은 '비명'으로 변했다고 꼬집었다.[6] 묘한 일이었다. '미신타파'는 백번 천번 옳은 일이었지만 그게 그런 식으로 사라지긴 어려운 일이라는 점에서 이승만 정권의 북진통일론과 매우 비슷해 보였기 때문이다. 북진통일론도 그 선의는 지지할 만한 일이었지만, 그 구체적인 방법에선 도무지 신뢰가 가지 않는 미신의 냄새를 강하게 풍기고 있었다.

1940년대의 역사에서 살펴보았듯이, 이승만 정권은 이미 1949년부터 북진통일론을 외쳐댔다. 국방부 장관 신성모는 1949년 7월 17일 대한청년단 훈련장에서 "국군은 대통령으로부터 명령을 기다리고 있으며, 명령만 있으면 하루 안에 평양이나 원산을 완전히 점령할 수 있다"고 큰소리쳤다. 그는 그 발언이 문제가 되자 자신의 발언이 오해되었다고 해명했지만, 9월 초에도 "때 오기만 기다릴 뿐이고 밀고 갈 준비는 이미 됐다"고 주장했다.[7]

이승만은 1949년 9월 30일 외신 기자회견에선 "우리는 북한의 실지失地를 회복할 수 있으며 북한의 우리 동포들은 우리들이 소탕할 것을 희망하고 있다", 10월 7일의 외신 기자회견에선 "우리는 3일 내로 평양을 점령할 수 있다고 나는 확신한다", 12월 30일의 기자회견에선 "우리는 새해에 통일을 이룩해야 하며 할 수 있다고 믿는다"고 말했다.[8] 그런데 단지 말뿐이었다. 북진통일론은 이승만 정권의 미신이었을 뿐 그 이상의 의미를 가진 것으로 보긴 어려웠다.

북한의 음흉하고도 실질적인 남침 준비

허무맹랑한 북진통일론과는 달리, 북한의 김일성은 적어도 1949년 말부터 음흉하고도 실질적인 남침 준비에 여념이 없었다. 북한은 1948년 12월까지만 해도 2개 보병사단과 1개 혼성여단, 1개 탱크연대 정도의 전력을 보유하고 있었지만, 1949년 초에는 7개 사단으로 늘었다. 1949년 7월에서 1950년 4월까지 중국군의 조선인 부대가 입북해 3개 사단이 더 증강되어 총 10개 사단이 되었다. 전쟁 시작 시점의 병력은 북한이 19만 8,380명으로 남한의 약 2배에 이르렀다.[9]

중국군의 조선인 부대는 조선의용군으로 불렸는데, 이들은 해방 직후 만주로 들어가 중국공산당 편에 가담해 국민당과 치열하게 투쟁해 많은 공적을 쌓았고 인원수도 3개 사단으로 성장했다. 이 3개 사단이 북한으로 들어와 인민군 제5사단, 제6사단, 제12사단으로 개편된 것이다. 염인호에 따르면, "전투 경험이 매우 풍부한 이 3개 사단이 북한으로 들어오지 않았으면 한국전쟁이 과연 발발했겠느냐고 의심할 정도로 한국전쟁에서 차지하는 의용군의 비중은 컸다".[10]

김일성은 1950년 5월 남침에 대한 이오시프 스탈린Iosif Stalin, 1879~1953의 승인과 마오쩌둥毛澤東, 1893~1976의 동의까지 얻어냈지만, 이승만은 여전히 공허한 말뿐이었다. 그의 북진통일론은 6·25 직전까지 계속되었다. 아니 6·25가 벌어진 후에도 그치지 않았다. 6·25 발발 직후엔 노골적인 거짓말로 인해 수많은 사람이 큰 피해를 입었다. 이승만과 정부의 허풍과 거짓말로 인해 '공갈 때리다'는 새로운 말이 생겨났다. 원래 공갈恐喝은 협박의 의미이지만 거짓말 또는 과장의 뜻으로 변용

되었다. 이승만과 정부의 허풍과 거짓말이 워낙 심했던 탓이다.[11]

이승만과 정부의 '공갈 때리기'는 훗날 '6·25 유도설'을 낳게 할 정도로 이해하기 어려운 것이었다. 전쟁은 피하는 게 상책이건만, 전쟁을 하기 위해 발버둥친 것처럼 보였으니 그럴 만도 했다. 그러나 '공갈 때리기'가 차라리 전쟁을 유도하기 위해 벌인 일이었다면 6·25가 한반도를 지옥으로 변모시키진 않았을 것이다. 그만한 대비책이 있었을 것 아닌가 말이다. 그러나 그게 아니었다. 그래서 더욱 이승만과 정부의 '공갈 때리기'는 비난받아 마땅한 것이었다.

그러나 여기서 놓치지 말아야 할 것은 그러한 '공갈 때리기'는 남북 상호간 무르익을 대로 무르익은 증오를 바탕으로 한 것이었다는 사실이다. '공갈 때리기'의 정치적 효용도 바로 거기에 있었을 것이다. 물론 모든 국민이 그러한 증오를 갖고 있는 건 아니었겠지만, 증오를 불러일으키기 위한 집요한 시도는 공포 분위기를 조성하기에 족했다.

6·25 이전의 학살극

1949년 7월 문교부는 '우리의 맹세', '학생의 맹세', '청년의 맹세'를 제정했는데, 특히 '우리의 맹세'는 교과서는 물론 모든 서적 뒤에 빠짐없이 인쇄되었고, 각급 학교 학생들은 모두 이를 암기해야만 했다. "첫째, 우리는 대한민국의 아들 딸, 주검(죽음)으로써 나라를 지키자. 둘째, 우리는 강철같이 단결하여 공산 침략자를 쳐부수자. 셋째, 우리는 백두산 영봉에 태극기 날리고 남북통일을 완수하자."[12]

고은은 '우리의 맹세'에 대해 "일제 전시체제에서는······'황국신민의 서사'를 외워대는 것을 절대 의무로 삼아야 했다. 1950년대의……남한에서는 '우리의 맹세'를 모르면 그 무지가 바로 적으로 간주되었다"며 다음과 같이 말했다. "관공서나 학교는 물론 어떤 회의나 체육회에서도 이것은 국민의례 가운데서 가장 이데올로기적이었다. 말하자면 나는 '황국신민의 서사'와 '우리의 맹세' 시대의 자식이다.……시 가운데 '붉은 꽃'이라는 표현이 있으면 으레 조사를 받아야 했고 구두도 자색 구두를 신고 다니면 '너 빨갱이 아니냐' 하는 사찰계 형사의 사나운 눈츠리로부터 자유로울 수 없었으므로 시인들도 붉은 꽃이 아닌 하얀 꽃이나 노란 국화 따위를 노래해야 했다."[13]

물론 이는 1950년대를 통틀어 한 말이지만, 6·25 이전의 상황도 다를 건 없었다. 남한 단독선거가 확정되면서 전개된 단선단정單選單政 반대투쟁인 2·7 투쟁에서부터 6·25 전쟁에 이르기까지 약 10만 명이 살해당했다는 점에 주목할 필요가 있다.[14] 널리 알려진 제주 4·3 사건과 여순사건 이외에도 수많은 학살극이 도처에서 벌어졌으며, 그 잔인성은 6·25 전쟁 중의 학살극 못지않았다. 예컨대, 1949년 12월 24일 경북 문경 산북면 석봉리 석달마을에서 일어난 학살을 보자. 육군 제2사단 25연대 3대대 7중대 2~3소대 병사들이 공비와 내통했다며 주민 등을 집단학살한 이 사건은 학살당한 사람의 수(86명)보다 그 내용이 더 전율을 불러일으킬 만한 것이었다. 학살당한 86명 가운데 여자가 41명, 65세 이상 노인이 10명, 12세까지의 어린이가 26명이었다. 채 돌도 되지 않아 이름도 짓지 않은 아이들이 5명이나 있어 추모비에도 '박아기', '황아기' 등으로 적혀 있다.[15]

남북 양쪽의 과장된 선전전은 사람을 죽일 때면 어김없이 그대로 현실이 되고 말았다. 1950년 3월 14일 남쪽에서 비행기로 뿌린 선전 삐라에 등장하는, 뿔이 달리고 온몸에 털이 나 있는 김일성이 "소련이 조국이다. 조상을 잘 모셔야 잘 산다"는 말을 하고 있다.[16] 북쪽에선 이미 6·25 이전에도 이승만은 '개'였다. 북쪽 선전은 이승만을 미국의 주구走狗이자 친일파의 주구라는 뜻으로 '개승만'으로 불렀으며, 남한군은 '돼지'라고 불렀다.[17] 남북을 막론하고 각자 자기들이 내세운 구호를 실현하기 위해선 사람을 개돼지 잡듯 잡아도 당연하다는 광기狂氣가 각 체제의 열성적 지지자들을 지배하고 있었던 것이다.

브레이크가 없는 이승만의 허풍

1950년 1월경 서울의 쌀값은 6주 동안에 2배로 오르고 매일 쌀값이 6%씩 상승했다. 당시 한국인들에게 쌀은 생명선이었다. 쌀값은 당연히 사회 안정의 척도라 할 만한 것이었다.[18] 그런 상황에서 정부가 해야 할 일이 무엇인지는 자명했지만, 오히려 이승만 정부는 북진통일론으로 사회 불안을 호도하려고만 들었다. 1950년 1월 24일 국방부 장관 신성모는 내외 기자회견 석상에서 "실지 회복을 위한 모든 준비가 다 되어 있으므로 다만 명령만 기다리고 있다"고 말했다.[19] 국내외 정세가 그럴 때가 아니었건만, 이승만과 그의 심복 신성모는 기회만 있으면 그런 말을 해대기에 바빴다.

1950년 1월 12일 미 국무부 장관 딘 애치슨Dean G. Acheson, 1893~1971의 입에서 나온 이른바 '애치슨 선언Acheson line declaration'에 대해선 지금까지도 말이 많지만, 어찌되었건 그건 당시 한국을 미국의 방위선에

이승만이 외친 북진통일론은 허풍에 가까웠지만, 그의 심복 국방부 장관 신성모(중앙)는 "모든 준비가 다 되어 있어 명령만 기다리고 있다"고 말했다.

서 제외한 조치로 널리 알려졌다. 훗날(1954년) 애치슨은 한 세미나에서 "대한민국이 확고한 보장을 받았다면 매우 도발적이고 호전적이 되었을 것"이라고 말함으로써, 자신의 발언이 남한의 도발을 의식한 점도 있었다는 걸 시인했다.[20]

미국 『뉴욕타임스』 1950년 1월 31일자는 극동 특파원 월터 설리번 Walter Sullivan, 1918~1996의 기사를 게재했다. 이 기사는 중국 공산당의 승리는 공산주의자로서보다는 부패 무능한 중국의 전통사회를 개혁하려는 혁명세력으로서 중국 사회의 혁명 기운에 편승했기 때문에 가능했다는 애치슨의 1월 12일 연설을 인용하면서 이승만을 장제스蔣介石, 1887~1975에 비유했다. 이승만은 중국 대륙에서 혁신 기운에 거역해 결국 패망해 버린 장제스처럼 남한에서 혁명 기운에 거역하고 소수만을 위한 부패한 통치를 하고 있다는 것이다.

또 이 기사는 중국에서 장제스가 실패한 경험에 비추어볼 때에 한국인들이 장래의 한국 운명을 결정할 것이므로 남한의 내정 개혁 없이는 미국 정부가 부패하고 독재적인 이승만 정권에 아무리 원조해야 소용없을 것이라고 평가했다. 또 남한에 무기를 줘봐야 중국에서 그랬던 것처럼 미국이 중국 국민당 정부군에 공급한 무기를 가지고 한 번 싸워보지도 않고 공산군에 투항해 결국은 공산군이 미국 무기를 장제스와의 전쟁에 사용한 것과 똑같은 현상이 일어날 것으로 우려했다.[21]

그러나 당시 이승만 정부는 그런 문제는 아는 바 없다는 듯, 음력설을 쇠는 것을 금지, 아니 탄압하는 데에만 온 신경을 곤두세운 것처럼 보였다.(역사 산책 1: "음력설을 쇠는 악덕배들의 광태" 참고) 이승만은 여전히 의연하게 1950년 3·1절 기념축사에서도 북진통일론을 역설했다. 이승만의 허풍엔 브레이크가 없었다. 이승만은 4월 6일 북한에 유엔 감시하에 인구비례에 의해 국회의원을 선출해 대한민국 국회에 합류하여 통일정권을 수립하자고 주장했다. 김일성과 박헌영 등도 죄를 용서하고 포섭하겠다는 쓸데없는 '아량'까지 베풀었다.[22]

농민에게 농지를 돌려준 농지개혁

이승만이 브레이크가 없는 허풍만 떤 건 아니었다. 그런 쓸데없는 '아량'을 베푼 4월 6일 이 땅에서 수백 년 넘게 지속되었던 지주·소작제를 없애고 농민에게 농지를 돌려준 농지개혁을 실시했으니 말이다. 해방 당시 남한 인구의 70%가 농업에 종사했으며, 전체 경지 가운데 3분의

2는 소작지였다. 농가 206만 호 중 자작농은 14%에 불과했으며, 소작농은 수확량의 절반가량을 소작료로 냈다. 그런 상황에서 전국의 농가가 농지 분배 예정 통지서를 받았을 때, 당시 언론은 '전국적인 해방의 날'이라 불렀다.[23]

정부는 모든 소작 농지와 3정보(9,000평) 이상을 한 지주가 소유한 농지를 정부가 '유상 매수'해 소작인에게 '유상 분배'하는 방식을 취했다. 지주들에게 연평균 수확물의 150%에 해당하는 '지가 증권'을 지급하고, 농지를 분배받은 농민들에게는 30%씩 5년에 걸쳐 대금을 상환하도록 했다.[24]

주익종은 "사실상 소작권과 같은 경작권만 얻은 북한 농민과 달리, 남한 농민은 완전한 소유권을 얻었다. 북한의 토지개혁이 사유재산권 제도를 부정한 반면, 남한의 농지개혁은 이를 인정했다. 이승만은 의도대로 농민을 '장악'했고, 농민은 '대한민국 국민'이 되었다"고 했다. 물론 그렇게 되기까진 곧이어 일어난 6·25 전쟁과 전후 복구 과정의 호된 시련을 겪어야만 했다. 주익종은 "지주와 농민은 제각기 경제적 곤란에 처했다. 전시戰時 인플레이션은 지주 보상금을 쪼그라트렸다. 막대한 군비를 메우기 위해 지세와 호별세 등 각종 세금을 통합해 현물로 납부하도록 하는 임시 토지 수득세收得稅가 부과되면서 농가 경제는 피폐해졌다"며 다음과 같이 말했다.

"북한의 토지개혁이 일거에 지주를 절멸시키는 폭력적인 방식으로 진행된 반면, 남한의 농지개혁은 오랫동안 시일을 끌면서 우여곡절을 겪은 끝에야 완수됐다. 지주와 농민, 정부 등 여러 이해관계자가 이익과 손실을 절충하여 어느 한쪽의 일방적 승리가 아니라 다수가 공생할 길을 찾은 것이었다. 남한의 농지개혁은 지주와 농민, 여러 정파 간 절충과 타협이 낳은 빛나는 성과였다."[25]

물론 남한의 방식에도 문제가 없진 않았다. 전봉관은 "지주에게 현금도 아닌 지가 증권으로 보상해준 금액은 시세에 현저히 못 미쳤다. 더욱이 6·25 전쟁 전후 심각한 인플레이션 탓에 '매수'라기보다는 '몰수'에 가까웠다. 하지만 농민들은 북한에서 '매년' 납부해야 하는 현물세 수준의 토지 대금을 '5년'만 납부하면 되었고, 그나마도 극심한 인플레이션 덕분에 부담이 훨씬 줄어들었다"며 다음과 같이 말했다.

"'무상 몰수 무상 분배'를 표방한 북한의 토지개혁이 기만이었듯, '유상 매수 유상 분배'를 표방한 남한의 농지개혁 또한 실제와는 달랐다. 대한민국 헌법은 '국가는 농지에 관하여 경자유전의 원칙이 달성될 수 있도록 노력하여야 하며, 농지의 소작제도는 금지된다'(제121조)고 명시했다. 스스로 농사를 지어 농민임을 증명하지 않는 한, 대통령이라도 '원칙적'으로 농지를 소유할 수 없는 나라가 대한민국이다."[26]

'공갈 정책'의 비극적 말로

농지개혁의 빛나는 성과는 훗날에 누리게 될 것이었고, 당장 시급한 문제는 북한의 위협이었다. 북한의 평화통일 제의는 군사적 공격을 위한 명분 축적용이었던 반면, 이승만의 주장과 아량은 도대체 무엇을 위한 것인지 알 길이 없었다. 이승만이 그런 환상에 빠져 있을 때 김일성은 모스크바를 방문하고 있었다.

6·25 전쟁 공모共謀를 위해 이미 1949년 3월과 12월에 모스크바

를 극비리에 방문했던 김일성은 이제 마무리 작업 차원에서 1950년 4월 모스크바를 세 번째 방문했으며, 5월엔 중국을 방문해 주석 마오쩌둥毛澤東, 1893~1976을 만났다. 그러나 남한 국방부 장관 신성모는 5월 10일 "현재 우리 해군은 일단 유사시에는……하고 싶은 행동을 어디까지든지 할 수 있는 힘과 태세를 갖추고 있다"고 큰소리쳤다.[27] 이승만 정권의 북침 허풍은 '말썽꾼' 혹은 '전쟁 도발자'라는 이승만의 이미지를 미국에 각인시키는 효과 이외엔 아무것도 없었다.

이호재는 『한국 외교정책의 이상과 현실: 이승만 외교와 미국 정책의 반성』(2000)에서 이승만이 실속 없는 허세만 부림으로써 미국에서 공급받기를 원했던 필요한 무기를 얻지 못했기 때문에 그의 무력통일정책은 시종 북한을 위협한 '공갈' 정책에 지나지 못한 것이 되어버렸다고 했다. 그는 "한국전쟁 돌발 자체가 바로 이승만 대통령의 '공갈 정책'이 실패한 결과라고 할 정도로 그의 '무력통일 공갈'은 매우 중요하고 심각한 결과를 가져왔다. 그가 무력으로 통일하겠다고 허세를 부림으로써 그의 실력과 의도에 관해 많은 오해를 국내외에서 갖게 되었다"며 다음과 같이 말했다.

"국내외의 많은 사람들은 이승만과 그의 정권이 북한에 비해 우월한 힘을 가지고 있거나 그렇지 못하다면 적어도 자위할 수 있는 실력을 가지고 있을 것이라고 믿었다. 따라서 이들은 이 박사에게 더욱 무기를 주려고 하지 않았다. 다른 한편으로 한국이 북한에 비해 군사력에 있어 열세하다는 것을 아는 사람들은 무기만 주면 이 대통령과 그의 군대가 38선을 넘어 북진할 것이라는 점을 두려워해서 그에게 무기를 공급하지 않으려 했다. 이에 못지않게 중요한 그의 공갈 정책의 결과는 이승만의 위협이 실현되어 한국군이 북진할 경우에 대비해서 김일성과 그의 북한 공산정권이 더욱 군비 확장에 박차를 가했을 것이라는 점이다."[28]

이승만 지지자들은 이승만의 '공갈 때리기'에 깊은 뜻이 있었을 거라고 신비화하는 경향이 있었다. 이승만을 가리켜 '외교의 귀재'라고 부르는 신화가 그걸 잘 말해준다. 그러나 이후 이승만의 행태가 스스로 잘 말해주겠지만, 이승만은 너무 나이를 먹은 탓인지 주변에 대한 관찰력과 판단력에 심각한 장애를 갖고 있었다.

반공의 '정치적 상품화', 매카시즘

흥미로운 사실은 6·25 직전 이승만이 북진통일론을 외칠 때에 미국에서 '빨갱이 사냥'으로 득세하고 있던 상원의원 조지프 매카시Joseph McCarthy, 1908~1957가 이승만과 너무도 비슷한 행태를 보였다는 점이다. 매카시는 오늘날 우리가 알고 있는 이른바 '매카시즘McCarthyism'이란 말을 낳게 한 장본인이다. '매카시즘'이란 "논리적인 이론이나 사실의 근거 없이 정적을 비난하거나 공산주의 등으로 몰아 탄압하는 일"을 의미하는데, 그건 달리 말하자면 반공反共의 '정치적 상품화'였다.

상원의원 재선再選에 자신이 없어 전전긍긍하고 있던 매카시는 1950년 1월 7일 자신의 정치적 조언자들에게서 귀가 번쩍 뜨일 말을 듣게 되었는데, 그건 바로 '반공'이었다. 1949년 중국의 공산화, 소련의 원폭 실험과 유럽·극동에서 영향력 증대, 미국을 휩쓸고 있던 외국인 혐오증 등은 반공의 정치적 상품으로서 가치를 크게 돋보이게 만들었다.[29]

그로부터 한 달 후인 2월 9일 매카시는 웨스트버지니아주 휠링

매카시는 웨스트버지니아주 휠링에서 행한 연설에서 국무성 공무원들 중에 당원증까지 가진 공산당원이 205명이 있다고 폭로했다. 그러나 이 말은 거짓말이었다.

Wheeling에서 행한 한 연설을 통해 역사에 길이 남을 매카시즘의 포문을 열기 시작했다. 그는 자신의 손에 국무성에 근무하는 공무원들 가운데에 당원증까지 가진 공산당원 205명의 리스트가 있다고 주장했다. 그건 거짓말이었지만, 그 연설의 효과는 컸다. 매카시는 하루아침에 전국적인 인물로 부상했다. 매카시는 거짓말을 하는 데에 재미를 붙여 이후 근거 없는 폭로 행진을 계속했는데, 6·25전쟁은 매카시에게 날개를 달아주었다. 그 전쟁은 공산주의에 대해 공포감을 갖고 있던 많은 사람으로 하여금 매카시를 구세주처럼 여기게 만들었다.

그러나 시간만큼 무서운 건 없는 법이었다. 매카시의 '공갈 때리기'는 1954년경 그 수명을 다해 그는 비참한 최후를 맞이하게 된다. 매카시가 늘 부르짖었던 '미국을 위한 투쟁fight for America'은 사실상 '자기 자신을 위한 투쟁fight for Joe McCarthy'에 지나지 않았다는 것이 밝혀지고 말았다.[30] 이승만의 '공갈 때리기'는 1960년 4·19 혁명까지 계속 그 잔존 수명을 유지하긴 하지만, 그때까지의 세월은 '이승만을 위한 투쟁'의 세월이었다. 물론 이승만의 애국심을 의심할 필요는 없다. 그러나 그의 애국 방법은 시대착오적인 것이어서 차라리 그에게 그 뒤틀린 애국심이 없었더라면 더 좋았을, 그런 참담한 결과를 낳게 된다.

| 역사 산책 1 |

"음력설을 쇠는 악덕배들의 광태"

"구정舊正을 폐지하려는 정부 시책을 어기고 설날 철시하고 쉬는 업자들에겐 10일간 영업정지 처분을 내리겠음. 구정을 앞두고 떡 방앗간 영업이나 소·돼지 도축도 금지함……." 1950년 2월 3일 서울시가 발표한 구정 과세 금지 조치였다. 며칠 뒤 서울시경 국장은 '담화문'을 발표해 "설 전후 3일간 경찰을 총동원해 충무로·종로 상점가를 돌며 정상 영업을 제대로 하는지 감시하겠다"고 엄포를 놓았다.

『동아일보』1950년 2월 17일자에 따르면, 정부 당국자는 "만일 구정 초라 하여 철시하는 상인은 영원히 철시를 하도록 할 것"이라는 모진 표현까지 서슴지 않았다. 일부 언론까지 덩달아 방망이를 들고 나섰다. 1950년 한 신문은 "일부 몰시국沒時局 악덕배라고밖에는 규정지을 수 없는 시민들이 소위 음력 과세를 하기 위해 광태狂態를 부리고 있다"는 표현까지 썼다. 또 어느 신문은 구정 과세를 비판하며 "서울 온 외국 손

님의 안목이 우리를 어떻게 볼 것인지 수치스러운 일"이라고 했다.[31]

이른바 '오리엔탈리즘Orientalism'의 극치를 보여주는 풍경이었다. 1978년에 출간한 『오리엔탈리즘』을 통해 '오리엔탈리즘'이라는 말을 전 세계적으로 유행시킨 미국 컬럼비아대학의 영어 및 비교문학 교수 에드워드 사이드Edward W. Said, 1935~2003는 "『오리엔탈리즘』이라는 책에서 내가 주장하고 싶었던 것은 서구인들의 오만과 편견이었다"며 다음과 같이 말했다.

"서구인들은 서구문명이 보편적이고 선구적인 문명이고, 그 외는 모두 야만적이고 열등하다고 생각하는 경향이 강하다. 그래서 그들은 자신들의 입장에서 동양을 보지, 동양인의 입장에서 이해하려고 하지 않는다. 그러다 보니 우월한 서양이 열등한 동양을 가르치고, 나아가 지배한다는 것이 당연시되는 것이다. 그 같은 인식에서 나온 것이 제국주의가 아니겠는가. 이 같은 서구인들의 편견과 그에 따른 동양에 대한 편견을 나는 오리엔탈리즘이라고 불렀다."[32]

당시 한국은 서양식 근대화에 몰두한 나머지 구정을 구시대의 잔재로 몰아 공격한 것이었지만, 사람 사는 게 어디 그런가? 한국이 잘먹고 잘살게 되고 '오리엔탈리즘'에서 벗어나게 되면서 1985년 정부는 설날을 '민속의 날'이란 공휴일로 지정했고, 1989년부터는 '설날'이라는 이름까지 공식적으로 붙였다. "음력설을 쇠는 악덕배들의 광태狂態"를 정부가 주도하게 된 셈이다.

 # 이승만의 참패로 끝난 총선거

미국의 '선거 연기' 반대

애치슨 선언(1월 12일)이 나온 지 일주일 후 미 하원은 대한對韓 경제원조 6,200만 달러 지출안을 1표 차로 부결시켰다. 한국 국회에선 미 하원의 경제원조안 부결에 대해 재고를 요망하는 결의안을 채택하기 위한 토의가 벌어졌다. 국회의장 신익희는 한국 정부가 민주주의가 무엇인지 전혀 모르고 또 미국의 원조를 남용하고 있으니 어찌 미국이 한국을 도울 수 있겠느냐고 반문했다. 자기라도 이런 정부엔 원조하지 않을 것이라며, 미국의 지지를 받을 수 있는 민주국가를 세워 근본적 원인을 제거하지 않는 한 수백 장의 결의문을 미국에 보내도 소용이 없을 것이라고 주장했다.[33]

신익희의 발언은 당시 국회의 전반적인 정서를 대변한 것이었다. 1949년 말부터 내각제 개헌을 추진해오던 민주국민당(민국당)은 미 하원에서의 대한 원조 법안 부결을 계기로 개헌 논의를 가속화했다. 1950년 1월 27일 민국당과 무소속의 일부가 제휴해 79명의 연서連署로 내각책임제 개헌안을 제출했다. 국회의 개헌안에 대해 이승만이 믿는 구석은 경찰과 청년단체였다. 여당인 대한국민당 최고위원 윤치영은 "개헌을 추진하는 자들이야말로 정권욕에 사로잡힌 매국노"라고 주장하면서 개헌 저지에 앞장섰다(대한국민당은 1949년 11월 12일 이승만 지지 세력을 모아 창당되었다).[34]

윤치영의 뜻은 곧 이승만의 뜻이었으니 개헌이 이루어지긴 어려운 일이었다. 내무부는 경찰에 대기령을 내려 "대통령의 명령이 있으면 언제라도 행동을 취할 수 있도록" 했고, 내각은 각급 공무원들에게 동원할 수 있는 모든 수단을 동원해 개헌을 저지하라는 훈령을 내렸다. 또 청년단체들의 개헌 반대 시위가 전국 각지에서 전개되었다.[35]

3월 14일 개헌안이 표결에 부쳐졌다. 개헌 통과에는 3분의 2선인 123표가 필요했는데, 66명의 국회의원이 기권함으로써 개헌안은 부결되었다. 이승만이 조종하는 청년단체들의 협박이 효과를 거둔 것이다. 그러나 이승만을 지지해서 이 개헌안에 반대한 사람은 33명뿐이었으며, 개헌안에 찬성한 사람은 77명이었다. 5월 30일로 예정된 제2대 총선에서 이승만의 패배는 불을 보듯 뻔한 일이었다. 그래서 이승만은 선거를 12월로 연기하려고 했다. 이에 대해 4월 초순 미 국무부 장관 딘 애치슨이 엄중 경고하고 나섰다. 이미 1950년 3·1절 기념식 연설에서 미국 대사 존 조지프 무초John Joseph Muccio, 1900~1989는 이승만 정권의 독재화에 대해 경고했는데, 애치슨의 경고는 그 연장선상에서 나온 발언이었다.[36]

애치슨은 주미 대사 장면에게 보낸 외교 각서에 인플레이션 억제와 예정대로의 선거를 실시하지 않을 경우 대한 원조 계획을 재고하겠다는 위협과 이승만에게 한국에 대한 군사·경제원조는 한국 내 민주적 제도의 수립과 발전에 입각한 것이라는 사실을 명기했다.[37]

중간파의 승리로 끝난 총선

이승만은 선거를 예정대로 치르지 않을 수 없었고, 이제 승리를 위해선 청년단체들을 동원하며 자신이 직접 나서는 수밖에 없었다. 이때만 해도 이승만은 "정당 불신 혹은 정당 무용론자"였다. 그는 자신이 당적黨籍을 가지고 있지 않은 입장을 이용해 총선에 대한 교서에서 "민국정부를 파괴하고 부인하는 분자와 당파를 위주로 하는 정객들의 등장을 방해하라"고 호소했다. 그는 영호남 지방을 순회하면서 "민국당은 개헌파이므로 반정부분자이니 이들에게 투표해서는 안 된다"고 주장했다.[38]

제헌국회와 달리 부일협력자에게도 출마할 수 있는 기회가 주어진 5·30 총선의 입후보자 수는 2,209명(제헌국회 후보자 948명)으로 평균 10.5 대 1의 경쟁률을 보였다. 선거 결과, 무소속 126석, 대한국민당 24석, 민주국민당 24석, 국민회 14석, 대한청년단 10석, 대한노동총연맹 3석, 일민구락부 3석, 사회당 2석, 민족자주연맹 1석, 대한부인회 1석, 불교 1석, 여자국민당 1석을 얻은 것으로 나타났다.[39]

5·30 총선은 민국당과 이승만의 참패였다. 민국당은 여당이라 할 대한국민당과 같은 24석에 9.8%의 표를 얻는 데 그쳤다. 이승만 지지세력은 독촉국민회 12명, 대한청년단 4명을 합해도 57명 정도에 지나지 않았다. 이호재는 "이승만의 대패는 김일성 정권이 남침을 감행할 수

5·30 총선은 이승만의 예상과는 달리 민국당과 이승만의 참패, 중간파의 대승이었다. 이승만 지지 세력은 57명 정도에 지나지 않았다.

있게 하는 더 좋은 정치적 여건을 만들어주었다"고 평가했다.[40]

5·30 총선의 가장 큰 특징은 무소속 중간파 후보들의 대거 당선이었다. 한민당 출신의 국민당 윤치영·이인 등이 낙선했고, 민국당의 서상일·조병옥·김준연·백남훈·김동원·백관수·이영준 등 중진들이 대거 탈락했다. 반면 조소앙·안재홍·원세훈·윤기섭·오하영·장건상·여운홍 등 중도 혹은 중도 좌파의 진출이 두드러졌다.[41]

5·30 총선에는 박순천을 비롯해 11명의 여성 후보가 입후보했다. 박순천은 출마 당시 '여성 운동의 총사령관', '조선 여성계의 맹장'으로 불리며 화제를 몰고 다녔으며, 그의 종로 선거사무소에는 전국의 여성들

이 선거자금에 보태라고 보낸 금반지, 금비녀, 금목걸이가 쏟아졌다. 최종 개표 결과 1만 1,251표로 당선되었다. 여성 당선자는 박순천과 임영신 2명으로 늘었다(임영신은 1949년 1월 경북 안동 보궐선거에서 당선되어 대한민국 첫 여성 국회의원이 되었다. 그는 당시 "안동은 완고하고 배타주의적인 곳이라고 하지만, 이와 같은 고풍古風은 완전히 타파된 셈"이라는 당선 소감을 남겼다).[42]

중간파에 가해진 탄압

중간파의 대승은 이들에게 가해진 탄압에 비추어볼 때에 놀라운 것이었다. 부산에서는 장건상 등 6명의 후보를 겨냥해 "공산당의 주구를 박멸하라"는 등의 벽보와 삐라가 나돌았고, 선거를 일주일 앞두고 이 지역에서 장건상·임갑수·윤우현·김칠성 후보 등이 국가보안법 위반 등의 혐의로 구속되었다. 또 서울에선 검찰과 경찰이 5월 25일 북로당남반부정치위원회 사건을 발표해 윤기섭·조소앙·원세훈·김붕준 등을 포섭 대상자로 결정했다며 이들을 불구속으로 취조했다.[43]

조병옥과 조소앙이 대결한 서울 성북구에서는 선거일 전날 "조소앙이 월북했다"는 벽보와 삐라가 나돌았다. 그래서 조소앙은 투표일 새벽부터 지프에 확성기를 달고 돌아다녔다. 조병옥은 단선단정 수립을 반대하고 소위 남북협상을 하러 북한에 갔다 온 자를 국회에 보낸다면 대한민국의 존립이 위험한 궁지에 빠지게 된다고 조소앙을 공격했지만 그것도 먹혀들지 않았다. 조소앙은 전국 최고 득표(3만 4,035표)를 기록하면서 조병옥(1만 3,498표)을 간단히 따돌린 것이다(조소앙은 1948년 10월에 노선 변경을 했다. 대한민국의 존재를 인정하고 대한민국을 육성하기 위해 다음 총선에 참여할 뜻을 밝히면서 김구의 한독당을 탈당한 뒤 1948년 12월 하순 사회당을 창당했다).[44]

전국 제2위 득표자는 여운형 사후 근로인민당을 이끌었던 무소속의 장건상이었다. 부산 을구에 출마한 그는 공산당으로 몰려 경찰서 유치장에 수감된 상태에서 당선 소식을 들었다. 14명의 후보가 난립한 가운데 장건상의 주요 경쟁자는 미군정하에서 경남지사를 지낸 김국태였는데, 장건상은 김국태보다 4배 이상의 표를 얻었다(장건상 2만 6,720표, 김국태 5,600표). 장건상의 대승은 장건상에게 가해진 탄압의 난폭함에 대한 유권자들의 응징의 결과였을 것이다. 장건상의 둘째 딸 장수양의 증언이다.

"여러 입후보자들 가운데 아버님의 당선이 유력해지자, 경찰 쪽에서 간섭하기 시작했다. 평양으로부터 자금을 받았다는 모략이 나돌고, 끝내 아버님은 공산당으로 몰려 구속되었다. 압수한 돈이 이북以北 돈이라고 일부 신문에 크게 보도되기도 했다. 선거운동원들 가운데 붙잡혀간 사람만도 30명이 넘었다. 유권자들이 보는 앞에서 경찰이 대나무 막대기로 운동원을 마구 내리쳐, 대나무 막대기가 부챗살처럼 퍼지고 운동원의 몸이 만신창이가 되는 걸 나도 보았다."[45]

6월 19일에 실시된 국회의장단 선거에선 신익희가 의장으로 당선되었다. 1차 투표에서 신익희(민국당) 96표, 조소앙(사회당) 48표, 오하영(무소속) 46표, 이갑성(국민회) 11표, 안재홍(무소속) 3표, 윤기섭·장건상·지청천·김용무·장택상 각 1표였다. 2차 투표에선 신익희 109표, 조소앙 57표, 오하영 42표였다. 국회의 3분의 2 이상은 반反이승만 세력이었다. 이승만 세력은 오하영을 밀었지만 1차 투표에서 46표에 불과했으며 2차 투표에선 오히려 42표로 줄어들었다.⁴⁶

'내가 승리한 것이오'

그러나 이승만은 선거 결과를 자신의 패배로 인정하지 않았다. 윤치영 때문에 생긴 혼란이라고 주장했다. 자신의 정치고문인 로버트 올리버 Robert T. Oliver에게 보낸 10월 11일자 편지에서 그렇게 말했으니, 이승만은 정말 그렇게 믿었을지도 모르겠다.

그 편지에서 이승만은 "지난 5·30 선거에서 내가 졌다는 이야기는 사실과 다르오. 그러나 그것을 그럴싸하게 들리도록 한 어떤 정치적 관련은 있었소. 2명의 국회부의장 중의 한 사람인 전 내무부 장관 윤치영 씨가 '일민'주의에 입각하여 국민당이라고 하는 소규모의 정당을 조직하였는데 이것은 온 국민이 신봉할 민주주의 지도이념으로서 내가 보급시킨 것이오. 이 주의는 이름 그대로 (양반과 상놈, 빈부, 남녀, 남북 출신 등을 가릴 것 없이 평등하다는) 하나의 규범이나 국민의 평등을 의미하는 것이요. 한국의 민주주의는 남녀 모든 시민이 지지할 만큼 충분히 민주적이어야 하는 이 원리에 토대를 두어야 한다고 나는 믿고 있소. 이 원리에 대한 나의 선언이 있은 이후 많은 정치인들이 이것을 기초로 하여 정당을 조직하려고 하였소"라면서 다음과 같이 말했다.

"윤씨는 낙선되었고 그로부터 '대통령 정당의 당수'인 윤치영이 패배하였으니까 대통령도 패배하였다는 인상을 낳게 하였소. 사실에 있어서 국민들은 내가 윤씨나 그의 정당과는 아무런 관계가 없다는 것을 알고 있소. 이번 선거에 정당에 가입한 사람들보다는 무소속 입후보자들이 더 많이 당선된 것이 사실이요. 이 때문에 역시 정당과 관계가 없는 인사들은 정부를 지지하지 않을 것이고 따라서 나는 국회의 지지를 잃게 되었다는 그릇된 인상을 낳게 하였소. 이러한 인상은 정확하지 않소. 실은 그와 정반대로 내가 승리한 것이요. 내가 정당정치를 찬성하지 않는다는 것은 잘 알려진 사실이오. 나는 항상 정당정치가 아직은 한국에서 시기상조라고 말하고 있소."[47]

앞으로 계속 보게 되겠지만, 이승만의 가장 큰 특성은 '일관성의 결여'였다. 앞뒤가 맞지 않는 말을 하면서도 그게 문제라는 걸 깨닫지 못하는 듯했다. 과도한 자기 중심주의 때문이었는지도 모른다. 이승만은 총선의 가장 큰 특색이라 할 중간파의 부상을 어느 정도 예측하고 있었던 것으로 보인다. 그는 선거를 앞두고 부산, 청주, 대구 등 주요 도시를 순방하면서 남북협상파에게는 투표하지 말라고 주장했기 때문이다. 그는 담화를 통해서도 중간파의 '불순성'을 부각시키기에 바빴다. 심지어 당선된 뒤라도 선거인을 소환해야 할 것이라는 협박성 발언도 서슴지 않았다.[48]

민중은 민국당도 거부했다

유권자들이 이승만 세력뿐만 아니라 민국당도 거부했다는 건 무엇을 의미하는 것이었을까? 조정래의 『태백산맥』은 이 물음에 대한 답과 관련된 시사점을 던져주고 있다.

벌교·보성의 오일장은 대목장보다 더 흥청거렸다. 여기저기서 신나는 먹자판이 벌어졌다. 후보마다 술판을 벌여놓았던 것이고, 투표권을 가진 남자라는 남자는 다 장터로 몰려나와 아무 데서나 맘껏 술을 마셔댔다.

"주는 술잉께 묵고보드라고."

"하먼, 돈 많은 눔덜이 즈그 좋아서 돈 쓰겄다는디 쓰게 혀줘야제."

"그렇제, 우리가 술 안 묵어주먼 돈 못 쓰게 혔다고 원수살라고?"

남자들은 이 자리에서 마시고 얼큰해지고, 저 자리에서 마시고 알딸딸해지고, 다음 자리에서 마시고 곤드레가 되고, 장터를 떠날 때는 거의가 취할 대로 취해 있었다. 서너너덧씩 몰려 집으로 돌아가며 그들은 장터에서 감추었던 속을 비로소 털어놓기 시작했다.

"하, 호로자석덜, 애국자 아닌 놈은 하나또 읎데."

"힝, 농민 안 위하는 눔은 워디 있고?"

"다 좆이나 뽈 씨벌눔덜이여. 전분에 입 달린 새끼덜이 다 머시라고 떠벹렸어. 토지는 싹 다 농민헌테 준다, 농민언 나라의 쥔이다, 허고 떠든 눔덜이 그눔덜이여. 근디 농지개혁은 워치케 혔냐 그것이여, 개잡녀려 새끼덜."

"긍게 말이여. 그럼시로 또 농민얼 위허겄다는디, 순 도적눔덜이제 머시여."

"술 얻어묵고 요런 소리 허기넌 안되았다마넌, 찍어줄 눔 하나또 읎드라."

"말 그리 빙신맹키로 허덜 말어. 술 얻어묵고 안되았다니, 안되기넌 머시가 안되야. 우리넌 술얼 얻어묵은 것이 아니라 우리 술 찾아묵은 것이여. 그눔덜이 지닌 돈이 다 머시여. 불쌍헌 우리 피뽈고 등까죽 벡겨서 모은 것이다 그것이여. 후보자 중에 당당허니 돈 번 눔이 있으면 대부아. 싹 다 지주 아니면 지주네 새끼덜이 아니냔 말여. 술언 묵었어도 정신언 똑똑허니 채려,

또 당허기 전에."

"어허이, 그 말 한분 쌈빡허니 잘했네. 하먼, 우리 술 우리가 찾아묵은 것이 제."[49]

바로 이런 민심이 북한의 남침을 촉발하는 데에 기여했을지도 모르겠다. 그래서였는지는 몰라도 북한의 전쟁 도발자들은 6·25 전쟁을 일으켜 놓고 속전속결론에 확신을 가졌다.

이승만과 김일성의 '책임 윤리'의 부재

북한 최고인민회의 상임위원장 김두봉은 전쟁의 지역·수단·목적 등을 제한하는 제한전쟁 또는 제한무력에 의한 해방전쟁의 불가피성을 눈물을 흘리며 설명하면서 국방군에 대해 적대행위를 하지 말 것을 명령했다. '한 줌도 안 되는 민족반역자들'만 제거하면 된다는 것이었다.[50]

김일성은 7월 8일 미국의 참전만 없었다면 전쟁은 벌써 종식되고 통일이 달성되었을 것이라고 아쉬움을 토로했다.[51] 그로부터 딱 44년 후인 1994년 7월 8일에 사망할 때까지 김일성은 남침을 단 한 번도 인정한 적이 없었다. 그러나 그건 공식적으로만 그랬을 뿐이다. 그는 비공식적으론 남침을 여러 차례 인정했으며 사과의 의미까지 시사했다. 그간 해온 선전과 더불어 그걸 정당성의 기초로 삼고 있었기 때문에 그런 이중성을 보였을 것이다.[52] 이게 바로 곧잘 자기들이 판 함정에 자기들이 빠지는 북한 체제의 경직성을 말해주는 것이다. 그런 경직성은 '책임 윤리'를 외면하게 만든다. 경직된 도그마에 빠진 사람들에겐 원래 책임 의식이 없는 법이다. 모든 게 당위요, 신앙의 차원에서 이루어지기 때문이다.

미국의 참전으로 전황이 불리하게 돌아가자 김일성은 소련군의 참전을 요구했지만 스탈린은 거부했다. 김영호가 『한국전쟁의 기원과 전개 과정』(1998)에서 잘 지적했듯이, "스탈린의 마키아벨리적 세계 전략에 대한 이해를 결한 채 한국전쟁 직전 김일성이 보여준 낙관적이고 안이한 속전속결론은 막스 베버의 책임 윤리 부재의 전형을 보여준다. 김일성은 남침의 승인과 무기 지원을 스탈린에게 요구하면서 일단 전쟁이 시작되고 나면 북한의 요구들을 소련이 더 잘 들어줄 것으로 판단한 것으로 보인다. 그러나 스탈린은 자신의 정치적 목적을 달성하는 데 부합하지 않는다고 판단될 때에는 김일성의 요구들을 거절했다".[53]

그렇듯이 북한의 관점에서 보더라도 김일성의 남침은 그런 책임 윤리의 파탄에 근거한 것이었다. 이승만의 '공갈 때리기'라는 책임 윤리의 실종에 대해 북한은 대량 살육을 낳을 수밖에 없는 전쟁으로 화답했으니, 남북 양쪽 수뇌부는 모두 무슨 귀신에 씌웠거나 추상적인 '민족'이라는 주술에 혼이 나갔던 건지도 모르겠다.

1950년 6월 25일
새벽 4시 40분

'남침 유도설'을 낳을 정도의 무방비

　1950년 6월 7일 북한은 모든 남침 준비를 끝내놓고 '조국의 평화통일'을 제창하면서 "8월 4~8일 사이에 남북총선거를 실시하자"는 연막 작전을 펴더니,⁵⁴ 6월 25일 새벽 4시 40분을 기해 남침을 개시했다. 북한은 그간 치밀한 전쟁 준비를 해온 반면, 남한은 이승만의 허풍에 가까운 북진통일론에 대한 미국의 견제로 인해 전쟁에 대해 무방비 상태였다.

　남한은 병력만 열세인 게 아니었다. 북한군은 소련제 T-34형 탱크 240여 대, 야크 전투기와 IL 폭격기 200여 대, 각종 중야포와 중박격포로 무장하고 있었다. 반면 남한군은 6·25 직전까지 대공포화가 없는 지역의 정찰만을 위해 쓸 수 있는 6대의 항공기 이외에는 더 허용되지 않았으며, 탱크와 기갑 차량은 전무했고, 포병은 탱크를 격파할 수 없는 바

주카포와 화포만으로 무장하고 있었다. 또 남한군은 단지 15일 동안만 국방 작전을 수행하는 데 필요한 보급품만 가지고 있었다.[55]

6·25 직전 남북 전력 비교는 이후 전문 연구자들 사이에 논쟁을 낳게 되지만,[56] 남쪽이 무방비 상태에 놓여 있었다는 것만큼은 분명한 사실이었다. 아니 무방비 상태를 넘어서 상식 수준으로 도저히 이해할 수 없는 일이 너무도 많이 벌어졌기에 나중에 '남침 유도설'은 말할 것도 없거니와 남한 군부에 북한 프락치들이 대거 침투해 있었다는 주장까지 나오게 만들 정도였다.

북한의 남침 위협 정보가 있었지만, 남한군은 6·25 직전인 6월 10일부로 일선 사단장들의 대규모 인사 이동을 단행했다. 전쟁기념사업회의 『한국전쟁사: 제3권』(1992)이 지적했듯이, "이러한 인사 이동은 건군 이래 처음 있는 대대적인 것으로서 북한의 남침 위협을 정말로 심각하게 판단하고 있었다면 대단히 현명치 못한 처사였다고 할 것이다."[57]

6월 24일 육군본부 정보국이 북한의 대규모 병력이 38선에 집결했다는 보고를 했지만, 군 수뇌부는 바로 그날 비상경계를 해제했다. 그날은 주말이라 거의 절반에 해당하는 병력이 외출했다. 그날 저녁 육군본부 장교클럽 낙성파티엔 전방부대 사단장들까지 초청되어 밤새 술판과 탱고와 블루스 춤판이 벌어졌다. 그 파티는 새벽 2시, 그러니까 남침 2시간 전까지 계속되었다.[58]

오판과 오보의 연속

서울 시민들은 멀리서 들려오는 포탄 소리에 크게 놀라진 않았다.

그전에 38선에서 워낙 소규모 충돌이 많았기 때문에 대수롭지 않게 생각하는 사람이 많았다. 그러나 군용차가 거리를 질주하고 "3군 장병들은 빨리 원대로 복귀하라"는 마이크 소리가 요란해지면서 조금씩 동요하기 시작했지만, 무슨 일인지 알 길은 없었다. 오전 7시가 넘어서야 방송은 북한군이 침공해왔다는 소식만 간단히 전하고 "장병들은 누구를 막론하고 빨리 원대로 복귀하라"는 공지방송만 반복하고 있었다.[59] 국군 수뇌부조차 사태 파악을 하지 못하고 있었다. 그날 오후 2시에 열린 국무회의에서 육군참모총장 채병덕은 "적의 전면 공격은 아닌 것 같으며 이주하, 김삼룡을 탈취하기 위한 책략으로 보인다"고 답했다.[60]

6월 26일 낮 12시 30분에 소련의 야크기 2대가 서울 상공에 날아와 김포공항을 폭격하자, 이때서야 서울 시민들은 전면 전쟁이 개시된

일제강점기에 일본군 포병 장교를 지냈던 육군참모총장 채병덕은 북한의 남침을 "적의 전면 공격은 아닌 것 같"다고 말했다. 1949년 9월 26일 채병덕이 미 군사고문단 앞에서 연설하고 있다.

줄 알았다. 그래도 6월 25일에 제작된『조선일보』26일자 사설은 백범 김구의 1주기를 다루면서 전쟁 발발에 대해서는 언급을 하지 않았다.[61]

6월 26일 신문들은 호외로 남침을 알렸지만 오보誤報가 난무했다. 서울대 교수 김성칠의『역사 앞에서: 한 사학자의 6·25 일기』(1993)의 6월 26일자는 "오늘 하루 호외號外가 두 번이나 돌고 신문은 큼직한 활자로 '괴뢰군의 38전선에 긍亘한 불법 남침'을 알리었다"며 다음과 같이 썼다.

"은은히 울려오는 대포 소리를 들으면서 괴뢰군에 대한 비방과 욕설로 가득 찬 지면을 대하니 내일이나 모레쯤은 이 신문의 같은 지면이 괴뢰군에 대한 찬사와 아부로 가득 차지나 않을까 하는 생각이 문득 머리를 스치었다. 시시각각으로 더해가는 주위의 혼란과 흥분과는 딴판으로 신문 보도는 자못 자신만만하게 '적의 전면적 패주'라느니 '국군의 일부 해주시에 돌입'이라느니 '동해안 전선에서 적의 2개 부대가 투항'이라느니 하는 낙관적인 소식들을 전하여 주고 있다."[62]

그런 낙관적인 소식은 바로 국군 수뇌부의 대응 자세를 말해주는 것이었다. 채병덕은 6월 26일 오후 국무회의에서 서울 사수를 공언하고 명령만 있으면 4일 내로 평양을 점령할 수 있다고 호언장담했다. 그는 그날 국방부 회의에서도 "국군 제17연대가 해주로 진격 중이며 곧 반격으로 전환하여 북진할 것"이라고 주장했다. 그때 제17연대는 인천으로 철수하고 있었는데도, 그런 식으로 그는 실제 전황과는 동떨어진 발언만 일삼고 있었다(해주 진격설은 제17연대장인 대령 백인엽의 군 사기가 해주로 진격할 정도로 높다는 것이었는데, 이게 잘못 전해지면서 방송으로도 나갔다).[63]

"미국인 2,500명을 우리가 다 죽이겠소"

오히려 사태를 제대로 파악한 건 미국의 워싱턴이었다. 한국 시각으로 6월 26일 오전 4시에 소집된 유엔 안전보장이사회는 "북한군의 즉각적인 전투 행위 중지와 38도선 이북으로 철수"를 요청하는 미국의 제안을 9대 0으로 가결했다(유고슬라비아는 기권). 소련 대표는 중국의 유엔 가입에 대한 미국의 반대에 항의해 1950년 1월 13일부터 안보리에 장기 결석하고 있었기 때문에 미국안에 거부권을 행사할 수 없었다.[64]

소련은 왜 그 중요한 시점에서 안보리에 결석했던가? 이 의문은 지금까지도 계속되어 많은 해석을 낳고 있다. 그러한 해석 중에는 소련이 북한을 전쟁으로 밀어넣어 중국과 미국이 군사적인 적대관계를 갖도록 유도하고자 했다는 것도 있다. 소련 외무부 장관을 지낸 안드레이 그로미코Andrei Gromyko, 1909~1989의 회고록은 스탈린의 명령 때문이었다고 밝혔다.[65] 이승만이 믿는 건 오직 미국뿐이었다. 경무대 비서 민복기의 증언에 따르면, 이승만은 6월 26일 밤 10시 30분경 일본 도쿄에 있는 미 극동군 사령관 더글러스 맥아더Douglas MacArthur, 1880~1964에게 전화를 걸었다.

"맥아더는 잔다고 부관 코트니 휘트니 준장이 전화를 받았나봐요. 대통령께서는 준엄한 표정으로 이렇게 말하더군요. '맥아더 원수가 깨면 이렇게 전하시오. 당신네들이 빨리 우리를 도와주지 않으면 여기 한국에 있는 미국인 2,500명을 우리가 다 죽이겠소.' 바로 옆에서 듣고 있던 프란체스카 부인은 이 박사가 하도 어마어마한 말을 이렇게 하니까 자기 손으로 대통령의 입을 막더군요. 그러나 대통령은 '여하튼 맥아더

1950년 6월 26일 열린 유엔 안전보장이사회에서는 "북한군의 즉각적인 전투 행위 중지와 38도선 이북으로 철수"할 것을 9대 0으로 가결했다.

원수가 깨면 내 말을 그대로 전하시오.' 하면서 끊더군요."[66]

그러나 남한에 있던 미국인들은 전쟁 발발 이튿날부터 비행기와 배편을 이용해 서둘러 일본으로 철수해 이틀 동안 2,000여 명이 빠져나갔다. 이승만의 허세는 자신의 거취에서도 드러났다. 그는 그렇게 말한 지 채 4시간이 안 된 27일 새벽 2시에 대전행 특별열차를 타고 서울을 빠져나갔으니 말이다.

이승만이 서울을 떠나지 않겠다고 버텼지만 아랫사람들의 강권에 따라 서울을 떠났다는 기록이 많으나, 이는 사실과 다른 것으로 보인다. 이승만은 주한 미국 대사 존 조지프 무초John Joseph Muccio, 1900~1989의 강력한 반대에도 서울을 떠났으며, 이승만은 이미 25일 밤에 서울을 떠날 결심을 하고 있었다.[67] 무초가 반대한 것은 미국인들이 안전하게 철수할 때까지 한국 정부가 버텨줄 것을 원했기 때문이라는 주장도 있지만,[68] 미국의 자국민 철수는 이미 잘 준비되어 있었고 27일까지 거의 완료되었다는 점에 비추어볼 때에 과연 그런 이유 때문이었는지는 의문이다.

이승만의 거짓 녹음 방송

이승만이 서울을 떠난 가운데 6월 27일 새벽 4시에 열린 비상 국무회의에선 정부의 수원 천도가 정식으로 의결되었다. 이 회의에서 국방부 장관 신성모는 전황에 대해 아는 바 없다고 발언했다.[69] 신성모의 한심한 직무 유기와 갈팡질팡은 라디오 뉴스에 그대로 반영되었다.

서울중앙방송은 27일 아침 6시 뉴스에 정부가 수원으로 천도했다는 소식을 전했지만, 곧 수원 천도 소식을 취소하라는 지시가 내려왔다. 그래서 그것을 취소하는 방송을 내보냈다. 대포 소리가 미아리고개 가까이서 울리는데도 국군이 의정부를 탈환했다는 뉴스가 들어와 그것도 내보냈다. 오후 4시엔 맥아더 사령부가 전방 지휘소를 서울에 설치했다는 뉴스를 내보냈다. 맥아더가 15명의 현지 시찰단을 파견한 것이 잘못 알려진 데 따른 오보였다.[70]

6월 27일 밤 9시경 대전방송국에서 서울중앙방송국으로 전화가 걸려왔다. 이승만의 담화를 전화로 받아 방송하라는 것이었다. 국민은 고생이 되더라도 참고 있으면 적을 물리칠 수 있을 것이니 안심하라는 내용이었다. "정부는 대통령 이하 전원이 평상시와 같이 중앙청에서 집무

이승만은 방송을 통해 "국민은 군과 정부를 신뢰하고 조금도 동요함이 없이 직장을 사수하라"고 했지만, 그는 이미 서울을 떠난 뒤였다. 서울 시내로 들어온 북한의 T-34형 탱크.

하고 국회도 수도 서울을 사수하기로 결정하였으며, 일선에서도 충용무상한 우리 국군이 한결같이 싸워서 오늘 아침 의정부를 탈환하고 물러가는 적을 추격 중이니 국민은 군과 정부를 신뢰하고 조금도 동요함이 없이 직장을 사수하라."[71]

서울중앙방송은 정부의 명령에 따라 이승만이 서울에서 방송하는 것처럼 꾸며서 방송을 내보냈다. 이는 밤 10시부터 11시까지 서너 차례 녹음으로 방송되었다.[72] 방송의 혼란상은 곧 정부의 갈팡질팡을 의미하는 것이었다. 이승만 정부가 할 수 있는 일이란 미국의 조속한 지원을 기대하면서 재촉하는 것뿐이었다.

반면 작가 복거일은 "이승만 대통령의 초기 대응은 감탄할 만큼 침착하고 적절했다. 그러나 전쟁 초기의 그의 행적에 대한 일반적 평가는 높지 않다. 그가 라디오 방송으로 '서울은 안전하니 생업에 종사하라'고 시민들에게 당부하고서 혼자 서울을 탈출한 다음 한강 다리를 끊었다는 얘기가 널리 퍼졌고 지금도 그 얘기가 사실로 여겨진다"며 다음과 같이 주장했다.

"이 문제를 조사한 연구자들은 모두 그런 얘기가 근거가 없다고 언명한다. 이 대통령은 그런 방송을 한 적이 없다. 한강교 폭파도 전적으로 군사적 판단에 의한 국군 지휘부의 결정이었고 그는 관여하지 않았다. 연구자들은 그가 대전에서 한 방송 연설과 국군의 선무 방송이 비슷한 시기에 나오면서, 두 방송의 내용이 사람들의 기억에서 뒤섞인 것으로 추론한다."[73]

이승만과 정부의
갈팡질팡

서두른 한강다리 폭파

이승만과 정부 수뇌부는 서울을 떠나 피난해놓고 아무런 예고도 없이 6월 28일 새벽 2시 30분경 한강다리를 폭파했다. 이 폭파로 얼마나 많은 사람이 죽었는지 아무도 모른다. 폭파를 목격한 초대 육사 교장 이형근은 "아비규환이니 인류의 비극이니 하는 것은 그때의 정경을 두고 하는 말이다"고 말했다. 다른 목격자는 "북쪽 두 번째 아치를 끊었는데, 눈 뜨고 볼 수 없는 아비규환의 참상이었다. 피투성이가 돼 쓰러진 사람들이 손으로 다리 밑바닥을 긁으며 어머니를 부르고 있었다. 하지下肢만을 잃고서 어머니를 부르고 있었다. 50대 이상의 차량이 물에 빠졌을 것이다"고 말했다. 어떤 미군 장교는 500명에서 800명이 폭사暴死했을 것으로 추정했다.[74]

반면 『조선일보』 선임기자 박종인은 『월간조선』 2024년 7월호에 쓴 「[팩트 체크] 북한군 사진과 기록으로 본 한강 인도교 폭파 사건의 진실: 좌파의 날조, 우파와 국방부의 게으름이 '학살 괴담' 키워」라는 기사에서 "좌파左派에서는 민간인 수백 명이 국가 폭력으로 희생된 사건이라고 주장한다. 우파右派에서는 전시 상황에서 벌어진 불가피한 희생이라고 말한다"며 다음과 같이 주장했다.

"사건이 벌어진 지 74년이 됐지만 이 두 가지 주장에서 50cm도 더 나아가지 못하고 제자리다. 좌파는 희생자 수치를 증명하지 못한다. 그럼

6월 28일 새벽 2시 30분경 한강다리가 폭파되었다. 이 폭파로 얼마나 많은 사람이 죽었는지 아무도 모른다. 한강철교(왼쪽)와 이미 파괴된 한강다리(오른쪽).

에도 불구하고 우파는 그 좌파 논리를 파괴하거나 뛰어넘는 반론反論을 내놓지 못한다. 늘 방어적이다. 피해자가 됐건 가해자가 됐건, 이는 사건 당사자인 대한민국 국방부가 초동 조사를 하지 않은 탓이다. 인민군이 서울을 점령한 상황에서 현장을 조사할 방법이 없었다. 그 사이에 현장은 물과 세월에 휩쓸려갔고, 사건 실체는 지금까지 미궁迷宮 속에 있다."[75]

피해자 수의 문제와는 별도로, 당시의 전황으로 볼 때 6~8시간의 여유가 있었지만 조기 폭파를 한 건 도무지 이해할 수 없는 일이었다. 오죽하면 국군의 한 장성(이응덕)은 한강다리 폭파가 인민군의 짓인 줄 알고서 "과연 적이지만 전술을 아는 놈들이구먼"이라고 감탄했을까?[76]

한강다리 조기 폭파로 인명 살상은 물론 병력과 물자 수송에 막대한 타격을 입혔다는 비판이 대두되자, 이승만 정권은 나중에(8월 28일) 당시 폭파 책임을 맡았던 공병감인 대령 최창식을 '적전비행죄'로 체포해 9월 21일 사형을 집행했다. 최창식 혼자서 폭파 결정을 내렸을까? 그랬을 리 만무했지만, 최창식 혼자서 그 책임을 뒤집어썼다. 바로 이런 무책임과 기만에서부터 이승만 정권은 무너지고 있었다(최창식은 12년 만에 재심을 거쳐 1964년 무죄 판정을 받아 사후 복권되었다).[77]

서울 시민 144만 6,000여 명 가운데 인민군에게 점령되기 전에 서울을 빠져나간 사람은 40만 명이었다. 그 가운데 8할이 월남동포였고 나머지 2할인 8만 명이 정부 고관, 우익 정객, 군인과 경찰의 가족, 자유주의자들로 추정되었다.[78] 6월 28일 새벽 인민군의 탱크가 서울 중심부에 나타나기 시작했다. 날이 밝으면서 세상은 180도로 달라졌다. 이제 서울 시민들은 생존의 법칙에 순응하지 않을 수 없었다. 그러나 그 법칙에 대한 순응이 모든 사람에게 똑같은 정도로 나타난 건 아니었다. 김원일은 소설 『불의 제전』에서 6월 28일의 상황을 다음과 같이 묘사했다.

"바뀐 세상에 아직도 실감을 느끼지 못해 사방을 두리번거리는 겁먹은 얼굴도 있지만 길길이 뛰며 만세를 부르는 사람도 있다. '조선인민공화국 만세!', '김일성 장군 만세!', '박헌영 선생 만세!'가 군중의 외침 속에 섞갈리고, 습자지에 그려 만든 인공기를 댓개비에 붙여 들고 흔드는 사람도 있다.……인도에 늘어선 사람들은 준비해온 인공기를 흔들며, 맨손으로 나온 사람들은 손뼉을 치거나 만세를 부른다. 붉은 완장 찬 젊은이들이 차도로 나서서 뛰어다니며, 더 힘차게 만세 부르고 박수치라며 군중을 격려한다. '인민공화국 만세!', '인민해방군 만세!'를 연호하며, 박수 소리가 진동한다."[79]

인민군의 서울 점령 후 3일간의 수수께끼

인민군은 6월 28일 서울을 점령한 뒤 3일간 그대로 머물렀다. 이는 훗날 6·25 전쟁 연구자들에게 수수께끼가 되었다. 지금까지도 수많은 설이 난무하고 있다. 서울 점령으로 모든 게 끝나리라고 본 3일간의 제한전이었다? 남로당 당원들의 봉기를 기다렸다? 후방에서 대포와 기타 보급품들을 수송할 필요 때문이었다? 소련·중국과 다음 행동 방향을 상의하기 위해서였다? 공병과 통신 소홀에 따른 피치 못할 전략상의 공백에 따른 3일간의 휴식이었다? 춘천 전투 때문이었다?[80]

러시아 국방부의 군사연구소 연구원 이고르 포포프Igor Popov는 입증 문서는 없다는 걸 전제하면서도 "스탈린은 미국이 굴욕적인 패배를 당하면 원자무기를 사용할지 모른다고 우려해서 김일성의 부산 돌진을 저지시켰다"는 견해도 있다고 말했다.[81] 그런가 하면 또 마오쩌둥毛澤東, 1893~1976이 "전쟁은 보급로와 퇴로를 준비해야 한다"며 급한 추격전을 여러 번 경고했기 때문이라는 설, 미군 개입과 이에 따른 중국군의 개입을 우려했기 때문이라는 설로 이어진다.[82]

또 이런 주장도 있다. "서울에 진주한 북한군 제1군단은 대규모 도하작전을 수행할 도하 장비조차 전혀 갖추고 있지 않았으며, 자신들의 목표가 통일정부 수립이었던 만큼 이들은 서울 진주 후 국회 소집을 통해 통일정부를 수립하기 위해 더이상 남하하지 않고 서울에 체류하고 있었다.······그러나 이승만 정권의 신속한 남하로 이것이 불가능해지자 북한군은 결국 이승만 정권을 붕괴시키기 위한 추격전을 전개하지 않을 수 없었던 것으로 보인다."[83]

춘천 전투 때문이었다는 주장도 제기되었다. 춘천지구 6사단(사단장 김종오 대령) 7연대는 6월 22일부터 경계태세를 강화하며 동시에 전 장병의 외출을 금지시켰다. 그래서 인민군 2만 4,000명이 6월 25일 새벽 춘천을 기습공격했으나 40% 이상의 전력을 상실한 채 실패했다. 국군 6사단은 3일간 적군과 대치하며 춘천을 확보했으나 육군본부 명령에 따라 충주로 철수하면서 인민군은 27일 저녁 10시가 되어서야 춘천을 점령할 수 있었다. 그래서 원래 하루 만에 춘천을 점령한 후 한강 이남의 수원과 이천 지역을 차단해 국군을 포위하고 국군의 한강 방어선 구축을 저지하려던 인민군의 초기 작전 계획이 수포로 돌아갔다는 것이다.[84]

그들이 대한민국을 망치고 있었다

의정부에서 인민군에게 패퇴한 2사단의 남은 병력은 지금의 동작대교에서 광나루까지 방어진을 구축하고 인민군의 도하渡河를 저지하는 임무를 맡았다. 당시 2사단장이었던 임선하의 회고에 따르면, "의정부에서 T-34 탱크를 앞세운 인민군에게 무참하게 패배한 2사단 사병들의 대부분이 한강을 헤엄쳐 건너왔어요. 거의 세 끼를 굶은 사병들이 헤엄을 치면서도 소총을 버리지 않고 가져왔을 때는 얼마나 고마웠던지.…… 사병들은 한강을 건너와서는 굶주림과 피곤에 지쳐 밭고랑에 그대로 드러누웠기 때문에 그들에게 밥을 먹이는 것이 제일 급한 일이었습니다. 그러나 취사 장비나 부식은 아무것도 없었지요. 그래서 민가에서 솥을 구해와 밥을 짓고 반찬과 그릇이 없으니 소금에 절인 주먹밥을 만들어 사병들에게 돌렸지요. 이게 6·25 때 유명했던 주먹밥의 효시입니다."[85]

그게 바로 6월 28일의 일이었다. 일선 사단장의 기지에서 유래된 주먹밥의 에피소드는 전쟁이 발발하기 이전 전쟁만 일어나면 점심은 평양에서, 저녁은 신의주에서 먹겠다며 북진통일을 호언장담했던 이승만과 그 일행이 보인 행태와는 너무도 대조적이었다. 그러나 그건 이승만의 문제만은 아니었다. 전쟁 발발 이후 대한민국 지배층은 거대한 부정부패의 소굴임을 유감없이 드러내 보였다. 지배층의 상당수는 전쟁 직전에 자식들을 유학이랍시고 미국으로 빼돌렸고, 이런 행태는 이후에도 계속되었다. 피난길에 오르던 어떤 장성은 트럭에 가재도구, 심지어는 개까지 실었으며, 지배층의 상당수가 이런 짓을 했다.[86]

시인 고은은 『만인보』의 「김금덕」에 이렇게 썼다. "대전 성남장 시절 만났다/……/국회의장/몇 장관 국장/편집국장/은행총재 등/서울 명사 3백여 인이/이 방 저 방에 수용되었다/성남장 주인 김금덕 여사/이때 맞이하려고/우리 여관 객실 40실 도배했던가/벌써 인민군은/서울을 차지했고/수원이 내일모레 떨어질 판/……/누군가가 대한민국 인사 1만 명만 골라/일본으로 도망칠 배를 사자는 모의도 있었다/여관 주인 여장부 김금덕 여사가/그들의 모의에 들이닥쳐/꾸짖기를/당장 내 집에서 나가주시오/김일성이/대한민국을 망치는 게 아니라/당신들이 망치고 있는 줄 아시오."[87]

그랬다. 그들이 대한민국을 망치고 있었다. 임시수도 대전에 머물던 각료들은 인민군이 평택까지 쳐들어왔다는 소문을 믿고 아무에게도 알리지 않고 자기들끼리만 전주로 도망을 갔다가 그게 사실이 아닌 걸로 밝혀지자 다시 대전으로 돌아왔다. 그 한심한 작태에 분노한 여관집(성남장) 주인이 그들의 투숙을 거부했으니, 이게 바로 그 유명한 '대전 성남장 사건'이다.[88]

이런 사람들이 핵심을 구성하고 있던 이승만 정권을 어찌 '국가'로 볼 수 있을까? 해방정국에서 새로운 국가를 건설하는 데 친일파 위주의 기능적 효율성만을 따져선 안 될 이유가 전쟁 중에 적나라하게 드러나고 말았다. 지배집단은 일제 시기에도 그랬던 것처럼 전쟁이 터지자 다시 해방 전으로 돌아가 자신과 자기 가족 챙기기에만 바쁜 모습을 보여주었다.

도망 다니기에 바빴던 이승만

이승만은 과연 그가 대통령인지 의심할 만한 이상한 행동을 보여주었다. 그는 대전에 3일간 머문 후 다시 피난길에 올랐다. 원래 대구까지 내려갔다가 "각하, 너무 많이 내려오셨습니다"는 참모들의 건의를 받고 다시 올라온 대전이었다.[89] 그의 피난길은 수원에서 대전, 대전에서 대구, 대구에서 대전으로 이어졌고, 이제 다시 대전에서 이리(익산), 이리에서 목포, 목포에서 부산으로 이어질 참이었다. 고은은 『만인보』의 「주철규 소령」에 이렇게 썼다.

"지방 공비가 알까보아/누구에게도 알리지 않은 도망이었다/7월 1일 새벽 3시/억수 비 맞고 떠나/4시 이리역 도착했다/8시간 기다렸다/겨우 3등 객차 두 칸짜리 탈 수 있었다/7월 2일 목포 도착/삶은 달걀과 과일과 빵을 구해다 먹었다/함장 주철규 소령의 거수경례가 너무 길었다/자네가 나를 잘 데려다주게/19시간 뱃길로 부산에 도착했다/비바람쳤다/파도쳤다/대통령 부인은 멀미로 정신을 잃었다/대통령은 멀미가 없었다/경남지사 양성봉이 마중나왔다/자네 집에 신세를 져야겠네/그로부터 이승만은 부산의 대통령이었다/다 빼앗기고 있었다/한강도 금강도/낙동강 절반도 빼앗겼다/스무살 이래/미국 없으면 모든 것이 없다 미국만을 기다렸다."[90]

그렇게까지 정신 없이 도망 다녀야 할 이유가 과연 무엇이었을까? 대전이 곧 함락당할 가능성 때문에? 그러나 대전은 7월 20일에 함락되었다. 왜 또 하필 목포로 돌아서 갔을까? 대구 쪽이 위험하다는 첩보 때문에 그랬다는 주장이 제기되었다. 그러나 이승만은 부산에서 일주일도 머물지 않은 채 7월 9일 다시 그 위험하다는 길로 대구로 옮겨갔다. 박명림은 『한국 1950 전쟁과 평화』(2002)에서 7월 1일 새벽의 대전 탈출은 어떤 명분으로도 설명되기 어려운 '도망'이었다며 무엇이 이승만에게 이토록 급작스레 대전을 버리도록 만들었는지 미궁이라고 했다. 그는 "6월 25일 전쟁의 시작 이후, 특히 6월 27일 서울 탈출 이후 7월 9일 대구로 이동하기까지 서울-대구-대전-수원-대전, 그리고 다시 대전-이리-목포-부산-대구에 이르는 15일 동안의 이승만의 행적은 한마디로 의문투성이였다"며 다음과 같이 말했다.

"단순한 우왕좌왕이라고 부르기에는 국가원수로서 너무 갈팡질팡하고 있었다. 누란의 위기에서 이승만은 두 번의 통치 공백, 사실상의 통수권 유고사태를 빚었던 것이다. 처음엔 대구로 혼자 도망하였다가 대전에 도착할 때까지 열차 내에서 머문 12시간 30분이었고, 두 번째는 훨씬 더 길어서 대전-부산 간 이동에 소요된 32시간이었다. 이 시간 동안 그는 아무런 군대 통수 기능을 행사할 수 없었고, 전쟁 발발 직후 이승단의 입만을 바라보던 각료들이 황망히 그의 행적을 추적하는 동안 정부로서 아무런 정상적 기능도 수행하지 못하였다."[91]

이 '미궁'은 이승만이 전쟁 이전부터 별 생각 없이 저질렀던 '공갈때리기'의 후유증이었을지도 모르겠다. 이승만은 이미 관찰력과 판단력에서 심각한 문제점을 드러내고 있었다. 그런 문제점을 보완해주어야 할 그의 측근 부하들은 왕조 시대에도 그러지 않았을 맹목적인 충성파들로만 채워져 있었다. 이승만은 이런 치명적인 결함을 실속 없는 호전적 호언장담으로 메우려 들었다. 비극적인 건 그 호언장담이 밑으로 내려가면서 증폭되어 이승만을 성역으로 간주하지 않으면 안 되는 공포 분위기를 조성했다는 점일 것이다.

그러나 이런 문제는 향후 전개될 지옥과 같은 아수라장의 작은 시작이었을 뿐이다. 전쟁은 너무도 더럽고 처참하고 잔인했다. 전쟁 이전에 저질러진 대량 학살이 그 더러움과 처참함과 잔인성을 예고한 것이었지만, 이후의 역사는 정신분석학자가 나서야만 할 영역이 되고 말았다.

스미스 부대의 참패

6월 27일 유엔 안보리는 "회원국들에게 군사 공격을 격퇴하고, 그 지역의 국제평화와 안전을 회복하는 데 필요한 원조를 대한민국에 제공할 것"을 7대 1(기권 2)로 결의했다. 6월 30일 해리 트루먼Harry Truman, 1884~1972이 더글러스 맥아더Douglas MacArthur, 1880~1964에게 지상군 투입과 38선 이북의 군사 목표를 폭격할 수 있는 권한을 부여함에 따라, 7월 1일 미 육군 제24사단 제21연대가 부산에 상륙했다. 미군은 제21연대 제1대대를 특수임무부대로 지정했다. 그러나 말이 좋아 특수임무부대지, 제24사단 자체가 거의 실전 경험이 없는 신병들로 구성된 데다 장비도 형편없는 낙후 사단이었다. 사단장은 미군정기에 존 하지John R. Hodge, 1893~1963 밑에서 군정장관을 지낸 윌리엄 딘William Dean, 1899~1981이었다.

특수임무부대는 대대장인 중령 찰스 스미스Charles B. Smith의 이름을 따서 '스미스 부대'로 알려졌다. 스미스 부대는 7월 5일 오산 북쪽 죽미령에서 북한군과 첫 교전을 했다. 미군은 이 최초의 전투에서 540명의 보병과 포병 중 150명이 전사하고 장교 5명과 사병 26명이 실종되었으며, 105밀리 곡사포를 포함해 대부분의 공용화기를 잃는 엄청난 피해를 입었다. 전쟁기념사업회의 『한국전쟁사: 제1권』(1992)에 따르면, "스미스 부대의 무참한 패배로 미 지상군의 전선 투입이라는 위세만으로 북한군의 남침이 중단되기를 바랐던 맥아더 장군이나 딘 장군의 한 가닥 기대는 산산조각나고 말았다".[92]

나중에 맥아더의 뒤를 이어 유엔군을 지휘하게 되는 매슈 리지웨이 Matthew B. Ridgway, 1895~1993는 그의 회고록 『한국전쟁』에서 맥아더는 침공군의 세력을 잘못 판단했으며 인민군 10개 정예사단 앞에 1개 대대를 투입한 것은 맥아더의 지나친 오만이라고 지적했다. 그러나 맥아더는 스미스 부대의 참패를 성공이라고 자평했다. 미 지상군 참전을 예기치 않던 인민군이 미군 참전을 직접 목격함으로써 소련 전법에 따라 일단 전

7월 5일 스미스 부대는 경기도 오산 북쪽 죽미령에서 북한군과 첫 교전을 했지만, 엄청난 피해를 입었다. 1950년 7월 2일 대전역에 도착한 스미스 부대.

선을 재정비함으로써 미군은 귀중한 10일을 벌었다는 것이다.[93]

7월 1일 영국과 프랑스는 "유엔군 사령부의 설치와 유엔 회원국들의 무력 원조를 미국 정부의 단일 지휘 아래 둔다"는 공동결의안을 유엔 안보리에 제출했다. 이 결의안은 7월 7일에 7대 1(기권 3)로 가결되었다. 이에 따라 미국을 비롯해 호주·벨기에·캐나다·콜롬비아·프랑스·그리스·에티오피아·룩셈부르크·네덜란드·뉴질랜드·필리핀·태국·튀르키예·영국·남아프리카공화국 등 16개국 군대로 유엔군이 편성되었다.[94]

7월 8일부터 도쿄에 있는 미 극동군 사령부는 유엔군 사령부로서의 기능을 동시에 발휘하게 되었고, 대구의 미 제8군 사령부는 유엔 지상군의 작전을 직접 담당하는 통합 사령부의 기능을 수행하게 되었다. 그러나 말이 좋아 유엔군이지 유엔군은 공군의 98%, 해군의 83%, 지상군의 88%가 미군으로 구성되었다(유엔 회원국들은 파병에 늑장을 부렸다. 1951년 봄에 이르러 미군을 제외한 병력은 영국군이 약 1만 2,000명, 캐나다군이 8,500명, 튀르키예군이 5,000명, 필리핀군이 5,000명, 나머지 참전국들[11개 참전국]은 모두 1,000명 이하였으며, 경비는 대부분 미국이 부담했다).[95]

7월 9일 맥아더는 미 육군 행정 및 작전참모 부장인 중장 매슈 리지웨이에게 "합동참모부는 핵폭탄을 사용할 수 있는지 없는지 검토해달라"고 촉구하는 긴급 메시지를 보냈다.[96]

한국군의 작전지휘권 이양

이승만은 7월 14일 맥아더에게 "한국군도 함께 지휘해주기 바란다"는 서한을 보냈다. 이승만은 신임 육군참모총장 정일권을 불러 "귀관은 이후 유엔군 사령관의 지휘를 받으라"고 구두로 명령했다(육군참모총장 채병덕은 6월 30일 해임되어 '경남지구 편성군 사령관'이란 보잘것없는 직책으로 좌천되었으며, 육군 소장 정일권이 채병덕의 후임으로 33세의 나이에 제5대 육군참모총장에 임명되었다).[97](역사 산책 2: 채병덕과 신성모 참고)

7월 16일 이승만의 서신으로 한국군의 작전지휘권은 맥아더에게 이양되었으며, 맥아더는 미8군 사령관에게 한국군의 작전지휘권을 행사하도록 했다. 이승만은 트루먼에게 보낸 7월 19일자 서신에서 "현상유지 정책은 적에게 재공격의 기회를 주는 어리석은 짓이며, 이제 암적 존재인 공산주의를 뿌리 뽑을 때가 되었다"고 말했다.[98] 이는 이승만이 전쟁 발발을 통일의 기회로 삼겠다는 야심을 드러낸 것이었지만, 아직 전세가 유엔군에 불리하게 돌아가고 있는 상황에서 성급한 욕심이었다.

7월 20일 대전이 북한군에 함락되었다. 미군의 참담한 패배였다. 대전 전투에 참가한 미 24사단 병력 3,933명 중 전사하거나 포로가 된 자는 1,150명이었으며, 생존한 병사들도 대부분 군장비를 잃었다. 사단장 윌리엄 딘William Dean, 1899~1981은 대전에서 후퇴할 때에 길을 잘못 들어 36일 동안이나 변장을 하고 산속을 헤매다가 8월 25일 북한군의 포로가 되는 수모를 겪어야 했다(전북 진안에 사는 한두규라는 사람이 대전으로 인민군에 자수하러 가는 길에 "미국놈을 잡아가면 반동분자로 덜 몰릴 것"이라며 딘을 칡덩굴로 잡아묶어 끌고 갔다. 딘의 신분이 밝혀지고 나서 한두규는 김일성 최고훈장을 받고 일약 인민군 치하의 명사가 되었다. 나중에 한두규는 남한 정부에 의해 불법체포죄로 실형을 선고받고 복역 중 전향해 출소했다. 그의 복역 중 3년간의 포로 생활 후 돌아온 딘은 한국 정부에 한두규의 감형을 탄원했다).[99]

북한군은 7월 20일 대전과 전주 점령에 이어, 23일 광주, 26~27일

여수를 점령하는 등 그야말로 파죽지세로 남한 일대를 장악해 나갔다. 7월 초 미군의 한 전황 보고서는 북한군 보병은 '1급'이고, 장갑부대와 포격기술은 "제2차 세계대전의 어떤 군대보다 뛰어나다"고 기록했다.[100] 북한군의 정신력 또는 '정신적 저돌성'이 탁월했다는 증언들도 잇따랐다.[101] 특히 '중국군 출신의 한국인들', 즉 조선의용군으로만 구성된 방호산方虎山 휘하의 제6사단은 미군에 강렬한 인상을 남겼다. 방호산은 호남 지역을 파죽지세로 돌파해 8월 1일 진주를 점령하고 부산을 코앞에서 위협했다(북한은 8월 29일 방호산에게 영웅 칭호를 수여했다).[102]

낙동강 방어선 구축, 다부동 전투의 승리

김일성은 임박한 승리를 직접 확인하고 싶어 비밀리에 7월 16일, 8월 1~2일, 8월 9~14일 등 모두 세 번에 걸쳐 남한을 방문했다. 그는 중앙청 건물 안을 둘러보는가 하면 수안보까지 내려가 하루를 머물기도 했다. 북한은 7월 말 남한 지역의 대부분을 점령하기에 이르렀다. 북한은 각 지역에 해방정국에 존재했다가 미군정에 의해 해체된 인민위원회를 재구성하고 토지개혁을 실시하는 등 북한에서 했던 것과 같은 정책을 실시했다.[103]

그러나 북한군이 파죽지세로 호남을 점령할 수 있었던 건 유엔군과 국군의 '호남 포기'를 통한 '유인 전략' 때문에 가능한 것이었다. 즉, 부산을 지키기 위해 인민군을 현혹할 목적으로 호남을 일부러 내주었다는 것이다. 당시 육군본부 작전국장 강문봉은 "지연 작전에서 훌륭한 전과를 올린 정(일권) 총장은 북괴군의 부산 진격의 고삐를 늦추기 위해 새로운 현혹 작전을 쓰기로 했다.……그것은 인민군을 호남 지방으로 들어들이는 작전이었던 것이다"며 다음과 같이 말했다.

"부산을 지탱하기 위해선 인민군을 현혹하는 작전이 필요했다. '호남 지구 사령부'라는 거창한 이름을 내걸므로써 필자는 북괴군을 현혹했다. 일종의 양동작전인 셈이었다. 이러한 작전에 따라 호남 지구 사령관에 신태영 소장을, 그리고 부사령관에 원용덕 준장을 임명했다. 말만 '호남 지구 사령관'이지 껍데기뿐인 직책이었다. 그러나 이러한 현혹 작전을 간파하지 못한 신, 원 두 장군은 필자에게 함께 찾아와 '병력도 주지 않고 보급품도 하나 없이 어떻게 호남 지구를 지키란 말이냐'고 따졌다. 나는 참으로 딱했다. 작전의 저의를 이해해줄 만한 사람들을 그 자리에 앉혔는데 저토록 몰라주다니 참으로 답답한 처사였다."[104]

그러나 안용현은 『한국전쟁 비사 1: 건군과 6·25』(1992)에서 강문봉의 회고가 사실과 다르다고 말하고 있어서 이는 좀더 따져볼 문제인 것 같다. 정일권은 호남전선이 돌파되면 전국에 미치는 영향이 클 것으로 우려하고 추가 병력을 보내는 등 애를 썼는데, 이것마저도 '유인 작전'의 일환이었겠느냐는 것이다.[105]

8월 1일 저녁, 미8군 사령관 월턴 워커Walton H. Walker, 1912~1950는 낙동강 방어선을 구축하라는 명령을 하달했다. 이로써 '낙동강 진지' 또는 '부산 교두보'로 불리는 낙동강 방어선이 만들어졌다. 낙동강 방어선은 부산을 기점으로 하여 남북으로 약 135킬로미터, 동서로 약 90킬로미터의 네모꼴 모양이었다.[106] 낙동강 방어선이 뚫리면 부산은 순식간에 점령될 것이 뻔했다. 그래서 반드시 목숨을 걸고 지켜야만 했다. 낙동강 전투의 치열성은 상상을 초월했다. 고지마다 시체가 쌓여 시체를 방패

삼아 싸울 정도였다. 다부동 전투를 지휘했던 백선엽은 "나는 지옥의 모습이 어떠한지는 모르나 이보다 더 할 수는 없으리라고 생각한다"고 말했다.[107] 백선엽이 이끌던 국군 제1사단은 북한군 3개 사단을 격파하며 낙동강 방어선을 사수하는 데에 성공했다(백선엽은 다부동 전투 외에도 평양 최초 점령, 서울 재탈환, 춘계 공세 방어, 동부 휴전선 북상 등 다수의 작전을 지휘함으로써 '6·25 전쟁 영웅'으로 불렸다. 미 국립보병박물관은 백선엽의 6·25 전쟁 경험담을 육성으로 담아 전시하고 있으며, 6·25 전쟁 회고록『군과 나』를 미군 주요 군사학교에서 교재로 사용하는 등 미국에서 더 높은 평가를 받고 있다. 경북 칠곡군 다부동전적기념관엔 백선엽의 동상이 세워져 있다.[108] 오늘날엔 이해하기 어렵겠지만, 백선엽은 29세인 1949년에 별을 단 젊은 장성이었다. 이 시기에 30세 전후 장군이 대거 등장한 데에는 해방 이후 미군정의 정책이 큰 영향을 미쳤다. 미군정은 군대 창설을 위해 1945년 12월 5일 군사영어학교를 만들었는데, 여기에는 주로 과거 일본군과 만주군 장교 출신들이 입교했고, 이들은 훗날 한국군의 최고위층을 독점하게 된다).[109]

역사 산책 2

채병덕과 신성모

　　채병덕은 일본 육사 출신으로 1948년 8월 16일, 33세의 나이에 육군참모총장에 임명되었다. 이승만의 신임 하나면 만사형통인 시절의 에피소드다. 채병덕은 제1사단장 김석원과 갈등을 빚었다. 두 사람 모두 일본 육사 출신으로 김석원이 20여 년 대선배였다. 갈등이 경무대에까지 알려지자 이승만은 9월 어느 날 국방부 장관 신성모와 같이 두 사람을 경무대로 불러 화해를 종용했다. 화해가 안 되자 이승만은 두 사람의 군복을 벗겼다. 그러나 그것도 일시적이었다. 채병덕은 1949년 12월 14일 복귀해 병기행정본부장을 거쳐 1950년 4월 말에 다시 육군참모총장에 임명되었고, 김석원은 1950년 7월 7일 제9사단장으로 복귀했다.[110]

　　채병덕의 별명은 '패트$_{fat}$ 채'였다. 신장 167센티미터에 몸무게 110킬로그램인 체형 때문에 얻은 별명이었다. 미 대사관 관리들과 미 장성들이 "한국에서 제일 뚱뚱하고 둔해 보이는 장성을 하필이면 육군

참모총장에 임명했는가?"라고 의문을 제기하면 이승만은 이렇게 답했다고 한다.

"나의 채 장군은 날쎈한 장군이 못 가진 기민성을 갖고 있어요. 전문적인 군사 지식은 물론 우리나라에 무슨 무기가 필요한가를 잘 알고 있는, 경험으로 뭉쳐진 장군이야. 또 미남 장군들의 큰 눈이 보지 못하는 것을 채 장군의 졸리는 듯한 눈은 꿰뚫어본단 말이야!"[111]

이승만의 인사 원칙 중 가장 중요한 것은 충성이었다. 채병덕의 충성심이 신성모의 그것에 필적했는지는 알 수 없으나, 이승만이 신성모를 끔찍이 아꼈던 것도 바로 그 충성심 하나였다. 충성심을 입증하기는 쉽지 않을 것이나, 신성모는 주로 눈물을 사용했다. 한홍구는 다음과 같이 말한다.

"국내에 전혀 기반이 없던 신성모가 대한청년단장, 내무장관, 국방장관에 국무총리 서리로까지 승승장구할 수 있었던 비결은 바로 눈물이었다. 신성모는 이승만의 지시를 들을 때면 눈물을 흘리고, 전방을 순시하면서 이승만에 대해 이야기할 때면 또 눈물을 흘려 낙루장관落淚長官이라는 별명을 얻었다."[112]

눈물과 더불어 신성모의 강점은 영어였다. 이승만은 영어를 잘하는 사람을 우대했다. 고은은 『만인보』의 「신성모」에 이렇게 썼다. "영국배 타던 마도로스/영어가 능란했다/영어 능란한 사람이라/영어 능란한 대통령의 사랑을 받았다/일약 국방부 장관이었다/꿈 같았다/전쟁 직전/점심은 평양에 가서 먹고/저녁은 신의주에 가서 먹는다 했다/이 기회에/우리 국군 압록강까지 추격해/민족의 숙원인바 통일을 달성하고 말 것이라 했다/헛소리였다."[113]

채병덕은 6월 30일 육군참모총장에서 해임되어 '경남지구 편성군사령관'이란 보잘것없는 직책으로 좌천되었다. 맥아더가 상황을 파악하기 위해 도쿄에서 날아와 잠시 이승만을 만났을 때 채병덕의 해임을 건의했다고 한다. 사태 수습책을 묻는 맥아더의 질문에 채병덕이 200만 남한 청년을 동원해 훈련시켜 침략을 격퇴하겠다고 답하자, 맥아더는 그 자리에선 칭찬한 뒤 이승만에겐 갈아치우라고 말했다는 것이다.[114]

7월 23일 신성모는 채병덕에게 편지 한 통을 보냈다. "귀하는 서울을 잃고 중대한 패전을 당했다. 책임은 중하고 크다. 그런데 지금 적은 전남에서 경남으로 지향하고 있다. 이 적을 막지 않으면 전 전선이 붕괴될 것이다. 귀하는 패주 중인 소재 부대를 지휘해서 적을 격퇴하라. 귀하는 선두에 서서 독전督戰할 필요가 있다."[115] 사실상 나가 죽으라는 뜻이었다. 채병덕은 7월 27일 하동 고개에서 북한 인민군 제6사단의 매복 작전에 걸려들어 전사했다. 훗날 채병덕 살해 음모가 제기되기도 했다.

제5장

서울에서 벌어진 '서바이벌 게임'

처단인가, 포섭인가?

　북한 인민군 치하의 서울은 어떠했던가? 치열한 '서바이벌 게임'이 벌어졌다. 목숨이 달린 생존의 문제를 '게임'이라고 부르는 건 모독이 아닌가? 아니었다. 남북을 막론하고 총을 쥔 자들은 민중에게 '치졸한 게임'을 강요했다. 그게 전쟁의 속성이기도 하겠지만, 동족상잔同族相殘의 비극엔 그 치졸성이 증폭되기 마련이었다. 민족이 전혀 다른 나라를 점령한 자들이 그 나라의 민중에게 누구를 지지하느냐를 물어 죽이는 일은 많지 않을 것이기 때문이다. 인민군에 대한 남한 사람들의 지지도가 의외로 높았다는 주장들도 있기는 하지만, 전시 상황에 총 앞에서 지지의 순수성을 어찌 평가할 수 있을까?

　'서바이벌 게임'의 첫 무대에 오른 사람들은 당연히 정치인과 유명 인사들이었다. 국회의원 중에는 약 60명이 서울에 남아 있었다. 북한 점령자들은 이들을 대상으로 한 '서바이벌 게임'의 규칙을 정하기 위한 회의를 열었다. 7월 3일에 열린 북한 노동당 중앙위원회 정치국과 군사위원회 합동연석회의가 바로 그것이었다.

소련파인 허가이, 연안파인 박일우·주영하·최창익 등은 "주요 인물들을 모조리 체포해서 정치적으로 활용 가능한 일부만 제외하고 처단해 버리자"는 강경론을 폈다. 강경파들은 "그런 사람들은 재교양해 보았자 근본적으로 달라질 바 없고, 그런 사람들에게 관용을 베푸는 것은 우리에게 결코 이롭지 않다"고 주장했다. 그러나 김일성과 빨치산 운동을 함께했던 강건, 김책, 최용건 등은 "연행 대상 인물 가운데 김규식 등 여러 사람은 1948년 4월 남북정치협상도 같이했고 이승만에 붙지도 않았으며 박해까지 받았다. 왜 처단해야 하나. 오히려 포섭해야 한다"며 처단론에 반대했다.

이에 허가이와 박일우는 "지금 상황이 전쟁 중이지 않은가, 사정없이 처단해야 한다"고 반격해 심한 언쟁이 벌어졌다. 이에 김일성이 나서 "모든 사람들을 구별하지 않고 한결같이 반동으로 취급해 처벌하는 것은 바람직하지 않다"고 전제하면서, "그보다는 포섭을 기본 방침으로 정하고 구체적으로 대상별로 분류해 그 기준에 따라 취급해야 하며 다만 악질적인 인물은 법적으로 처벌해야 한다"고 마무리했다.[116]

선전전에 동원된 남한 정치인들

그런 게임의 규칙에 따라 남한의 정치인들은 선전전에 동원되었다. 1950년 2월까지 내무부 장관이었던 김효석은 7월 5일 서울중앙방송국에 나와 이승만의 북벌 음모와 개시를 주장하면서 '괴뢰정부 내무장관으로서의' 자신의 반동적 과오를 회개했다.[117]

조소앙은 7월 12일 평양에 도착해 평양의 조선중앙방송국을 통하여 연설했다. 박명림의 『한국전쟁의 발발과 기원 I: 기원과 원인』(1996)에 따르면, "김효석과 마찬가지로 자신의 반동적 반인민적 과오를 뉘우친 그는 '미제국주의자들은 주구 이승만 살인마로 하여금 조선에 내란을 도발케 한 후 그들의 육해공군을 동원하여 직접 우리 조국에 대한 침략전쟁을 개시하고 있(다)'고 공격하였다".[118]

이들의 발언은 나중에 이른바 '북침설'의 근거로 활용되었다. 그런데 박명림은 조소앙의 방송 내용을 북한 최고인민회의 상임위원회와 내각의 공식 기관지인 『민주조선』의 기사를 그대로 소개하는 식으로 제시하고 있는데, 『민주조선』의 내용을 그대로 믿을 수 있을지는 의문이다. 아니면 조소앙이 평양에 가서 한 연설은 좀 달랐을까? 역사학자인 서울대 교수 김성칠이 남긴 '6·25 일기' 내용은 조소앙의 연설에 대해 거부감을 표시하고 있지 않다. 김성칠은 7월 27일자 일기에 다음과 같이 썼다.

"대한민국 내무부 장관을 지냈다는 김효석의 그 지나치게 비굴하고 치사스러운 주책덩어리의 내용에 비기어 안재홍·조소앙 씨 등 소위 중립파들의 방송이 오히려 김효석보다는 대한민국을 덜 욕하고 인민공화국에 덜 아첨하여서 듣기 좋았다. 이는 그 개인의 인(품)에 달린 문제이기도 하지만, 이래서 중립이란 귀한 것이 아닐까 싶었다. 그리고 또 평소에 모씨는 자기에게 아첨하는 사람만을 쓴다는 풍설이 파다하였으니, A에게 아첨 잘하는 사람은 세상이 뒤바(뀌)면 또 B에게 아첨할 수 있는 것이 아닐까. 김규식 박사의 방송은 그 어조조차 침통하였고, 또 그가 모씨를 못마땅해하는 말들은 일부러 어떤 편에 듣기 좋게 하려 하는 것이 아니고 폐부에서 우러나오는 불만의 폭발인 것 같아서 듣는 이로 하여금 감개무량하게 하였다."[119]

7월 말에는 국회의원 48명이 북한을 지지하는 회의에 참여했지만, 북한은 남한의 정치인과 유명 인사들에 대한 '사상 개조 교육'을 위해 이들에게 등급을 매겨 순차별로 평양으로 데리고 갔다. 7월 20일부터 3월 중순까지 4차에 걸쳐 북한으로 이송된 이들은 평양에서 하루 8시간씩 사상 개조 교육을 받게 되었다.[120]

이병철과 박헌영과 시보레 자동차

북한 인민군 치하의 서울은 모든 게 뒤집어진 세상이었다. 박명림은 그러한 전복의 상징을 남한 자본가 이병철과 북한 혁명가 박헌영의 대비를 통해 음미한다. 그는 "7월 10일쯤 아직 서울을 탈출하지 못한 이병철은 서울의 혜화동 로터리에서 신형 시보레 자동차를 발견하였다. 공교롭게도 그 차는 전쟁 이틀 전 이병철이……주한 미국공사로부터 구입한 차였다"며 다음과 같이 말했다.

"그 차에는 바로 공산 혁명가 박헌영이 타고 있었다. 이병철의 차를 박헌영이 타고 있다는 사실은 대자본가와 공산 혁명가의 신분 역전을 보여줄 뿐만 아니라 이 전쟁의 일면을 표징하는 사례로 여겨진다. 사태가 이대로 귀결될 경우 전후의 사회에서 이병철과 박헌영의 위치는 역전된 채 굳어질 수밖에 없었을 것이다. 그러나 사태는 다시 원위치로 돌아갔고, 이병철과 박헌영의 위치는 역전되지 않았다."[121]

또 하나의 과격한 상징은 일부 기독교인들의 처신이었을 것이다. 7월 10일 서울 YMCA에서는 300여 명의 기독교계 인사가 참여한 가운데 인민군 환영대회가 열렸다. 서울의 거리는 스탈린과 김일성의 사진으로 흘러넘쳤는데, 8월에 열린 '미제 완전 구축驅逐 서울시 기독교도 궐기대회'의 전면 단상도 좌우는 스탈린과 김일성의 거대한 사진으로 채워졌다.[122]

일반 민중들 사이에서도 생존을 위한 투쟁의 일환으로 온갖 기회주의가 창궐했다. 김성칠이 남긴 일기는 그런 모습들을 섬세하게 기록하고 있다. 김성칠은 1950년 7월 2일자 일기에서 대한청년단의 간부로서 부지런히 일하고 또 언젠가는 자신에게 대한청년단의 교양 강좌를 맡아달라고 조르던 청년이 이제 세상이 바뀌자 자신의 손을 잡아 흔들면서 "참 좋은 세월이 왔습니다"고 말했다고 썼다.

이어 김성칠은 "이러한 사람의 입에서 이러한 말을 들었을 때 무어라 대답해야 좋을지 참으로 난처하다. 대관절 그의 정체를 알 수 없었기 때문이다. 그가 진정한 청년단원이었으나 지금 도망가지 못하고 어리뻥하고 있는 것인지, 그렇지 않으면 공산당의 프락치로 청년단에 들어 있었던 것인지, 내 둔한 머리론 판단할 길이 없다. 따라서 그의 말이 진심에서 우러나온 말인지, 목숨을 부지하기 위하여 억지로 지어 하는 말인지, 또는 어떠한 목적으로 나를 떠보려고 일부러 그러한 말을 하는 것인지 도시 분간할 수 없다"며 다음과 같이 말했다.

"마을엔 붉은 완장을 차고 다니는 사람들이 많아졌다. 무어라 글씨를 쓴 것도 있으나 더러는 그저 붉은 헝겊조각을 감고 다니는 사람도 있다. 그런 건 건달로 차고 다니는 것인지, 그렇지 않고 글자 없는 거기에 진정 무슨 의미가 있는 것인지, 이 또한 판단할 길이 없다. 그중엔 전에 방공防共 무어라 하는 단체의 열성분자로 우리가 거기 적극적인 협조를 하지 않는다 해서 눈망울을 굴리던 사람도 있다. 오늘 또 나를 보면, 붉은 세상에 팔을 걷고 나서지 않는다고 호통칠까봐 나는 못나게끔 비슬비슬 그들의 시선을 피하여 도망치듯 집으로 돌아와버렸다."[123]

인민재판과 기회주의

김성칠의 7월 5일자 일기는 전해 들은 인민재판 목격담을 기록하고 있다. "그저께 마을에서 반을 통하여 한 집에 한 사람씩 성균관 앞으로 모이라기에 나가 보았더니 청년 몇 사람을 끌어다놓고 따발총을 멘 인민군들이 군중을 향하여 '이 사람이 반동분자요, 아니요?' 하고 물으매, 모두들 기가 질려서 아무 말이 없는데 그중에 한두 사람이―나중에 생각해보니, 아마도 그들을 적발한 사람인 듯―'악질 반동분자요' 하고 소리치니 두말없이 현장에서 총을 쏘아 죽이는데, 그 피를 뿜으면서 버둥거리다 숨지는 양이 보기에 하도 징그러워서 그 자리에서 도망치듯 빠져나와 버리었다 한다. 그 죽은 청년들이 어떤 반동 행위를 했는지 군중은 알지 못한 채."[124]

대학에서도 학생들과 졸업생들에 의한 인민재판식 비판이 이루어졌다. 이화여자대학교의 『이화 100년사』(1994)에 따르면, "본교에는 6·25가 발발하기 이전부터 부녀동맹 또는 보도연맹에 가입하여 좌익활동을 해왔던 학생들이 있었다. 이들은 교수들의 행적을 학생들 앞에서 낱낱이 열거하여 즉석 비판에 붙인 다음 파면 선고를 하였다. 그리하여

6·25 전쟁 중에 '대한민국이 옳으냐, 인민공화국이 바르냐' 하는 둘 중 하나를 선택해야 하는 수많은 인민재판이 있었다.

7월 24일경에는 120명의 교수 중 7~8명만 남기고 모두 축출되었으며, 7월 31일이 되자 총궐기 대회가 있다고 교수들을 강권하여 모이게 하고는 강제 납북을 기도하였다. 이때 대부분의 교수들은 출근하지 않고 피신했으나 형편을 잘 모르고 나왔던 교수들은 납북되었다."[125]

  김성칠의 7월 14일자 일기는 고향에서 온 일가 청년의 방문에 대해 이렇게 적고 있다. "'대한민국이 옳으냐, 인민공화국이 바르냐' 따라서 '대한민국을 따르느냐, 인민공화국 좇느냐' 하는 확고부동한 태도가 서 있지 않고 결국은 어느 쪽이 이길 것이냐, 그럼 어느 쪽을 위하여 일하는 것이 유리할 것이냐, 그보다는 당장 어느 쪽인 척해두는 것이 우선 위험도 모면하고 나중에 가서도 말썽이 없을 것이냐. 이리하면 선결 문제가 대한민국과 인민공화국 둘 중의 어느 편이 구극究極의 승리를 거둘 것이냐 함에 있다. 그가 바로 말은 하지 않지만 이러한 문제의 해답을 내 입에서 듣고 싶어하는 모양이다. 따라서 내 대답이 시원할 수가 없다."[126]

서울 시민들의 일상적 삶

서울 시민들의 일상적 삶은 어떠했을까? 이걸 가장 상세히 묘사한 작품은 김원일의 소설 『불의 제전』이다. 7월 초순의 풍경이다.

> 서울 시내는 예전처럼 자전거·손수레·우마차들이 슬그머니 다시 한길을 채웠다.……농번기를 맞아 일손을 도우러 갔거나 여름 뙤약볕을 피해 휴가라도 떠난 듯 닫힌 회사 건물과 점포는 많았으나 생필품을 파는 가게는 여전히 문을 열고 손님을 맞았다. 상설 시장도 예전 그대로 섰다. "예전하고 똑같잖아. 달라진 게 없는데." "공산주의 질서에 적응될 때까지. 당분간이겠지 뭘." 시민들은 그렇게 말했다. 시장은 오히려 바뀌어지기 전 세상보다 사람들이 더 많이 끓었다.
> 시장에서는 북조선 인민폐와 남한 돈이 함께 사용되었다. '빨간 딱지'라 불리기 시작한, 크기가 손바닥 안에 들어오는 북조선 중앙은행권인 붉은색 백 원짜리 인민폐에는 쇠스랑을 어깨에 멘 밀짚모자 쓴 농민과 망치를 어깨에 멘 노동자가 그려져 있었다. 양식이 될 만한 곡물은 며칠 사이 네댓 배로 값이 뛰었으나 그나마 품귀하여 구입하기가 힘들었고 살림 포시라운 집은 좁쌀·보리쌀·감자 등, 장바닥에 곡식감이 풀렸다 하면 값을 따지지 않고 사재기했다.

집안의 귀금속이나 반반한 옷가지를 들고 나와 곡물로 바꾸려는 사람도 많았다. 서민들은 대체로 열흘이나 보름치 양식은 여투어둔 터라 남의 나라에 침탈당한 것도 아니어서 별로 달라진 점 없는 새 질서에 차츰 순응되어 갔다. 어느 쪽 이념은 인간을 살리고 어느 쪽 이념은 인간을 죽이는 게 아니기에 무지렁이 민중 입장에서는 어느 쪽이든 선택되어진 체제에 길들여지게 마련이었다.……

바깥 세상에서는 '동무'란 새로운 말이 거침없이 나돌았다. 해방 직후까지도 널리 쓰던 말이었으나 어느 때부터인가 동무란 말을 쓰면 빨갱이로 몰려 치도곤을 당했는데, 이제 그 말이 응달에서 양달로 나와 그동안의 한풀이라도 하듯 말끝마다 입에 올려졌다. 어린이 동무, 청년 동무, 노인 동무, 김 동무, 이 동무, 이렇게 사람을 부를 때마다 무조건 동무란 말을 붙였다. "계급 없는 사회의 한 형제자매이므로 우리는 모두 동무 사이요." 이런 정의가 내려지고부터 시민들도 남 듣는 자리에서는 어눌하게나마 그 말을 따라 썼다. '인민'이란 말도 그랬다. 호칭으로는 동무란 말을 썼으나 삼인칭으로 쓸 때는 시민·사람·인간·군중·대중이란 말 대신 두루뭉실 인민으로 불렀다. 북조선은 인민의 군대이므로 인민군, 대한민국은 국민의 군대이므로 국군이라 부르는 이치와 같았다.[127]

시간이 흐를수록 생존은 어려워졌다. 7월 중순의 서울 모습이다.

시장이래야 들어앉은 상점은 얼추 문을 닫고 장옥 아래 길바닥에 늘어앉아 전자리 편 잡상인뿐이다. 그나마 집 안에서 들고 나온 옷가지·은수저·주발·가방 따위의 잡동사니를 사겠다고 흥정 붙이는 사람은 아무도 없다. 모두들 먹거리에 몰려 값을 깎겠다고 매달렸으나 파는 상인은 부르는 게 값이란 듯 깎자는 흥정에는 응하지 않는다.

쌀은 좁쌀·안남미조차 구경조차 할 수 없다. 햇보리쌀이 나왔으나 값은 천정부지이다. 한 되에 남조선 돈 1,500원을 호가하니 서민들로서는 그림의 떡이다. 전쟁 전에는 조롱말 사료로나 썼던 호밀에 장꾼들이 몰려 줄을 섰으나 그나마 없어서 못 팔 지경이다. 웬일로 고깃전은 양도 풍성하고 줄 없이 쇠고기 한두 근씩 사가는 사람이 많다.……

안골댁 말로는 서울 근교 농촌에서 밀도살이 성행하여 그 고기를 장사꾼이 받아 시내로 날라와 판다는 것이다. "소나 돼지를 인민군이 공출해간다는 소문이 쫙 퍼져 너나없이 도살하고 본다 카더라. 어차피 뺏길 거 실컨 묵고 남는 괴기는 팔아치우겠다는 거 아이가. 서울 사람들이 이제 곡기 대신에 그 귀하던 쇠고기로 배 채우는 시상이 된기라. 이기 바로 시상 거꾸로 돌아가는 거 아이고 머꼬." 안골댁 말이었다.

고깃전 옆에는 감자 가마니를 부려놓고 장사꾼이 저울질을 하고 있다. 한 관에 남조선 돈 700원을 호가한다. 올해 들어 물가가 하루 다르게 뛰고 작년 흉작으로 쌀 파동까지 겹쳐 1월에 한 되 300원 하던 쌀값이 전쟁 직전에는 800원까지 올랐으나, 감자 한 관에 700원이라면 쌀 한 되 값에 이르는 가격이다. 그나마 값을 묻다 입만 벌린 채 감자 한 관을 못 사고 돌아서야 하니 기층 민중들이야말로 '프롤레타리아 천국'을 누려볼 짬 없이 전쟁 끝도 못 본 채 영양 실조로 굶어죽을 판이다.[128]

아귀다툼을 낳은 굶주림

7월 16일 미군은 대형 폭격기 B-29 50대 이상을 동원해 1시간 가까이 서울 용산 일대를 폭격했다. 용산 철도시설과 북한군이 화폐를 찍어내고 있던 조선서적인쇄주식회사 공장을 파괴하기 위한 것이었다. 이 폭격으로 이촌동에서 후암동, 원효로를 지나 마포구 도화동, 공덕동에 이르기까지 인근 지역도 파괴되었다. 전쟁 중 미군 폭격에 의해 사망한 서울 시민은 4,250명, 부상자는 2,413명이었는데, 용산구의 사망자가 1,587명으로 37.5%, 부상자가 842명으로 34.9%를 차지한 건 바로 이 폭격의 결과였다.[129]

인민군의 지배하에 놓인 서울 시민은 인민군과 미군에 의해 이중으로 고통받고 있었다. 인민군에 대한 타격은 서울 시민의 생존 문제와도 직결되는 것이었다. 몸만 굶어죽을 판이 아니었다. 몸이 굶어죽을 판이 되자 정신도 회까닥 달라지기 시작했다. 살기 위해 못할 짓은 없었다.

> 서울 시민 팔 할이 양식을 여투어두지 못한 채 돌연 전쟁을 만났고, 그나마 유통되던 곡물이 동결되자 인심이 강팔라질 수밖에 없다. 조국해방 전쟁만 완료되면 공화국 세상은 '지상의 낙원'이 된다지만, 되쌀 팔아먹던 서민들 입장에서는 앞날은 그림이요 당장 닥친 호구가 화급한 현실이다. 쌀독에서 인심난다는 속담이 있듯, 프롤레타리아 공화국 천국이 도래했다고 길거리에 나와 만세 부르기도 하루 이틀이지, 돌아서서 집이라고 찾아들면 쌀독은 비었는데 올망졸망한 식구의 퀭한 눈망울부터 앞을 막는다.

제 앞가림부터가 급할 수밖에 없다. 어제까지 서로 꾸어먹던 이웃사촌도

인심이 흉흉해지니 남의 사정 따질 필요 없이 아귀다툼의 나날 속에 송사질 또한 잦다. 예전의 반장 마누라가 여맹원이 되어 내무서 첩자로 겹집마다 누비고, 지게꾼·날품팔이들이 자위대를 조직하여 가난으로 눌려 지낸 한풀이를 한답시고 활개친다. 평소 못마땅하던 이웃이나 숨길 양식이 있을 만한 문턱 높은 집은 밤중에 찾아가 반동으로 밀고하겠다며 협박을 일삼는다. 그렇게 새 공화국의 충용한 인민으로 자처하며 설치다 보면 떡고물이라도 생기게 마련이다.[130]

8월 중순을 넘기며 서울의 식량난은 절정에 달했다고 한다.

하루 두 끼를 멀건 죽으로나마 해결하는 집이 드물다. 공화국 치하 이후 일간 친척을 찾아 서울을 빠져나간 사람이 절반을 넘고, 청장년은 의용군으로, 전선 노무자로, 노력 동원에 징집되어 집을 떠났으므로 남아 있는 사람은 아이들과 늙은이가 태반이다. 그들이 걸신들려 먹거리를 찾아 거리로 나서다 보니 산목숨 명줄 잇기에 피눈이 된 형편이다.[131]

목사 강원용은 『빈들에서: 나의 삶, 한국 현대사의 소용돌이 1』 (1993)에 이렇게 썼다. "공산 치하에서의 서울에서 내가 가장 어려움을 겪었던 문제는 호구지책이었다. 무엇보다 어린아이들에게 먹일 밥이 없는 것이 가장 고통스러웠다. 지금의 내가 망각이라는 것을 하나님의 축복으로 여길 만큼 당시의 상황은 비참한 것이었다."[132]

제6장

학살:
뿌리 뽑고 씨 말리기

골육상쟁의 근본주의

6·25 전쟁 중의 대량 학살을 말이나 글로 표현하기는 쉽지 않다. 인간의 언어는 인간 세계에서 그런 일이 벌어지리라고 예상하지 않은 채 만들어진 것인지도 모른다. 6·25 전쟁을 가리켜 흔히 지칭되는 동족상잔同族相殘은 '동족'이라는 이유 때문에 이민족 사이에 벌어지는 전쟁보다 더 잔인했다.

왜 그랬을까? 박명림은 오래된 공통의 역사와 문화, 핏줄을 갖는 동족이었기 때문에 오히려 그 동족성을 파괴한 공산주의자들에 대한 증오와 살의는 더 컸을지도 모른다고 했다. 그는 "한 번 갈라진 과거의 동일체는 그 갈라진 절반의 소멸이 원래의 자기 전체성을 회복하는 지름길이라고 사고하게 되어 적의는 증폭된다. 우익들이 사고하기에 공산주의자들만 사라지면 민족일체성, 동일민족성을 회복되고 공산주의자들만 사라지면 민족의 평화와 행복은 보장되는 것이었다"며 다음과 같이 말했다.

"물론 공산주의자들은······정반대로 사고하고 행동하였다. 그들은, 친일파 민족반역자, 이승만 도당만 타도하고 절멸시키면 동일민족성, 민족일체성은 회복되고 민족의 화해와 평화, 행복은 당연히 보장되고 지속된다고 여겼다. 그러한 신념은 둘 모두 일반 민중들에 대한 테러와 학살마저도 커다란 양심의 가책 없이 감행하게 하는 토대로 작용하였다. 우파는 좌파의 발끝까지도 뿌리 뽑으려 했고, 좌파 역시 우파의 씨를 말리려 하였다. 상대방이야말로 바로 분단과 살육, 전쟁의 이 모든 비극을 초래한 병균이자 원흉이기 때문이었다. 일체성이 파괴되었을 때 역사에서 자주 나타나는 이러한 사고는 인간을 학살하고 집단을 파괴하는 극단주의 행동을 정당화시켜주는 가공할 논리로 연결되었다."[133]

그 가공할 논리는 '골육상쟁骨肉相爭의 근본주의'라 부를 만한 것이었다. 그 근본주의는 인간의 양심을 마비시켰다. 그 실천 지침은 단순 명료했다. 박명림이 잘 지적한 바와 같이, 그건 '뿌리 뽑고 씨 말리기'였다. 전쟁이 터지자 제일 먼저 벌어진 '뿌리 뽑고 씨 말리기'는 국민보도연맹 가입자들을 대상으로 해서 벌어졌다.

국민보도연맹은 1949년 6월 이승만 정권이 아무런 법적 근거도 없이 "개선의 여지가 있는 좌익 세력에게 전향의 기회를 주겠다"는 명분을 내걸고 만든 것이었다. 존 메릴John Merrill은 남로당 조직의 와해는 국민보도연맹의 활약에 힘입은 바 컸다고 주장한다.

"평양방송은 보도연맹에 대해 신랄한 비난을 퍼부었다. 이는 보도연맹의 활동이 매우 효과적이었음을 간접적으로 시인한 것이나 다름없다. 평양방송은 보도연맹이 (1950년) 3월 중순 태백산, 지리산, 그리고 오대산 지역의 20개 군에 선무공작팀을 파견한 것에 대해서도 격렬히 비난했다. 또한 평양방송은 게릴라들은 끝내 남한을 장악할 것이고, 남로당에 충성하고 빨치산을 지지하라는 그들의 호소가 남한 주민들에게 점차 호응을 받고 있다고 주장했다. 평양방송 보도에서 시인하고 있듯이, 게릴라 활동은 그 기세가 꺾인 지 오래였고, 남로당 조직은 이제 완전 붕괴 위기에 처해 있었다."[134]

20만 명을 죽인 국민보도연맹 학살

그런 큰 성과를 보았으면 되었지, 무엇이 모자라 대량 학살을 해야 했던 걸까? 1950년 7~8월 수원 이남 전역에서 자행된 '뿌리 뽑고 씨 말리기'로 얼마나 많은 사람이 죽었는지 정확히 알 길은 없지만, 최소 20만 명이 학살되었으리라는 추산이 나오고 있다.[135] 왜 죽였을까? '뿌리 뽑고 씨 말리기'라는 광기狂氣에 그 어떤 합리적인 이유가 있을 리 없지만, 그래도 그 나름의 이유는 알아보자.

'한국반탁·반공학생운동기념사업회'는 『한국학생건국운동사: 반탁·반공학생운동 중심』(1986)에서 "남침 불과 5시간 만인 아침 9시에는 반공 도시 개성이 이미 그들에 의해 함락되고 말았다. 그 순간 막 잠이 깬 개성은 그야말로 아비규환의 생지옥이었다. 좌익 활동을 하다가 전향하여 '보도연맹'에 가입했던 자들이 오히려 반공 인사와 양민들을 학살하는 데 앞장섰다"며 다음과 같이 말했다.

"그들의 그와 같은 만행은, 대한민국에 전향했었던 사실만으로도 공산군에게 살해될 충분한 이유가 되므로, 두렵고 불안하여 이를 은폐하기 위해서라도 황급히 그들의 앞장에 서서 만행을 저지르게 된 것이다. 사실 그날 아침 공산군은 그들을 모아 놓고 전향한 죄를 씻기 위해서라도 앞장설 것을 강요하기도 했다. 개성 보도연맹원의 잔인한 행동이 정부로 하여금 한강 이남의 보도연맹원들의 행동을 경계하도록 조치시킨 요인이 되기도 하였다."[136]

"보도연맹원들의 행동을 경계하도록 조치"라는 표현이 섬뜩하다. 무차별 학살을 '경계'의 수준으로 볼 수 있겠는가? 김원일의 『불의 제전』이 잘 지적했듯이, 보도연맹 가입은 자수나 자발적인 의사라기보다 숫자를 불리려는 행정기관의 강권이 더 작용해서 이루어진 것이었다. 김원일은 "지서 순경이 과거 전력이 있는 자의 명단을 작성하여 직접 나서기도 했지만 우익단체인 대한청년단 회원, 자주통일청년단 회원·서북청년단원을 가입 권유자로 앞장세워 리마다 일정한 할당을 주었다"며 다음과 같이 말했다.

"해방 초기 좌·우익이 뭔지도 모른 채 민족 해방에 들떠 권유하는 대로 아무 단체나 가입해 경중댄 농민들도, 당신 전력에 문제가 있다며 윽박지르면 지레 겁부터 먹고 가입 명부에 손도장을 찍었다. 해방 직후, 조국 건설에 따른 농민조합·인민위원회·청년동맹 주최 교양 강좌 모임에 몇 차례만 참석했거나, 해방 이듬해 가을 인민위원회 중앙지도부의 사주 아래 남한 전역을 휩쓴 '추수 봉기' 행진에 줄을 섰어도, 당신이 과거 그런 일 했잖냐는 넘겨짚기에 놀라, 보도연맹에 가입하기도 했다."[137]

예컨대, 대구·경북 지역에서만 3만 명의 보도연맹원이 학살되었는데, 그들 중에서 실제로 좌익 활동을 한 사람은 5분의 1도 안 되었다.[138]

'혈서 충성 맹세'로 살아남기

그러나 '뿌리 뽑고 씨 말리기'의 원칙은 10명 가운데 1명을 잡기 위해선 10명을 다 죽여도 좋다는 발상에 근거한 것이었다. 6월 26일부터 전주형무소 수감자 1,400여 명을 포함해 전주 지역에서 남한 경찰·헌병·방첩대에 의해 총 4,500여 명이 학살된 사건을 살펴보자(형무소 재소자들은 다른 지역에서도 무더기로 학살당했다. 1950년 7월 첫째 주 대전형무소 재소자 1,800여 명도 국군과 경찰에 의해 불법 처형되었는데, 대부분 여순사건과 제주 4·3 사건과 관련된 정치범들이었다. 대구형무소에서도 1,400여 명이 학살당했다).[139]

치안국장 김병원은 6월 26일 전주경찰서에 '전국 요시찰인 단속 및 전국 형무소 경비의 건'이라는 문서를 보냈는데, 이 문서는 아마도 모든 경찰서에 다 내려갔을 것이다. 이 문서는 '치안국 통첩'으로 '예비검속령'을 내린 것이었다. 이 지침에 따라 전주 경찰은 전주 지역의 보도연맹원과 요시찰 인물을 A, B, C, D 등 4등급으로 분류했다. D급은 극히 위험한 인물, A급은 사상이 모호한 자였다. 전주 경찰은 26일부터 요시찰 인물에 대한 대대적인 검거에 나섰다. 경찰은 전주가 인민군에 점령되는 7월 20일까지 4차에 걸쳐 A급 분류자도 전원 학살했다.[140]

부산·경남 지역에서는 인민군의 공격이 미치지 못했던 탓에 형편이 좀 나았던 것으로 보인다. 그 지역에선 '서바이벌 게임'이 어느 정도 가능했다. 그래서 보도연맹원들은 앞다투어 대대적인 '혈서 충성 맹세'에 나섰다. 『민주신보』 1950년 7월 15일자는 다음과 같이 보도했다.

"최찬조 군은 한때 경거망동으로 반국가적 반민족적 노선에서 자기

전주형무소의 수감자 중 1,400여 명이 남한의 경찰·헌병·방첩대에 의해 학살되었다. 전주형무소에서 일어난 의문의 학살 사건 현장.

과오를 청산하고 대한의 품 안에 돌아와 보련 맹원으로 보도를 받으며 대한민국에 성의를 다하여오던 중 보련 맹원으로서 대한민국에 충성할 기회는 이때임을 절실히 느끼고 민족과 민국을 위하여 일선에서 싸우겠다는 투지로 13일 혈서로써 출전을 지원, 당국에서는 곧 입대 수속을 하였는데 이 사실을 안 보도연맹원은 물론 일반까지도 애국청년 최찬조 군의 지성에 대하여 무한히 감탄하고 있다."[141]

이런 일이 있고 나서 잇따라 혈서로 지원하는 사태가 벌어졌다. 『민주신보』1950년 7월 19일자 기사다. "조국의 안위가 박두한 이때 보련 맹원도 총궐기, 과거의 과오를 청산하고 온정 아래 보도를 받아오던 맹원들이 충성을 바칠 시기가 이제야 도래하였다고, 맹원들이 애국애족의 정성에서 지원하는 혈서에는 생생한 핏방울이 마르지 않고 있다."[142]

'나주 부대'의 '함정 학살'

6·25 전쟁 중 저질러진 '뿌리 뽑고 씨 말리기' 가운데 그 정신을 가장 철저하게 실천한 학살극은 이른바 '나주 부대'의 학살 사건일 것이다. '뿌리'와 '씨'가 잘 안 보인다는 이유로 경찰이 인민군으로 위장해 벌인 '함정 학살'이었기 때문이다.

나주 부대란 인민군이 공격해오자 나주경찰서 경찰관들이 주축이 되어 결성한 100여 명 규모의 임시부대였다. 이들은 전남 강진·해남·완도·진도 등지로 후퇴하면서 이상한 짓을 저질렀다. 나주 부대는 7월 하순께 전남 해남군 남창에서 완도경찰서에 전화를 걸어 완도중학교 교사가 전화를 받자, "우리는 인민군이다. 완도로 간다"고 밝혔다. 이에 완도에서는 '인민군환영준비위원회'가 구성되어 시가지 환영대회까지 준비했다. 나주 부대는 인민군으로 위장해 그 환영대회에 참석한 후 그 자리에서 '인민군 만세'를 외치는 사람들을 사살했다.[143]

이 같은 '함정 학살'은 해남과 완도 지역의 여러 곳에서 계속 이루어졌다. 이들의 위장술은 탁월했다. 인민군 복장을 하는 것으로도 모자라 마을로 들어설 땐 오랏줄로 묶은 우익 인사들을 앞장세우고 왔기 때문에 주민들은 그들을 인민군으로 믿지 않을 수 없었다. 나주 부대의 일부는 마을을 돌며 좌익 색출 작업을 벌이기도 했다. 인민군 행세를 하면서 사람들에게 '공산당을 좋아하느냐'고 묻고 좋아한다고 그러면 그 자리에서 사살하는 식이었다. 이들은 완도군 일대의 섬까지 일일이 찾아다니면서 학살을 저질렀다.[144]

임철우의 '곡두 운동회'

임철우의 소설 「곡두 운동회」는 바로 이 기막힌 '함정 학살'의 모습을 묘사하고 있다. 모든 게 함정이었음이 밝혀졌을 때 어떤 일이 벌어졌을까?

"어때. 이 반란군놈들아. 감쪽같이 속아 넘어간 기분이? 이제야말로 너희들이 제 발로 스스로 걸어나왔으니 입이 백 개라도 할 말이 없을 테지. 안 그래? 킬킬킬킬." ······만세, 만세애. 만만세애······드디어 이번에는 느티나무 쪽으로부터 엄청난 만세 소리가 터져나오기 시작했다. 읍장과 우체국장, 그리고 정미소집 주인 사내와 읍장의 뚱뚱보 아내를 비롯한 느티나무 쪽 사람들은 마치도 죽었다가 다시 살아난 듯한 그 기막힌 환희와 감격을 도저히 주체할 길이 없어 장대 같은 눈물줄기를 쫄쫄 흘려 대며 미친 듯 발을 구르고, 서로 부둥켜안고 펄쩍펄쩍 뛰어오르며 목이 터져라 손바닥이 부서져라 만세를 부르고 박수를 쳐대고 있었다.

그들은 바로 일순간 전까지 자신들의 머리 위에 드리워져 있던 죽음의 그림자를, 그 소름 끼치는 공포와 처참한 고통의 기억을 까아맣게 잊어버리고 다만 기쁨으로 전율했다. 그리고 조금 전까지 자신들의 육체와 영혼 모두를 그토록 엄청난 힘으로 얽어매어 짓누르고 있던 그 죽음의 족쇄를 참으로 자연스럽게 새끼줄 너머 저쪽 사람들에게 되돌려주는 것으로 통쾌한 복수를 실현시킴으로써, 가슴 벅찬 희열과 통쾌한 감각을 더더욱 감당키 어려운 지경으로 만들었다.[145]

이후, 이 마을의 적지 않은 집은 매년 어느 날 똑같은 제사상을 차리게 되었다. '뿌리 뽑고 씨 말리기'의 제물로 바쳐진 것이다. 이 함정 학살극에 협조했던 읍장은 '뿌리 뽑고 씨 말리기'의 의미에 대해 다음과 같이 말했다.

허허허헛. 자아, 이제야 모두 끝났나 봅니다. 허헛. 본의 아니게도 죄없는 여러분들이 십 년 감수하셨겠소이다. 우리 몇 사람은 사실 처음부터 빤히 다 알고 있었지만 일부러 모르는 척했었지요. 우리인들 어쩌겠소. 허허허. 이렇게 해야만 숨어 있는 불순분자들을 하나 남김없이 깡그리, 그것도 제 발로 스스로 걸어나오도록 할 수가 있다고들 하니 말입니다. 허헛.
그래서 우리 관리들 몇은 어젯밤부터 모두 집에 들어가지도 못하고 할 수 없이 각본대로 연극을 좀 해 봤지 뭡니까.……반란군놈들의 옷으로 갈아입고 감쪽같이 그럴듯하게 적군 행세를 한 거지요. 읍사무소에 주둔하고 있던 부대는 이웃 마을에 잠시 철수해 있다가 낮 열두 시 정각에 돌아오기로 약속이 돼 있었다는군요. 허허헛. 어떻습니까. 아주 기막힌 아이디어가 아닙니까. 허허, 벌써 다른 마을에서도 이런 방법을 써 보았더니 그 효과가 썩 좋았다지 뭡니까. 으허허헛.[146]

제7장

노근리: "모든 피난민을 향해 사격하라"

미군의 3박 4일 인간 사냥

1950년 7월 26일 낮 충북 영동군 황간면 임계리와 주곡리 마을에 미군이 나타나 주민들에게 마을을 떠나라고 명령했다. 그 미군은 제1기갑 사단 제7기갑 연대 제2대대 H중대(중화기 중대) 군인들이었다. 미군의 명령에 따라 500여 명의 피난민이 4번 국도를 따라 인근 마을 노근리에 당도했다. 피난민들은 미군의 지시에 따라 경부선 열차의 철로로 올라섰다. 그때 미군의 무전 연락을 받은 미군 전투기 2대가 나타나 주민들을 향해 무차별 폭격을 했으며, 지상의 미군들도 사격을 가하기 시작했다. 이 철로 위에서만 최소 100여 명이 사망했다. 정구식의 증언이다.

"한 차례 폭격이 지나가고 정신을 차려 고개를 드는데 내 목덜미 위에 무엇이 얹혀 있는 것 같아 손으로 쥐어봤더니……. 그게 목 잘린 어린이의 머리더라고. 다시 정신을 차려 둘러보니 철로는 엿가락처럼 휘었고 여기저기서 사람과 소가 쓰러져 아비규환이었죠. 미군 폭격기는 약 20여 분간 폭격을 해댔어요. 나중에는 폭격기에서 기총소사도 했고요."[147]

양해찬의 증언이다.

"나는 어머니와 여동생과 함께 있다가 폭격을 당했어요. 어머니가 나를 맨 밑에 엎드리게 하고 그 위에 내 여동생을 얹고 당신 몸으로 우리를 감쌌어요. 폭격 후 일어서니 어머니는 하복부와 발목에 파편을 맞아 피투성이고 여동생은 한쪽 눈이 피범벅이 돼 있어요. 지금 생각해도 끔찍하지만 여동생 눈알이 빠져 대롱대롱 매달려 있더라구요. 동생은 눈이 아파 견딜 수가 없으니까, 안 보이니까 그것이 뭣인지도 모르고 그냥 떼내 버렸어요. 어머니와 동생을 껴안고 주변을 보니 우리 집에 피난 와 있

미군은 3박 4일 60여 시간 동안 황간면 임계리와 주곡리 마을 사람들에게 무차별 폭격을 가해 300여 명을 학살했다. 사건의 현장인 노근리 쌍굴다리에는 당시 탄환의 흔적만 남아 있다.

다 함께 온 고종사촌 아주머니가 만삭이었는데 즉사해 있더라고요. 할머니, 형님도 거기서 돌아가셨지요."[148]

철로 위에서 간신히 살아남은 사람들은 철로 밑의 굴다리로 숨었다. 그러나 굴다리에 은신한 사람들을 향해서도 미군의 총질은 계속되었다. 4일간이나 계속되었다. 피난민들은 미군의 총질 때문에 밖으로 나갈 수가 없었다. 핏물을 그냥 떠 마시면서 버텨야만 했다.[149] 이게 바로 7월 26일부터 3박 4일 60여 시간 미군의 그런 '인간 사냥'으로 300여 명이 죽어간 '노근리 사건'이다.

피난민은 작전에 귀찮은 존재

왜 미군은 그런 '인간 사냥'을 했던 걸까? 먼저 이 사건의 배경을 이해하기 위해 시어도어 페렌바크Theodore R. Fehrenbach, 1925~2013의 『실록 한국전쟁』의 한 대목을 살펴보자.

"7월 20일 아침, 대전 주변 방어선이 끊임없이 위축되고 있는 가운데 농부의 흰 옷으로 변장한 수백 명의 인민군은 시중으로 침투해 들어왔다. 일단 시중에 들어서면 그들은 농민의 옷을 벗어 던지고 미군에게 총격을 가했다. 얼마 지나지 않아 도처에 저격병이 깔렸다. 미군 장교들은 본부요원과 보조부대 병력을 동원해 그들의 소탕을 시도해 보았지만 성과는 극히 미미했다. 어느덧 긴 하루 해도 저물었다. (윌리엄) 딘 사단장은 시내에서 철수해야 할 때가 온 것을 알았다. 딘의 지프는 길 위에 멈춰 서서 불을 뿜는 트럭들 사이로 요란한 소리를 내며 달렸다. 운전병은 전속력을 냈고, 한 구역을 다 간 곳에서 교차로 하나를 그냥 지나쳐

버렸다. 딘의 부관 클라크 중위가 고함을 질렀다. '지나왔다!' 간신히 대전을 빠져나온 미 제24사단장 딘 소장은 산 속에서 길을 잃고 헤매면서 우군 진지에 닿으려는 노력을 35일이나 거듭하다 한국인들에 의해 인민군에게 밀고되어 포로가 되었다. 7월 20일 야간에 대전을 철수, 영동을 지키던 미 제24사단의 각 부대는 7월 22일 정오, 진지를 제1기갑 사단에게 인계했다. 대전에서 100여 리 떨어진 영동 방어를 미 제24사단으로부터 인수받은 미 제1기갑 사단은 방어진지를 구축했다."[150]

이런 배경에 주목해 당시 미군들이 느꼈을 극도의 공포심을 인간 사냥의 이유로 지적하는 시각이 있다. 당시 미군들의 북한군에 대한 피해의식과 두려움이 극에 달한데다 미군이 농민으로 위장한 인민군에 의해 습격을 받은 적도 있었기 때문에 겁에 질려 이성을 잃은 나머지 저지른 짓이 아니겠느냐는 것이다. 그러나 1994년 이 사건을 『그대, 우리의 아픔을 아는가』라는 소설 형식으로 밝힌 정은용은 그것은 아니었다고 말한다.

"미군들은 노근리 앞 철로 위에다 폭탄을 투하하기 전에 피난민들의 짐에 대해 검색을 실시하고, 또 폭격 후에는 철로 밑 터널 속에 그들의 위생병을 보내 부상자들에게 치료까지 해주면서 피난민들이 변장한 인민군이 아니라는 것을 충분히 확인했었다. 무기라고는 한 점도 갖지 않았던 피난민들, 노인과 부녀자, 유아가 절반을 훨씬 넘었던 이들로 인해서 미군들이 겁을 먹을 이유도, 이성을 잃을 까닭도 없었을 것이라는 것이 많은 생각 끝에 도달한 나의 결론이다."[151]

그렇다면 무슨 이유 때문이었을까? 7월 26일 미8군 사령관이 주요 지휘관들에게 보낸 메시지에 주목하는 게 좋을 것 같다. "전선을 통과하려는 피난민들의 어떤 움직임도 허용하지 마라." 그날 밤 10시 미 제25사단 일지에는 "사단장 킨 장군이 전투 지역에 있는 민간인들을 '적대시하고 사살해야 한다'는 결정을 내렸다"고 적혀 있다. 노근리 사건 이후에도 피난민에 대한 무조건 사격은 많이 일어났다. 제1기갑 사단의 1950년 8월 29일자 일지에는 사단장이 "모든 피난민을 향해 사격하라"는 명령을 내린 것으로 되어 있다.[152] (영국 BBC가 2002년 2월 2일에 방영한 〈전원 사살하라〉는 프로그램은 6·25 전쟁 초기의 몇 달 동안 미군 고위층에서 남한 민간인을 적으로 취급해 사살하라는 명령을 내린 걸 기록한 문서가 적어도 14건이라고 밝혔다.)[153]

왜 미군 지휘부는 그런 명령을 내렸을까? 피난민을 작전에 방해되는 귀찮은 존재로만 보았을 가능성이 높다. 노근리 학살은 워낙 계획적이고 조직적인 범죄라 이쪽에 무게가 실린다.[154] 단지 귀찮다고 해서 아무 죄도 없는 민간인을 죽일 수 있는가? 이 물음은 노근리 사건을 넘어서 6·25 전쟁 전반에 걸쳐 미군이 보인 행태와 직결되는 것이다.

미군의 인종차별주의

괴로운 이야기지만, 미군은 한국인의 목숨을 비교적 하찮게 보는 인종차별주의를 갖고 있었다. 단지 인종차별주의 때문에 한국인을 함부로 죽였다는 의미가 아니다. 어떤 전쟁이건 군인들은 오직 전쟁 수행의 효율성만으로 전쟁을 치르진 않는다. 고려해야 할 다른 요소들이 있기 마련이고, 그중에서 가장 중요한 건 민간인들의 목숨일 것이다. 전쟁 수행에 상충되는 요소들이 나타났을 때 그 요소들의 무게나 가치를 비교적 낮게 평가하는 심리 상태에 인종차별주의가 알게 모르게 작용할 수 있다는 건 결코 무리한 추정은 아닐 것이다.

미군 장성 조지프 로턴 콜린스Joseph Lawton Collins, 1896~1987는 6·25 전쟁은 "현대전보다는 우리의 인디언 개척 시절 전투와 더 유사한 구식 전투로의 회귀"를 보여주었다고 말했다.155 표면적으론 이 말에 인종차별주의의 혐의를 두는 건 부당한 일이겠지만, 전쟁의 대상이 어떤 인종인지에 따라 미군의 대응 방식이 달라질 수 있다는 점을 상기시켜주는 의미는 있다고 보아야 할 것이다.

해방정국의 역사에서 살펴보았듯이, 미군은 한국인들을 결코 동등한 인간으로 생각하지 않았다. 한 미군 중위가 말했듯이, "문화인들이라면 대체로 조선인들을, 동양인들을 자신과 동등하게 생각할 수 없을 것이다. 우리 지도자들은 우리가 여기에서 사는 것이 얼마나 힘겨운지 알고 있기 때문에 우리를 여기에 오랫동안 방치하지 않는다".156

사실 미군이 한국인을 존중하거나 좋아한다는 건 기대하기 어려운 일이었다. 얼마 후 유엔군을 지휘하게 되는 매슈 리지웨이Matthew B. Ridgway, 1895~1993는 회고록 『한국전쟁』에서 "미군들이 한국전에서 기억하는 것은 온 천지에 깔린 똥냄새뿐"이라고 썼다.157 똥냄새만 미군을 괴롭힌 건 아니었을 것이다. 손철배는 "우선 겉으로 드러난 한국인들의 비참한 생활상은 한국을 보다 깊이 이해하려는 생각을 아예 꺾어 버렸다. 당시 제2차 세계대전의 전승국으로서 경제적 풍요의 절정에 달하였던 미국과 폐허가 된 한국은 그야말로 하늘과 땅 차이였으므로 한국에 대한 부정적 인식은 더욱 심화될 수밖에 없었다"며 다음과 같이 말했다.

"한국인들은 자부심이 강하고 점잖다는 설명에 미군 병사들은 '우리가 지금까지 본 한국인들은 모두 추한 꼴의 거지이거나 짐승들도 살기 어려운 움막에 살고 있는 농민들뿐이다. 그들은 자부심과 예절은 고사하고 문명화되지도 못한 미개인에 불과하다'라고 반박하기 일쑤였다. 실제로 미군들만 보면 '헤이 싸전sergeant, 기브 미 초콜릿, 기브 미 캔디' 하면서 달려드는 고아 같은 어린이들과 틈만 나면 뭔가를 훔쳐가는 한국인들을 많이 보아 좋은 인상을 가질 수 없었을 것이다. 특히 한국인들의 좀도둑질은 미국인들의 첫째가는 조롱거리였다. 당시의 유명한 코미디언 밥 호프Bob Hope는 한국 아이가 비행기의 랜딩 기어를 훔쳐갔기 때문에 위문 공연에 늦었다고 조크하여 청중들의 폭소를 자아내기도 했다.

미군들에게 한국인들은 문명화되지도 못한 미개인이었고, 한국인들의 좀도둑질은 조롱거리였다. 6·25 전쟁 당시 백인 병사가 아이들에게 껌과 초콜릿을 나눠주고 있다.

어느 미국인은 파카 만년필을 일부러 드러내놓고 돌아다니자 하루 동안 네 번이나 소매치기 당할 뻔했다고 주장하였다."158

물론 이 견해는 이후 전쟁이 진전되면서 미군들이 한국인들에 대해 갖게 된 생각까지 포함하고 있지만, 이미 3년간의 군정 경험을 갖고 있는 미군들은 전쟁 초기부터 한국인들을 동등한 인간으로 생각하진 않았다. 미군은 한국인의 옷을 '흰 파자마'라고 불렀는데, 이들은 '흰 파자마'를 입은 사람은 누구나 잠재적인 적으로 간주했다. 영국의 전쟁 특파원 레지널드 톰프슨Reginald Thompson은 『한국의 통곡』이라는 책에서 "미군 헌병들은 적들을 사람처럼 이야기하지 않고 원숭이처럼 취급한다"고 썼다. 그는 "그렇지 않으면 이 천성적으로 친절하고 너그러운 미국인들이 그들을 그렇게 무차별적으로 죽이거나 그들의 집과 빈약한 재산을 박살낼 수는 없었을 것이기 때문"이라는 것이다.159

미군의 인종차별주의는 가끔 한국인들에게 기존 좌우 구분의 의미를 회의하게 만들기도 했다. 윤택림의 『인류학자의 과거 여행: 한 빨갱이 마을의 역사를 찾아서』(2004)에 따르면, "미군의 인종차별주의가 한편으로는 지방 좌익뿐만 아니라 우익을 분노하게 했다.……우익 청년들은 종종 한국 사람을 동물로 생각하고 좌익 색출시 무차별적으로 총을 쏘아대는 미군과 싸움이 붙었다고 한다.……이러한 인종 차별적인 과잉 반응은 미군 병사와 한국 우익집단 간의 계속적인 분열을 일으켰다".160

44년간 '존재하지 않았던 사건'

노근리 사건은 44년간 '잊혀진 사건' 아니 아예 '존재하지 않았던 사건'으로 머물러야 했다. 1994년 6월 노근리 사건 대책위원회가 꾸려져 정부에 진정서와 탄원서를 냈지만 모두 답이 없었다. 노근리 사건은 당시 『조선인민보』 1950년 8월 19일자가 6단 크기로 상세히 보도했지만, 이후 40여 년간 잊혀진 사건이 되었다(1945년 9월 8일에 창간된 『조선인민보』는 미군정에 의해 1946년 9월에 폐간되었다가 6·25 직후인 1950년 7월 2일부터 1951년 2월 23일까지 재발간된 좌익 신문이다).

그러다가 앞서 언급한 정은용의 소설 『그대, 우리의 아픔을 아는가』(1994)의 출간을 거쳐 1994년 4월 29일 연합통신에 의해 첫 보도가 이루어지고 『월간 말』 1994년 7월호에 의해 상세히 다루어지기까지 44년간 언론매체에서도 단 한 번도 언급되지 않았다. 하지만 여전히 큰 이슈로 떠오르진 못했다.

노근리 사건은 1999년 9월 29일 미국 AP통신이 보도하고 이어 『뉴욕타임스』와 『워싱턴포스트』 등 미국 유력지들이 1면 톱기사로 보도하고 나서야 한국에서도 큰 이슈가 되었다. 1999년 10월 초 미국 대통령 빌 클린턴Bill Clinton과 한국 대통령 김대중이 진상규명 지시를 내렸다. 2001년 1월 12일 클린턴은 유감 표명을 했다. 유족들은 미국보다는 한국 정부에 맺힌 게 더 많았다. "군사정권 때야 아무 소리도 못하지. 슬금에 병끗하기만 해도 바로 경찰서에 데려갔다."[161] 당시 학살 현장에 있었던 한 미군 병사는 그때로부터 49년이 지나서도 "아직도 바람 부는 시절이 되면 어린아이들의 울부짖는 소리가 들린다"고 고백했다.[162]

2004년 2월 9일 '노근리 사건 희생자 심사 및 명예회복에 관한 특별법'이 국회 본회의를 통과해 그해 3월 5일 노근리 사건 특별법이 공포되었다. 이후 피해자 가족들은 노근리 사건 피해자들의 명예회복을 위한 활동을 계속 이어나갔다. 2010년 4월 이 학살 사건을 고발한 영화 〈작은 연못〉이 제작되었다. 2024년 11월 소설가 고광률은 이 사건을 다룬 소설 『붉은 그늘』을 출간했다.[163]

두 얼굴:
학도병과 상류층

'돼지몰이'로 불린 상류층의 일본 밀항

1950년 8월 17일 북한군은 낙동강을 건너 대구를 공격했지만 국군과 유엔군의 반격으로 물러났다. 그 와중인 8월 18일 대구에 있던 정부는 부산으로 피난했다. 정부의 부산 피난은 이미 7월부터 시작되었던 부산에서의 학살에 또 한 번 박차를 가하게 만들었다. 대통령이 머무는 임시수도라는 이유로 지역 내의 불안 요소를 제거한다는 미명하에 7월부터 9월 사이에 1만 명 대로 추정되는 민간인들을 학살한 것이다. 헌병, 경찰, 청년방위대원들, 민간 극우단체들이 7월 초부터 9월 28일 서울 수복 때까지 부산시 전체 가구를 3번이나 훑으며 '좌익 활동'을 한 경력이 조금이라도 있는 사람은 모두 체포해 특무대로 넘겨 살해했다.

1960년 제35회 국회에서 부산진 을구 의원 박찬현은 "특무대가 수천 명씩을 긴급 구속해서 매일 저녁 수십 대의 트럭에다가 가득 사람을 실어가지고, 철사로 모두 묶어서 바다에 던져버리거나, 해운대·김해·양산 등지에서 기관총 등으로 학살하였다"고 고발했다.[164]

부산의 비극은 그것만이 아니었다. 박명림은 "부산에 결집한 상당수 고위층과 부유층 인사들은 배를 부산항에 대놓고 전황이 여의치 않을 경우 일본으로 탈출할 계획을 세우기도 하였다. 이미 일부는 제주도로 피난 간 상태였다. 일본으로의 밀항은 당시 이른바 '돼지몰이'로 불렸다"며 다음과 같이 말했다.

"밀항 주선 비용은 1인당 50만 원, 나중에는 100~150만 원까지 이르렀다. 밀항을 위한 선박 대절비는 500만 원에서 1천만 원에 이르렀다. 서울, 대전, 부산에서의 도망 행렬을 볼 때 이들의 국가 수호 의지가 어느 정도였는지를 이해하는 것은 어렵지 않다. 법무장교 태윤기에 따르면 임시수도 부산의 혹심한 상류사회의 비리와 부패 때문에 아예 이곳에 들르고 싶지도 않도록 만들었다."[165]

쌍권총으로 무장한 김두한의 활약

김두한은 자서전을 통해 이와 관련된 기록을 남겼다. 그는 "부산은 혼란의 도가니였다. 먼저 내려온 정부 고위층의 가족들은 전쟁과 아랑곳없이 환락에 잠기고 있었고 부산 유흥가는 전쟁을 모르는 채 화려한 네온사인에 뒤덮여 불야성을 이루고 있었다.……나는 부산 앞바다 20리 전방에 수백 쌍의 기동선이 전세를 관망하면서 일본 도피를 꿈꾸고 있다는 것을 알았다. 이들은 대부분 정부 고위층과 사회 유력 인사들의 가족이라고 했다"며 다음과 같이 말했다.

"100리 전방에서는 치열한 전투가 벌어지고 있는데 민족의 자유를 수호하는 전쟁에 아랑곳없이 보화를 싣고 자식들만 데리고 일본으로 피난 가려는 가증한 반민족 모리배를 용서할 수 없었다. 그들에게서 출전 자금을 뜯어내려고 결심한 나는 이른 새벽에 발동선 1대를 강제로 징발했다. 기관총 1정을 싣고 특공대원에게 권총을 휴대시킨 후 내가 선두에 서서 부산 앞바다 20리 지점에 정박하고 있는 그들의 배에 올라타 금품을 강제로 희사받았다.……당시 그들의 선실을 뒤졌을 때 나는 그들의 화려함에 놀란 정도가 아니라 기절할 뻔했다. 군대에 가야 할 적령기에 있는 젊은이가 여인들과 춤을 추고 있었고, 외래품으로 몸을 감은 그들은 양주병을 앞에 놓고 엔조이에 한창들이었다."[166]

김두한은 다음엔 쌍권총으로 무장하고 광복동에 있는 '늘봄' 댄스홀로 갔다고 말한다.

"댄스홀 앞에는 고급 세단과 군 고급장교 지프들이 즐비하게 늘어서 있었다. 나는 늘봄 댄스홀의 문을 열고 들어서자마자 양손에 권총을 들고 16발을 공중에 발사했다. 쌍쌍이 춤을 추던 남녀가 한꺼번에 땅에 엎드렸다. 불과 100여 리 전방에서는 전투가 치열해 젊은 청년들이 쓰러져 가고 있는데, 전쟁에 아랑곳하지 않는 특권층들은 여자들과 함께 일대 육체의 향연을 베풀고 있었던 것이다. 이러한 반민족분자들을 나는 치고 때리고 했다.……'너희들이 가진 금품을 이 광주리에 담아라. 나는 단순한 금품 강도가 아니다. 포항 작전에서 의용군으로 참여했다가 부상당해 돌아온 500명의 학도병 치료비로 쓸 것이다. 또다시 국가와 민족을 망각하고 춤을 추러 다니는 년놈은 부산 앞바다에 수장시켜버릴 테니 알아서 하라.'"[167]

김두한이 괜한 말을 한 것 같지는 않다. 강문봉의 회고도 비슷한 내용이다.

"낙동강 방어선이 형성되면서 육군본부에서는 김익렬 대령에게 헌병 1개 소대를 주어 부산항만 일대의 선박에 대해 수색토록 했다.…… 유명 정치인과 고위 장성까지 붙들려왔는데 이들은 도망갈 준비를 하고 배에 타고 염탐하고 있었으며 그중에는 중령급 이상 8명이 체포됐다."[168]

당시 후방 군인들의 군기도 매우 문란해 육군참모총장 정일권은 9월 8일 일부 후방 근무 장병들이 군의 사명을 망각하고 탈선행위, 풍기문란, 민중에 끼치는 폐해 등으로 군에 대한 비난이 자자하다며 다음과 같은 명령을 내렸다.

"1. 장병의 요정, 식당 출입을 엄금한다. 2. 입원 환자의 외출을 엄금한다. 3. 군인의 개인 입장에서의 가옥 차용을 금지한다. 4. 본부 장교는 일체 병영 내 거주하라. 5. 헌병은 특히 야간순찰을 이행하며 사건 적발에 철저하라. 6. 공용 이외 차량 사용을 금한다."[169]

일선과 비교해 너무도 극명히 대조되는 그림이었다. 당시의 남한은 과연 나라였을까? 김두한의 말마따나, 일선에선 아무런 훈련도 받지 못한 채 애국심 하나로 총을 들고 나간, 청년 학생들로 구성된 학도의용군이 쓰러져 가고 있었는데 말이다.

학도의용군의 참전

학도의용군은 6월 29일 이후 학생으로서 육해공군 또는 유엔군에 예속되어 1951년 2월 28일 해산할 때까지 전투에 직접 참가하거나 후방 선무활동 등 전투 지원 업무를 담당했는데, 실전에 참가한 학생의 수는 2만 7,700명(재일교포 학도의용군 700명 포함)이었고, 20만 대원이 후방 선무활동을 벌였다.[170]

학도의용군 중 15~17세로 징집 의무가 없는 학도병들을 '소년병'이라 불렀는데, 모두 3,000여 명이 참전해 2,400여 명이 사망했다.[171] 포항 전투에 참여한 소년병 이우근은 포항여중 앞 벌판에서 전사했는데, 8월 10일에 쓴 일기가 그의 주머니 속에서 발견되었다.

"어머니, 나는 사람을 죽였습니다. 그것도 돌담 하나를 사이에 두고, 10여 명은 될 것입니다. 나는 4명의 특공대원과 함께 수류탄이라는 무서운 폭발 무기를 던져 일순간에 죽이고 말았습니다. 다리가 떨어져 나가고 팔이 떨어져 나갔습니다. 너무나 가혹한 죽음이었습니다. 아무리 적이지만 그들도 사람이라고 생각하니, 더욱이 같은 언어와 같은 피를 나눈 동족이라고 생각하니 가슴이 답답하고 무겁습니다. 어머니, 전쟁은 왜 해야 하나요? 이 복잡하고 괴로운 심정을 어머님께 알려 드려야 제 마음이 가라앉을 것 같습니다. 무서운 생각이 듭니다. 지금 제 옆에서는 수많은 학우들이 죽음을 기다리는 듯 적이 덤벼들 것을 기다리며 뜨거운 햇볕 아래 엎드려 있습니다. 적병은 너무나 많습니다. 우리는 겨우 71명입니다. 어머니, 어쩌면 오늘 죽을지도 모릅니다. 상추쌈이 먹고 싶습니다."[172]

전주에서 학교에 다니던 최정호의 일기는 학도병의 좀 다른 모습을 보여주고 있다. 그의 7월 10일자 일기다.

"방학이 시작되어 8월 20일까지 학교문이 닫히게 되었다. 그러나 이날 오후 4시에 4학년(오늘의 고교 1학년) 이상 학생은 다시 학교에 등교하라는 통지가 있었다. 시내 중학교 배속 장교 회의가 끝난 그 시간에 우

학도의용군은 전투에 직접 참가하거나 후방 선무활동을 담당했다. 그 수는 2만 7,700명이이었다. 그중에는 15~17세의 '소년병'도 있었다.

리는 학교에 가서 학도병을 징집한다는 소식을 들었다. 1950년 6월 30일을 기준으로 만 17세가 된 학생들은 군대에 가야 한다는 것이었다. 나는 만 17세에 3개월이 모자랐지만 우리 반의 약 3분의 1 정도가 '징병 적령자'로서 군대에 나가게 되었다. 6월 30일을 기준으로 학급의 친구들이 두 편으로 갈라져 버렸다. 행운과 불운의, 그리고 머지않아 현실로 드러나는 삶과 죽음의 두 편으로······."[173]

7월 13일자 일기와 7월 14일자 일기를 보자.

"친구 집에 놀러 갔더니 이웃집에서 노모老母의 통곡하는 소리가 들린다. 아들이 징병 검사에 합격했다는 것이다. 조금 있으니 공업학교에 다니는 학생 여나믄 명이 그 집에 몰려들어 왔다. 모두 술이 취해 벌건 얼굴을 하고 있었다. 한 놈은 울고 있고 다른 몇 놈들은 팔짱을 끼고 소리소리 지르며 노래를 부르고 있었다."[174]

"오후 4시부터 전북여중 강당에서 학도병의 장행회壯行會가 있었다. 여중생들의 합창이 있었고 교장의 인사가 있었고 다과회가 있었으나 장행회는 잘되지 않았다. 군대에 갈 학생들이 다과회에 술이 없다고 투정을 부리자 흐지부지 판이 식어버렸다. 교장 선생이 눈물을 뚝뚝 흘리며 붙들었으나 모두 다 장행회장을 나가버렸다."[175]

남한 소년병들끼리의 전투

북한 인민군에게도 17~18세의 청소년이 많았지만, 전투가 치열해진 8월 중순부터는 남한 점령 지역 내에서 징집된 의용군이 전선에 투입되었다. 그래서 인민군에 끌려간 남한 지역 출신 의용군과 국군의 소년 지원병이 싸우는 경우도 있었다.[176]

"'무명지 깨물어서 붉은 피를 흘려서' 같은 군가와 '견적필살見敵必殺', '진충보국盡忠報國' 같은 일제시대의 어휘로 된 혈서가 판을 쳤다. 외딴 시골에서 면민의 박수갈채를 받으며 미래라고는 없는 전장으로 떠나는 청소년들의 뒷모습만이 한국의 운명이었다. 제대로 훈련받지도 못한 사람들이 학도병이라는 이름으로 끌려가서 역시 그런 이유로 끌려온 나이 어린 인민군들과 백병전을 벌여서 쌍방이 전멸해버리는, 그래서 아무런 희망 없이 한 세대가 증발해버리는 상황이 반복되었다."[177]

16세로 대구 영신중학교 2학년에 재학하다가 소년병이 된 하봉수의 증언이다.

"8월 하순, 어린 소년이지만 나라를 지키지 않으면 안 되겠다는 생각이 들어 지원하였습니다. 지금도 잊혀지지 않는 일은, 경북 금릉군에서 빈 집을 수색하다가 숨어 있는 공비들을 발견해서 두 명은 사살하고 한 명은 생포하였는데, 심문해보니 나와 같은 하동 하씨라는 것이었습니다. 북한 의용군으로 징집된 어린 남한 학생이었어요. 어른들이 일으킨 전쟁에서 어린 소년들이 희생되는 현실에 무척 괴로워하였던 생각이 납니다. 지금도 두려움에 떨던 그 소년의 얼굴이 잊혀지지 않습니다."[178]

인민군의 의용군 모집은 어떻게 이루어졌을까? 충북 청주의 의용군 모집대회에 참여했던 사람의 증언이다.

"7월 초 국민학교 강당에 350명이 집결하였다. 붉은 띠를 머리에 멘 대학생이 궐기대회 사회를 보고, 열기를 띠면서 지원자가 나왔다. '조국통일을 눈앞에 둔 이때 우리 인민 학생들은 총을 들고 일어나 싸워야 한다'라고 외쳤다. 여학생까지 앞으로 몰려나가 외칠 때는 강당 안에 있는 학생치고 마음이 동요되지 않을 수 없는 분위기였다. 모두 앞으로 나가고 남은 학생은 나를 포함하여 12명뿐이었다."[179]

북한은 의용군의 모집이 자원에 의해 이루어졌다고 주장하면서 이는 미 제국주의자들을 격멸하고 조국의 자주독립을 이룩하려는 청년 학생들의 애국적인 반제반미구국운동이라고 선전했다. 북한은 1950년 8월 15일까지 남한에서 자원에 의해 모집된 청년 남녀의 수는 45만 명이며 북한 지역까지 합치면 120만 명에 이른다고 주장했다. 이 주장은 의용군 지원을 받은 7월 초 며칠간은 타당하다고 볼 수 있으나 의용군 모집 결정이 내려진 7월 6일 이후부터는 강제적인 병력 충원이었다.[180]

적반하장: 도강파와 잔류파

인천상륙작전과 서울 수복

1950년 9월 9일 김일성은 공화국 창립 2주년을 맞아 자신감에 넘친 연설을 했다. 그는 전 지역의 95%와 총인구의 97%가 조선민주주의인민공화국의 기치하에 통일되었다고 자랑하면서 "승리는 정당한 투쟁에 궐기한 조선 인민의 것"이라고 주장했다.[181] 그러나 그 주장은 너무 성급한 것이었다. 8월 내내 새로운 미군부대가 부산을 통해 들어왔다. 8월 말경엔 한국군을 포함한 유엔군 병력은 18만여 명, 북한군 병력은 9만 8,000여 명, 전차의 보유 비율도 5대 1로 유엔군 측의 절대 우세였다.[182]

하늘은 미군이 장악하고 있었고, 미군은 무차별 폭격을 해댔다. 북한은 인도주의적 전쟁을 기대했던 걸까? 8월 29일 박헌영은 외무상 명의로 미군 항공기의 병원 폭격 만행을 규탄하며 그러한 행위를 중지시킬 대책을 취할 것을 요구하는 전문을 유엔 사무총장에게 발송했다. 그는 9월 4일에도 병원 기차를 폭격한 미 공군기의 행위를 규탄하며 무차별 폭격 행위의 중지 대책을 취해줄 것을 요구하는 전문을 유엔 사무총장과 안보리 의장에게 발송했다. 그는 9월 16일에도 미 공군기의 평양 중앙병원 폭격에 항의하는 전문을 유엔 사무총장과 안보리 의장에게 발송했다. 그러나 아무런 답이 없었다.[183]

유엔군의 인천상륙작전이 답이라면 답이었다. 유엔군은 9월 9일에서 13일까지 5일간 인천 주변 50킬로미터 내에 대해 집중 폭격을 가했다. 9월 14일 밤 10시. 인천 월미도 인근 해상에 정박 중이던 기함 '마운트 매킨리'의 함교에서 맥아더는 "팔미도 등대가 점등되었다. 진격하라"는 명령을 내렸다. 인천상륙작전의 신호가 된 '팔미도 등대 점등'은 '켈로부대'의 팔미도 기습작전에 의해 이루어졌다.[184] (역사 산책 3: 얼굴 없는 '켈로부대' 참고)

B-29기 등 각종 폭격기의 지원 아래 함정 261척, 병력 7만 5,000명이 인천을 향해 밀려들었다. 인천상륙작전은 16일 오전 1시 30분에 성공적으로 종료되었으며, 바로 이날부터 낙동강 전선의 한국군과 유엔군도 총반격 작전으로 전환했다. 이승만은 미리 못을 박겠다는 듯 9월 19일 부산에서 열린 인천상륙 축하 군중집회에서 "유엔이 어떻게 결정하든 우리에겐 북진이 있을 뿐이다"고 선언했다.[185]

인천상륙작전은 주변의 부정적인 의견이 있었지만, 맥아더의 결단으로 밀어붙여 얻어낸 군사적 승리였다. 여러 기록엔 인천상륙작전의 성공 확률이 5,000분의 1이었는데도 성공했다는 과장된 무용담이 나오기도 하지만, 인천상륙작전은 북한군도 이미 대비하고 있던 널리 알려진 비밀이었다. 그래서 미군은 상륙 지점을 헷갈리게 하기 위해 군산 일대

맥아더는 주변의 부정적인 의견이 있었지만, 인천상륙작전을 밀어붙여 군사적 승리를 이루어냈다.
인천 월미도에서 포로로 잡힌 인민군들.

에 이른바 '기만 폭격'을 하기도 했다.[186]

북한군은 8월 28일부터 상륙작전에 대비했지만, 맹폭격을 동반하는 미군의 물량 작전을 막아내는 데엔 근본적으로 한계가 있었다. 제공권을 잃은 북한군의 대비는 서울 진격을 막는 데에 국한될 수밖에 없었지만, 나름 대비와 끈질긴 저항을 했음이 틀림없다. 그래서 상륙 이후 인천에서 서울까지의 진격에 13일이 걸렸다.[187]

유엔군이 서울 접경에 도착해 서울 안으로 들어가는 데에도 3일이 걸렸다. 서울 탈환시 서대문 로타리 등 여러 곳에 설치된 적군의 바리케이드 하나를 점령하는 데만도 50분의 교전 시간을 잡아먹었다.[188] 인천상륙작전과 서울 탈환에서 국군 해병대는 맹활약을 했는데, "특히 인천 상륙작전 때에 보여준 한국 해병의 용맹성은 세계 전사에 좋은 귀감이 되고 있다".[189] 해병대 2대대 6중대 1소대는 한국인의 손으로 태극기를 올려야 한다는 이승만의 명령에 따라 9월 27일 새벽 위험을 무릅쓰고 중앙청 돔 창문으로 태극기를 내거는 데에 성공했다. 이로써 해병대는 '서울 수복 부대'라는 영광을 차지하게 되었다.[190] (역사 산책 4: 제주 4·3 사건과 '귀신 잡는 해병' 참고)

"내가 국민 앞에 왜 사과를 해"

9월 28일 서울이 수복되었고, 29일 정오 중앙청 광장에서 '환도식還都式'이 열렸다. 군악대도 의장대도 없어 매우 초라했지만 모두 뜨거운 감격을 억누르긴 어려웠다. 먼저 연단에 오른 맥아더는 "대통령 각하! 저와 저의 장교 일동은 이 순간부터 군무軍務에 전념하고, 민사民事에 관한 모든 것은 각하와 각하의 정부에 맡깁니다"고 선언했다. 이승만은 너무 감격해 "우리는 장군을 숭배합니다. 우리 민족의 구원자로서 장군을 사랑합니다"고 말했다.[191] (역사 산책 5: "화랑 담배 연기 속에 사라진 전우야" 참고)

그러나 서울 수복의 감격은 잠시였고, 많은 시민은 쓰디쓴 환멸을 맛보아야 했다. 피난을 갔던 '도강파'는 개선장군처럼 당당했고, 정부의 말을 믿고 서울에 남은 '잔류파'는 빨갱이, 불순분자, 부역자 의혹을 받으며 검증을 통과해야 하는 어이없는 사태가 벌어졌던 것이다. 이런 적반하장賊反荷杖은 이승만의 뜻과 다를 바 없었다. 제대로 된 지도자라면 시민을 속이고 자기만 도망치듯이 서울을 빠져나간 것에 대해 사과하고 시민들이 겪은 고통을 위로해야 마땅한 일이었다. 이는 국회의 뜻이기도 했다. 장택상은 국회의원들이 정부를 따라 대전에 집결했을 때 있었던 일화를 소개했다.

"국회는 이승만 대통령으로 하여금 국민들에게 사과문을 발표하라고 의결하였다. 해공과 죽산과 내가 도지사 관저로 이 박사를 찾아가 그 필요성을 역설하면서 간곡히 청했으나, '어디 내가 당 덕종이야'(백성을 난에 휩쓸리게 한 것을 자기의 잘못으로 알고 사과문을 발표한 당나라 덕종이냐는 말) 하고 한마디로 거절하면서 그 완고한 고집을 꺾을 줄 몰랐다."[192]

"내가 국민 앞에 왜 사과를 해. 사과할 테면 당신들이나 해요." 이게 이승만의 마지막 답이었다. 사과를 하지 않으려면 '잔류파'를 부당하게 괴롭히는 짓만큼은 못하게끔 막았어야 했다. 그런 이승만은 그 일도 하지 않았다.

해방정국에서부터 이승만을 끔찍히 따르던 모윤숙의 다음과 같은 항변이 민심을 대변했을 것이다. "9월 30일인데 경무대에 가서 이 박사를 만났습니다. 어찌나 분한 생각이 가슴에 북받치든지 곧장 달려들어 넥타이를 붙잡고 대롱대롱 매달렸어요. '할아버지 도대체 나를 부려먹고 막판에는 방송을 시키고 혼자만 살려고 피난 가기예요'라고 바락바락 악을 썼어요."[193] 그러나 감히 누가 이승만에게 그렇게 대들 수 있었겠는가? 앉아서 당하는 것 이외에 다른 수가 없었다.(역사 산책 6: '시민증이 없으면 죽은 목숨' 참고)

엉망진창 부역자 재판

부역자 처리 문제는 서울을 수복하기 전인 9월 17일 국회 법사위가 '부역행위특별처리법안'을 제안하면서 논의되었다. 이 법안은 서울 수복 다음 날인 9월 29일 제29차 본회의에서 형의 감경과 면제 사유를 확대한 수정안으로 통과되었다. 부역자에 대한 검거 수사와 처리 문제를 전담한 군·검·경 합동수사본부는 10월 4일부터 활동을 개시해 11월 13일까지 5만 5,909명의 부역자를 검거했다. 당국에 의해 인지된 총 부역자 수는 최종적으로 55만 915명이었는데, 이 가운데 자수자는 39만 7,090명, 검거자는 15만 3,825명이었다('부역행위특별처리법안'은 정부의 재의 요구 끝에 11월 13일 열린 제49차 본회의에서 재가결되었으며 정부는 12월 1일 공포했다. 군·검·경 합동수사본부는 1951년 5월 24일 해체되었으며, 부역행위특별처리법은 1952년 3월 19일 국회에서 폐지되었다).[194]

부역자 재판은 서울 수복 한 달 후인 10월 말부터 시작되었고, 11월 5일까지 161명이 사형집행을 당했다. 11월 25일까지 재판에서 사형선고를 받은 사람은 867명이었는데, 유력자들은 친지들을 석방시키기 위해 정부에 석방운동을 하고 다녀 석방운동을 삼가라는 계엄사령부의 당부가 나올 정도였다. 수복 초기의 보복 여론이 수그러들자 이승만은 12월 19일 사실상 감형 조치를 지시했다. 대부분의 부역자는 형이 감형되었고 특히 유명 인사들은 이러저러한 이유로 단시일 내에 풀려났다. 예컨대 여류시인 노천명은 징역 10년을 선고받았으나 문인들의 석방운동으로 채 6개월도 안 된 1951년 3월 2일에 석방되었다. 어이없게도, "결국 일찍 사형집행된 사람만 억울한 노릇이었다".[195]

이처럼 모든 게 엉망진창이었다. 오제도와 함께 사상 검사였던 정회택은 미처 피신을 하지 못해 잔류파가 되었는데, 그는 잔류파에 대한 재판에 분통을 터뜨렸다. "일개 사단 규모의 전향자들을 책임지고 있는 정보 검사에게까지도, 그것도 최후의 순간에 전화 문의까지 하였는데도 거짓말을 하고 저희들만 도망치지 않았습니까.……이렇게 배신과 기만으로 애국시민들을 유기하고 도망친 자들인데 무슨 염치로 잔류파를 재판한다고 하는 겁니까?"[196]

부역 혐의자에 대한 검거와 재판은 대부분 뚜렷한 증거 없이 증인의 구두진술에 의존하거나 심증만으로 진행되는 경우가 허다했다. 정당한 법적 절차 없이 일반 민간인과 사설단체들에 의한 보복적 살상도 심각했다. 군인과 경찰관들까지 가세해 부역 혐의자들의 재산을 빼앗는 일도 비일비재했다. 사적인 원한 관계로 날조 또는 과장된 밀고를 하는 사람도 많았다.[197]

적극적인 부역자들은 다 북한으로 갔는데도 국민을 내팽개치고 도망간 정부가 사실상 보복성 밀고를 부추기는 짓을 해댔으니 정말 딱한 노릇이었다. 박원순은 "언제 부역 행위를 했는가 싶게 다시 이쪽 자치대원으로 활약을 하는가 하면 자신의 부역 행위 사실을 아는 사람에게 오히려 부역 행위자로 몰아 제거하려는 일도 생겨났다"며 다음과 같이 말했다.

"이렇게 하여 살아남기 위해 부역 행위를 했다가 국군이 들어오자 태극기를 흔들었던 다수 서민들만이 부역자 처단의 제단 위에 올려졌다. 이들은 자신을 변호하거나 구명운동을 벌이거나 또는 신원을 바꾸어버릴 능력도 가지지 못한 사람들, 즉 조무래기 부역자들이었던 것이다. 부녀자들이 많았던 것도 이러한 사정과 무관하지 않다."[198]

서울에 잔류했던 사학자 김성칠의 증언

한강다리가 끊겨 서울에 잔류할 수밖에 없었던 사학자 김성칠은 훗날 출간한 『역사 앞에서: 한 사학자의 6·25 일기』(1999)의 10월 16일자 일기에서 정부의 적반하장에 대한 기막힌 심정을 다음과 같이 토로했다.

> 그리고 어리석고도 멍청한 많은 시민(서울 시민의 99% 이상)은 정부의 말만 믿고 직장을 혹은 가정을 '사수'하다 갑자기 적군赤軍을 맞이하여 90일 이상 굶주리고 천대받고 밤낮없이 생명의 위협에 떨다가 천행으로 목숨을 부지하여 눈물과 감격으로 국군과 유엔군의 서울 입성을 맞이하니 뜻밖에 많은 "남하"한 애국자들의 호령이 추상 같아서 "정부를 따라 남하한 우리들만이 애국자이고 함몰 지구에 그대로 남아 있는 너희들은 모두가 불순분자이다" 하여 곤박困迫이 자심하니 고금 천하에 이런 억울한 노릇이 또 있을 것인가.
> 이미 정부의 각계 수사기관이 다각적으로 정비되었고 또 함몰 90일 동안에 적색분자와 악질 부역자들이 기관마다 마을마다 뚜렷이 나타나 있으니 이들은 뽑아내어서 시원히 처단하고 그 여외餘外의 백성들일랑 "얼마나 수고들 하였소. 우리들만 피난하게 되어서 미안하기 비길 데 없소" 하여야 할 것이거늘, 심사니 무엇이니 하고 인공국의 입내를 내어 인격을 모독하는 일이 허다하고, 심지어는 자기의 벅찬 경쟁자를, 평소에 자기와 사이가 좋

지 않던 동료들을 몰아내려고 하는 일조차 있다는 낭설이 생기게끔 되었으니 거룩할진저, 그 이름은 '남하'한 애국자로다.[199]

김성칠은 12월 11일자 일기에서도 "민족의 자살이라고도 이름 지을 만한 이 망할 놀음을 몇 달을 두고 시키는 정치의 빈곤"에 대해 격분하지 않을 수 없었다. 그는 "악질 부역자가 죽으러 남아 있다면 또 모를 일이로되, 그런 축들은 9·28과 함께 이미 자취를 감춘 지 오래다. 이제 남아 있는 사람들이란 모두가 정부의 버림을 받고 불가항력의 큰 세력이 덮쳐와서 세상이 아주 뒤집혀지매 그 나라 백성인 체하지 않을 수 없었던 사람들뿐이다"며 다음과 같이 말했다.

이것은 지금 처단하는 사람들이 그러한 처지에 놓였더라도 같은 태도를 취하지 않을 수 없었을 것이다. 그들은 정부의 직장을 사수하라는 명령을 어기고 도망간 무책임한 사람들이거나, 또는 국민에게는 염려 없으니 제자리에 머물러 있으라고 속이고 저희들끼리만 남하한 그런 비겁한 짓을 한 축들이거나, 그도저도 아니면 남하의 영관榮冠은 쓰지 못했을망정 마침 그럴 수 있는 계제가 있어서 용하게 지하로 숨어버렸거나 한 사람들이다.
"석 달 동안 굶주리고 들볶이고 생명의 위협을 받고 해서 얼마나 애쓰고 괴로웠었소.⋯⋯어찌어찌하다 보니 우리만 모면하게 되어서 참으로 면목이 없소이다" 하고 위로하여 주고 그들의 용기를 북돋워주지는 못할망정, "우리들만이 진정한 애국자이고 깨끗한 사람들이다. 너희들은 많건 적건 정도의 차이지, 얼마쯤 부역하지 않은 자 없을 것이다" 하는 고압적인 태도로 나오고 그들을 심사 처단하기에 모든 정력과 시간을 기울여 다른 일은 돌

볼 겨를이 없는 것 같다.……

언제나 하는 말이지만 가뜩이나 인재가 부족한 대한민국이 이번 동란으로 또 많은 사람을 잃어버렸는데, 얼마 되지 않는 남아 있는 사람들을 또 이리 하여 억지로 몰아내려는 심사心思들은 참으로 딱하다 하지 아니할 수 없다. 그 기관으로 보아서도 당장에 사무의 삽체澁滯를 가져올 것이고 국가적으로 보아서 훌륭한 중견 국민을 일부러 적측으로 밀어버리려는 어리석디 어리석은 짓이건만 민족의 자살이라고도 이름 지을 만한 이 망할 놀음을 몇 달을 두고 시키는 정치의 빈곤엔 때로 격분을 금치 못할 일이다.……

이러한 데다가 복잡다기한 군경의 수사기관이 함부로 날치어서 거기 따르는 폐해가 또 이루 듣기 망측할 지경이고 해서 이래저래 9·28 당시의 순된 서울 시민의 마음은 짓밟힐 대로 짓밟히고 있다.[200]

'빨갱이년'으로 몰린 박완서의 증언

작가 박완서의 증언은 더욱 눈물겹다. 그는 『그 많던 싱아는 누가 다 먹었을까』(2003)에서 "적 치하에서 부역한 빨갱이들을 유치장이 미어지게 잡아들이고 즉결처분도 성행했다. 빨갱이 목숨이 사람 목숨과 같을 수 없었다. 저기 빨갱이가 간다는 뒷손가락질 한 번으로 그 자리에서 총을 맞고 즉사한 사례도 있었다. 워낙 저지르고 간 일이 엄청났으므로 뒷손가락질해주고 싶은 사람도 많았으리라. 고발과 밀고가 창궐했다. 따지고 들어가면 공산 치하에서 살아남았다는 것도 죄가 될 수 있었다"며 다음과 같이 말했다.

"정상은 참작되지 않았다. 부역에 있어서 한 점 부끄러움도 없이 결백하다고 주장하기 위해서는 한강다리를 건너 피난을 갔다왔다는 게 제일이었다. 그래서 자랑스러운 반공주의자 내에서도 도강파渡江派라는 특권계급이 생겨났다. 시민들은 안심하고 생업에 종사하라고 꾀어 놓고 떠난 사람들 같지 않게 안하무인이었다. 어쩌면 자기 잘못에 대한 자격지심 때문에 선수를 치느라고 그렇게 위세를 부리는지도 몰랐다. 그렇지 않고서야 친일파의 정상은 그렇게 잘 참작해주던, 그야말로 성은이 하해와 같던 정부가 부역에는 그다지도 지엄할 수가 없는 노릇이었다."[201]

박완서는 "고발이 그렇게 잇달았는지 저희끼리 나 하나를 가지고 서로 조리돌리는 건지 그 내막은 알 도리가 없고, 또 궁금해할 경황조차 없었"지만 "별의별 청년단체들이 다 나를 보자고 했다"고 말했다. 이어 "그들은 나를 빨갱이년이라고 불렀다. 빨갱이고 빨갱이년이고 간에 그물만 들었다 하면 사람도 아니었다. 사람이 아니기 때문에 영장이고 나발이고 인권을 주장할 수도 없었다. 빨갱이를 색출하고 혼내줄 수 있는 기관은 수도 없이 난립돼 있었고, 이웃이 계속 우리를 수상쩍게 여기는 한 난 그들의 밥이었다"며 다음과 같이 말했다.

"그들은 나를 함부로 욕하고 위협하고 비웃었다. 그러나 그들의 눈빛에 비하면 그 정도는 인권침해도 아무것도 아니었다. 그들은 마치 나를 짐승이나 벌레처럼 바라다보았다. 나는 그들이 원하는 대로 돼 주었다. 벌레처럼 기었다. 정말로 그들에겐 징그러운 벌레를 가지고도 오락거리를 삼을 수 있는 어린애 같은 단순성이 있었다. 다행히 그들은 빨갱이를 너무도 혐오했기 때문에 빨갱이의 몸을 가지고 희롱할 생각은 안 했다."[202]

역사 산책 3

얼굴 없는 '켈로부대'

인천상륙작전의 신호가 된 '팔미도 등대 점등'을 위해 팔미도 기습작전을 펼친 KLO Korea Liaison Office 부대는 보통 '켈로부대'로 불렸다. 1947년 12월 미군이 전투 병력을 철수하면서 설치한 켈로부대는 정보와 첩보부대로서 원래 8086부대로 알려진 미8군 소속의 빨치산 부대를 흡수해 만들어진 것이었다.

일본 도쿄에 있던 미 극동군 사령부 정보처 소속으로 활약한 켈로부대는 첩보 활동, 납치, 암살, 폭파 등 비밀 임무를 수행해야 했기 때문에 늘 얼굴을 숨겨야만 했다. 켈로부대는 10여 개의 독립된 기간부대로 구성되었는데, 미군은 부르기 편한 대로 이글·윔프스·불독·다이아몬드·고트·스타·파인애플·리바이벌 등 각 부대마다 독특한 암호명을 붙였다.[203]

6·25 전쟁 발발 후 6,000여 대원이 작전에 투입되었는데, 이들의

생존 귀환율은 20% 미만이었다. 여성 첩보원도 있어, 남녀 대원의 성비는 8대 2 정도였는데, 여성의 생존 귀환율이 더 높았다. 전쟁 중 3,000여 명이 전사, 실종 또는 체포되었으며, 최대 8,000여 명에 이르렀던 켈로부대는 1954년 7월에 공식 해체되었다. 해체 당시 인원은 4,000여 명이었다.[204]

켈로부대는 전원이 북한 지역 출신자들로 구성되었지만, 사상자와 실종자가 늘자 나중엔 남한 출신도 모집했다. 이들은 목숨을 내건 '지옥훈련'을 받았으며, 인민군복을 입고, 북한 말투를 사용하고, 북한 노래를 배우는 등 모든 훈련은 북한 침투를 염두에 두고 철저하게 인민군식으로 이루어졌다.

켈로부대는 1951년 9월 북한 도서 지역에 남아 있던 자생적 유격조직과 합쳐져 8240부대로 전환하면서 용산 선린상업학교에 베이스캠프를 두고 통합 운영되었다. 1952년 5월 중순 켈로부대의 침투 활동을 견학하러 온 정보장교 40명이 침투조 4명과 수송기에 탑승했다가 비행기가 공중에서 폭파되어 모두 사망하는 사건이 발생하자, 미군 당국은 켈로부대에 고정간첩이 침투했다고 판단했다. 그래서 켈로부대는 8240부대 편성에서 이탈해 각 지역으로 다시 해체되어 독립 활동을 하게 되었다.

휴전협정 후 이들에게 남겨진 건 '병역기피'라는 불명예였다. 모든 게 비밀로 이루어진 만큼 근무 증명서가 있을 리 없었다. 미군 쪽은 간첩 활동의 공개를 원치 않았고 그래서 상당수는 다시 군복무를 해야 했다. 국립묘지의 유격부대 전적 위령비에조차 이들의 활동은 나타나 있지 않다.[205]

임무 수행 중 국군과의 협조 문제도 난점이었다. 모든 편제에서 독립되어 있고 극비리에 특수작전을 수행해야 했기 때문이다. 고트 부대장이었던 이연길은 "적지에서 임무를 수행한 대원이 전선을 돌파해 귀환하다가 아군에게 사살된 사례가 부지기수였다"면서 이렇게 말한다.

"돌이켜보면 미군은 막강한 첩보부대를 공짜로 운영한 셈이다. 미군은 작전 수행에 필요한 장비와 보급품 외에 투자한 것이 없었다. 그들은 열심히 KLO를 이용해 먹은 것이다. 그러나 우리는 생각이 달랐다. 우리가 해야 할 일, 즉 통일을 위해서는 이보다 더 큰 희생이라도 감수할 각오가 되어 있었다. 자기들 좋아서 자발적으로 모여든 민간인들이었기 때문에 아무런 보상도 기대하지 않았다. 공산당을 쳐부수기 위해 모였기 때문에 월급도 계급장도 필요가 없었던 것이다."[206]

| 역사 산책 4 |

제주 4·3 사건과 '귀신 잡는 해병'

    인천상륙작전에 참가한 해병대들은 대부분 제주 출신이었는데, 이들의 용맹은 대단했다. 인천상륙작전에 참여한 해병대(제1연대)의 중대장이었으며 나중에 파월派越 청룡부대장을 지낸 김연상의 회고다.
    "전쟁이 발발하자 제주도 내에 있는 청년들을 급히 불러들여 속성교육을 시킨 뒤 나와 함께 상륙작전에 참가했던 것이다. 그들의 용맹성은 대단했다. 서로가 총알받이를 하겠다고 나섰을 정도로 충성심도 뛰어났다. 훈련 때에도 느꼈지만 제주도 사람들은 대체적으로 순박하고 깨끗한 성품을 지니고 있다는 것을 그때 알았다. 훈련 때 신병들에게 뭐라고 물으면 그들은 '모르쿠다'라고 대답했다. 처음에는 그 말이 무슨 뜻인지 몰랐지만 '모르쿠다'는 '모르겠습니다'의 제주도 사투리였다. 그래서 나는 우리 중대원들을 '모르쿠다' 부대라고 말하기도 했다. 그러나 이들은 실전에선 '모르쿠다'가 아니었다.……내가 전쟁을 세 번 치렀지만 지금 생각해도 당시 그들처럼 용맹스러운 군인은 별로 접해보지 못했다."[207]

별로 믿기지 않는 이야기나, 해병대가 서울 시가전을 벌일 때엔 이런 일도 있었다고 한다.

"제주도 출신이 많은 해병대 병사들은 생전 처음 보는 전차를 싸움하다 말고 신기한 눈으로 바라보는 병사도 있었다. 이를 알 리 없는 미 해병대원들은 '한국 해병들은 적탄이 날아오는 데도 일어서서 적을 찾고 있다. 정말 용감한 군인이다'고 혀를 내둘렀다고 한다."[208]

정말 그런 일이 있었는지는 모르겠지만, 제주 출신 해병대들이 용맹했던 건 분명한 사실이다. 그러나 그 용맹성의 이면엔 가슴 아픈 이야기가 숨어 있다. 제주 4·3 사건을 다룬 현기영의 『순이 삼촌』은 '귀신 잡는 해병'이라고 용맹을 떨쳤던 초창기 해병대는 제주도 출신 청년 3만 명을 주축으로 구성되다며 이렇게 말하고 있다.

"그건 따지고 보면 결국 반대급부적인 행위가 아니었을까? 빨갱이란 누명을 뒤집어쓰고 몇 번씩이나 죽을 고비를 넘긴 그들인지라 한 번 여봐라는 듯이 용맹을 떨쳐 누명을 벗어 보이고 싶었으리라. 아니, 그것만이 아니다. 어쩌면 거기엔 보복적인 감정이 짙게 깔려 있지 않았을까? 이북 사람에게 당한 것을 이북 사람에게 돌려준다는 식으로 말이다. 섬 청년들이 6·25 동란 때 보인 전사에 빛나는 그 용맹은, 한때 군경 측에서 섬 주민이라면 무조건 좌익시해서 때려잡던 단세포적인 사고방식이 얼마나 큰 오류를 저질렀나를 반증하는 것이 된다."[209]

한수영도 "한국전쟁이 일어나자 제주도 출신 청년들이 해병대에 무더기로 자원입대해 '귀신 잡는 해병'이라는 별명을 낳게 만든 것도 '빨갱이섬' 혹은 '잠재적인 좌익분자들의 소굴'이라는 바깥의 인상을 어떤 방법으로든 허물고 당당한 대한민국 국민이 되고 싶었던 제주 사람들의 생존의지 때문이었다"고 말한다.[210] 서중석은 이렇게 말한다.

"제주도에서는 한국전쟁이 일어나자 앞다투어 군에 입대하였다. 어느 날 갑자기 집합하여 이유도 모른 채 총살당하는 것보다는 자신의 의지대로 총알을 피할 수 있는 전쟁터가 훨씬 안전하였기 때문이었다. 그런데 토벌대에게 가족을 잃었거나 토벌대의 눈총을 받아 곤욕을 치렀던 사람일수록 '해병대 3기로 지원입대하여 인천상륙작전에 참전했다'는 군 경력을 애써 강조하였다. 이러한 현상은 제주도가 얼마나 공포의 장이었는가를 말해주는 것이고, 빨갱이 잡는 데 앞장선 사람이 어째서 빨갱이일 수 있느냐는 항변이나 자기 변호일 수도 있다."[211]

| 역사 산책 5 |

"화랑 담배 연기 속에 사라진 전우야"

"전우의 시체를 넘고 넘어 앞으로 앞으로/낙동강아 잘 있거라 우리는 전진한다/원한이야 피에 맺힌 적군을 무찌르고서/꽃잎처럼 떨어져 간 전우야 잘 자라//우거진 수풀을 헤치면서 앞으로 앞으로/추풍령아 잘 있거라 우리는 돌진한다/달빛 어린 고개에서 마지막 나누어 피던/화랑 담배 연기 속에 사라진 전우야."

9월 28일 서울 수복 후 얼마 안 된 시점에 작사가 유호와 작곡가 박시춘이 서울 명동에서 우연히 마주쳤다. 전쟁 중 많은 이가 실종되거나 죽은 마당에 서로 무사함을 확인해 반가운 나머지 박시춘의 집에서 밤새도록 술을 마시며 이 노래를 작곡·작사했다. 가수 현인이 부른 그 유명한 〈전우야 잘 자라〉다.

이 진중가요陣中歌謠는 국방부 승인 군가軍歌는 아니었으나 당시 장병들이 가장 좋아하는 노래로 군가에 준하는 취급을 받았으며, 이후 군가의 범주에 포함되었다. 조항래는 "〈전우야 잘 자라〉는 군가 이상의 군가이다. 진격과 승리의 다짐 일변도인 여느 군가들과는 달리 전선에서의 불가피한 죽음의 비애를 문학적으로 승화시키면서 더 진한 감동을 전한다"며 다음과 같이 말한다.

"〈전우야 잘 자라〉는 최후의 방어선인 낙동강 전선에서 고군분투하며 수많은 희생을 치른 끝에 인천상륙작전으로 반격에 나서며 서울을 수복하고 북진을 거듭하는 과정을 실감나게 묘사했다. 승전을 고무하는 군가와 다름없는 박진감 있는 리듬에 '꽃잎처럼 떨어져 간 전우야', '화랑 담배 연기 속에 사라진 전우야' 등의 처연한 가사를 실어 전쟁의 비극적 감성을 극대화하고 있다."[212]

'화랑'은 1949년에 선보인 첫 군용담배로, 1981년 말까지 32년 동안이나 판매되어 국내 최장수 담배라는 기록을 세웠다. 전쟁의 고통과 두려움을 잊는 데에 큰 도움을 주는 담배는 군인, 특히 참전參戰 중인 군인과 떼려야 뗄 수 없는 관계를 맺고 있다. 독일 소설가 에리히 레마르크 Erich Remarque, 1898~1970는 제1차 세계대전을 다룬 소설 『서부전선 이상 없다』(1929)에서 다음과 같이 말했다. "전투에서 담배가 배급될 때 그것은 곧 공격의 시간이 가까워졌다는 신호였다."[213]

1951년 12월 전쟁의 폐허를 재건하자는 의미에서 '건설'이란 담배가 선을 보였고, 1955년 전쟁의 상흔을 씻겠다는 듯 대대적인 '국민 명랑화 운동'이 전개된 가운데 8월에 나온 새 담배의 이름은 '백양', '탑', '풍년초', '파랑새'였다. 파랑새 담배를 피우며 희망을 잃지 말라는 뜻이었을까? 광복 후 1970년대까지 대통령이 연말연시 등을 맞아 군 장병이나 어려운 처지의 국민에게 가장 흔하게 보낸 선물이 담배였다는 건 그만큼 사는 게 힘들었기 때문이었는지도 모르겠다.

그래서 매년 12월이면 담배 공장은 '대통령 하사 연초'를 특별 제조하느라 바빴다. 1957년 제1회 '발명의 날' 기념식에서 수상한 발명가 572명이 이승만에게서 받은 기념품도, 1964년 서독의 한국 광부들이 고국에서 찾아온 박정희의 감동적 연설을 들은 뒤 받은 선물도 모두 담배였다. 박정희는 청와대를 방문한 상이용사에게 성냥으로 직접 담뱃불을 붙여주기도 했다.[214]

역사 산책 6

'시민증이 없으면 죽은 목숨'

　서울 수복 후 서울에는 이른바 시민증이라는 것이 생겼다. 박완서는 『그 많던 싱아는 누가 다 먹었을까』(2003)에서 "시민증이 없다는 것은 죽은 목숨이나 마찬가지"였다고 회고했다. 그는 "나중에야 대한민국 국민이면 다 받을 수가 있었지만 그 제도가 처음 생긴 때가 때이니만치 양민과 잠복해 있는 적색분자를 구별하려는 목적성이 강했다. 따라서 아무에게나 발급해주는 게 아니라 엄격한 심사를 거쳤다"며 다음과 같이 말했다.
　"심사를 받기 전에 문제가 생겼다. 반장은 시민증 발급 신청 서류를 집집마다 나누어주면서 우리 집만 쏙 빼놓았다. 그건 밀고를 당할 때보다 더 큰 충격이었다. 시민증이 없으면 죽으라는 소리나 마찬가지라고 여길 만큼 그게 사람 노릇 할 수 있는 기본 요건이 될 때였다. 반쯤 등신이 된 것처럼 모든 환난을 말없이 견디던 엄마도 땅을 치며 탄식을 했다. '세상에 이럴 수가, 해도 너무 하는구나, 서로 고사떡 나누고 비단치마 무명치마 안 가리고 서로 손주새끼 오줌똥 받았거늘, 어찌 이럴 수가.'"215

비단 서울뿐만 아니라 전쟁 중엔 신분증이 생명과도 같았다. 특히 빨치산 출몰 지구에선 더욱 그랬다. 서정주가 1951년 2월 처가인 정읍에서 겪은 일이다. 그는 어느 날 술을 마시다 통행금지를 어겨 군인들에게 붙잡혔는데, 신분증을 처갓집에 두고 나왔다는 걸 그제야 알게 되었다. 서정주가 뭐라고 자신을 밝힐 만한 틈도 없이 군인들은 신분증이 없는 서정주를 군홧발과 총대로 한참 때렸다. 그 와중에 누군가가 "개울가로 끌고 가 쏘아버려라!"는 명령을 내렸다.

서정주를 개울가로 끌고 가던 군인 중 하나가 "이 정읍에 누구 보증 서줄 만한 사람 하나도 없나? 유력한 인물로 말이야"라고 말했다. 비로소 서정주는 "있소. 여기 경찰서장이 내 중학 동창이오"라고 말할 기회를 얻게 되어 겨우 살아났다. 서정주는 이때 몰매를 맞은 탓에 큰 병을 얻게 되었지만 모든 걸 체념했다.

"내게 '보증인 없느냐?'고 물을 만한 성의가 있던 그 병사의 정신이 있어 참 다행이었다.……나는 이 내 부주의의 벌로 이듬해 광주 조선대학 훈장 시절에 지독한 늑막염을 앓아야 했고, 지금도 그건 만성으로 남아 아주 없어지지도 않았지만, 이때의 내게 보증인까지를 물을 만큼 정이 있던 병사를 생각하곤 내 부주의의 과실밖에 이때의 딴 고초는 일체 마음에 두지 않기로 해오고 있다."216

그랬다. 그렇게 훌훌 털어버리는 사고방식을 갖지 않고선 도무지 견뎌내기 어려운 시절이었다.

악순환:
피를 보면 피에 굶주린다

'한 많은 미아리 고개'

북한에서 노획되어 유엔 문서보관소에 보관되어 있는 북한 문서들에 따르면, 북한군의 고위 장교들은 북한군에게 민중 처형을 하지 말라고 계속 경고했다. 전쟁터에서도 더는 처형하지 말라는 명령문도 많았다. 고위 당간부회의 의사록들은 "반동분자들이 제멋대로 복수했다고 해서 이쪽에서도 그들을 보복처형하지 말고 당국이 합법적인 숙청 계획을 수행하도록 하라"고 기록했다.[217]

그러나 북한 노동당은 9월 중순 이후 전세戰勢가 불리해지자 인민군 전선사령부에 후퇴 명령을 내리는 한편 "유엔군 상륙시 지주가 될 모든 요소를 제거"하라는 지시를 각 지역당에 하달했다. 이 지시는 '적성 인력 일소'라는 명목하에 집단학살로 이어졌다.[218]

북한의 남한 점령 지역에서 학살자 수는 남한 정부의 공식 추계르는 남자 9만 7,680명, 여자 3만 1,256명 등 12만 8,936명인 것으로 집계되었다.[219] 북한은 과장된 수치라고 부인하지만, 북한 당국인들 정확한 수를 알 리 없다. 도처에서 잔인한 학살극이 자행된 건 분명한 사실이었다. 예컨대, 전북 옥구군 미면에서는 9월 27일부터 29일 사이에 반동분자와 그 가족 574명이 집단학살당했는데, 미면 신풍리에서 학살된 66명 가운데는 24명의 여자와 4세의 어린아이도 포함되어 있었다.[220] 정일화는 서울에서 일어난 학살극에 대해 다음과 같이 말했다.

"대학병원을 점령한 인민군은 우선 국군 부상병을 침대에서 수술대에서 끌어낸 후 인민군 부상병을 여기에 올렸다. 그 후 조직적인 살인 행위가 시작됐다. 병원을 우연히 찾아온 환자, 친척도 살아나가지 못했다. 살인 소식이 새어나가는 것을 막기 위해 이들도 같이 죽였다. 9백 몇십 명이 고스란히 살해됐다. 세계 전사상戰史上 예가 없는 잔인한 살인행위다.……전쟁 중 명륜동·연건동 일대의 주민들은 대학병원에서 쏟아져 나오는 시체 냄새, 파리떼 때문에 종일 모깃불을 지핀 채 살아야 했다. 지금 병원 숲속에는 한국일보사가 세운 조그마한 위령비가 하나 세워져 원혼들을 달래고 있을 뿐이다."[221]

서울 미아리고개는 서울의 최후 방어선으로 치열한 전투가 벌어지기도 했지만, 9월 28일 수복 때 북한으로 쫓겨가던 인민군이 수많은 사람을 북한으로 끌고 가면서 뒤처진 사람들을 지금의 성신여대 뒷산에서 학살해 '한 많은 미아리 고개'가 되었다. 당시 보문동에 살던 하재권의 증언이다.

"끌려가던 사람들이 하도 많아 어림잡아 헤아릴 수도 없었지요. 손목을 묶은 쇠사슬이 모자라 소 끌던 밧줄로 엮어 끌고 갔고 뒤처진 사람들은 포탄이 떨어진 구덩이에 집단으로 몰아넣고 학살해 부근의 산가다 시체들이 즐비했었지요."[222]

고양 금정굴 민간인 학살 사건

학살은 악순환의 게임이었다. 네가 죽였으니 나도 죽여야겠다는 것이고, 그 과정에서 복수의 질과 양이 똑같이 이루어질 리는 만무했으니 증폭은 필연적이었다. 홍세화는 일단 피를 본 사람들은 더욱더 피에 굶주리게 되었다고 말한다.

"인민군이 밀려 올라갔다. 즉시 보복이 시작되었다. 우선 일곱 명이 몽둥이로 타살되었다. 그 외에도 이른바 반공 청년들에게 맞아 죽은 사람들 중에는 우리 일가족 종손인 나의 오촌당숙이 있었다. 그는 마을의 인민위원장이었다. 피를 본 마을 사람들은 더욱더 피에 굶주리게 되었다. 그리고 복수의 피였기에 또 다른 복수의 씨앗을 아예 없애버려야 했다. 오촌당숙의 가족은 물론 먼저 처치한 일곱 사람의 가족도 하나하나 없앴다. 어린애도 예외가 없었고 남자 여자 할 것 없이 할머니, 할아버지까지도 죽였다. 그리하여 그 크지 않은 마을에서 80명 가까운 마을 사람들이 죽어나갔다."[223]

경기도 고양 금정굴 민간인 학살 사건도 바로 그런 악순환 때문에 빚어진 참사였다. 그 지역에서 좌익 세력이 우익단체 단원 50여 명을 처형했다. 9월 28일 수복 직후 국군, 경찰, 치안대에 의해 보복이 이루어졌다. 특히 10월 6일부터 25일까지 고양경찰서에 의해 200여 명의 주민이 학살당했으며, 금정굴 이외에도 송포지서에 갇혔던 200여 명, 벽

제면 고양리에서 100여 명, 신도면에서 100여 명 등 고양 지역에서만 800여 명이 희생된 것으로 알려졌다.

2024년 10월 5일 11시 제74주기 32회 '고양지역 한국전쟁 민간인 희생자 합동위령제'가 금정굴 현장(탄현동 산23-1)에서 거행되었다. 6·25 전쟁 민간인 희생자 고양유족회 회장 채봉화는 위령제 인사말에 나서 "무고한 죽음을 알리고, 진실규명을 위해 싸움을 시작할 때 우리 유족은 50대의 장년이었다"며, "그로부터 30년이 지난 지금 80대의 노년이 되었고, 부모 형제들의 영원한 안식을 보지 못한 채 병들고, 저 세상으로 뜨고 있다"고 운을 뗐다. 그러면서 "전쟁의 아픔을 누구보다 잘 알고 있는 저희 유족들은 한반도의 평화를 진심으로 원하고 있다"며, "전

경기도 고양 금정굴에서는 좌익 세력이 우익단체 단원 50여 명을 처형하자 서울 수복 후에는 경찰이 주민 200여 명을 보복 학살했다.

쟁의 상처가 오롯이 새겨져 있는 이곳이 평화의 씨앗이 되도록 함께 힘을 모아 달라"고 호소했다.[224]

오두리 마을의 비극

피를 본 사람들은 더욱더 피에 굶주리게 되는 악순환에서 '범주의 폭력'은 당연한 것으로 간주되었다. 좌익 세력이 비교적 왕성해 일단 '빨갱이 마을'로 낙인찍히면 그 마을 사람들은 그 운명을 감수해야 했다. 우익일지라도 자신의 마을이 '빨갱이 마을'로 소문난 것에 대해 책임을 져야 했다.

경기도 이천군 오두리도 그런 '범주의 폭력'의 희생자가 된 지역 중 하나였다. 수복 후 군경은 60여 호에 불과한 작은 마을을 철통같이 포위한 채 주민들을 한곳에 모은 후 성인 남자 대부분을 지서로 연행해갔다. 당시 끌려갔던 86명 중 일부는 생사의 갈림길을 넘나들 정도의 혹독한 조사를 마친 후에 석방되었지만, 이 가운데 10여 명은 이천경찰서로 끌려간 뒤 행방불명이 되었다.[225]

살아남은 사람들에겐 또 다른 시련이 남아 있었다. 부역자와 부역자 가족들에겐 군경과 우익 단체의 폭행이 일상적으로 자행되었고, 이 가운데 일부는 논을 비롯한 재산을 빼앗겼으며 이를 견디다 못해 정든 고향을 등지고 떠난 사람도 적지 않았다. 일상적 폭행은 부역 혐의와 관련이 없는 '양민'이라고 해서 예외가 될 수 없었다. 일단 '빨갱이 마을'로 낙인찍히면 부역 혐의와 상관없이 인간 대접을 받지 못했다(전쟁 후, 오두리의 상황은 더욱 악화되었다. 사찰계 형사가 밤낮 없이 상주하며 주민들을 감시

한 것은 기본이었다. 공포 분위기가 마을 전체를 짓누른 가운데 전쟁을 겪고 난 후에 "이방인같이" "정이 없어"졌고 "웃음도" 사라졌으며, "이웃집과 서로 말도 안" 하는 "암흑시대"가 도래했다. 그뿐 아니라. 빨갱이 마을이라고 소문이 나서 그런지 "그 동네"에는 "이사도 가지 마라, 그 동네랑은 혼인도 하지 마라"는 등의 소문도 들끓었다).[226]

병균의 논리로 정당화한 학살

부역 혐의자에 대한 보복엔 '병균의 논리'가 적용되었다. 사람 하나를 죽이면서도 그 사람에게 전쟁의 모든 비극의 책임을 묻는 식으로 자신을 정당화했다. 이런 논리는 학살의 현장에서 급조된 게 아니라 당시 한반도를 지배하던 '게임의 법칙'이었으며, 이를 당당하게 역설한 지식인마저 있었다. 문인 조영암은 『문예』 1950년 12월호에 발표한 「잔류한 부역 문학인에게: 보도연맹의 재판을 경고한다」에서 다음과 같이 말했다.

"전국戰局이 낙동강선을 방황할 무렵에는 너희들의 악마의 촉수-점차 조직화되고, 체계화되어, 숨막히는 굴욕과 억압과 참학의 죄과, 진실로 나열하기 곤란할 지경이며, 9·15 이후 인천상륙으로부터는 형용할 수 없는 참살극을 연출하였으니, 너희들 무슨 낯짝으로 다시 안한安閑히 '삶'을 누려 우리와 함께 하늘을 머리에 이고 다닐 수 있을 것이냐. 뻔뻔스럽게도 명동 네거리에 나타나서 온갖 요사를 다 떨며, 갖은 아양을 다 부리며, 공산당들 때문에 죽을 뻔했다느니, 공산당들 때문에 살 뻔했다느니, 어허! 진정 눈깔 나오는지고. 너희들은 갈보냐.……너희들 때문에 남한에만도 오십여만 명의 인명이 없어졌고, 너희들 때문에 오십일만 호의 가옥이 손실됐고, 너희들 때문에 이조 사천억의 재화가 오유烏有로 돌아갔다."[227]

민간인 학살을 저지른 민간인들은 자신의 혈육이 당한 걸 복수하려는 원한에 사무친 탓이 컸겠지만, 조영암이 역설한 논리처럼 학살의 순간에 전쟁의 모든 책임을 자신이 죽이는 사람에게 물음으로써 인간으로서 양심의 문제를 회피했던 건지도 모르겠다. 그건 바로 이승만을 위시해 국가가 가르쳐준 애국의 논리는 아니었을까?

"평양 점령은 수치였다"

국군과 유엔군의 38선 돌파

1950년 9월 29일 유엔군 사령부는 모든 작전부대에 대해 일단 38선에서 진격을 멈추라는 명령을 내렸다. 그러나 이승만은 육군참모총장 정일권에게 국군 단독 북진 명령을 내렸다. 정일권은 미8군 사령관 월턴 워커Walton H. Walker, 1912~1950에게 전술적 이유를 들어 38선 이북의 몇몇 고지를 점령하는 것이 불가피하다고 말하면서, 9월 30일 국군에 38선 돌파 명령을 내렸다. 유엔군은 이를 묵인했다.[228] 국군은 10월 1일 38선을 돌파했다. 한국군 제3사단 23연대가 강원도 동해안의 양양 지역에서 최초로 38선을 넘어 북진한 것이다. 이날이 바로 나중에(1956년부터) '국군의 날'이 되었다.[229]

중국 외상 저우언라이周恩來, 1898~1976는 10월 1일 "중국 인민은 이웃 나라가 제국주의 국가로부터 침략을 받을 경우 가만 있지 않을 것이다"고 경고했다. 그는 10월 2일 밤늦게 베이징 주재 인도 대사 사다르 파니카Sadar Panikkar를 불러 "만일 미군이 38선을 넘으면 중공은 의용병의 형태로 참전할 것"이라 말하고 "한국군만이 38선을 넘으면, 중공은 개입하지 않을 것"이라고 말했다. 이 발언은 미국과 영국에 전달되었지만, 무시당했다.[230]

10월 2일 맥아더는 워커에게 38선 돌파 명령을 내렸다. 맥아더는 10월 1일과 9일 북한에 대해 '무조건 항복'을 요구했지만, 11일 김일성은 방송을 통해 "조국의 촌토를 피로써 사수하자"며 총력전의 자세를 촉구함으로써 맥아더의 항복 요구를 거절했다.[231]

이즈음 북한은 소련과 중국에 간절히 구원을 요청하고 있었다. 마오쩌둥은 스탈린에게 보낸 10월 2일자 전문에서 미국이 한반도에서 승리할 경우 갓 수립된 중국 정권을 위협하게 될 것이라면서 참전을 밝혔다.[232] 그러나 미국과의 충돌을 두려워한 스탈린은 중국의 참전을 저지하려고 했다. 그래서 저우언라이가 두 번이나 모스크바를 방문했다. 저우언라이는 10월 9일 스탈린을 만나 군사 원조를 요청했지만 스탈린은 거절했다. 스탈린은 "굳이 무리해서 김일성 정권을 북한 땅에 유지시키려고 할 필요가 있겠느냐?", "김일성으로 하여금 만주에 망명 정부를 세우도록 권고하는 것이 어떻겠느냐?"는 말만 늘어놓았다.[233]

니키타 흐루쇼프Nikita Khrushchyov, 1894~1971의 회고록에 따르면, 스탈린은 전쟁이 시작되기 전 북한의 각 사단에서 소련 고문들을 모두 철수시켰다. 소련 장교가 한 명이라도 붙잡히면 미국에서 소련이 참전했다는 비난을 받을 것이 두려웠기 때문이다. 이게 북한의 전력을 크게 약화시켰다. 전쟁이 시작되어 전황이 북한에 불리하게 돌아가자 북한 주재

스탈린(오른쪽)은 미국과의 충돌을 두려워해 중국의 참전에 부정적이었다. 그리고 흐루쇼프(왼쪽)도 북한의 각 사단에서 소련 고문들을 철수시켰다고 말했다.

소련 대사는 미군이 북한을 점령하게 될 것이 틀림없으며 김일성 일행은 산속에 들어가 게릴라 활동을 할 수밖에 없을 거라고 보고했다. 스탈린의 반응은 냉정했다. "그게 어쨌다는 거야. 김일성이 실패해도 우리가 군을 움직여서는 안 돼. 이렇게 된 이상 극동에서는 미군을 우리 이웃으로 해둬야 해."[234]

스탈린은 전쟁이 확대되어 소련도 미국과 직접적으로 맞부딪치는 걸 두려워하고 있었다. 이에 대해 박명림은 "결정적 국면에서 그가 취하는 자세에서 느껴지는 것은, 차디차고 섬뜩한 현실감과 이기성이 감지되는 '냉혹성과 금속성'이었다"고 말한다.

"그는 빈 말뿐인 국제프롤레타리아주의자가 아니라 철저한 소련 국익 우선주의자였다. 그는 또한 보이지 않는 이념을 추구하는 이상주의자가 아니라 확실하게 보이는 이익을 추구하는 현실주의자였다. 공산주의가 이상에 근거한 국제주의적 행동 논리이자 철학이라는 것은 스탈린에게는 해당되지 않았다. 민족주의는 '단지 부르주아에게만 발견된다'는 마르크스의 고전적 테제는 스탈린의 사례가 보여주듯 전적으로 틀린 것이다. 스탈린의 행태는 철저하게 국제주의를 넘어 권력 현실에 근거한 행동 논리였다."235

트루먼과 맥아더의 회담

10월 15일 트루먼은 서태평양의 웨이크섬에서 맥아더를 만났다. 맥아더는 외국에서만 14년간 근무했기에 두 사람은 첫 대면이었다. 트루먼은 맥아더와의 견해 차에 대해 맥아더가 너무 오랫동안 외국에서만 지낸 탓이라 생각하고 그에게 미국 대외정책의 기본을 설명해줄 생각이었다.236 그러나 트루먼의 뜻대로 되진 않았다. 이 자리에서 맥아더는 만주 폭격을 요구하고 트루먼은 3차 대전의 발발을 염려해 반대했다. 그러나 중국의 참전 가능성은 없다는 맥아더의 장담에 트루먼은 유엔군의 북진은 지지했다.. 맥아더는 크리스마스까지 전쟁을 종결짓는 게 희망이라고 말했다.237

대체적으로 그렇게 알려져 있는데, 맥아더의 회고록에 나오는 주장은 좀 다르다. 맥아더 자신은 중국의 참전 가능성이 낮다고만 말했을 뿐 단언하진 않았다는 것이다. 또 정일권 회고록에 따르면, 맥아더가 이승만과 밀서를 교환해 일단 중국의 참전 가능성을 부정해두는 것이 확전에 유리하다는 이승만의 의견에 동의했다는 것이다. 또 맥아더의 부관이었던 코트니 휘트니Courtney Whitney, 1897~1969의 회고에 따르면, "2주일 후의 중간선거에 대비하여 트루먼 대통령과 민주당은 인천상륙작전의 성공을 정치적으로 이용하여 맥아더의 영광을 가로채려 하였다"는 것이다.[238]

과연 어떤 게 진실인지는 모르겠지만, 맥아더가 좀 오만하게 굴었다는 건 사실인 것 같다. 훗날 트루먼은 비행기의 트랩을 내려가면서 목격한 맥아더의 모습에 대해 이렇게 썼다. "그 친구는 거지 같은 모자를 쓰고 넥타이도 매지 않았으며 게다가 셔츠 단추마저 끼우지 않은 채 서 있었다. 그후 콘세트quonset(퀸셋) 안에서 회담하기로 되어 있었는데 나는 회담 시간 정각에 회담 장소로 갔는데도 맥아더는 나타나지 않았다. 그 친구는 대통령인 나를 40분간이나 기다리게 했다."[239]

일부 책에는 맥아더가 일부러 기다리게 했으며 트루먼은 면전에서 심하게 꾸짖었다고 기록되어 있지만, 그건 사실이 아니라는 주장도 있다.[240] 분명한 건 트루먼의 기분이 흡족하지는 않았을 것이라는 점이고 이는 나중에 맥아더의 해임 결정에 영향을 미쳤을 것이다.

이승만과 미군의 갈등

내무부 장관 조병옥은 10월 10일 점령 임무 수행을 위해 3만 명의 특별병력이 새로 충원된 대한민국 국립경찰이 38도선 이북의 9개 도시를 통제한다고 발표했다. 11월 중순 조병옥은 5만 5,909명의 "사악하고 극렬한 공산당 협력자들과 반역자들"이 체포되었다고 발표했다. 브루스 커밍스Bruce Cumings는 이 총계는 십중팔구 축소되었을 것이며, 미국의 내부 문서는 미국이 대한민국의 잔혹 행위들을 충분히 알고 있었음을 보여준다고 말한다.[241]

10월 19일 국군과 유엔군은 평양을 점령했다. 북한 주민들은 국군을 환영했다. 그러나 그건 남한 주민들이 언제든 인민군이 나타나면 환영하지 않을 수 없는 그런 식의 환영이었다. 국군 법무장교 태윤기는 주민들의 반응이 "고맙다든가 반갑다든가 또는 밉다든가 무섭다든가 아무런 표정 없이 그저 죽기도 싫고 희망도 없다는 유린당한 인민의 전형적인 무언, 무표정 그 자체였다"고 쓰고 있다.[242]

평양 점령 이후의 통치는 혼란 그 자체였다. 아니 혼란을 넘어서, 브루스 커밍스Bruce Cumings는 남한의 "평양 점령은 수치였다"고 말한다.[243] 그럴 만도 했다. 북한 지역에서 실시된 유엔군정의 양상은 미8군 관할 지역과 맥아더 사령부의 직속부대로 미8군 사령관의 지휘를 받지 않는 미 제10군단 사이에 각각 그 체제와 방법 등에서 차이가 많았다. 여기에 남한은 독자적인 대응을 해 혼란이 가중되었다.

10월 21일 평양엔 미 제10군단 소속의 군정부가 설치되었으며, 미8군에 의해 유엔군 평남 민사처의 이름으로 지명된 서북청년단 출신의 김성주가 평남 지사 대리로 임명되었다.[244] 이승만은 유엔군을 무시하고 '북한은 우리 땅'이라는 식으로 대응해 혼란을 가중시켰다. 이승단에 의해 평안남도 지사로 임명된 김병연은 미군에 의해 거부되었으며, 남한 정부 내의 경찰·현지 치안대·헌병대 등도 일치된 정책을 펴지 못하고 각자 따로 기능하는 바람에 미군정관과 이승만의 관리들은 점령 행정에 대한 심한 갈등을 빚게 되었다.[245]

이승만은 그의 수족인 대한청년단 북한총단부 조직을 행정기관 대신 북한 지역에 침투시켜 행정과 치안을 담당하게 한 것도 큰 문제였다. 대한청년단은 전원을 내무부 촉탁으로 하고 여비까지 1만 원씩을 지급해 한 군郡당 대장 1명, 대원 20명씩을 단위로 투입했는데, 이들은 조직을 급속도로 확산해 평안남도에서는 한 군에 5,000명에서 2만 명까지의 단원을 조직했다.²⁴⁶ 김창우는 "이 단체는 극우단체인 '서북청년단' 등이 근간을 이루고 있었으므로 행정의 전문성이란 있을 수도 없었고, 몇 해 전에 자신들을 쫓아낸 자들에 대한 무자비한 학살과 보복만을 일삼았다"고 했다.²⁴⁷

'반성의 시기에 날뛰는 한국인들'

유엔군의 임명을 받은 김성주는 이승만의 조직과 큰 갈등을 빚어 나중에 보복 살해를 당하게 된다. 당시 내무부 치안국장이던 문봉제가 헌병총사령부에 보고한 바에 따르면, "김성주가 1950년 11월 초순부터 말경에 이르는 동안 국군의 북한 진격으로 한국의 실지失地를 회복하여 한국 영토로서 한국 국권國權이 시행되고 있었음에도 불구하고 북한 영토 내에 김일성을 대신하여 신정부를 수립한 후 한국과 대등한 지위에서 남북협상 연립정부를 수립할 목적하에 평양에 주둔하여 유엔군으로부터 평남 지사 대리를 명령받았다는 구실로, 한국의 명을 받고 입북한 평남 지사 김병연과 내무부 촉탁인 문봉제 외 400여 명에 대하여 김성주는 부하들을 동원하여 대한청년단 이북단부 각 시군 단부를 습격하게 하고 폭행·투옥을 하는 등 국헌을 문란케 하였다".²⁴⁸ 그러나 국군 헌병대도 문제였다.

"특히 당시 치안을 담당하고 계엄지구 민사부장까지 겸임하던 헌병사령부의 '사령관' 김종원 대령은 임의대로 포고문을 게시하고, 전쟁 전

북한의 조직에 가담했던 자들에 대한 처벌 방침을 발표하는 등 민심을 이반시키는 비현실적 조치들을 취하는 데 앞장서기도 했다. 그리하여 일부 군인들의 탈선과 모리배의 활동으로 약탈, 재산 반출, 보복 살인 등이 속출하여 북한 주민들은 격심한 불안에 떨게 되었다."[249]

유엔군 사령부의 통치 방식은 우선 북한 현지인으로 행정기구를 구성하고 유엔군은 민사행정 보조팀을 구성해 자문과 지도를 해서 행정 운영을 하는 식이었다. 그러나 라종일은 현실에서 이런 구조는 가상의 건축물에 불과했고 아무런 적실성도 없었다고 말한다. 그는 "이것을 가장 뼈저리게 느낀 것은 현지에서 민사행정 임무를 담당한 미국 관리들이었다. 이들은 부여받은 과제를 제대로 파악하지도 못하고 현지의 정보에도 어두웠으며 현실과 격리된 채로 적절한 인원이나 물자도 확보하지 못한 채 좌절과 무력감 그리고 짜증만을 경험한 셈이었다"며 다음과 같이 말했다.

"이것은 북한의 '해방'이 누구의 힘으로 어떻게 이루어졌건 간에 전형적인 방식으로 의욕과 의기에 충만한(과잉된) 한국인들과는 매우 대조적이었다. '입성 만세', '북한 800만 인민의 영도자 김성주 만세', '서북청년회 지도자 대한청년단 부단장 문봉제 씨 만세', '호림 부대장 김성주 선생 환영' 등 남한 측 인사들의 입성이 평양시에 붙어 있었다는 선전문구를 보면 자숙과 반성의 시기에 의기양양하게 날뛰는 한국인들의 일면을 보는 것 같다."[250]

이런 갈등과 혼란으로 인해 당장 피해를 본 건 북한 주민들이었다. 군정 업무도 엉망인데다 일부 국군과 남한에서 입북한 많은 사회단체의 약탈행위로 인해 북한 주민들은 큰 고통을 받았다. 특히 북한 주민들을 분노하게 한 것은 군정 당국에서 지역 주민 가운데 선발해 조직한 치안대의 횡포였다. 이들에 의해 각종 잔학 행위와 학살극이 벌어졌다.[251]

약탈에서부터 무너진 전선

인간은 야수보다 나은 존재인가? 전쟁은 결코 그렇지 못하다는 걸 입증해주었다. 일부 국군과 남한에서 입북한 많은 사회단체의 약탈행위는 어느 정도였던가? 전쟁기념사업회의 『한국전쟁사』는 "그들은 마치 점령군처럼 행세하여 개인 가옥을 불법 점령하고 귀중품을 무단으로 강탈해가기도 하였으며 소비조합 창고나 기타 공공창고로부터 값비싼 물건 및 화폐를 무단으로 실어가기도 했다"며 다음과 같이 말했다.

"처음 이들을 열광적으로 환영하고 대접까지 했던 북한 주민들은 점차 실망하였고 이들의 방자하고 불법적 행위에 대해 울분하였다. 한국군의 불법 행동에 대해 유엔 군정 당국의 민스키 대령은 한국군 책임자에게 구체적인 증거까지 제시하며 이와 같은 한국군의 행위에 대해 문책하기도 했다. 한국군뿐만 아니라 남한에서 입북한 많은 사회단체들의 행패도 많았다. 이들은 북한에서 민정조사라는 명분으로 주민들에 대한 가혹 행위는 물론 값진 물건을 강탈해가는 경우가 많았다."[252]

강원용은 전쟁이 어떤 사람들에게는 축재할 수 있는 절호의 기회가 될 수도 있다는 기막힌 현실에 대해 절규했다. 그는 "내가 보기에 38선 이북의 주민들은 국군이 들어오자 공산치하로부터의 해방이라는 기쁨을 느끼면서도 공포에 떨고 있는 듯했다. 내가 경악을 금치 못한 것은 남쪽에서 올라온 장사꾼들의 횡포였다. 어떤 경로를 통해서였는지 국군이 있는 곳에는 일단의 장사꾼들이 따라붙어 마치 자기들이 점령군이나 되는 것처럼 칼만 안 든 강도짓을 하고 다녔다"며 다음과 같이 말했다.

"국군은 계속 전투를 벌이며 전진하니까 민간인과는 별로 접촉할 기회가 없었다. 장사꾼들은 트럭을 동원해서 집집마다 마구 들어가서는 쌀이나 돈이 될 만한 물건들을 털다시피 들어 내왔다. 그리고는 제멋대로 헐값으로 값을 쳐서 이남의 화폐로 물건값을 지불하는 시늉을 했다. 그러나 그런 일을 당한 집은 북쪽에서 통용이 되는지 안 되는지도 모르는 화폐 몇 조각을 받고 몽땅 물건을 뺏긴 꼴이 되어버리는 것이었다. 비록 우리가 북쪽으로부터 먼저 당했다 해도 도무지 동족으로서는 제정신 갖고 할 수 있는 짓이 아니었다.……전쟁이 어떤 사람들에게는 축재할 수 있는 절호의 기회가 될 수도 있다는 아이로니컬한 현실은 나를 세상의 부조리에 대해 다시 한번 생각하도록 했다. 그리고 남과 북이 서로 동족끼리 왜 이래야만 하는가를 생각하면 인간이라는 야수만도 못한 존재가 아닐까 하는 엄청난 절망이 나를 엄습해왔다."[253]

'동포 뜯어먹기'는 전후방을 막론하고 전방위적으로 저질러지고 있었다. 정일화는 "전선이 피로 얽혀 자유를 지키는데도 후방부대는 이해 못할 부정을 저지르고 있었다"며 다음과 같이 말했다. "전선으로 가는 보급 차량은 중간중간에서 '통과료'를 내야 했고 심지어 전선이 적의 공격을 받아 무너지는 것을 막기 위해 급히 투입되는 부대도 뇌물을 줘야 헌병초소를 통과하는 분노의 시간을 겪어야 했다. 한 장교는 일단의 인민군 여자 부역대원을 잡은 뒤 이들의 여성을 보호하기 위해 전선을 함께 데리고 다녔다. 북진의 곳곳에서는 국군의 부녀자 겁탈 소문이 나돌았기 때문이다.……전선은 벌써 후방전선에서 무너지고 있었으며 그보다 더 후방의 지도자 그룹에서 무너지고 있었던 것이다."[254]

제6사단장 김종오의 증언도 비슷한 내용이다. "평양을 점령한 후부터 아군의 군기는 걷잡을 수 없이 문란해졌다. 낙동강선에서 북진할 때만 해도 대대에 차량이라곤 대대장용 지프차 1대가 있는 것이 고작이었는데 평양 이북부터는 중대에서 노획한 차량이 3~5대가 되었고, 알게 모르게 현지에서 뒤따르는 간호원의 이름이 붙은 여자가 수없이 많았다. 나는 이 폐단을 없애려고 강력히 지시했으나 때는 이미 늦고 말았다. 물론 이 책임을 나도 면할 수 없으며 작전 실패의 원인은 이런 불미스런 전장 군기의 와해에도 있었다고 나는 믿는다."[255]

'살아도 같이 살고 죽어도 같이 죽자'?

10월 25일 한국군 제6사단 7연대가 압록강변의 초산을 점령해 압록강 물을 군용 수통에 담아 이승만에게 보냈다. 10월 30일 이승만은 평양을 방문해 평양역 광장을 가득 메운 10만 대중에게 연설을 했다(이승만의 평양 방문 일자는 자료에 따라 10월 27일, 29일, 30일로 상이하게 기록되어 있다. 이를 꼼꼼히 따져본 박명림의 견해에 따라 10월 30일로 보고자 한다).[256] 그는 "이북동포 여러분 나와 같이 결심합시다. 공산당이, 어데서 들어오든지 그것이 소련이건 중공이건 들어올 테면 들어오너라. 우리는 죽기로 싸워서 물리치며 이 땅에서는 발붙이고 살지 못할 것을 세계에 선언합니다"라면서 다음과 같이 말했다.

"과거에 모르고 공산당의 꾐에 빠져 들어간 자들은 다 회개하고……회개하고 돌아서는 자는 포용하고 용서하여 포섭할 것이고……

10월 30일 이승만은 평양역 광장에 모인 대중들에게 "우리는 죽기로 싸워서 물리치자"며 "살아도 같이 살고 죽어도 같이 죽자"고 외쳤다.

국가와 민족을 배반하고 남의 나라에 붙고자 하는 자는 우리가 결코 포용치 않을 것입니다. 여러분 부지런히 일하시오. 이남이나 이북이나 다 똑같이 하자는 것이 정부의 의도이니 한 혈족으로 나갑시다. 우리 뒤에 유엔과 미국이 앉아서 민주정부와 자유국을 후원하고 있으니 한 덩어리가 되어 이 전무全無한 기회에 전무한 국가를 만듭시다. 기회 있는 대로 나를 청하시오. 내가 오리다. 이야기하고 싶은 말은 많으나 여기서 다할 수는 없고 오직 부탁하는 것은 한데 뭉칩시다."[257]

옆에 있던 신성모와 정일권은 감격의 눈물을 흘렸다. 이승만도 감격한 나머지 연설을 끝내고 직접 대중 속으로 걸어 들어가 악수하고 얼싸안기까지 했다. 전시에 테러의 위험이 있었지만 말이다. 박명림은 이것은 "이승만식의 대중정치가 갖고 있는 완고한 무모함이자, 동시에 대민중적對民衆的 힘"이었다고 말한다.[258]

이승만은 혈연血緣을 강조하면서 "살아도 같이 살고 죽어도 같이 죽자"고 외치는 걸로 연설을 끝냈다. 그러나 그의 연설은 점령 지역에 대한 정책적 고려는 전혀 없이 모든 게 즉흥적이고 피상적이고 감성적이었다. 가장 중요한 화폐 문제에 대해서도 당국이 협의 중이라는 말만 내비쳤을 뿐 실제적인 조치는 아무것도 없었다.[259]

이는 함흥 지역을 순시한 조병옥도 마찬가지였다. 조병옥의 집회에는 "영하 10도의 혹한 속에서도 두세 시간 만에 3만여 명의 인파가 사열받는 군대의 모습으로 동원"되었지만, 알맹이가 없는 반공 연설뿐이었다. "이러한 살벌한 분위기 속에서 남한 정부의 관리들은 속속 점령 지역에 기세등등하게 들어와 강제동원한 주민들을 모아놓고 '공산당 박멸에 앞장설 것'을 목청껏 외쳤는데 정작 점령 지역의 정책에 대해서는 '군정'인지 '민정'인지에 대해서 최소한의 원칙도 갖고 있지 않았다."[260]

신천 학살, 중국 참전, 미국 원자탄

남북 합작의 '인간지옥'

남한을 한 차례 휩쓸고 지나갔던 학살극은 북한에서도 그대로 재현되었다. 남한 쪽 시찰 보고에 따르면, 북한 정부는 평양에서 철수하면서 1,800명에 달하는 우파를 학살했다. 내무부 장관 조병옥은 원산 지역 집단학살의 흔적을 목격한 뒤 북한 지역은 '인간지옥'이라고 주장했다.261 북한도 미군과 국군에 의한 '인간지옥'을 주장했다. 북한의 공식 발표에 따르면, 미군과 국군의 북한 점령 40여 일 동안 평양에서 1만 5,000명, 황해도에서 12만 명 등 모두 17만여 명의 주민이 학살당했다는 것이다.262

가장 널리 알려진 학살은 신천 학살 사건이다. 미군이 1950년 10월 17일부터 12월 7일까지 52일 동안 황해도 신천군에 머물면서 군 인구의 약 4분의 1인 3만 5,000여 명을 학살했다. 전후에 세워진 신천박물관의 한 전시실은 "미제는 신천 강점 52일간에 3만 5,383명 학살/군 인구의 4분의 1/남자 1만 9,149명 여자 1만 6,234명"이라고 크게 써붙여 놓았다.

신천 학살 사건은 파블로 피카소Pablo Picasso, 1881~1973가 1951년에 그린 〈한국에서의 학살Massacre en Coree〉이라는 그림을 통해 더욱 유명해졌다. 이 유채화는 군인들이 벌거벗은 임신부들과 아이들에게 총칼을 겨누고 있는 모습을 담고 있다. 피카소가 신천 학살을 소재로 이 그림을 그렸다는 건 확인되지 않은 사실이었지만 세상엔 그렇게 알려졌다(그러나 〈한국에서의 학살〉은 미국의 외교적 압력을 받아 그 어느 곳에서도 전시되지 못한 채 곧바로 공중의 시선에서 사라지고 말았다. 이후 〈한국에서의 학살〉은 물론 피카소도 한국에선 금기가 되었다. 1969년 6월 서울지검 공안부는 당시 어린이들에게 인기를 끌었던 '피카소 크레파스', '피카소 수채화 물감' 등을 생산하고 있던 삼중화학공업 대표 박정원을 반공법 위반 혐의로 입건하고 그 제품의 판매와 광고를 금지시켰다).[263]

북한은 신천 학살이 윌리엄 켈리 해리슨William Kelly Harrison Jr., 1895~1987을 중대장으로 하는 미군 1개 중대에 의해 저질러진 만행이라고 주장하고 있다. "미제 살인귀들은 어머니들이 어린이를 찾다가 애가 타서 죽고 어린이들은 엄마를 찾다가 간이 말라 죽게 하라고 지껄였다.……원수들은 배고파 우는 어린이들에게 물과 젖을 준다고 하면서 휘발유를 퍼부었다."[264]

기독교와 마르크스주의라는 '손님들'

그러나 국내 좌우 대립에 의한 학살이라는 주장도 제기되었다. 황석영이 2001년 6월 장편소설 『손님』을 발표하면서 '좌우 이념 대립의 결과'라는 주장이 더 설득력을 얻고 있다. 『손님』은 신천 학살의 당사자로 마르크스주의와 기독교라는 두 '외래 손님'에 물든 사람들을 꼽았다. 이들은 점령군이 바뀔 때마다 '서로 피를 보는' 악순환을 거듭했다는 것이다.[265] 신천은 어떤 곳이었던가? 신천이 고향인 한 월남인의 증언에 따르면 "무엇보다도 교인들이 많은 동네"이며 "우리나라에서 기독교가 제일 먼저 들어온 지역"이었다.[266]

황석영은 「작가의 말」에서 이렇게 말한다.

"이 작품에 그려진 사실들은 '우리 내부에서 저질러진 일'이었으므로 북이나 남의 어떤 부류들이 매우 싫어할 내용일지도 모른다. 기독교와 맑스주의는 식민지와 분단을 거쳐오는 동안에 우리가 자생적인 근대화를 이루지 못하고 타의에 의하여 지니게 된 모더니티라고 할 수 있다. 전통시대의 계급적 유산이 남도에 비해 희박했던 북선 지방은 이 두 가지 관념을 '개화'로 열렬하게 받아들였던 셈이다. 이를테면 하나의 뿌리를 가진 두 개의 가지였다. 천연두를 서병西病으로 파악하고 이를 막아내고자 했던 중세의 조선 민중들이 '마마' 또는 '손님'이라 부르면서 '손님굿'이라는 무속의 한 형식을 만들어낸 것에 착안해서 나는 이들 기독교와 맑스주의를 '손님'으로 규정했다."[267]

『한겨레21』(2002년 4월 25일자)은 이렇게 말했다. "'우리끼리는 상처도 아물게 됩네다. 모두 외세의 탓이라고 해 둡세다.' 『손님』에서 주인

공을 안내하는 북한 지도원은 이렇게 말한다. '외세의 탓'이라고 해두면, 우리끼리의 상처는 저절로 아물게 될까. 신천 학살의 진실을 찾아가는 작업은 이 작은 의문에서 시작한다. 진정한 화해는 문제를 덮어두는 것이 아니기 때문이다."[268]

2002년 4월에 방영된 MBC의 〈이제는 말할 수 있다: 망각의 전쟁 편〉을 제작한 PD 조준묵은 "당시 미군은 평양을 선점하려는 경쟁이 붙어 신천에 오랫동안 머물러 있지 않았다"고 말한다. 그는 "신천 지역에 반공청년단이 꾸려지고, 이승만 정부가 북진하면서 이들을 추인했다"며 학살은 이들 반공청년단에 의해 주로 이루어졌을 것이라고 진단했다.[269]

10월 13일 신천군 내 반공청년들이 봉기를 일으켰다는 것인데, 실제로 이북5도민회 산하 신천군민회에는 '10·13 동지회'가 꾸려져 있었다. 이들은 "당시 북한 진영이 후퇴하면서 지주 등을 예비 검속으로 검거한 뒤 처형했다"며 "반공청년단 등이 이에 맞서 10월 13일 봉기를 일으켰다"고 말한다. "미군이 오면 빨갱이를 살려둘 것이라는 소문이 퍼져 가족을 잃은 사람들 중심으로 보복에 나선 것"이라는 주장이다. 반면 성공회대학교 연구교수 김귀옥은 "학살에 반공청년회 등이 참여했다 해도 이들은 하수인에 불과하다"며 "상부에 있는 사람들은 미국 정보원 노릇을 하면서 미국과 연계해 그 이해에 부응했을 가능성이 있다"고 보았다.[270]

북한은 신천 학살이 미군의 소행이라고 주장하면서, 1958년 신천 박물관을 만들어 1960년대부터 이곳을 '반제반미투쟁' 정신을 교양하는 거점으로 활용했다. 『노동신문』 2002년 1월 22일자는 4면인 지면 전체를 신천 관련 기사로 가득 채우면서 신천이 "우리 인민들의 가슴속에 미제 침략자들에 대한 증오와 복수의 대명사로 깊이 새겨져 있"음을

대대적으로 선전하고 나섰다.[271]

'전 한반도는 끔찍한 잿더미'

따지고 보면 미군도 '기독교'라는 '손님'이었다. 맥아더는 기회만 있으면 '주기도문'을 외우는 독실한 크리스천이었다. 그는 서울 수복시 중앙청 광장에서 열린 환도식에서도 모든 참석자에게 기립할 것을 요구하면서 '주기도문'을 바쳤고, 국회의사당에서도 연설을 한 후 '주기도문'을 외웠다.[272] 맥아더는 폭격을 할 때에도 기도를 올렸고 자신이 고집했던 원자폭탄 투하도 자신이 믿는 하나님의 뜻으로 여겼을 것이다. 맥아더는 당시 많은 남한 사람에게 구세주로 여겨졌지만, 1981년 북한을 방문했던 재미在美 목사 홍동근은 그곳의 이야기를 들으면서 맥아더에 대한 분노를 감추지 않았다.

그는 "윤이는 작은형님의 둘째이다. 신의주의 대폭격에 작은형님이 가족과 함께 돌아가셨을 때 홀로 살아남은 고아이다. 윤이 얘기를 듣는다. 1950년 가을, 미군 폭격기 B-29가 80대 이상 연사흘 신의주를 폭격하고 특별히 소이탄으로 폭격하여 전 도시를, 집과 사람을 불로 태워버렸다는 것이다. 신의주 20만 인구의 3분의 2의 사람이 타죽고 도시의 80%가 잿더미가 되었다 한다"며 다음과 같이 말했다.

"문자 그대로 무차별 야만적 폭격을 하여 여자, 아이 할 것 없이 모두를 불태워 버렸다. 거기 내 작은형님과 형수님과 철이가 불에 타죽었다. 또 수없는 동족의 부녀자들이 불타고 내 배움의 고향이 재가 되어 없어졌다. 나는 신의주에 있는 중학교를 다녔다. 큰형님 말씀이 그 불기둥으로 신의주의 밤이 붉었고 낮에도 타는 연기로 하늘이 먹구름이 되었었다 했다. 이를 위해 맥아더가 한국 백성들에게 '맑은 천기'를 위해 기도하라 했었던가 생각하니 노여움에 치가 떨렸다. 한 사람의 죽음에도 상여를 메고 온 동네가 통곡하며 따르거늘 수만의, 수십만의 아니 수백만의 형제와 동족의 죽음을 우리는 무엇으로 울고 또 무엇으로 보상을 할 것인가? 나의 한이 민족의 한이 되어 분노의 불덩어리가 되었다. 평양과 함흥과 신천이 이처럼 불타 없어졌다."[273]

그 '분노의 불덩어리'는 대부분의 북한 사람들이 공유하고 있는 것이었다. 중국군이 개입하기 이전에 이미 북한의 5개 주요 도시(평양, 성진, 나진, 원산, 진남포)를 비롯한 여러 도시가 철저히 파괴되었기 때문이다.[274] 전쟁 초기 6개월간 미 극동군 공군 사령관을 지낸 에멋 오도널 Emmett O'Donnell Jr., 1906~1971은 1951년 1월 중순 미 상원 청문회에서 이렇게 증언했다. "한국에는 더이상의 폭격 목표가 없다. 모든 것이 파괴되었다. 전 한반도는 단지 끔찍한 잿더미일 뿐이다."[275]

미국의 도취, 중국의 참전

중국은 10월 8일 참전을 결정했으며, 19일에는 4개 군, 12개 사단이 압록강을 넘었다. 북한군은 이미 괴멸 상태에 빠져 중국 인민해방총사령관 펑더화이彭德懷, 1898~1974가 전권을 행사하게 되었다. 이로써 전쟁은 '미중전쟁으로 전환'하게 되었다.[276] 미군과 국군은 10월 25일에서야 최초의 중국군 포로를 붙잡았고, 10월 31일까지 중국군 포로를 25명 체포했다. 그러나 승리감에 도취된 미국은 이때까지도 패배의 불길한 전조를 보지 않고 전략을 변경하지 않았다. 심지어 중국군의 대규모 참전 자체마저 인정하지 않으려 했다.[277]

11월 7일 소련의 10월 혁명 기념일에 북한 지도부가 피신해 있던 만포진의 소련 대사관에서 연회가 열렸다. 여기서 김일성과 박헌영이 술 먹고 한바탕 붙었다고 한다. 이 자리에 있었던 박길룡의 증언에 따르면, 다음과 같다(박길룡은 외무부에서 부상까지 지냈다가 1959년 대숙청 때에 소련으로 망명했다).

김일성   여보, 박헌영이. 당신이 말한 그 빨치산이 다 어디에 갔는가? 백성들이 다 일어난다고 그랬는데 어디로 갔는가? 당신이 스탈린한테 어떻게 보고했는가? 우리가 넘어가면 막 일어난다고 당신 그런 얘기 왜 했는가?

박헌영   아니, 김일성 동지, 어찌해서 낙동강으로 군대를 다 보냈는가? 서울이나 후방에 병력을 하나도 못 두었는가? 후방은 어떻게 하고 군대를 내보냈는가? 그러니까 후퇴할 때 다 독 안에 든 쥐가 되지 않았는가?

김일성   야, 이 자식아. 이 자식아. 무슨 말인가? 만약에 전쟁이 잘못되면 나뿐 아니라 너도 책임이 있다. 너 무슨 정세 판단을 그렇게 했는가? 난 남조선 정세는 모른다. 남로당이 거기 있고 거기에서 공작하고 보내는 것에 대해 어째서 보고를 그렇게 했는가?[278]

그러면서 김일성은 대리석으로 된 잉크병을 벽에 던져 박살을 냈다고 한다. 그러나 이후 전세는 북한에 유리하게 돌아갔다. 11월 16일 중

중국의 4개 군과 12개 사단이 압록강을 넘으면서 전쟁은 '미중전쟁'으로 전환'하게 되었다. 거기에 소련은 제64항공군단을 창설해 참전을 시작했다. 1950년 10월 말의 첫 중국군 포로들.

국군은 모든 전선에서 총반격을 가하고 있었으며, 북한과 중국의 참전 요청을 거절하며 기회주의적인 관망을 하던 소련은 중국군의 승리 가능성이 높아지자 11월 중 2개 항공사단과 2개 고사포사단으로 구성된 제64항공군단을 창설해 중국 동북 지방 등에 보내 참전을 시작했다.[279]

그러나 소련의 참전은 비밀리에 이루어졌다. 1950년 11월 말 호주 외교관 제임스 플림솔James Plimsoll, 1917~1987은 자국 정부에 다음과 같이 보고했다. "소련이 북한의 침략과 밀접한 관련이 있다는 증거는 없다.……맥아더는 만일 소련이 북한의 침략을 사주했다면 아무런 원조도 하지 않은 채 소련이 그렇게 철저히 북한을 버렸을 리가 없다고 생각했다. '만일 그랬다면 이것은 유다가 은화 30전에 예수를 판 이래 최대의 배반'이었을 것이라고 맥아더는 말했다."[280](역사 산책 7: 소련과 일본의 비밀 참전 참고)

중국군의 '인해전술' 또는 '유격전술'

중국군은 심리전을 구사했다. 중국군의 공격은 천지를 진동시키는 피리와 꽹과리, 함성과 함께 이루어졌다. 이는 산 전체를 울리며 메아리쳐 병력이 엄청나게 많은 것처럼 여겨지는 효과를 냈으며, 예기치 않은 시간에 예기치 않은 장소에서 불쑥불쑥 '신출귀몰'하는 식으로 나타났기 때문에 미군과 국군에 큰 공포감을 안겨주었다.[281]

미군은 당시 중국 대륙에서 장제스 군대를 물리친 마오쩌둥 전술이 무엇인지 전혀 모르고 있었다. 총반격 당시 미군과 국군은 42만 명, 북한군과 중국군은 33만 명으로 병력과 화력은 미군과 국군이 훨씬 우세했지만, 중국군의 심리전은 미군과 국군에 극도의 피로와 불안감을 주어 전투 의욕을 상실하게 하는 성과를 거두었다.[282]

미군과 국군은 처음에는 중국군이 병력의 머릿수로 밀어붙이는 '인해전술人海戰術'을 구사하는 것으로 오인했으며, 아직까지도 중국군이 인해전술을 썼다고 널리 알려져 있지만, 실상은 결코 그렇지 않았다. 중국군의 유격전술에 대한 오해였다는 주장도 있다.[283] 전쟁에 임하는 자세도 중국군이 더 우월한 것처럼 보였다. 이에 대한 상징적 증거의 하나로 흔

미군은 '마오쩌둥 전술'이 무엇인지 전혀 모르고 있었다. 이 전쟁에는 마오쩌둥의 아들인 마오안잉(오른쪽에서 두 번째)도 참전했다.

히 거론되는 것이 마오쩌둥의 아들인 마오안잉毛岸英의 참전이다. 마오안잉은 참전 당시 신혼이었기 때문에 주변 사람들이 말렸지만, 마오쩌둥은 "그가 안 가는데 누가 간단 말인가"라는 말로 반대를 일축하고 아들을 전쟁터에 내보냈다.

마오안잉은 11월 25일 공습으로 사망했는데, 마오쩌둥은 그 사실을 3개월이 지나서야 알게 되었다. 저우언라이 등이 일부러 늦게 보고했기 때문이다(마오안잉의 시체는 마오쩌둥의 지시에 따라 북한에 묻혔다. 지금은 평북 회창군의 지원군 총사령부 열사능원이다).[284] 중국군의 대대적인 반격으로 유엔군은 12월 1일부터 후퇴를 하기 시작했다. 중국군은 12월 6일 평양을 회복했다.

트루먼의 '원자탄 사용 검토'

11월 30일 트루먼은 기자회견 석상에서 "원자탄 사용을 적극적으로 검토하고 있다"고 선언했다. 도쿄 맥아더 사령부 정보처 특수계획과 장이었던 필립 코르소Philip J. Corso, 1915~1998의 증언에 따르면, 한반도엔 이때 이미 40개의 원자탄이 배치되어 있었다.[285]

원자탄 사용 발언에 깜짝 놀란 영국 수상 클레멘트 애틀리Clement R. Attlee, 1883~1967는 급히 미국을 방문해 12월 4일부터 8일까지 6차에 걸쳐 정상회담을 가졌다. 트루먼이 유럽 제일 정책에도 아시아에서 자신들의 의무를 포기할 수 없다고 하자, 애틀리는 "서방에서 공격에 노출될 만큼 우리는 동방에 너무 개입되어서는 안 된다. 결국 공산주의에 대항하는 중요 지역은 서방이 될 것이다"고 말했다. 애틀리는 중국에 '티토주의Titoism'가 고무될 수 있도록 미국이 중국에 양보하는 태도를 쇠어야 한다면서 미국의 유연성을 호소했다.[286] (티토주의는 유고슬라비아 사회주의 연방 공화국의 대통령 요시프 브로즈 티토Josip Broz Tito, 1892~1980가 주장한 민족주의적 공산주의를 뜻한다.)

애틀리는 한국에서 원자폭탄을 사용하지 않겠다고 약속하는 문서를 요구했지만, 트루먼은 구두로만 다짐했다. 애틀리는 나중에 프랑스 총리에게 미국이 원자폭탄을 사용하겠다고 위협하는 것은 "유럽과 미국이 아시아인의 생명을 경시하고 있음을 암시하며" 그런 무기는 "필사적인 조치들"이 정당화될 때에만 사용되어야 한다고 말했다. "미국이 한국과 같은 나라를 상대로 싸울 때는 당치 않다"는 것이었다.[287]

역사 산책 7

소련과 일본의 비밀 참전

소련은 1950년 11월부터 1953년 6월까지 2년 7개월 동안 공군 부대, 고사포부대, 군사고문단, 교관 등 모두 7만 2,000명을 참전시켰는데, 항공군단 소속 조종사의 전체 규모는 2,000여 명이었다. 소련의 참전은 기회주의적으로 이루어진 것이었으며, 그래서 모든 게 비밀이었다. 소련은 참전 사실이 외부로 드러나는 걸 원치 않았기 때문이다. 중국은 대외적으로 이들을 '중국인민지원군 러시아계'라고 밝혔다. 참전 조종사들은 "조종사들의 모습은 중국식, 말은 한국식, 의식은 러시아식이었다"고 회고했다.[288]

소련 공군 조종사들은 모두 계급장이나 휘장이 전혀 없는 지원군 군복을 입었다. 비행 중 러시아어 사용은 금지되었으며, 한국말로 교신을 해야 했다. 그래서 각 비행기에는 한국어 사전이 비치되어 있었다.[289] 한 조종사의 증언이다. "처음에는 한국말로 대화를 했지만 너무 불편해 하는 수 없이 러시아말을 사용했다. 미군은 우리의 대화를 모두 녹음했지만 미군 지휘부는 소련 참전 사실을 감추고 싶어했던 것 같다."[290]

실제로 미군도 소련과의 본격적인 충돌을 원치 않았기 때문에 소련군 포로도 인정하지 않아 한국군에 떠넘겼다. 그래서 50명 정도의 포로가 한국군에 넘겨졌다. 미국 워싱턴의 반응은 "우리는 소련과 전쟁을 하는 게 아니다"는 것이었다.[291]

이들은 중국과 북한 국경 반경 75킬로미터를 넘지 못하는 등 움직임에 제한을 받았지만, 전쟁 기간 중 유엔군 전투기 1,309대를 격추시켰다고 한다(공중전을 통해 1,098대, 고사포로 211대). B-29 폭격기는 200대를 격추시켰는데, 이는 미군 전체 보유대수의 3분의 1이었다. 소련 측은 전투기 335대가 격추되었고 이 과정에서 조종사 135명을 비롯해 모두 299명이 전사했다.[292]

일본도 비밀리에 참전했다. 로이터통신은 1950년 7월 27일 "일본군 약 2만 5,000명이 한국 전선에 참전하고 있다"고 보도했다. 전후 초대 주일 미국 대사를 지낸 로버트 D. 머피Robert D. Murphy는 1964년에 낸 회고록에서 "일본의 선박·철도 전문가들은 숙련된 부하들을 데리고 한국으로 건너가 미국과 나란히 유엔군 사령부 산하에서 일했다. 그것은 극비였다. 그러나 유엔군은 한국을 누구보다도 잘 알고 있는 이들 수천 명의 일본인 전문가들의 도움이 없었다면 한국에 체재하는 것마저도 곤란한 지경에 빠졌을 것이다"고 말했다.[293]

일본의 참전 사실이 가장 확실하게 알려진 것은 미군의 원산상륙작전을 지원하기 위해 1950년 10~12월에 수뢰 제거 부대를 파견한 것이었다. 당시 미군은 소해정掃海艇(바다에 뿌려진 기뢰를 제거하는 배)이 10척에 불과한 반면 일본 해상보안청은 100여 척의 소해정으로 구성된 소해부대를 갖고 있었다. 일본은 소해정 20척을 포함한 25척의 선박과 총 1,200여 명을 지원했다.[294] 2001년 6월 23일에 방영된 MBC의 〈이제는 말할 수 있다: 6·25 일본 참전의 비밀〉은 일본의 참전이 여러 분야에서 이루어졌으며, 이는 일본 전범들이 면죄부를 얻고 세력을 키우는 결정적 계기가 되었다는 걸 보여주었다.[295] (이 문제는 제2권 제1부 제4장인 「휴전: '반공이 아닌, 반한을 위한 전쟁'」에서 자세히 다룰 것이다.)

함평과 흥남:
두 개의 다른 지옥도

함평 주민 524명 학살

전선은 북한으로만 올라간 것이 아니었다. 미처 후퇴하지 못한 북한 군들이 남한 곳곳, 특히 지리산과 불갑산 등지에서 빨치산 투쟁을 벌임에 따라 애꿎은 민간인들까지 이 전쟁에 휘말려 들어 억울한 죽음을 당했다. 1950년 11월 17일 공비 토벌 작전을 하던 국군이 전북 남원 강석리 마을을 습격해 마을 주민 90여 명을 학살한 사건에 이어,[296] 12월 초순엔 전남 함평 지역에서 국군에 의한 대량 학살이 저질러졌다.

12월 2일 함평 지역에서 빨치산 소탕 작전을 펼치고 있던 11사단 20연대 2대대 5중대 소속 사병 2명이 빨치산의 습격을 받아 전사하는 사건이 발생했다. 이에 격분한 5중대 군인들은 마을 주민들을 제물로 삼아 보복을 했다. 군인들은 12월 6일 함평군 월야면 정산리 장고마을에서 20여 명을 사살했으며, 인근 동촌마을로 가 30여 명을 사살했다. 또

12월 7일에는 월야면 월악리 내동, 송계, 동산 등 7개 마을을 덮쳤다. 군인들은 12~13세가량의 어린아이들을 시켜 집집마다 불을 지르게 하고 주민 700여 명을 동산마을의 남산뫼에 집결시켰다.[297] 여기서 벌어진 학살극에서 살아남은 한 생존자의 증언이다.

"한참 뒤 인솔 장교는 '살아남은 사람은 하나님이 돌봐주신 것이니 모두 살려주겠다'고 소리쳤다. 이 소리를 듣고 50여 명이 일어났다. 그러자 장교는 다시 사격 명령을 내렸다. 장교는 '이번에 살아남은 사람은 진짜 하느님이 돌봐주신 것이니 빨리 동네에 가서 불을 꺼라'고 말했다. 이번에는 10여 명이 일어나 동네를 향해 뛰어갔다. 그러자 그들의 등을 향해 다시 기관총이 불을 뿜었다."[298]

12월 초순 전남 함평 지역에서 국군에 의해 저질러진 대량 학살로 마을 주민 524명이 죽었고, 가옥 1,454동이 불에 탔다. 현재 이곳에는 위령비가 세워져 있다.

5중대 군인들은 12월 9일 월야면 외치리 외치마을에서 각 세대 장남 18명을, 나산면 이문리 사정마을에서 주민 10여 명을 죽였다. 이어 12월 31일 해보면 상곡리 모평마을에서 60여 명, 1951년 1월 12일 해보면 쌍곡리 쌍구룡에서 70여 명, 1월 14일 나산면 우치리 소재마을에서 노약자 36명 등 모두 8차례에 걸쳐 524명을 학살하고 가옥 1,454동을 불태웠다. 단지 보복 차원에서 그랬을까? 그렇게 보기엔 너무도 오랜 시간 많은 사람을 죽였다. 권복기는 그것만으로는 민간인 대량 학살을 설명하기에는 충분치 않다며 또 다른 원인이 있었다고 말한다.

  "11사단장 최덕신 준장이 내놓은 견벽청야堅壁淸野라는 작전 개념이 그것이다. 견벽청야는 중국 한나라 때 변경 지역 방어를 위해 사용된 전술 개념으로 성 밖을 말끔하게 치워버리고 성을 굳게 지키면서 적이 오기를 기다린다는 뜻이다. 다시 말해 전략 거점은 성벽을 쌓듯이 안전하게 확보하되 적이 이용할 만한 지역은 소각 등으로 파괴하는 작전이다. 초토화 작전과 비슷하다. 이 작전은 함평 사건이 난 뒤 60여 일 뒤 거창에서도 쓰였다. 거창에도 최덕신의 11사단 병력이 투입됐다. 당시 9연대는 예하 대대에 작전 지역 내 인원은 전원 총살하라, 공비들의 근거지가 되는 건물은 전부 소각하라, 적의 보급품이 될 수 있는 식량과 기타 물자는 안전지역으로 후송하거나 불가능할 경우 소각하라는 세 가지 지침을 내렸다. 여기에다 군 지휘부에서 각 부대에 내린 것으로 보이는, '하루에 공비 50명 이상 사살, 무기 50점 이상 노획'이라는 목표가 군인들에게 민간인 학살이라는 '손쉬운 전과'를 택하도록 했을 가능성도 큰 것으로 보인다. 실제 군인들은 민간인을 학살한 뒤 괭이와 삽을 수거해 이를 노획품으로 보고했다는 관계자들의 진술도 있었다."[299]

견벽청야는 제11사단 작전명령

견벽청야는 중국 한나라 하승천何承天이 쓴 『안변론安邊論』에 나오는 말로 "성城 밖을 말끔하게 치워버리고 성을 굳게 지키면서 적이 오기를 기다린다"는 구절에 근거를 두고 있다. 현대에서 이 작전 개념을 가장 광범위하게 적용했던 사람은 장제스였다. 장제스의 패인敗因이 바로 여기에 있었다. 마오쩌둥은 "우리는 인민과 떨어져 존재할 수 없다"며 물과 물고기의 관계에 빗댄 '수어水魚 이론'을 제창했다. 그는 "공산주의 운동은 인민을 떠나 존재할 수 없는 물 속의 물고기 신세와 같다"는 이론을 내세워 당원들로 하여금 인민을 괴롭히는 식량·금품 요구를 금지시키고 위반자는 처형함으로써 민심을 얻었다. 반면 장제스의 견벽청야 작전은 인민의 원성을 사 패배를 초래하게 한 것이다.[300]

실제로 '견벽청야'는 제11사단 작전명령 5호였다.[301] 나산 면장 이오섭의 개입이 없었더라면 더 많은 사람이 살해당했을 것이다. 5중대장인 대위 권준옥은 40일 넘게 계속된 초토화 작전에도 아직 살기등등했다(권준옥은 권준혁이라는 기록도 있는데, 그는 1951년 6·25 전쟁 전공으로 은성무공훈장을 받았으며, 1970년 중령으로 예편한 후 충주 비료공장에서 일하다가 1991년 62세로 사망했다. 1981년 권영구로 개명을 했다고 한다).[302]

1951년 1월 14일 나산 면장 이오섭은 함평경찰서 나산 지서장 나병오를 설득해 같이 권준옥을 찾아가 항의했다. 권준옥은 권총을 빼들고 "건방진 자식, 쏴버리겠다"고 위협했다. 이오섭이 물러서지 않자 권준옥과 그의 부하들은 이오섭을 군홧발과 주먹으로 몰매를 때렸고, 동행한 나병오의 권총을 빼앗아버렸다. 그러나 이 장면을 본 20연대장이 무언가 깨달은 바 있어 불갑산 주변의 다른 마을들을 계속 초토화시킬 계획을 중단시키는 효과를 가져왔다. 이에 대해 김영택은 이렇게 말한다.

"천만다행한 일이었다. 희생정신을 바탕으로 한 목민관의 용기가 수많은 사람들의 목숨을 살리게 한 것이었다.……양민 학살사건이 공공연히 진행되고 있을 당시 그 누구도 항의하는 사람이 없었다. 자신의 생명과 직위의 안위 때문에 전전긍긍하고 있을 따름이었다. 만약 이때 이 면장의 항의가 없었더라면 아마 더 많은 양민들이 계속 희생됐을지도 모른다."(4·19 혁명 이후 피해자와 유가족들은 진상규명을 요구했으나 5·16 군사쿠데타 후 유족회 회장과 부회장은 '반국가단체 구성 혐의'로 구속되었다.)[303]

흥남 철수 작전

중국군의 공격을 받은 미군과 국군은 계속 후퇴하고 있었다. 그런 후퇴 작전의 하나로 12월 9일 맥아더에 의해 흥남 철수 명령이 내려졌다. 당시 흥남 지역엔 국군 제1군단, 미국의 제1해병사단, 제7사단, 제3사단의 병력 도합 10만 5,000명과 수십만 명의 피난민이 몰려 있었는데, 이들을 남한으로 피난시키는, 최대 규모의 철수 작전이 12월 10일부터 24일까지 전개되었다.[304]

원산이 공산군에 의해 차단되어 있었기 때문에 흥남에서 해상 철수하는 길밖엔 없었다. 흥남 철수엔 각종 함정 132척이 동원되었다. 행선지는 부산, 마산, 울산, 구룡포, 울진, 묵호 등이었다. 사람은 많고 배는 적었다. 미군에 공급할 제트유를 운반하던 미 상선 메러디스 빅토리아 Meredith Victory호도 철수에 참여했는데, 이 배에만도 2,000명 정원에 1만

12월 9일 맥아더는 흥남 철수 명령을 내렸는데, 이 철수에는 각종 함정 132척이 동원되었다. 미 상선 메러디스 빅토리아호에 승선한 피란민들.

4,000여 명을 태웠다.[305]

 그래도 사람들을 다 태울 수 없어 흥남 부두엔 아비규환阿鼻叫喚의 장면이 벌어졌다. 김용삼에 따르면, "삭풍이 몰아치는 흥남 부두. 수많은 군인과 부상병, 목숨을 부지하기 위해 몰려든 수십만의 피란민들, 그곳은 차라리 지옥이었다. 어떤 말로 당시의 처참한 상황을 설명할 수 있을까.……해군 LST(상륙 작전용 함정)가 부두에 몸을 대고 현측舷側에 그물망을 내렸다. 피난민들은 서로 먼저 타려고 죽기살기로 몰려들었다. 밝혀 죽는 사람이 부지기수였다. 그물에 매달려 기어오르다 떨어져 죽은 시체가 즐비했다. 주인 잃은 피난 보따리가 산처럼 쌓여 주인을 기다리고 있었다. 살을 에는 듯한 혹한의 연속이었다. 부두를 빠져나간 배가 다시 돌아오려면 며칠씩 걸렸다. 추위에 못 이겨 얼어죽은 시체가 매일 밤 수없이 버려졌다."[306]

철수도 전쟁의 연속이었다. 그래서 배 위에서도 이런 일이 벌어졌던 걸까? 믿기지 않는 이야기다. "그때 피난민 한 사람이 벌떡 일어섰다. 아이를 업고 있던 30대 중반의 젊은 여자를 노려보더니 얼굴이 일그러졌다. '이 에미나이 남편이 빨갱이다이. 악질 빨갱이가 무슨 낯짝이 있어 이 배를 탔음.' 누가 말릴 틈도 없이 주위 사람들이 악바친 목소리로 아우성쳤다. '저년 죽이라우. 배에서 끌어내우다.' 새파랗게 질린 여자는 주르르 눈물을 쏟더니 이를 악물었다. 아이를 업은 채 배에서 뛰어내린 것은 순식간이었다. 커다란 파도가 아이와 여자를 꿀꺽 삼켰다. 그냥 있었어도 맞아죽었을 것이다."[307]

배를 타지 못한 사람들의 저주

사람들이 흥남 부두로 몰려든 데엔 미군의 원폭 투하 소문이 큰 영향을 미쳤다. 부두에 남은 사람들은 공산군 아니면 원자탄에 의해 죽는다는 공포감에 휩싸였을 것이니, 일을 이 지경으로 만든 사람들에 대한 저주를 퍼붓지 않을 수 없었다. "미국놈들아 미국놈들아 너희들이 차라리 여기 오지 않았던들 우리는 죽지는 않았을 것이다. 너희들이 우리를 죽이고 가는구나. 너희 미국놈들을 믿었던 우리가 잘못이구나. 너희들을 믿고 타도 공산주의와 민주주의 만세를 불렀다가 이제 우리는 죽게 되었구나. 우리는 미국놈들에게 속았다. 저주받을 미국놈들아."[308]

마지막 배가 출항하자 미군은 적에게 아무것도 남겨주지 않기 위해 항구에 대규모 함포 사격과 공중 폭격으로 그 일대를 잿더미로 만들었다. 공산군도 원자탄도 아닌, 이 함포 사격과 공중 폭격으로 죽어간 사람도 많았다.[309]

　　흥남에서 그려진 이런 지옥도地獄圖는 같은 시기에 함평에서 그려진 학살 지옥도와는 너무 대조적이었다. 흥남의 지옥도는 철수하는 유엔군을 따라 남한으로 피난 가지 못해 절규하는 사람들에 의해 그려진 것이었다. 그들이 그토록 가고 싶어했던 남쪽! 그러나 그 남쪽 중에서도 38선에서 멀찌감치 떨어져 있던 함평에서 국군에 의해 524명의 민간인이 학살되었다는 걸 어찌 설명할 수 있을까? 북한에서건 남한에서건 총을 든 자들은 모두가 다 피 때문에 눈이 뒤집혀 반쯤은 미친 상태에서 피를 찾아 헤매는 꼴이었다고 봐야 하는 걸까?

　　그런 아비규환의 지옥도 속에서도 가슴 벅찬 감동은 있었다. 2,000명 정원인 메러디스 빅토리아호에 1만 4,000여 명을 태우는 건 가능한 일이었을까? 대형 조명등이 불을 밝힌 가운데 12월 22일 오후 9시 30분에 시작된 승선 작업은 23일 오전 11시 10분에 끝났다. 선장인 프랑스계 미국인 레너드 라루Leonard LaRue, 1914~2001는 일지에 이렇게 썼다. "있을 수 없던 공간이 생겨났음." 배가 24일 부산항에 도착할 때까지 모두 네 아기가 태어났다.

　　이미 피란민 100만 명을 수용한 부산은 하선이 불가능했기에 선장 라루는 80킬로미터 떨어져 있는 거제도로 배를 돌렸다. 미 해군 수송선 서전트 트루먼 킴부로호 선장 레이먼드 포세Raymond Fosse는 장승포로 접근하는 정체불명의 화물선을 목격했다. "갑판에 까맣고 넓은 고체 덩어리가 실려 있었다. 배가 다가오는데, 다시 보니 사람들이었다. 아무 소리도 내지 않고 꼿꼿하게 서서 항구를 바라보는 거대한 군중!"정박한 배에서 그 거대한 군중 1만 4,000여 명이 내리는 사이 또 한 생명이 태어났다. 배에서 태어난 다섯 아이는 '김치 파이브'로 불렸다. 사망자, 실종자, 부상자 한 명 없고 새 생명 다섯을 얻으며 피란민 1만 4,000여 명을 구출해낸 메러디스 빅토리아, 미국 정부는 '인류 역사상 가장 위대한 구출을 한 기적의 배'라고 했다. 메러디스 빅토리호는 1993년 고철로 영국 회사에 매각되었지만, 기네스북에 '단일 선박으로 최다 인원을 구출한 선박'으로 등재되었다.[310]

"전쟁의 최초 희생자는 진실이다"

제14장

신문들의 활동과 'PRESS 완장 특권'

1950년 4월 19일 미국 보스턴에서 개최된 마라톤대회에서 함기용·송길윤·최윤칠이 나란히 1,2,3등을 차지했다. 『조선일보』는 이 뉴스를 1면에 대서특필했는데, 비非정치 기사가 1면을 메운 것은 이것이 처음이었다.[311] 전쟁은 그런 한가로움을 허용하지 않았다. 정보에 대한 갈증을 낳는 전쟁은 언론에 호황기일 수 있지만 6·25전쟁은 예외였다. 한반도 전체가 전쟁터였으며 파괴가 워낙 심각했기 때문이다. 전쟁 기간에 일부 신문들만이 간신히 명맥을 유지하고 정치적으로도 정부의 강력한 통제를 받았다.

6월 28일 아침 북한군이 서울을 점령하자 모든 신문·잡지·통신이 자취를 감추었는데, 『동아일보』는 6월 27일 「적, 서울 근교에 접근, 우리 국군 고전 혈투 중」이라는 표제의 호외를 300부가량 내고 종간했고, 『조선일보』역시 28일자 조간까지 내고 종간을 했으며 다른 신문들도 마찬가지였다.³¹² 서울에서 발행되던 중앙지들은 휴간에 들어갔지만 유일하게『평화신문』은 1950년 7월 3일부터 대전·대구에서 임시 호외 형식으로 간단한 보도를 하고 인민군 점령 아래 있던 서울 시민들을 위해 이를 비행기로 공중에서 살포하기도 했다.³¹³ 서울에 진격한 북한군은 서울의 신문사 시설을 이용해 미군정 치하에서 폐간당한『해방일보』와『조선인민보』를 7월 4일부터 속간했다.³¹⁴

모든 전쟁이 그렇듯이, 6·25는 군사적 전쟁일 뿐만 아니라 후방에서의 생존을 위한 뜯어먹기 전쟁이기도 했다. 이 전쟁에 신문이 빠질 리 없었다. 김을한은 이승만 정권 치하에서 "꿀 항아리에 모여드는 파리떼 모양으로 온갖 정상배와 모리배들은 한때 앞을 다투어 신문기업을 하려고 했"는데, 이는 전쟁 중에도 마찬가지였다고 말한다. 그래서 "임시수도 부산에 가보면 거리마다 다방마다 'PRESS(신문)'라고 쓴 완장을 팔에 두른 사람이 무수하게 많았"다는 것이다.³¹⁵ 바로 그런 문제를 해결하기 위해 9월 9일 공보처장 김활란은 중앙지는 4개사로 하고 각 도마다 1~2개사로 정비할 계획을 세웠으나 신문들의 반발로 실패하고 신규 발행만은 막는 것으로 끝났다.

9월 28일 서울 수복 이후 일부 신문들은 서울에서 복간호를 냈다. 9월 28일에『국민일보』, 10월 1일에『서울신문』, 10월 4일에『경향신문』과『동아일보』가 복간호를 냈다.『조선일보』는 발행인 겸 편집인인 방응모가 행방불명이라는 이유로 발행을 허가하지 않다가 발행인은 방응모로 편집인을 최용진으로 하기로 타협을 봐 10월 23일자로 속간호를 낼 수 있었다.³¹⁶

종군기자들의 어려움

전쟁 중 한반도는 국내 언론보다는 외국 언론의 활동 무대였다. 1950년 9월 말경 한국 전선에서 취재 활동에 임한 세계 각국의 기자 수는 총 238명으로 이는 제2차 세계대전 종군기자의 2분의 1을 넘는 수였다(1950년 7월 한 달 동안에만도 6명의 기자가 사망했으며 1950년 말까지 사망한 기자는 14명, 전쟁 기간에는 17명의 외국 기자[미국 기자 10명]가 취재 중 사망했다).

맥아더는 선전 감각이 뛰어난 인물이었다. 그는 전선을 시찰할 때엔 꼭 육군통신대의 촬영기사를 대동해 사진을 촬영하고 이것을 언론사에 제공했다.[317] 반면 그는 종군기자들의 독자적인 취재에는 엄격한 통제를 가하도록 지시했다. 예컨대, 1950년 7월 AP와 UP통신의 기자 2명이 보도한 미국 부상병과의 인터뷰 기사는 미군 당국을 분노하게 해서 이들은 '재교육'을 위해 도쿄로 강제송환당했다.[318] 12월 말부터는 '완전 검열'이 실시되었으며, 이는 휴전회담 때까지 계속되었다. "전쟁의 최초 희생자는 진실이다"는 명언을 남긴 저명한 종군작가 필립 나이틀리 Phillip G. Knightley, 1929~2016는 당시의 상황에 대해 다음과 같이 쓰고 있다.

"주 유엔 사령부 특파원들은 유엔 대표자들과의 회견을 금지당하였다. 기자들은 회담에 제출된 자료에 대한 열람을 금지당했으며, 단지 미군 홍보부서가 그들에게 특별히 제공해주는 지도만을 볼 수 있도록 허용받았다. 그들이 이렇게 제공받아서 언론 매체에 보도한 그림은 거짓과 반 정도의 진실 그리고 상당한 왜곡이 뒤섞인 그러한 것이었다."[319]

6·25 전쟁의 종군기자들은 미군의 검열 외에 여러 물리적이고 기

6·25 전쟁을 취재한 기자는 모두 238명이었는데, 이들은 대부분 열악한 환경에서 취재를 해야 했다. 유엔 군복을 착용하고 한국인과 인터뷰하는 종군기자의 모습. (국립6·25전쟁납북자기념관 소장)

술적인 어려움 때문에 전쟁 보도를 제대로 하기 어려웠다. 특히 전쟁 초기에 외국 기자들은 전화를 이용하기도 어려워 우체국을 이용해야만 했다. 그것마저도 서로 돌려가면서 써야 했기 때문에 기자들에게 할당된 시간은 3분여 밖에 되지 않았다. 개전 초 대전에서 취재를 하던 미군 INS통신 기자 존 리치John Rich는 당시 상황을 다음과 같이 말했다.

"종군기자들이 이용했던 프레스센터는 커다란 방으로, 그 한가운데는 부산을 경유, 도쿄로 연결되는 전화가 단 한 대 놓여 있었다. 한 건장한 미군 상사가 이 전화를 책임 맡고 있었는데 선착순으로 사용할 수 있었다. 기사를 외부 세계로 보낼 수 있는 유일한 방법은 이 전화를 이용,

도쿄에 있는 지국을 불러내어 받아쓰도록 하는 것이었다.……전화는 수시간씩 불통되기 일쑤였다. 이 때문에 운좋게 도쿄로 기사를 한 번 보내면 이것이 수시간 동안이나 특종이 될 때도 있었다. 그 당시 한국전 뉴스는 이런 식으로 세계에 전파되었던 것이다."[320]

TV 없는 라디오 방송기자의 활동

방송기자는 신문기자에 비해 훨씬 더 어려운 상황에 처해 있었다. 다시 존 리치의 증언이다.

"테이프 레코더는 당시 발명된 지 얼마 안 됐을 때이지만 한국에는 없었다. 나는 전쟁이 일어난 첫 주가 다 가기 전 부산에 갔었는데 이승만 대통령도 여수를 거쳐 그곳에 내려와 있었다. 나는 이 대통령과 회견을 가졌지만 미국으로 그의 목소리를 보낼 수가 없었다. 이 대통령은 자신의 육성으로 미국민에게 지원을 호소하는 메시지를 어떻게 해서라도 보내고 싶어했다.……(방송국으로 가서) 이 박사는 레코드판에다가 자신의 목소리를 담았다. 참으로 힘든 작업이었다. 이 조악한 레코드판에 담긴 이 박사의 육성을 미국에 있는 방송국으로 보내는 일은 내가 맡게 되었다. 수소문 끝에 미군부대에서 일한 적이 있는 한 민간인과 아마추어 무선송신기를 찾아냈다. 우리는 그의 집에서 레코드판을 전축에 걸어서 튼 뒤 마이크에 이 박사의 육성을 담아 단파에 실어 흘려 보냈다. 누구든지 이 전파를 잡는 사람은 미국에 중계를 해달라는 호소와 함께."[321]

6·25 전쟁은 십수 년 후에 일어난 베트남전쟁과는 달리 아직 '텔레비전 전쟁'은 아니었다. 미국의 TV 방송사들은 6·25 전쟁 보도를 위

해 대부분 미 육군 통신대가 공급하는 필름에만 의존했다. 독자적인 보도란 기껏해야 유엔에서 6·25 전쟁에 관한 토의 장면을 방영하는 것이 고작이었다. NBC-TV는 전쟁이 일어난 지 1개월 후에 1명의 기자와 3명의 카메라맨을 파견했고, 그 후에 CBS-TV도 3명의 기자를 파견했지만 이들은 주로 도쿄에 머무르면서 미군 정보를 전달하는 중개 역할에 그치고 말았다. 또 ABC-TV는 신문과 통신사 보도에만 의존했을 뿐이다.[322](1950년 미국의 TV 보급률은 9%에 불과했으며, 이는 1951년에 23.5%, 1952년에 34.2%, 1953년에 44.7%로 증가했다.)

CBS의 명기자 에드워드 머로Edward R. Murrow, 1908~1965는 1950년 8월 자신이 진행하는 라디오 녹음 프로그램에서 "미군들이 한국의 계곡과 마을을 휘젓고 다니면서 퇴각할 때에 불을 지르면 거기에 사는 사람들은 어떻게 하란 말인가?"라고 논평했지만, 이는 CBS 간부들의 검열로 방송되지 못했다. 에드워드 머로는 나중에 자신의 TV 다큐멘터리 프로그램 〈See It Now〉를 통해서도 6·25 전쟁을 여러 번 다루었지만 매번 경영진의 간섭 때문에 비판적인 내용을 방송할 수는 없었다. 그런 여건상의 한계 때문에, 그가 1952년 12월 16명의 기자를 대동하고 한국 전선을 직접 방문해 제작한 〈Christmas in Korea〉도 미국 내에선 수작으로 평가를 받았지만, 한국인들의 고통은 외면한 채 미군들의 고통에만 초점을 맞추는 정도로만 끝나고 말았다.[323]

만화·문학·영화의 참전

전쟁 중 모든 매체는 선전을 위해 동원되었으며, 특히 만화는 심리

6·25 전쟁 당시 포스터, 만화, 삐라 등은 북한 주민들에게 선전하려는 목적으로 제작되었다. 공산당을 위해 일하는 북한 주민들에게 경고하는 '북한 동포에게 경고함'이라는 포스터. (국립민속박물관 소장)

전 매체로 각광을 받았다. 포스터, 삐라, 만화 등 적군의 항복을 종용하는 인쇄물 제작에 화가와 만화가가 대거 참여했다. 전쟁 중 발행된 만화의 대부분은 군軍에서 발행된 것이었다. 손상익은 "만화 매체가 군사전략용으로 분류됐기 때문이다. 이때 발행된 민간만화의 내용도 전쟁을 소재로 한 것들이 주류를 이루었다. 전시체제라는 집단적 불안감으로 말미암아 군은 물론 민간의 최대 관심사도 아군我軍의 사기와 관련된 것이었다"며 다음과 같이 말했다.

"따라서 전시 만화는 체제 홍보 및 우월성을 강조하는 내용, 적의 비열함과 비도덕성을 선전하는 내용으로 일관하고 있다는 것이 특징이다. 동서를 막론하고 전시하의 상황에서는 만화작품도 군 당국의 검열을 받는 것이 통례였다. 만화매체가 갖는 미디어적인 역할을 인정했기 때문이다. 한국전쟁 당시 간행된 만화책 표지에는 '국방부 정훈국 검열필'이란 표시가 돼 있다."[324]

문인들은 '문총 구국대'를 결성해 참전했다. 대전에서 종군 문인단을 결성하면서 한국문화단체 총연합회의 구국대란 뜻으로 붙여진 이름이었다. 대장은 문인이자 이승만의 비서인 김광섭이었으나, 실질적인 대행은 서정주가 맡았다.[325]

1950년엔 모두 5편의 영화가 제작되었는데, 그중 3편은 전쟁이 일어나기 전에 만들어진 것이었다. 영화인들은 군에서 제작하는 뉴스, 다큐멘터리 등의 제작에 참여했다. 이들은 진해에 주둔한 미군 제502부대의 녹음·현상소에서 미군정 시절부터 존재했던 '리버티 뉴스' 제작, 국방부 정훈국이 주관하는 '국방뉴스' 제작, 공보처가 주관하는 '대한뉴스' 제작 등에 참여했다. 종군 다큐멘터리인 〈서부전선〉은 유엔군과 국군의 서울 수복 작전을 비롯해 북진하는 모습을 수록한 것으로 제1사단 제15연대가 제작하고 윤봉춘이 감독해 국방부에 납품되었다.[326]

제2부 1951년
'톱질 전쟁'의 와중에서

- 1·4 후퇴: 서울에서 부산까지
- 맥아더와 리지웨이: 원자폭탄과 몰살 작전
- 국민방위군: 9만 명을 죽인 '해골의 행렬'
- 거창: 무엇을 지키기 위한 전쟁인가?
- 해리 트루먼의 더글러스 맥아더 해임
- 휴전회담: 개성에서 판문점까지
- 지리산에서 '쥐잡기 작전'
- 이승만의 자유당 창당
- 전쟁 중의 뜨거운 교육열

1·4 후퇴:
서울에서 부산까지

'무인지경'으로 변한 서울

한반도 땅덩어리가 좁은 탓이었겠지만, 6·25 전쟁은 전형적인 '톱질전쟁'이었다. 톱질을 하듯이 왔다갔다하면서 점령과 후퇴를 반복했다는 뜻이다. 그래서 더 비극적이었다. 전선이 왔다갔다하면서 죽어나는 건 민간인들이었다. 누구를 지지하는가? 이들에게는 이런 고문이 강요되었고, 그 와중에서 수많은 사람이 학살당했다. 게다가 톱질 전쟁은 전선이 따로 없는 전 국토의 전선화戰線化를 초래했기 때문에 빨치산 투쟁을 낳았고, 이는 민중들 사이에 원한관계를 만들며 그 원한이 민간인들 상호간에 학살을 일으키기도 했다.

1951년 1월 1일 중국군 6개 군단이 38도선을 돌파해 남하하기 시작했다. 정부는 1950년 12월 24일 서울 시민들에게 대피령을 내렸지만, '빽'과 줄이 있는 사람들은 얻어들은 게 있어 이미 12월 초부터 피난길에 나섰다. 12월 말 80만 명이 넘는 서울 시민이 한강을 건너 남쪽으로 향했다. 이들은 부교浮橋와 얼어붙은 한강을 걸어서 건넜다. 1월 3일 정부는 다시 부산으로 옮겨갔고 남행길은 피난민들로 메워졌다. 지난여름 서울 잔류로 수복 후 호되게 당했기 때문에 너나 할 것 없이 피난길에 올라 중국군이 입성하기 하루 전인 1월 3일 서울은 '무인지경'이었다.[1]

홍성원은 소설 『남과 북』에서 그걸 실감나게 묘사하고 있다. 그는 "인구 백만이 넘던 도시는 갑자기 텅 비었다. 북쪽 하늘에서는 지난여름처럼 우릉우릉하는 공포의 음향이 점점 가까이 들려왔다. 이 집도 저 집도 대문이 굳게 닫혔고 밤이면 바람 소리만이 말발굽 소리처럼 텅 빈 거리를 황량하게 휩쓸고 지나갔다. 약탈이 시작되었다. 한밤에 이웃집의 대문이 부서졌고 그 안에서 낯선 사내들이 무언가를 분주히 골목 밖으로 들어내었다"며 다음과 같이 말했다.

"이들은 공산주의자가 아니다. 떠나도 죽고 남아 있어도 죽을 바에는 차라리 길에서 죽기보다는 자기 집에서 죽기로 작정한 사람들이다. 그러나 불길한 음향이 점점 가까이 빈 도시를 뒤흔들자 이들의 절망적인 결심마저도 차츰 흔들리지 않을 수 없었다. 그들은 출발이 늦었기 때문에 앞서 떠난 사람들보다 훨씬 초조하고 다급했다. 지닌 것은 체력뿐 변변한 재산이 없는 그들은, 좀더 많은 피난 짐을 운반하기 위해 가장 크고 귀찮은 짐인 어린아이들을 길에 버렸다. 그들에겐 어린아이란 세월이 좋아지면 다시 생기는 것이었다. 우선 어른이 살기 위해서는 꼬마들의 희생은 불가피한 것이었다."[2]

유엔군의 견벽청야

유엔군은 내버리고 떠나는 걸로는 모자랐던지 그 공포의 견벽청야 堅壁淸野 작전을 도입했다. 서양판 견벽청야는 1812년 가을 프랑스 나폴레옹군이 모스크바를 침공했을 때 당했던 작전이었다. 모스크바는 완전히 초토화되어 있었고, 그래서 나폴레옹의 45만 대병력은 굶주림과 추위에 떨어야 했다. 그 전법에 따라 유엔군은 식량을 비롯한 보급품의 현지 조달 불능으로 공산군의 공격을 둔화시키겠다는 일념으로 후퇴하면서 모든 걸 파괴해버리는 작전을 썼다.[3] 서울의 웬만한 곳은 다 불질러졌다. 미국 언론은 중국군이 입성해 불을 질렀다고 보도하기도 했지만 그건 한국군과 미군에 의해 저질러진 것이었다.[4]

1월 4일 공산군이 서울에 입성했다. 그래서 '1·4 후퇴'라는 말이 나왔다. 1월 5일 서울과 평양에서 동시에 24발의 축포가 쏘아졌고 같은 날 중국 베이징의 톈안먼天安門 광장에서는 승전을 축하하는 인민들이 밤을 세워 열광했다.[5] 어리석은 열광이었다. 그들이 점령한 서울은 지옥으로 변했는데, 열광할 그 무엇이 남아 있었던 말인가? 당시 한강 이북의 서울에 남아 있던 인구는 약 13만 명이었다. 그 대부분은 가난하고 오갈 데 없는 노인들이었다. 생존을 위한 '빈집 털이'는 불가피했다. 여기에 공산군 병력도 합세했다. 1951년 1월 4일에서 3월 중순까지의 서울은 비참한 무법의 도시였다. 공산군은 3월 상순에서 중순에 걸쳐 서울을 비워두었는데, 다른 이유들도 있었겠지만 지킬 만한 그 무엇이 없었기 때문이기도 했다.[6]

국군과 경찰이 모두 철수해 치안 공백 상태가 됨에 따라 곳곳에서 학살극이 벌어졌다. 예컨대, 1951년 1월 강화도에서 최소한 200여 명의 민간인이 학살당한 것도 바로 그런 치안 공백의 결과였다. 이 학살은 1950년 12월에 조직된 강화향토방위특공대라는 우익 청년단체가 총과 죽창으로 저지른 것이었다.[7]

피난민으로 뒤덮인 부산

피난민들의 삶은 어떠했던가?
"남부여대하고 피난길에 오른 피난민들은 낙동강변에 텐트를 치고 거처하거나 짚으로 움집을 지어 생활하였다. 당시 임시수도였던 부산에는 피난민들이 운집해 인구가 100만 명을 돌파했으며 주택 사정도 대단히 심각했다. 도로의 양측은 물론 산비탈, 공지, 하천변, 남의 집 마당을 막론하고 피난민들이 움집과 판잣집을 짓지 않는 곳이 없을 지경이었다. 움막이나 판잣집조차 구하지 못한 사람들이 노천에서 잠자리를 해결하는 경우도 많았다."[8]

홍성원의 『남과 북』의 한 대목이다.
"부산은 지금 지난여름에 이어 두 번째의 수난을 당하고 있다. 이번에도 역시 전국 각지에서 무수한 난민들이 홍수처럼 밀려든 것이다. 전선과는 수백 킬로의 거리가 있었으나 이곳에도 역시 전쟁의 흔적은 도처에 널려 있다. 거리에서 가끔씩 발견되는 거적이 덮인 행려병자의 수척한 시체들, 굴뚝을 쑤신 듯이 새까맣게 때가 낀 채 행인들에게 손을 내미는 헤아릴 수 없이 많은 전쟁 고아들, 장사라고는 생전 처음 해보는 듯한 해맑은 얼굴의 수줍음 잘 타는 젊은 아낙네들, 오직 몸뚱이밖에 팔 것

부산은 전선과 수백 킬로미터의 거리가 있었지만, 이곳에도 전쟁의 흔적은 도처에 널려 있였다. 당시 낙동강변에 텐트를 치고 거처하거나 짚으로 움집을 지어 생활했다. (사진 제공: 이경모)

이 없어서 입술에 새빨갛게 루주를 칠하고 외국 병사들에게 서툰 영어로 말을 건네는 젊은 여인들……."⁹

홍성원은 그러나 전쟁이 불행들만을 만들어낸 것은 아니었으며, 도처에서 은밀한 부정과 야합 끝에 각종 이권들이 비밀스레 교환되었다고 말한다.

"술집이 붐비고, 댄스홀이 만원을 이루고, 호화판 같은 비밀 요정은 스물네 시간 휘황하게 불이 밝혀진다. 그들은 전쟁을 위험 수당으로 지니고 있다. 내일의 시간표를 짤 수 없는 그들은 오직 현재에서만 내가 살아 있다는 어설픈 위로를 받을 수 있을 뿐이다. 이 위로를 확인하기 위해 그들은 철저하게 감각과 욕망에 몰두할 기회를 찾는다. 여인의 몸값은 전쟁과 더불어 공급 과잉의 덤핑이 계속되어 한없이 추락했다. 남자들은 이제 청루靑樓나 유곽遊廓에서 남자들의 주머니에 눈빛을 번쩍이는 직업적인 창녀들을 찾아다닐 필요가 없다. 그들은 불과 쌀 한 말 값 정도면 식성과 구미대로 어떤 여인이든 골라잡을 수 있다."[10]

강원용의 지옥 체험과 증언

'만인에 대한 만인의 투쟁', 바로 그것이었다. 이전과는 다른, 전혀 새로운 세상이 열리고 있었다. 기존의 삶의 문법은 해체되어야 했다. 아마도 그래서였을 것이다. 강원용은 피난 상황에서 위기에 처해 잠시 몸을 숨기기 위해 스승의 집을 찾아갔는데, 그만 쫓겨나고 말았다.

"나는 절대로 그 스승을 비난하려는 마음에서 이런 힘든 얘기를 털어놓는 것이 아니다. 고민 끝에 이런 얘기를 털어놓기로 결심한 내 마음도 무척 괴롭다. 다만 나는 평상시라면 절대로 있을 수 없는 이런 나의 체험을 얘기하면서 인간이란 어떤 존재인가 하는 문제를 함께 얘기하고 싶을 뿐이다. 인간이란 한없이 허약한 존재라는 사실을 나 스스로의 경우에서도 정말 절실히 느끼고 있기 때문에 전쟁이라는 극한상황 속에서의 이런 얘기가 누가 누구를 비난하는 차원에서 이루어질 수 없다는 것을 분명히 하고 싶다."[11]

하나님을 믿는 강원용은 '과연 기독교 신앙이라는 것이 무엇인가' 하는 심각한 질문을 상기시키지 않으면 안 될 참담한 사건마저 목격했다. 그는 그 장면을 '지옥'이라고 했다. 그는 "1951년 1월에 접어든 후로 전세는 더욱 우리에게 불리해지고 있었다. 1·4 후퇴 이후 중공군이 벌써 대구까지 밀려왔다는 소식과 함께 부산 함락도 시간문제라는 비관적 전망이 사람들을 초조하게 했다. 그런 가운데 아무래도 위험하니 다시 교역자들을 제주도로 피난시킨다는 계획이 수립되었다. 미군 측에서 큰 수송선 하나를 내줘 우선 목사와 그 가족들을 제주도로 옮긴다는 것이었다. 그런데 내가 NCC에서 활동하고 있던 관계로 수송선에 탈 목사와 가족들을 인솔하는 책임을 맡게 되었다"며 다음과 같이 말했다.

"그러나 부둣가에 도착한 나는 눈앞에 전개되고 있는 전혀 예상 밖의 상황에 그만 입을 딱 벌리고 말았다. 그것은 그대로 아비규환의 아수라장이었다. 어떻게 알았는지 장로들까지 몰려와 '어떻게 목자들이 양떼를 버리고 자기들만 살겠다고 도망칠 수 있느냐'면서 달려들어 수송선은 서로 먼저 타려는 목사와 장로들, 그 가족들로 마치 꿀단지 주변에 몰려든 개미떼처럼 혼잡의 극을 이루고 있었다. 심지어는 자기가 타기 위해 앞에서 올라가는 사람을 끌어당기는 사람들도 있었고 여기저기서 서로 먼저 타기 위해 욕설과 몸싸움이 난무했다.

상황이 이처럼 난리판이 되자 헌병들이 와서 곤봉으로 내리치며 질서를 잡으려고 해도 사태는 좀처럼 나아지지 않았다. 사람들은 곤봉으로 두들겨 맞으면서도 '이 배를 놓치면 죽을지도 모른다'는 생각 때문에 필사적으로 배에 달려들었다. 명색이 인솔자였음에도 불구하고 차마 배 가까이 갈 엄두도 못내고 멀리서 그 끔찍한 꼴을 바라보던 나는 '차라리 여기서 빠져 죽었으면 죽었지 저 틈에 끼어 배에 타지는 않겠다'고 결심하고 발걸음을 되돌렸다.

다른 사람들도 아닌 목사들과 장로들이 서로 자기만 살겠다고 그런 추악한 모습을 보였다는 사실이 내게 다시 한번 '과연 기독교 신앙이라는 것이 무엇인가' 하는 심각한 질문을 상기시키면서 내 발걸음을 무겁게 했다. 기분이 그렇게 참담할 수가 없었다. 지옥이라는 것이 별 게 아니었다. 천당에 가겠다고 평생 하나님과 예수님을 믿어온 그 사람들이 서로 먼저 배를 타기 위해 보여준 그 광경이 바로 지옥이었다."[12]

리영희의 지옥 체험과 증언

얼마 후 리영희도 그런 지옥과 같은 체험을 했다. 리영희는 최전방 일선 고지에서 동생 명희가 위독하다는 전보를 받고 가족이 있는 충북 단양으로 달려갔지만, 동생은 이미 죽은 지 열이틀이나 지난 뒤였다. 리영희의 부모는 그야말로 거지처럼 살고 있었다. 그는 "속에서 치밀어 올라오는 분노를 더욱 참을 수 없었던 것은, 그 마을과 앞서 살던 마을에 사는 먼 친척들의 처사였다"며 다음과 같이 말했다.

"어느 쪽 마을의 친척들도 가난하고 의지할 곳 없는 먼 친척 노인들에게 방 하나 내주지 않았다. 그들은 농토도 제법 있어, 두 마을에서는 '부자'로 통하는 넉넉한 형편이었는데도 말이다. 동생이 죽어가는 마지막 순간에 어머니는 저승에 가는 아들의 얼굴이라도 보고 싶어서 반딧불에 칠 석유를 그 부자 친척집에 꾸러갔다.

그 집은 마을에서 방앗간을 경영하고 있었다. 그러나 냉담하게 거절당하고 빈손으로 돌아와야 했다. '따라 놓은 석유는 없고, 새 도라무(드럼)에서 조금 따라 내면 석유가 못 쓰게 된다'는 것이 시골 부자 친척의 답변이었다. 결국 그렇게 단말마적인 몸부림을 하다가 숨을 거둔 어린 아들의 얼굴을 비춰볼 등불이 없어, 가마니떼기를 젖히고 달빛으로 비춰보면서 두 분은 밤새 울었다고 한다.

그것뿐이 아니었다. 무지한 그들은 한 푼어치도 도움은 주려 하지 않으면서, 두 노인과 사경을 헤매는 환자를 동네에서 나가도록 재촉했다. 부모님이 피치 못할 일로 잠깐 어딘가에 갔다 올라치면, 어느새 가져다가 뿌렸는지 환자가 눕혀져 있는 가마니 밑에는 소금이 몇 움큼씩 뿌려져 있더라고 한다. '염병 앓는 사람을 마을에 두면 안 된다'고 야단들이었다.

'염병'으로 죽은 시체는 동네 가까이에 묻지 못한다는 마을 사람들의 극성 때문에, 마을에서도 한참 떨어진, 산비탈을 올라가서 어느 후미진 곳에 묻어야 했다. 두 노인은 어린 막내아들을 산턱에 묻어놓고 매일 밤 그 고적한 산속에서 부둥켜 앉고 통곡하며 한가위의 달빛 아래서 밤을 새웠다."[13]

리영희의 전 생애에 걸쳐 아마도 이 사건이 가장 큰 충격을 주었을 것이다. 애국심 하나로 자신의 소임을 넘어서, 목숨도 아끼지 않으면서, 최전방에서 열심히 싸워온 것에 큰 회의가 일었을 것이다. 리영희는 자신이 겪은 충격과 회의를 이해해보고자 애를 썼다. 그는 다음과 같이 썼다.

"훗날 내가 톨스토이의 민중 생활 작품에 대해서보다는 노신의 작품에 대해서 더 많은 공감을 느끼게 되는 까닭이 어쩌면 그가 그린 소재로서의 당시 중국 농민을 감상적으로 미화하지 않고 오히려 그들의 무지와 탐욕, 우직과 이기주의, 겉치레의 유교적 친족 관념 속의 냉혈적 무관심 따위의 속성을 냉정하게 묘사했고, 그와 같은 인간상이 바로 나와 나의 가족이 뼈저리게 체험한 바로 그것이었기 때문인지도 모른다. 그들에 대한 노신의 따스함을 나는 도저히 따를 수가 없다. 그는 나와 나의 부모, 동생이 그들과의 관계에서 경험한 것 같은 현실적 비참을 체험하지 못한 탓이라고 해석하면서 자위하게 되었다."[14]

제2장

맥아더와 리지웨이:
원자폭탄과 몰살 작전

미8군 사령관 리지웨이의 부임

　1950년 12월 23일 의정부 부근에서 지프차가 전복되는 교통사고로 사망한 미8군 사령관 월턴 워커Walton H. Walker, 1912~1950의 후임으로 미 육군 행정 및 작전참모부장인 중장 매슈 리지웨이Matthew Ridgway, 1895~1993가 부임했다(중국과 북한의 자료는 미군과 남한의 기록과는 달리 워커가 연천 지구에서 북한군 유격대에 맞아 죽었다고 기록하고 있지만, 믿기 어렵다. 『나무위키』에 따르면, "북한의 선전 자료들마다 디테일이 계속 다르며 미군의 1차 사고 조사 보고서와 비교해보면 터무니없는 황당한 소설에 불과하다. 애초에 사고 지역만 봐도 알겠지만, 이미 인민군은 한창 패퇴하고 박멸되어 수도권역에는 매복기습할 만한 병력 자체가 남아 있지 않은 상황이었다").[15] 리지웨이는 미국의 최정예 제82공수사단장으로서 1944년 노르망디 상륙작전시에 부대원

미8군 사령관 매슈 리지웨이는 한국군이 장총과 권총을 버리고 도망가는 모습에 경악했다. 왼쪽부터 매슈 리지웨이, 도일 히키Doyle Hickey, 더글러스 맥아더.

들과 함께 직접 낙하해 싸운 전형적인 야전 군인이었다.[16]

리지웨이는 한국군의 수준에 경악했다. 그는 업무를 이어받기 위해 가던 중 목격한 장면을 이렇게 묘사했다. "새해 아침 나는 서울 북방으로 차를 타고 가다가 다음과 같은 경악스런 장면을 목격하였다. 트럭을 탄 남한군이 지휘관도 무기도 없이 후퇴 명령도 없는 상태에서 무작정 남쪽으로 가고 있었다.……그들에게는 단 하나의 목적 즉 중공군으로부터 될 수 있는 한 멀리 도망가는 것밖에 없었다. 그들은 장총과 권총을 내던졌고 대포, 박격포, 기관총과 수송차량 모두 내버렸다."[17]

몇 개월 후 미 육군참모총장 조지프 로턴 콜린스Joseph Lawton Collins,

1896~1987도 미 의회에 남한 군인들은 중국군과 전투할 때마다 순전히 도망치기에 바쁘다고 보고했다. 미 합참의장 오마 브래들리Omar Bradley, 1893~1981도 같은 의회 청문회에서 남한군이 11개월간의 전투에 10개 사단 병력의 장비를 잃어버렸다고 말했다.[18]

맥아더가 계산해놓은 원자탄 26개

맥아더는 이미 12월부터 원자폭탄 사용을 계획하고 있었다. 그는 투하할 원자폭탄의 수까지 계산해놓고 있었다. 모두 26개였다. 맥아더는 1950년 12월 30일, 중국 본토 폭격을 워싱턴의 합참에 요청했다. 맥아더의 기본 구상은 중국 공격을 통한 확전擴戰이었다.[19]

리지웨이의 회고에 따르면, 맥아더는 인천상륙작전 성공 이후 자신의 무오류성에 대해 거의 미신적이라고 할 정도의 강한 믿음을 갖고 있었다. "맥아더의 문제점은 미국은 한국전쟁을 통하여 공산 세력을 궤멸시키고 아시아에서 소련과의 냉전 대결을 완전히 종결지어야 한다고 믿었던 데 있었다."[20]

맥아더가 1950년 8월 1일 대만에서 가진 장제스와의 회담도 그 점을 시사하는 것이었다. 1950년 6월 30일 장제스가 3만 3,000명의 정예 부대를 한국에 파병하겠다는 의사를 미국에 표명했을 때 미국은 중국의 대만 침공과 중국과의 확전을 두려워해 그 지원을 거부했다. 그러나 대만군의 파병에 찬성했던 맥아더는 여전히 그 미련을 버리지 못하고 그 회담을 가졌던 것이다. 맥아더의 의중을 파악하고자 했던 국무부에 맥아더는 공산주의의 완전 제거를 주장했다.[21]

맥아더는 자신의 요청에 화끈한 답을 주지 않는 합참에 짜증이 났다. 그는 1월 10일 합참에 "현재 여건하에서는 남한에서 전선을 유지하기 힘들다. 유엔군 철수는 불가피하다. 한반도에서 철수할 것인지 아니면 계속 한반도를 지킬 것인지 결정을 내려야 한다"는 내용의 긴급 전문을 보냈다.[22]

맥아더는 만주에 원자폭탄을 투하하는 걸 재촉한 것이다. 1월 13일 트루먼은 맥아더에게 친서를 보내 전쟁은 한반도 내에 국한시켜야 하며, 38도선에서 휴전 협의를 시도하고, 그것이 불가능하면 미8군을 철수하라는 명령을 내렸다. 이미 극동군 사령부는 한반도에서 전면 철수에 대비한 한국 정부 피난 계획을 수립해놓고 있었다. 1월 9일에 작성된 극동군 사령부의 1급 비밀 보고서는 한반도 철수와 한국 고위 인사를 포함한 요인들의 소개疏開 계획을 인원수까지 구체적으로 밝혀놓았다. 이 소개 계획에 따르면 한국 정부 관료와 주요 인사 100만 명을 제주도로 소개시키는 '대규모 소개'와 주요 인사 2만 명만 선정해 제주도가 아닌 해외 지역으로 소개시키는 '제한 소개'의 두 방법이 검토되었다. 한국군 병력을 일본 오키나와로 이전시키는 계획이 수립되어 있었고, 200명의 한국 망명정부 요인을 하와이나 미 영토 내의 기타 지역으로 망명시키는 계획도 입안되어 있었다.[23]

리지웨이의 '몰살 작전'

리지웨이가 이끄는 유엔군은 1월 22일부터 반격에 나섰다. 수류탄을 가슴에 매달고 다니는 리지웨이는 훗날 "모든 계급의 장병을 만나본 결과 기백·용기·감투 정신의 결여되어 있었다"고 기록했다. 리지웨이의 용맹을 본받으라는 뜻이었겠지만, 이승만도 국군 지휘관들에게 가슴에 수류탄을 달고 다니라는 지시를 내리기도 했다.[24]

리지웨이가 역점을 둔 것은 패배주의의 극복이었다. 패배주의에 빠져 있는 군대의 가장 큰 약점은 전우를 신뢰하지 않는다는 것이었다. '돌격 앞으로' 명령을 받아도 옆을 보지 앞을 보지 않는다. 리지웨이는 이런 문제를 극복하기 위해 '핸드 인 핸드(손에 손잡고)'와 '숄더 투 숄더(어깨를 맞대고)'라는 구호를 만들어냈다.[25]

리지웨이는 패배주의의 극복을 위해 이승만에게까지 "각하가 한국군을 통솔할 만한 지도력을 보여주지 않는다면 우리는 한국군을 지원하지 않겠다"고 말하면서 이승만에게 일선을 방문해 지휘관들을 직접 독려하게 만들었다.[26] 실제로 이승만은 리지웨이의 요청에 자주 일선 방문을 해야만 했다. 리지웨이는 그의 회고록에서 이승만이 난방도 되어 있지 않은 비행기에서 벌벌 떠는 모습을 묘사하고 있다.[27]

리지웨이는 작전시 미군과 한국군의 횡적 연계성도 강화시켰다. 이는 적에게 후방 침투를 할 수 있는 틈을 주지 않기 위해 토끼몰이를 하듯이 동일선상에서 같은 속도로 움직여야 한다는 의미에서 '라운드 업 Round up(사냥) 작전'으로 명명되었다.[28] 또한 리지웨이는 영토 확보를 위주로 하는 기존의 전투 형태에서 상대편 병력을 최대한 살상하는 것에 중점을 두는 이른바 '몰살 작전(킬러 작전)'을 전격 도입했다. 이는 리지웨이의 말마따나, '빨갱이를 흰둥이로 만들 정도'로 적의 출혈을 강요하는 화력전이었다.[29]

공산군의 '도덕적 승리'?

리지웨이의 몰살 작전은 오직 승리만을 생각하면 효과적인 작전임이 틀림없었으나 이는 한국인들의 삶의 터전을 파괴하는 건 물론 민간인 몰살까지 초래하는 매우 잔인한 수법의 작전이었다. 『뉴욕타임스』 1951년 2월 21일자가 '자유와 평화의 십자군'이라는 미군과 '잔악무도한 공산군'이라는 기존 이미지와는 다른 면을 보도한 것도 바로 몰살 작전의 가공할 파괴 효과를 지적한 것이었다.

"한국인들이, 공산당이 그들의 고향과 학교를 세워둔 채로 퇴각한 반면, 파괴적인 무기로 싸우는 유엔군이 일단 주둔했던 도시는 까맣게 하고(초토화하고) 떠나는 것을 보았을 때 공산당은 심지어 퇴각 중에도 도덕적인 승리를 기록했다."[30]

심지어 리지웨이도 자신의 지휘관들에게 이렇게 말했다.

"전에 중공군 점령하에 있었던 지역에 가보고 무척 놀랐네. 약탈의 흔적이라고는 별로, 아니 전혀 없더군.······자네에게 지휘권을 주네마는, 적이 점령한 지역이라고 믿을 만한 뚜렷한 이유가 없는 한 총기나 폭탄으로 마을이나 도시를 파괴할 권한까지 주는 것은 아니네."[31]

리지웨이가 정확히 어느 시점에서 이런 말을 했는지는 모르겠지만, 이건 스쳐 지나가는 식의 한담이었을 뿐 지켜지진 않았다. 리지웨이와 미군에 필요한 건 도덕적인 승리는 결코 아니었다. 그런 종류의 도덕을 무시한 덕을 보았겠지만, 리지웨이의 새로운 작전은 효과를 거두어 1951년 봄부터 전세가 역전되기 시작했다.

추위와 굶주림으로 무너진 중국군

전세의 역전엔 북한군과 중국군이 물자 부족, 굶주림, 질병으로 고통받고 있었다는 점도 크게 작용했다. "한 중공군의 입을 빌자면, 그들은 영하 30도의 기온에서도 종종 담요 한 장 없이 한데서 자야 했다고 한다. 너무나 추운 나머지 눕지도 못하고 앉은 자세로 쉬어야 했으며 미군 비행기 때문에 불도 피울 수 없었다. 귀, 코, 손가락, 발가락이 슬쩍 건드려도 잘려 나갔다."[32]

10년 만의 추위라 북한 일부 지역의 기온은 영하 40도까지 내려갔다. 모든 총기류는 2시간에 한 번씩 시사試射하지 않으면 얼어붙어 작동이 안 되었으며, 차량과 전차도 2시간에 15분간 정도로 시동을 걸어놓아야 했다. 제때에 보급을 받았던 미군도 추위 때문에 큰 타격을 받고 있었는데, 보급이 단절된 중국군은 더 말할 나위가 없었다.[33]

특히 이남에선 보급 투쟁이 더욱 여의치 않았다. 1951년 초, 한 중국군 감찰장교는 베이징 정부에 올린 보고서에서 "한국에 있는 중국 병력은 하루에 얼어붙은 감자 조각 몇 개씩만 먹고 영하의 기온에서 병들고 굶주리며 동상에 걸려 있다"고 말했다.

"병사들이 눈 속에서 야영을 할 때에는 그들의 발, 양말, 손 등은 한 덩어리로 얼어붙는다. 그들의 손은 수류탄의 나사를 뺄 수 없을 정도로 얼어붙어 있다. 신관에는 불이 안 붙으며, 포탄과 박격포 총구에는 살점들이 붙어 있을 정도이다.……아무런 숙소도 없이 중국군 병사들은 병이 만연하고 있는 고통 속에서 지내고 있었고 수천 명의 병사들이 폐렴과 내장의 병 때문에 꼼짝 못하고 누워 있었다."[34]

중국군은 공중 정찰 때문에 불을 피우기 어려워 더운 음식을 먹을 수 없었다. 그래서 특히 소화기 계통의 전염병에 시달렸다.[35] 미군은 그 점을 간파하고 있었다. 1951년 초 중국 본토에서 수천 명이 전염병으로 쓰러지자 인도는 구호에 필요한 의약품과 의료진을 원조하기로 했다. 중국 정부는 노르웨이 화물선을 전세 내 운반하고자 했다. 미 CIA는 이걸 알고 그 의약품이 중국군의 치료에 쓰일까봐 중간에서 배를 나포해 의약품을 강탈했다. 그 강탈은 '중국 해적'으로 위장한 미국 측에 의해 이루어진 것이었다.[36]

제3장

국민방위군:
9만 명을 죽인 '해골의 행렬'

"동사·아사·병사를 방치한 천인공노할 사건"

중국군의 개입으로 전세가 역전되자, 정부는 1950년 11월 20일 6·25전쟁 이후 방위군으로 조직된 청년방위대를 국민방위군으로 대치시키기 위한 법안을 국회에 제출했는데, 법안의 주요 내용은 군경과 공무원이 아닌 만 17세 이상 40세 이하의 장정들을 제2국민병에 편입시킨다, 제2국민병 가운데 학생을 제외한 자는 지원에 의해 국민방위군에 편입시킨다, 육군참모총장은 국방부 장관의 지시를 받아 국민방위군을 지휘 감독한다 등이었다.[37]

1950년 12월 21일 '국민방위군 설치법'이 공포되어 소집된 국민방위군 중 서울에 모여든 병사만 50만 명에 이르렀다. 여기서부터 세계 역사상 그 유례가 없는 기막힌 이야기가 시작되었다. 이승만을 매우 긍정적으로 평가하는 유영익조차 이 사건을 "9만 명가량의 군인이 동사·

아사·병사한 천인공노할 사건"으로 평가했다.[38]

이 50만 명을 어떻게 후송할 것인가? 놀랍게도 이들은 걸어서 혹한의 천리길을 돌파해야 했다. 제대로 된 숙식도 제공되지 않았다. 징집된 사람들은 군복을 줄 줄 알고 홑바지와 저고리 차림으로 나섰는데, 아무것도 주질 않았으니 얼어 죽으라는 소리나 다를 바 없었다. 잠잘 때는 2명당 가마니 1장이 전부였다. 행군이 계속되면서 동사, 아사, 병사, 낙오자들이 속출하는데도 아무런 대책이 마련되지 않았다. 이들을 가리켜 나온 '죽음의 행렬' 또는 '해골의 행렬'이란 말은 결코 과장이 아니었다. 이들 중 일부는 경상남도와 경상북도의 교육대에 수용되었고, 일부는 제주도로 옮겨졌지만, 수용되지 못한 장정들은 노상의 거지 신세가 되어 해골

1950년 말에 국민방위군 설치법이 공포되면서 만 17세 이상 40세 이하의 장정들이 소집되어 남하하고 있다. 그러나 그 길은 죽음의 행렬이 되고 말았다.

모습을 해가면서 계속 죽어 나갔다.[39]

이의를 제기하면 돌아오는 건 몰매뿐이었다. 신석상의 소설 「신의 바람」은 그 비참한 장면을 묘사하고 있다. 이 소설은 "정확하게 헤아릴 수조차 없는 나날을 행군으로만 계속했던 국민방위군들이었다. 엄동설한에 낮에는 걷고, 밤에는 국민학교나 중학교의 강당이나 교실에서 잠을 재운 인솔자들은 청년들에게 주먹밥을 주었다. 하루 이틀도 아닌 몇 날 며칠을 그렇게 먹였고, 그렇게 잠을 재웠으니 견뎌낼 장사가 없었다. 전국 각지에서 모아온 수백 수천의 장정들은 하루아침에 거지꼴이 되어 허기진 배를 움켜쥐어야 했다"며 다음과 같이 말했다.

"이따위가 무슨 국민방위군이냐고 투덜대다가 인솔자에게 발각되면, 그냥 간첩으로 몰려 죽어도 속수무책이었다.…… '몇백 리를 행군하다 보면, 동상에 걸리는 것이 당연한 일인데, 낙오되는 환자를 때리는 인솔자 놈이었습니다. 시계나 금반지를 빼주면 슬그머니 눈을 감아줍디다. 그러니 성한 놈들인들 왜 그짓을 못하겠습니까. 돈을 받고도 많이 빼주었어요. 모집한 장병들을 강당이나 교실에서 자게 하고는, 제놈들은 술집으로 나가 술을 마셨어요. 장교나 사병들이 모두 한통속이었어요. 그러니 죽어나는 것은 우리들뿐이었지요.' '불평불만을 터뜨렸다가 빨갱이로 몰려 맞아 죽은 사람도 있었다구요.'"[40]

육군 통역 장교 리영희의 증언

당시 육군 통역 장교였던 리영희는 이 사건의 참상을 직접 목격했다. "전국 각지에서 끌려온 예비병력으로서의 국민방위군의 최종 남하

목적지의 하나가 진주였다. 진주에 주둔한 날부터 그야말로 목불인견目
不忍見의 국민방위군 청장년들의 행렬이 쇄도하기 시작했다. 얼마나 되
었는지 그 수는 지금 기억하지 못하지만 만 명은 훨씬 넘었다. 진주 시내
외의 각종 학교 건물과 운동장은 해골 같은 인간들로 꽉 들어찼다. 인간
이 그런 모습이 될 수 있다는 것을 처음 알았다. 느닷없이 끌려나온 그들
의 옷은 누더기가 되고, 천리길을 걸어 내려오는 동안에 신발은 헤어져
맨발로 얼음길을 밟고 있었다. 혹시 몇 가지 몸에 지녔던 것이 있었더라
도 굶주림 때문에 감자 한 알, 무우 한 개와 바꾸어 먹은 지 오래여서 몸
에 지닌 것이라곤 아무것도 없었다. 인간을, 포로도 아닌 동포를, 이렇게
처참하게 학대할 수 있을까 싶었다. 6·25 전쟁의 죄악사에서 으뜸가는
인간 말살 행위였다. 이승만 정권과 그 지배적 인간들, 그 체제 그 이념
의 적나라한 증거였다."[41]

리영희는 그들의 고통을 덜어주기 위해 동분서주하면서 절망하지
않을 수 없었다.

"교실 안에 수용된 사람들은 그나마 다행이었다. 교실이 작은 틈도
없이 채워진 뒤에 다다른 형제들은 엄동설한에 운동장에서 몸에 걸친
것 하나로 새워야 했다. 누운 채 일어나지 않으면 죽은 것이고, 죽으면
그대로 거적에 씌워지지도 않은 채 끌려 나갔다. 시체에 씌워줄 거적이
어디 있단 말인가! 얼마나 많은 아버지가, 형제와 오빠가, 아들이 죽어갔
는지! 단테의 연옥도, 불교의 지옥도 그럴 수는 없었다. 단테나 석가나
예수가 한국의 1951년 초겨울의 참상을 보았더라면 그들의 지옥을 차
라리 천국이라고 수정했을지도 모를 일이었다."[42]

제2부 1951년

김윤근·신성모·이승만의 적반하장

이 '해골의 행렬'을 목격한 야당 의원들에 의해 국회에서 1월 15일 '제2국민병 비상대책위원회'가 결성되었다. 그러나 국민방위군 사령관인 김윤근은 1월 20일 기자회견을 통해 "백만 국민병은 훈련을 받고 있는 중이다. 일부 불순 세력들이 국민방위군 편성에 여러 가지 낭설을 퍼뜨리고 있음은 실로 유감이다"고 주장하면서 제2국민병의 참상에 대한 비난을 불순분자의 선동이라고 몰아붙였다. 국회에 출석한 국방부 장관 신성모도 국회의원들의 질문에 대해 "여러분은 제5열의 책동에 동요하지 말기 바란다"고 훈시했다.[43]

국회는 '국민방위군 의혹사건 특별조사위원회'를 구성했다. 신성모는 "국방부 장관의 책임하에 있는 본 사건의 책임자 김윤근을 국회에서 조사한다는 것은 부당하다"는 담화를 발표했다.[44] 그 최종 책임이 이승만에게 있기 때문에 신성모가 방패막이를 자임하고 나섰을 것이다. 국민방위군 사건은 국민방위군 부대의 운영을 이승만의 친위 조직인 대한청년단과 대한청년단을 기반으로 해서 만들어진 청년방위대에 맡겼기 때문에 저질러진 것이었다. 대한청년단 단장인 김윤근은 민간인 신분에서 하루아침에 별을 달았고, 윤익헌 등 청년단 간부들도 대령과 중령으로 임명되었다.

김종오에 따르면, "원래 김윤근은 씨름꾼 출신으로 일제 때 일본군 사병으로 복무했는데 해방이 되자 이 대통령의 총애를 받아 6·25를 전후하여 막강한 권력을 행사하는 자가 되었다. 김윤근이 저지른 방위군 사건을 문제삼아 국회가 신성모 장관의 파면을 요구하자 이 대통령은 '강

을 건너다 말馬을 바꾸어 탈 수 없어!'라고 일축한 일이 있을 정도였다".[45]

신성모는 수사를 방해하다가 자신의 절친한 친구의 사위인 김윤근은 빼돌리고 부사령관 윤익헌 선에서 처벌을 마무리하고자 했다. 그래서 군사법정을 구성하면서 자신의 친구인 국방부 정훈국장 이선근을 재판장에 임명했다. 이선근은 신성모의 뜻을 받들어 재판 개시 3일 만에 서둘러 김윤근에게 무죄, 윤익헌에게 징역 3년 6개월을 선고했다.[46]

여론이 들끓자 이승만도 하는 수 없이 타협책을 강구했다. 국회진상조사단의 중간보고가 4월 25일로 예정되어 있는 상태에서 이승만은 4월 24일 국방부 장관 신성모, 내무부 장관 조병옥, 법무부 장관 김준연을 사임시키는 내각 개편과 동시에 국회에서 국민방위군 사건 중간브고 발표의 중지를 요청하면서 사건의 확산을 무마하려고 했다. 3부 장관 사임은 2월에 일어난 거창 민간인 학살 사건에 대한 책임과 관련된 것이었지만, 이승만으로선 동시에 터진 두 가지 큰 사건으로 코너에 몰리차 어떻게 해서건 국면 전환을 꾀하고자 했을 것이다.[47]

국민방위군 고위층의 거대한 예산 착복

그러나 진상조사 위원이던 의원 서민호는 예정대로 중간보그를 강행했다. 그는 보고를 통해 "그동안 말하면 죽인다는 협박을 수없이 받았으나 전혀 불순한 동기가 없음을 천지신명에게 맹세한다"고 전제하면서, 국민방위군 간부 대부분이 정치에 개입했으며, 상부의 명령임을 빙자해 예산을 함부로 착복 사용했다고 밝혔다.[48]

이 보고에 따르면, 1950년 12월 17일부터 3월 30일까지 105일 동안 연 병력 7,058만 2,940명의 유령 병력을 조작해서 23억 5,100여 만 원의 현금이 부정하게 처리되었다. 또한 국민방위군 사령부에서 제시한 통계를 그대로 인정한다고 하더라도 식료품비의 조달 액수와 실제로 집행된 액수의 차이가 무려 20억 원에 달함으로써 결국 3개월 동안 55억 원을 국민방위군 고위층들이 착복했다. 부사령관에 대한 기밀비용이 105일 동안에 무려 3억 1,755만 원이나 지출되었고, 국회 내의 관련된 정파에 1억 원이나 흘러간 것 등 거대하고 복잡한 사건의 진상을 완전히 규명하려면 앞으로 최소한 6개월 이상의 시간이 소요될 것이라는 내용이었다.[49]

보고 5일 만인 4월 30일 '국민방위군 설치법 및 비상시 향토방위령의 폐지에 관한 법률안'이 상정되어 통과되었다(이로부터 약 한 달 후인 1951년 5월 25일 병역법 개정을 통해 징병제가 부활되었다. 징병제는 일제강점기의 마지막 시기에 잠시 실시되었다가 1949년 8월 6일 부활되어 첫 징병검사가 1950년 1월 6일에 실시되었으나 3월에 폐지되었다. 미국이 한국군 정원을 10만 명으로 동결시켰기 때문이었다. 그러다 이제는 미국의 동결 정책도 폐지되어 1952년 10월 말 현재 국군의 수는 25만 명, 휴전 당시 55만 명, 1954년 65만 명의 병력을 유지하게 되었다).[50]

'해골의 행렬'을 시켜놓고 이제 귀향하라는 것이었다. 신석상의 「신의 바람」에 따르면, "그런데 이번에는 목적지 진주에 당도하자마자 해산을 시키면서 귀향하라니 세상에 이런 날벼락이 어디 또 있겠는가.…… '아냐, 나는 국민방위군의 책임자들을 고발할 거다. 군인을 모집해놓고 거지를 만들어 귀향시킨 그놈들을, 어떻게 용서할 수 있단 말이냐. 또 굶어죽고, 병들어 죽고, 매맞아 죽은 사람은 얼마나 많으냔 말야'".[51]

최종 책임자는 이승만이었으나 이승만에 대한 고발은 불가능한 일이었다. 김윤근과 그 일행이 죽어주어야 했다. 정부에 대한 불신이 극에 달한 데다 그런 효과를 위해 재판은 공개적으로 이루어졌다. 이는 국방부 장관이 5월 5일 신성모에서 이기붕으로 교체되었기 때문에 가능한 일이었다. 이기붕은 장관에 임명되고 나서 이 사건의 재심을 명했던 것이다. 이기붕은 이 일로 '인기가 급상승'해 '이승만의 후계자로 부상'하게 되지만, 훗날의 역사는 인간지사 새옹지마塞翁之馬라는 걸 보여주게 된다.[52]

규명되지 않은 정치자금 조성 의혹

1951년 7월 5일 국민방위군 사령부가 있던 대구 동인초등학교 강당에서 열린 육군고등군법회의장에는 물론 교정에까지 방청객이 꽉 차고성능 마이크까지 가설했다. 검찰관인 중령 김태청은 추상과 같은 논고를 폈다.

"휘하 장병들이 굶어죽고 병들어 죽는 순간에도 그들은 따뜻한 요정에서 기생을 옆에 끼고 양주 가효佳肴로서 유흥삼매하였던 것이니, 이로 인해 이름 모를 언덕에 원혼이 된 애국 장정의 수는 또한 얼마나 되겠습니까?……피고인에게 묻노니 그대들 귀에는 이 삼천만 민족의 아우성 소리가 들리지 않는가?"[53]

이 공개 법정엔 전 육군참모총장인 소장 정일권도 증인으로 출정했다(이기붕이 신성모의 후임으로 국방부 장관이 되자 정일권은 육군참모총장을 사임하고 미국 참모대학으로 유학 준비 중이었다. 그의 미국 유학 발령은 6월 23일에 났으며, 육군참모총장엔 정일권의 후임으로 소장 이종찬이 취임했다). 김태청은 정일권을 향해 무슨 이유로 일등병의 경험조차 없는 김윤근이 준장과 사령관이 되었는지를 비롯해 다섯 항목의 질문을 던졌다.

정일권은 곤혹스러운 표정으로 그 모두가 이승만의 명령이었다고 대답했다. 전시 특명검열관인 준장 김석원은 정일권의 답변을 '책임회피'로 판정하고, 퇴장하는 정일권에게 다가서서 "이봐, 지금의 답변이 그게 뭔가. 당장 견장을 떼라"고 버럭 소리를 질렀다. 김석원은 달려온 장교에게 제지되었고, 정일권은 말없이 사라졌다(계급은 아래였지만 나이는 김석원이 20여 년 연상이었다. 정일권은 7월 19일에 유학 길에 올랐는데, 훗날 자신의 변명에 대해 이렇게 회고했다. "그것은 나의 진정이었다. 생각하면 나의 군력은 한쪽이 휑하니 비어 있는 셈이었다. 사단과 군단을 지휘해본 실전 경험이 없었다. 참모총장으로 껑충 뛰어오른 절름발이 군력이었다. 사실 나는 이 점에서 항상 남모를 고민을 안고 있었다").[54]

1951년 7월 19일 김윤근, 윤익헌, 강석한, 박창원, 박기환 등 5명은 사형을 당했다. 이승만의 총애를 받던 김윤근을 외국으로 빼돌릴 것이라는 소문이 나돌자 대구 교외의 야산에서 이루어진 총살형도 공개적으로 이루어졌다.

그러나 이들의 처형은 아직 밝혀지지 않은 진실을 은폐하는 결과를 가져왔다. 처형 집행 후 국민방위군 간부들에 의해 부정 처분된 예산이 이승만 정부와 정부 고위층에 유입되었다는 주장이 계속 제기되어 정치쟁점화되었다. 국회의원 김종회는 국민방위군용 군수물자를 부산으로 유출, 3억 여 원을 횡령해 이를 이승만의 비서에게 정치자금으로 전달했다고 폭로했고, 국민방위군 예산이 국회 내 이승만 지지 세력과 정부 고위층, 군부 내의 간부 등에 정치자금으로 유출되거나 뇌물로 상납되었다

국민방위군 사건으로 김윤근, 윤익헌, 강석한, 박창원, 박기환 등 5명이 대구 교외의 야산에서 공개적으로 처형되었다.

는 주장도 제기되었다. 그러나 사건 당사자들이 너무 일찍 처형됨으로써 많은 의문을 남긴 채 종결되고 말았다.[55]

한홍구에 따르면, "당시의 관찰자들은 국민방위군 사건은 단지 정부의 준비 부족이나 방위군 지휘부의 예산 횡령 때문에 발생한 것이 아니라 신성모가 이승만 이후를 노려 자기의 정치적 지지 세력을 육성하기 위해 대한청년단 출신들이 많이 포진한 신정동지회라는 단체를 후원하기 위해 조직적으로 예산을 빼돌리는 과정에서 발생한 것이라고 주장한다".[56]

"국군 병사는 죽을 때 '빽' 하고 죽는다"

국민방위군 사건은 이승만 정권에서 저질러진 총체적 부패 구조의 완결판이라 할 만한 것이었다. 그 부패 구조는 단지 불법적으로 돈을 먹는다든가 하는 차원을 떠나 국가의 존립 자체를 위협하는 근본적인 수준의 것이었다. 분노라는 것도 웬만한 수준이 되어야 터뜨릴 만한 가치가 있는 것이었을까? 김동춘은 국민방위군 피해자들과 그 가족들은 국가에 대해 분노를 표시하지 않았다고 말한다.

"오히려 전쟁 상황에서 얼마든지 빠져나갈 수 있었는데도 장정으로 끌려간 것이 몹시 주변머리가 없는 것처럼 여겨지는 야릇한 부끄러움이 있었다고 한다. '국가 부재'의 상황에서 사람들은 인민군과 국군 가운데 어느 쪽으로 징집되더라도 그것이 떳떳한 일이 아니라고 생각하였다. 그저 도망가서 일신의 생을 도모하는 것이 지혜로운 일이라고 여긴 것이다. 공권력의 신뢰가 무너진 상황에서는 자신의 목숨을 지탱하는 일에 대해 누구도 자신감을 갖지 못하게 된다. 국민들은 지금도 돈 있고 배운 사람들은 다 외국으로 도망가고, 못 배우고 없는 사람들만 나가 싸우다 죽었다고 기억하고 있다. 그래서 전쟁터에서 죽으면서도 '빽' 하고 죽었다고 한다."[57]

왜 '빽' 하고 죽었을까? 홍성원의 해설을 더 들어보자.

"한국 병사는 전방에서 전투 중에 전사할 때 '어머니'를 부르는 대신 '빽' 하고 죽는다고 한다. 그는 백이 없어서 안전한 후방으로 못 빠지고 최전방 고지에서 적탄을 맞아 죽게 되었다. 자기의 죽음이 백 때문임을 알고 그는 백에 원한이 사무쳐서 최후의 순간에도 '빽' 하고 죽는다

는 이야기다."⁵⁸

서중석은 임시수도 부산에서 주전론主戰論은 애국이요 반전론反戰論은 매국으로 규정되었다고 말한다. 그러나 주전론자들은 전장에는 남의 자식들이 나가서 싸워 이겨주고, 나는 돈이나 벌어보자는 식이었다.

"권력을 쥔 자, 가진 자들은 자식을 군대에 보내지 않았고, 보낸다 하더라도 안전한 후방에 배치되도록 '빽'을 쓰는 것이 일반적인 현상이었다. 대학은 징집 면제를 받으려는 학생들의 은신처로도 되어……군대는 주로 못살고 힘없는 농민의 자식들이 갔다."⁵⁹

백마부대장 김운기의 회고다.

"각종 전투를 하면서 부를 누리고 권세 있는 집안의 자식이 군에 들어왔다는 말은 과문한 탓인지 들어보지 못했습니다."⁶⁰

리영희도 일선에서 그런 부패상을 원 없이 목격했다. 가지고 배운 집 자식들은 일선에서 후방으로 빠지고 목숨 걸고 싸우러 가는 군인들은 죄다 가난하고 못 배운 집 자식들이었다.

"학교깨나 다닌 젊은이들은 다 어디 가고, 이 틀림없는 죽음의 계곡에는 못 배우고 가난하고 힘없는 이 나라의 불쌍한 자식들만이 보내지는가? 나라 사랑은 힘없는 자들만이 하는 것인가? 전쟁과 군대를 알게 될수록 나는 점점 더 사색적으로 되어갔다. 그럴수록 이 나라의 기본부터 무엇인가 잘못되어 있다는 생각이 들었다."⁶¹

국민방위군 사건은 군에 대한 불신과 더불어 군 징집을 기피하게 만드는 결과를 초래했다. 1951년에서 1953년까지 군사 동원 기피자는 65만 3,058명이나 되었다. 권력자나 부유층은 자식을 관청이나 기업체의 직원으로 등록해 공식적으로 면제받거나 징집을 위해 동원된 경찰관이나 공무원에게 뇌물을 주거나 호적계를 위조하는 수법까지 썼다.

그렇게 할 능력이 없는 사람들은 손가락을 절단하는 단지斷指도 마다하지 않았다. 1953년 1월 28일 경남 병사구사령부兵事區司令部가 창녕군, 밀양군, 양산군 등 3개군에서 징집면제자 가운데 불구자로 판명된 80명을 조사한 결과 무려 50명이 오른손 손가락을 작두로 절단해 징집을 고의적으로 기피한 것으로 밝혀졌다.[62]

제4장

거창:
무엇을 지키기 위한 전쟁인가?

'거창 양민 학살: 그 잊혀진 피울음'

함평에서 민간인 524명을 학살하고 가옥 1,454동을 불태웠던 11사단 예하 부대의 이른바 '견벽청야' 학살극은 1951년 2월 경남 거창군 신원면에서 또다시 발생했다. 노민영·강희정이 기록한 『거창 양민 학살: 그 잊혀진 피울음』(1988)에 따르면, 11사단 9연대 제3대대는 719명(인정·거창 548명, 산청·함양 386명)의 민간인을 학살했는데, 죽은 사람 가운데 14세 이하가 전체 사망자의 절반인 359명이었으며, 60세 이상의 노인이 전체 사망자의 10%, 나머지 40%의 사망자 중에서도 그 3분의 2는 부녀자들이었다.[63]

도대체 무엇을 지키기 위한 전쟁이었을까? 이런 일련의 학살 사건은 국가의 존재 의의 자체를 부정하는 것이었다. '톱질 전쟁'이라고 하는 전쟁의 구조상 전선이 따로 없는 가운데 빨치산 출몰 지역은 낮에는 국군, 밤에는 빨치산의 지배하에 놓이기 마련이었다. 그런 지역에 거주하는 사람들이 목숨을 부지하기 위해선 낮에는 국군에 협조하고 밤에는 빨치산에 협조하는 '이중 생활'을 하는 건 불가피한 일이었다. 그러나 빨치산 토벌대는 그렇게 생각하지 않았다. 빨치산에 협조하는 자들은 씨를 말려 한다고 생각했다.

　11사단 9연대(연대장 오익경)는 1951년 2월 초, 거창을 포함해 함양·산청 등 지리산 남부 지역에서 공비 소탕작전을 펼치기로 하고, 이에 따라 거창의 제3대대를 중심으로 경찰과 청년의용대 등이 2월 7일 신원면에 진주하게 되었다. 빨치산이 아무런 저항도 하지 않고 산으로 퇴각하자, 제3대대는 경찰과 청년의용대 병력을 남기고 작전 계획에 따라 신창 방면으로 이동했다. 군대가 신원면을 떠나자 빨치산은 그날 밤 습격을 해 경찰과 교전하게 되었고, 경찰과 청년의용대 병력만으로는 방어가 위태롭게 되자, 제3대대는 다시 신원면으로 진주했다.

　제3대대장 소령 한동석은 대현리, 중유리, 와룡리 주민 1,000여 명을 신원초등학교로 소집시켰다. 성인 남자들은 이미 피신을 한 뒤였기 때문에 모인 주민 대부분은 노약자, 부녀자, 어린아이들이었다. 한동석은 지서 주임, 사찰계 형사, 신원 면장 등으로 하여금 군인, 경찰, 공무원, 지방유지 가족을 골라내게 한 뒤 남은 사람들을 박산 골짜기로 끌고 가서 기관총으로 집단학살한 후 휘발유를 뿌려 불태웠다. 시체더미를 다이너마이트로 폭파하기도 했다. 2월 10일에서 13일 사이에 저질러진 일이었다.[64]

　살해 대상자 선별의 기준은 오직 한 가지였다. 군인, 경찰, 공무원, 지방유지 가족이냐 아니냐 하는 것. 그 선별의 악역을 맡은 사람 중의 하나인 '박영보'를 제목으로 하여 고은은 「박영보 면장」이라는 시를 지었다.

"거창 양민 학살 사건의 이름/청야작전!/신원초등학교 교실마다 잡혀온 6백명/한 장교가/이중에 군경가족 있느냐고 물었다/몇 가족이 나왔다/사실이었다/또 몇 사람이 나왔다/사실이 아니었다/살기 위해/군경가족이라고 말했다/그때 면장 박영보가 나섰다/유들유들한 얼굴/큰 점 하나 늘어붙은 얼굴/그가/한 사람을 끌어냈다/네가 무슨 군경가족이가/또 한 사람을 끌어냈다/네가 무슨 군경가족이란 말이가/6백명 면민들 묶여갔다/비탈진 산자락/후미진 산골짝 거기 총소리 퍼부었다/그러다가/조용해졌다/......"[65]

신성모의 사건 은폐 지시

제3대대는 학살을 은폐하기 위해 시체를 휘발유로 불태우고 다이너마이트로 폭파시켰을 뿐만 아니라 학살 지역과 외부의 왕래를 일체 차단했다. 생존 주민들에게는 학살에 대해 발설할 경우 공비로 간주해 총살하겠다고 위협했다. 학살시 밖에 나갔다가 뒤늦게 돌아온 가족은 어떻게 할 것인가? 고은의 「거창 이복남」이다.

"1951년 1월 이철수는 열네살이었습니다/할머니 유분녀/아버지 이종묵/어머니 백씨/동생 철호/머슴 박서방/식모 쌍가마 참례/이렇게 여섯이 빨갱이라는 죄로 학살당했습니다/그런데/외갓집 갔던 철수와 누이동생 복남이는 살아남았습니다/국군은/열살짜리 복남이를 끌고 가서/손바닥에 못 박아/빨갱이라고 말하라고 협박했습니다/빨갱이 아니어요/빨갱이 아니어요/하고/마구 울부짖었습니다/그러다가/빨갱이입니다/하고 말해버렸습니다/기절했습니다/세상은 얼어붙었습니다/하늘/푸르게/푸르게 얼어붙었습니다/오빠 철수는/세상이 무서워/국군이 무서워/산속으로 숨어들었습니다/어이할 수 없이/빨치산 소년이 되었습니다."⁶⁶

    제3대대는 719명을 죽인 전과를 자랑스럽게 생각하지는 않았던 것 같다. 은폐엔 한계가 있다고 생각했는지 대대장 한동석은 학살자의 숫자를 187명으로 줄여 공비와 통비분자通匪分子(공비와 내통한 사람)들을 소탕했다고 연대에 보고했다. 그러나 한두 명도 아니고 허공으로 사라진

거창 양민 학살에서는 민간인 719명이 학살당했는데, 죽은 사람 가운데 14세 이하가 전체 사망자의 절반인 359명이었다. 이 사건을 정면으로 다룬 김재수 감독의 영화 〈청야〉(2013년).

532명을 어떻게 은폐할 수 있었겠는가?

이 사건은 2월 말경 피난 수도인 부산까지 소문으로 퍼졌고 민심이 흉흉해지자 사건 한 달 후인 3월 12일 제11사단 자체가 육군과 국방부에 진상 보고를 올리지 않을 수 없었다. 이 보고서는 "학살 주민의 대부분이 양민이어서 군에 대한 신뢰가 땅에 떨어지고, 이 밖에도 부녀자 강간, 물품 강요, 재산 약탈 등으로 주민들이 분노하고 있다"고 밝혔다.[67]

이미 국민방위군 사건으로 궁지에 몰려 있던 국방부 장관 신성모는 "외국의 원조로 전쟁을 수행하고 있는 마당에 이 같은 군의 비행이 외국에 알려진다면 전쟁 수행에 지장을 초래할 뿐만 아니라 군의 사기를 해친다"고 하며 사건을 은폐할 것을 지시했다. 또 그는 헌병 사령관 겸 경상남도 지구 계엄사 부장이던 대령 김종원 등을 대동하고 3월 중순경 사건 현장을 답사한 후 "보고된 희생자들 187명은 모두 통비분자들이었다"고 발표했다.[68]

국방부, 법무부, 내무부의 조사 결과는 제각각이었다. 학살자 수에 대해 국방부는 225명, 법무부는 275명, 내무부는 350명이라고 보고했다. 법무부 장관은 김준연, 내무부 장관은 조병옥이었다. 민국당 출신 조병옥과 김준연은 전쟁 발발과 동시에 거국내각의 명분으로 입각했다. 당시 민국당은 내각제 개헌을 주장했는데, 이승만은 조병옥과 김준연이 진상 조사에 적극적이며 이 사건을 계속 거론하는 이유가 신성모는 물론 자신까지 궁지에 몰아넣기 위한 것으로 판단했다.[69]

조병옥과 이시영의 고언

이 사건은 『뉴욕타임스』 등 외국 언론의 보도로 세계에 널리 알려진 데다 이미 일어난 국민방위군 사건에 대한 국회의 중간보고가 4월 25일로 예정되어 있던 터라, 이승만은 4월 24일 국무회의를 소집하고선 자기 나름으로 비상한 대책을 발표했다.

"정부 장관들은 서로 협력해서 일을 해야 하는 법이오. 거창 사건을 두고 내무·법무·국방 3부 장관들이 서로 협력하지 아니한 까닭에 대한민국의 체면이 손상당했소. 그러므로 3부 장관은 사임해야겠소."

평소 이승만을 '선생님'이라고 불러온 조병옥은 "선생님, 저는 즉시 사임하겠습니다만, 국무위원들에게 한마디를 남기고 사임하려는 데 발언해도 좋겠습니까"라고 허락을 얻은 뒤 이렇게 말했다.

"정부 12부 중 11부 장관은 서로 협력해서 일을 잘하고 있습니다. 다만 신성모 국방부 장관만이 협력을 않는 실정입니다. 이번 거창 사건도 순전히 있는 사실을 없다고 복명서를 꾸며 대통령께 보고하여 조사 시일을 끌었던 까닭에 국가의 위신이 손상되었으며 거창 사건을 발생케 한 장본인이 군인인 까닭에 그 책임은 오로지 신 국방부 장관에 있다고 나는 확신합니다."

조병옥은 이 말을 하고 국무회의장을 나가 사표를 쓰고 떠났다. 장문의 사표였다.

"본인이 대통령의 명에 의거해 사표를 제출하는바 각하를 보좌하던 국무위원의 1인으로서 다음과 같은 몇 가지 충언을 올리고 내무부 장관의 자리를 물러납니다. 첫째 행정은 제도상으로 운영되어야 할 것이며 개인의 의욕으로 움직여서는 안 됩니다. 둘째 정치는 재인在人이니 양심적이고 유능한 인재를 등용하십시오. 셋째 대한민국은 민주국가로 탄생했으므로 반드시 민주국가로 성장 발전하여야 됩니다. 우리 대한민국이 일보라도 민주주의로부터 후퇴할 때에는 자유세계로부터 고립무원의 상태에 빠지고 말 것입니다."[70]

김준연도 즉시 사직서를 냈지만, 신성모는 미적거리며 자신의 구명 연판장을 돌리게 했다. 3군 총사령관을 비롯해 각 일선 사단장급들이 신성모의 국방부 장관 유임을 진정했고, 신성모는 계속 군 지휘관회의를 주재했다.[71] 신성모는 김종원에게 국회 조사단의 현지 접근을 막으라는 지시까지 내렸다. 김종원은 예하 장병을 공비로 가장시켜 국회 조사단에 위협 사격을 가해 내쫓는 짓까지 저질렀다. 이것이 정치 문제가 되고 5월 들어 진상이 밝혀졌지만, 이승만은 이들을 계속 비호했다.

생각이 있는 사람이라면 이런 정부에 몸을 담고 있는 것 자체가 수치스럽게 여길 일이었다. 5월 9일 부통령 이시영은 이승만의 파탄을 비판하는 동시에 자신의 무능과 자괴감 등을 담은 '국민에게 고함'이란 제목의 성명서를 발표하고 국회에 사의를 표했다.

"탐관오리는 도처에 발호하여 국민의 신앙을 실추케 하고 정부의 위신을 손상케 하며 신생 대한민국의 장래에 암영暗影을 던져주고 있으니, 누가 참다운 애국자인지 흑백과 옥석을 가릴 수가 없게 되었으니, 내어찌 그 책임을 통감하지 않을 것인가. 그러한 나인지라 이번에 부통령직을 사임함으로써 이 대통령에게 보좌를 다하지 못한 부끄러움을 씻으려 하며, 과거 3년 동안 아무런 공헌이 없었음을 사과하는 동시에 일개 포의布衣(벼슬이 없는 선비)로 돌아가 국민과 더불어 고락과 생사를 같이

하려 한다.……선량 여러분에게 부탁하고자 하는 것은 국정감사를 더욱 철저히 하여 이도吏道(벼슬아치의 도리)에 어긋난 관료들을 적발·규탄하되, 모든 부정 사건에 적극적 조치를 취해 국민의 의혹을 석연히 풀어주기 바란다."[72]

국회에선 재석 131명 중 115명이 사임에 반대해 사임서를 반려했지만 이시영은 뜻을 굽히지 않았다. 국회의 각파 대표들은 이승만을 방문해 이시영의 사임을 만류해줄 것을 요청했는데, 이승만은 "부통령이 현 정부를 만족하게 생각지 않아서 나가겠다는데 내가 어떻게 말리느냐"며 거절했다.[73] 5월 15일 국회는 제2대 부통령에 김성수를 선출했다. 김성수는 78표(51%)를 얻어 당선되었다(사임을 원한 이시영에게도 73표가 나왔다).

이승만의 특정인 총애

이승만은 감당하지 못할 정도로 여론이 악화되자 5월 5일에서야 신성모를 국방부 장관에서 물러나게 하고 이기붕을 장관에 임명했지만, 아직 신성모에 대한 애정까지 접은 건 아니었다. 이승만은 6월 26일 국무회의에서 "신성모를 주일 한국대표로 임명하는 데 찬성하는 사람들은 손을 들어주시오"라고 말했다. 이미 6월 23일에 신성모의 임명에 관해 일본에까지 통보해놓고 벌인 연극이었다. 김성수는 단호하게 반대했으며, 어느 누구도 손을 들지 않았다. 이승만은 결정을 재고하도록 요구하면서 오전 회의를 종료했다. 오후 회의에 김성수는 불참했고, 신성모의 주일 한국대표 임명 건은 4대 6으로 부결되었다. 그러나 이승만은 그 결

과를 무시하고 신성모를 임명했다. 김성수는 이 일로 큰 충격을 받아 앓아눕게 된다.[74]

거창 사건에 대한 진상조사단의 보고를 통해 밝혀진 바에 다르면, 학살을 저지른 제3대대가 합동작전 때 받은 작전명령 부록엔 "작전 지역 내 인원들을 전원 총살하라. 공비들의 근거지가 되는 건물은 전부 소각하라. 적의 보급품이 될 수 있는 식량과 기타 물자는 안전 지역으로 후송하거나 불가능한 경우에는 소각하라"고 쓰여 있었다. 그러나 이 사건이 문제되자 제11사단 본부는 원래의 작전명령을 회수하고 "작전 지역 내 주민들 가운데 이적 행위를 한 자들은 간이 군법회의에 의해서 처단하라"는 내용으로 변조된 작전명령을 내렸다.

8월 6일 군법회의 제5회 공판에서 증인으로 출두한 김종원은 "작전명령이 변조되었던 것은 사실이었으며, 이는 국방부 장관과 참모총장으로부터 이 사건이 확대되지 않으면 좋겠다는 지시를 받고 자신이 주동이 되어 꾸민 것이었다"고 밝혔다. 또 그는 합동조사단의 피습 사건도 "공비의 소행이 아니라 자신이 제9연대의 병력을 조사단의 길목에 배치시켜서 따발총으로 위협 사격하게 하여 조사를 호위하던 무장 경관이 부상을 당한 것처럼 꾸몄다"고 진술했다.[75]

그렇지만 신성모는 이승만의 총애에 의해 면책되었다. 군법회의는 연대장 오익경에게 무기징역, 대대장 한동석에게 징역 10년, 김종원에게 징역 3년을 선고했다. 그러나 바로 다음해 이들은 사면을 받고 복권되었다.(역사 산책 8: 이승만의 김종원·김창룡 총애 참고)

거창 사건을 일으킨 제3대대에 한 통역 장교가 있었다. 리영희였다. 그는 사건 발생 훨씬 후에야 이 사건을 알게 되었고, 축소된 학살 규모의 진상은 수십 년 후에야 알 수 있었다. 그는 훗날 이 사건에 대해 이렇게 말했다.

"내가 전쟁터에서 지휘관과 (미군) 고문관을 따라다니기만 하는 것으로 소임을 삼았거나, 안전한 후방만을 골라서 근무하는 데 재주를 부렸다면 거창 사건 희생자 719명과 그 유족들에게 30년이 지난 오늘까지 죄책감을 느낄 필요가 없다. '나는 모르는 일, 내 소임 밖의 일'이라는 한마디로 이 사건을 오래전에 잊어버렸을 것이다. 어째서 이 나라에서는 인간 말살의 범죄가 '공비'나 '빨갱이'라는 한마디로 이처럼 정당화될 수 있는가 하는 의문이 그 후부터 머리를 떠나지 않게 되었다. 이것은 내가 이데올로기의 광신狂信 사상과 휴머니즘에 대한 멸시를 깨쳐야겠다는 강렬한 사명감 같은 것을 느낀 계기가 되었다. 이때부터 나는 우리 민족이 다른 민족의 '잔인성'을 나무라는 데 동조하지 않게 되었다. 연대장 오익경 대령, 3대대장 한동석 소령, 그리고 제11사단장 최덕신 소장은, 거창 사건 후, 우리 사단이 지리산 작전을 제8사단에 인계하고 동부전선으로 이동하는 도중 군법회의에 회부되어 부대를 떠났다. 그러나 그들은 1년도 복역하지 않고 석방되었다. 광신적 반공주의, 전쟁과 군대에 대한 나의 인식은 그때부터 더욱 달라져 갔다."[76] (역사 산책 9: 거창, 그 이후 참고)

> 역사 산책 8

이승만의
김종원·김창룡 총애

　거창 사건으로 징역 3년을 선고받은 김종원은 1952년 3월 대통령 특별명령으로 석방되었는데, 당시 육군참모총장 이종찬은 이승만이 쓴 성명서 초안을 보고 깜짝 놀랐다. 이승만이 김종원의 석방에 즈음해 발표하려고 준비한 성명서였다. 이승만은 김종원을 이순신 장군에 비유했다. 오직 애국 충정뿐인 그가 간신배들의 모함에 빠져 고초를 치르고 있다는 것이었다. 이종찬은 이승만을 만나 그 성명서의 발표를 만류하고 병보석으로 석방되게끔 했다.[77]

　김종원은 석방 후 계속 이승만의 총애를 누리면서 전남, 경남, 경북 경찰국장을 거쳐 내무부 치안국장까지 지내게 된다. 이처럼 이승만의 특정인 총애는 병적 수준이었다. 김종원이 이순신이라면 때때로 김종원에게 폭력까지 행사해가면서 김종원을 부렸던 신성모는 이순신 아버지쯤 되는 인물이라는 이야긴데, 거창 사건의 비극은 그 원초적 뿌리가 바로 이승만의 이런 이성 상실에 있었던 건지도 모를 일이었다.

이승만의 특정인 총애가 병적 수준이었음을 보여주는 또 다른 증거로 이승만의 김창룡 총애를 빼놓을 순 없을 것이다. 이승만의 김창룡 총애는 나중에 더 적나라하게 나타나지만 이미 1951년 5월 초에 이런 사건이 있었다. 이승만은 국무회의 석상에서 이렇게 말했다.

"여러분, 김창룡 대령 알잖소. 여러분들, 김 대령을 자식처럼 사랑해주세요. 그는 정말 애국자요. 그는 어제 지리산 공비들이 부산에 들어와 무기를 사가지고 관에다 넣고는 상복까지 입고 상여처럼 매고 위장한 채 지리산으로 가는 걸 붙잡았소. 이 얼마나 애국자요."

이승만은 흐뭇한 미소를 짓더니 김창룡 일행을 들여보내라고 했다. 일개 대령을 국무회의 석상에 부른다는 건 온당치 않다며 조병옥이 만류했지만 김창룡 일행은 이미 우르르 몰려들어오고 있었다. 그들은 국무회의실 바닥에 압수했다는 무기들을 늘어놓았는데, 도무지 살상용으로 쓰일 것 같지 않는 고물들이었다. 나중에 밝혀졌지만 모든 게 조작이었다. 그 조작 사실을 법무부 장관 조진만이 이승만에게 알렸더니 이승만은 김창룡을 두둔하며 오히려 화를 내더니만 조진만의 사표를 받아냈다.[78]

역사 산책 9

거창,
그 이후

　거창 사건에서 고은으로 하여금 시를 쓰게 만든 박영보라는 인물을 기억하시는가? 박명림은 박영보의 최후를 가볍게 넘기지 않고 이런 문제를 제기했다.

　"거창 학살사건 시점에 신원면장이었던 박영보는 사건 당시 군인들에게 무고誣告를 통해 많은 주민들을 무참히 죽게 하였다 하여 1960년 4월 혁명 이후 유족들에 의해 타살되어 불태워지고 말았다. 억압의 실체가 소멸하였을 때의 이 반응은 인간들의 증오가 과연 어디까지 통제될 수 있는지 묻게 한다. 즉 10년이 지난 시점에서 박영보에 대한 주민들의 소살燒殺은, 민주주의 공간이 열렸을 때 절제와 이성을 압도하고도 남는 그들의 분노의 크기를 말해주는 것이다."[79]

　거창 사건은 4·19 직후 진상 조사가 이루어졌지만, 5·16 군사쿠데타로 인해 다시 침묵 속으로 가라앉고 말았다. 그로부터 27년간이나 거창 사건은 입밖에 내선 안 될 금기가 되었다.

1988년 11월 9일 서울시 종로구 인사동 민정당사 정문 앞에서 관광버스 2대와 봉고버스 1대에 분승하고 상경한 거창 사건 유족들은 '거창 사건에 대한 진상규명과 보상'을 외쳤다. 1989년 10월 17일 거창 출신인 민주당 의원 김동영의 주도로 야 3당과 무소속 의원 165명이 서명한 '거창 사건 관련자의 명예회복 및 배상에 관한 특별조치법안'이 정기국회에 제출되었으나, 그 후 이루어진 3당 합당으로 이 법안은 폐기되었다.

1996년 '거창 사건 등 관련자의 명예회복에 관한 특별조치법'이 제정되었으며, 2003년 3월 13일 서울대 법학연구소는 국회의원회관 대회의실에서 공청회를 열고 그 '특별조치법'의 개정 시안을 발표했다. 토론자로 나선 서울법대 교수 한인섭은 "기존 특별법은 피해자에 대한 보상 관련 조항이 제외된 채 명예회복 위주로 돼 있을 뿐 아니라 2년 전 일부 국회의원들이 발의, 심의 중인 개정안 역시 보상의 범위를 사망 등으로 제한하는 한계를 갖고 있다"며 "인권 침해의 범위를 포괄적으로 인정하는 국제인권법의 기준에 맞춰 사망, 상이, 부상, 구금, 강간 등 광범위한 사례에 대해 국가가 보상해야 한다"고 밝혔다.[80]

2004년 한나라당이 발의한 '거창 사건 등 관련자 명예회복에 관한 특별조치법 개정안'이 국회를 통과했으나 정부의 거부권 행사로 보상의 길이 막혔다. 정부의 거부 이유는 100만 명으로 추산되는 다른 6·25 전쟁 민간인 피해자와의 형평성 문제와 보수단체의 반발이었다.[81]

이렇듯 거창 사건 피해자와 유족들에게 경제적 지원을 하기 위한 법안은 처음 제안된 제16대(2000~2004년) 국회부터 제21대(2020~2024년)까지 총 16건 발의되었으나 단 한 건도 통과되지 못했다. 제16대에 본회의, 제18대에선 법제사법위원회를 넘어서며 입법 문턱까지 갔으나, 정부가 예산 문제 등으로 반대하면서 번번이 무산되었다.[82]

2024년 10월 29일 국민의힘 의원 신성범(산청함양거창합천)은 '거창 사건 등 관련자의 명예회복에 관한 특별조치법 개정안'을 대표 발의했다고 밝혔다. 그는 "과거 국가의 잘못으로 희생된 분들 넋을 기리는 일에 소홀함이 있어서는 안 된다"며 "지금이라도 정부가 아픈 역사를 보듬고 기억하는 일에 온 힘을 다하고, 부족하거나 미비한 점은 없는지 지속적으로 챙겨나가야 한다"고 역설했다.[83]

제5장 해리 트루먼의 더글러스 맥아더 해임

'공동묘지'로 변한 서울

1951년 3월 14일 국군과 미군은 서울을 재탈환했다. 시가전 한 번 없이 무혈 입성했다. 서울이 워낙 파괴되어 있었기 때문에 공산군도 3월 상순부터 서울을 비워두었다. 백선엽은 "한마디로 공동묘지를 탈환했다고 하는 것이 적합했을 것이다"고 말했다.[84]

3월 18일 행정건설대 300명이 서울에 들어가 20일부터 행정을 개시했다. 행정선발대가 조사한 잔류 서울 시민은 13만 명이었다.[85] 아직 민간인들의 한강 이북의 서울 입성은 허용되지 않았기 때문에 많은 피난민이 한강 이남에 머무르고 있었다. 그들의 삶은 비참했다. 1951년 3월 하순쯤 흑석동에 주둔한 영국군 탱크부대의 통역관으로 일했던 김병걸이 『실패한 인생 실패한 문학: 김병걸 자서전』(1994)에 쓴 증언을 들어

보자.

　김병걸은 "흑석동에서 나는 차마 드러내놓고 말할 수 없는 그리고 내 기억에서 영원히 지워지지 않을 민족적인 비극의 현장을 목격했다. 피난 갔던 서울 시민들이 흑석동 일대에 파리떼처럼 모여들었다. 서울은 수복되었으나 아직은 도강渡江이 금지되어 있었다. 그래서 피난민들에게 밀어닥친 큰 문제는 추위와 당장 하루의 끼니를 이어가야 하는 식량 문제였다. 전선에서 결코 멀다고 볼 수 없는 지역이어서 정부의 식량배급 같은 것이 있을 턱이 없다"며 다음과 같이 말했다.

　"피난민 중에는 남편을 잃었거나 남편과 헤어진 여성들도 적지 않았다. 남편이 없는 여성들이 당장의 아사餓死를 벗어나기 위해 할 수 있는 일이란 외국 군인들에게 몸을 파는 것밖에 없다. 창부도 아닌 여인들이 몸을 판다는 건 바로 삶의 파멸을 의미하는 것이지만, 동물적인 생명을 건지기 위해선 그 길밖에 다른 선택이 없다는 것이 전쟁이 강요한 또 하나의 처절한 비극이었다. 그들은 추위와 주림을 벗어나기 위해 미제 담요 한 장으로 외국 군인들에게 여성으로서의 최후 보루라 할 수 있는 정조를 헐값으로 팔아야만 했다. 저녁때가 되면 우리 영국 부대 주변에 얼굴빛이 해쓱하고 몸이 수척한 여인들이 몰려와서 통역인 나에게 호소하는 것이었다. 담요 한 장이라도 좋으니 군인을 소개해달라고 읍소했다."[86]

　4월부터 전선은 38도선 근처에서 일진일퇴하는 교착 상태를 보이고 있었다. 공산군의 춘계 공세로 4월 25일 다시 한번 철수령이 내려졌다가 서울시 행정팀이 다시 입성한 것은 5월 15일이었다. 서울시 경찰국은 5월 5일부터 서울에 입성했는데, 경찰이 제일 먼저 한 일은 시체 처리였다. 『동아일보』 5월 7일자에 따르면, 1,600여 구의 시체를 처리

1951년 3월 14일 국군과 미군은 서울을 재탈환했지만, 서울은 공동묘지라고 할 정도로 완전히 파괴되어 있었다.

한 것으로 되어 있다. 폭격으로 쓰러진 가로수만도 12만 1,200주였다 (부산시청으로 피난 갔던 서울시청의 정식 복귀는 7월 1일에 이루어졌다).[87] (역사산책 10: 6·25로 인한 전 국토의 묘지화 참고)

이때엔 도강증渡江證이 있는 군속이나 공무원만 한강을 건널 수 있었지만, 뇌물을 주고 한강을 건너는 이른바 '사바사바'가 통하기도 했다. 또 한강 이남의 각 나루터 근처엔 밤에 몰래 나룻배를 타고 건너려는 피난민들로 북새통을 이루었다. 서울시 경찰국에 따르면 1951년 3월부터 1952년 2월까지 1년간 한강을 몰래 건너다 빠져죽은 사람의 수가 60명으로 집계되었다.[88]

트루먼에게 도전한 맥아더

미국은 휴전을 생각하고 있었다. 그러나 그걸 용납할 이승만이 아니었다. 이승만은 3월 24일 성명을 발표해 38선을 남겨둔 채 전쟁을 종결하려는 것은 "한국이라는 것이 인위적인 국경선으로 말미암아 북한의 공업지대와 남한의 농업지대가 분리되어 가지고는 경제적으로나 정치적으로나 존속할 수 없다는 것"을 이해하지 못하기 때문이라면서 "유엔군은 반드시 북진하여 압록강과 두만강을 따라 있는 한국과 만주 간의 자연적 국경선까지 진격하여야 한다"고 주장했다.[89]

북진에 관한 한 이승만과 늘 배짱이 맞는 미국인은 미 극동군 총사령관이자 유엔군 총사령관이던 더글러스 맥아더Douglas MacArthur, 1880~1964였다. 미국 정부의 휴전 움직임에 대해 못마땅하게 생각하고 있던 맥아더도 3월 24일 북진 명령을 내렸다. 맥아더가 공화당 하원 원내총무 조지프 마틴Joseph Martin, 1884~1968의 서신에 대해 답변한 3월 20일자 서신이 4월 5일에 공개됨에 따라 트루먼과 맥아더의 관계는 파국으로 치달았다.

맥아더는 그 서신에서 대만군의 투입과 아시아에서 확전을 주장했다. 맥아더는 미국이 아시아에서 유럽의 전쟁을 치르고 있다고 말하면서, 이를 이길 경우 유럽은 전쟁을 면할 수 있지만, 그렇지 않을 경우에는 유럽 역시 전쟁을 면할 수 없을 것이라고 점을 지적하면서 "승리에 대신할 것은 아무것도 없다"고 주장했다. 이는 '승리의 대신'을 모색하고 있던 트루먼 행정부의 정책에 정면으로 위배되는 것이었다.[90]

그것뿐만이 아니었다. 맥아더는 도쿄에서 다른 서방국가의 외교관들에게 수시로 트루먼의 전쟁 정책을 비판하는 말을 해대고 있었다. 사적인 발언이었지만, 이 발언들은 미 국가안보국에 의해 다 도청되어 트루먼에게 보고되고 있었다.[91] 결국 트루먼은 결단을 내렸다. 트루먼은 4월 11일 맥아더를 극동군 사령관 겸 유엔군 사령관의 직위에서 해임했다. 트루먼은 전 미국 시민에게 보내는 방송에서 "맥아더 장군은 전면 전쟁을 개시하지 않을 수 없을 정도로 대단히 중대한 모험을 저질렀다"고 그의 해임 사유를 밝혔다.[92] 트루먼으로선 도청을 통해 들은 내용까지 밝히면 더욱 설득력이 있었겠지만, 그건 안보와 외교상의 관례 때문에 차마 말을 못하는 게 안타까웠을 것이다.

맥아더의 해임 소식에 영국 하원은 환호성을 지르며 열광적으로 환영했다. 전쟁이 확대될 경우 영국은 자국에 있는 미국의 전략공군기지 때문에 소련 핵공격의 일차적 목표물이 될 수 있다는 걸 염려했기 때문이다. 또 홍콩이 중국군에 의해 점령되는 것도 우려했다. 영국의 기쁨에 미치진 못했을망정 유럽은 전반적으로 맥아더의 해임에 대해 안도의 한숨을 내쉬며 환영했다.[93]

그러나 미국의 여론은 그렇지 않았다. 맥아더는 4월 16일 도쿄를 떠나 19일 미 상하양원합동회의에서 고별 연설을 했는데, 이때에 남긴 "노병은 죽지 않는다. 다만 사라져갈 뿐이다"는 말이 이후 인구에 회자되었다. 한동안 여론은 맥아더의 편이었다. 의회 청문회가 열리고 신문들은 분노에 찬 기사들을 내보냈다. 트루먼은 자신의 부하들에게 이렇게 말했다.

"수백만의 미국인들이 내가 하는 것처럼 대통령이 될 수가 있네. 하지만 나는 대통령이란 말일세. 그리고 나는 대통령의 특권이 한 미국 장성에 의해 침해당한 채로 이 대통령직을 후계자에게 물려주지 않겠네!"[94]

트루먼은 훗날 자신의 회고록에선 이렇게 말했다.

"그 사람은 대통령의 권위를 존중하려 하지 않기 때문에 나는 그를 해임했다. 이것이 그 질문에 대한 답변이다. 나는 그가 멍청이 같은 개자식이라고 해서 파면한 것이 아니다. 그는 사실 그런 멍청이였지단 그런 장군도 법에는 걸리지 않으니 말이다. 그런 게 법에 걸린다면 미국 장군 반수 내지 3분의 2는 감옥에 있을 것이다."[95]

원자탄 사용을 원했던 이승만

맥아더가 해임을 일부러 자초했다는 주장도 있다. 해임 전 그가 할 일은 남아 있지 않았다는 것이다. 전쟁은 맥아더의 불길한 예언에도 매슈 리지웨이의 지휘로 전세가 다시 역전되었으며, 중공군 개입 예측 실패 등 이후 실패를 거듭해온 그는 한국을 빠져 나가야 한다고 생각했으며, 초라하게 귀환하느니 차라리 트루먼에게 해임당함으로써 명쿤을 얻고자 했다는 것이다.[96]

맥아더의 해임을 가장 안타깝게 생각한 사람은 이승만이었다. 맥아더의 해임 소식에 이승만은 때마침 소장 진급 신고를 하러 간 백선엽에게 "맥아더가 나의 심정을 진심으로 알아주는 군인이었다"며 아쉬움과 앞으로의 전황에 대해 우려를 표했다.[97] 정일권은 6·25 전쟁 때 이승만이 맥아더 비판론자들을 겨냥해 분통을 터뜨리며 "미국만이 갖고 있는 원자탄을 왜 사용하지 않으려는가. 악독한 일본 군벌도 원자탄 두 발로 깨끗이 끝장나지 않았던가"라고 말한 것으로 회고했다.[98]

비단 이승만뿐만 아니라 한국의 많은 반공주의자가 맥아더를 떠받들면서 미국이 원자폭탄을 투하하지 않은 걸 안타깝게 생각했다. 그러나 한홍구는 원자폭탄의 사용을 전제로 한 맥아더의 만주 폭격 구상이 실현되었다면, 이는 한반도의 통일이 아니라 즉각 제3차 세계대전으로 이어질 일이었다고 말한다.

"더구나 맥아더는 합동참모본부에 원자폭탄을 투하해야 할 목표 지점으로 한두 곳이 아니라 무려 26곳을 선정하여 보고하면서 즉각적인 원자폭탄 투하를 승인해줄 것을 요청했다. 그것도 1차로! 이런 위험한 발상을 한 맥아더를 해임한 것은 한반도를 위해서나 세계평화를 위해서나 천만다행인 조치였다. 맥아더가 이렇게 강력한 주장을 한 것은 전쟁 수행 과정에서의 자신의 판단 착오를 감추기 위해서였다. 그는 끊임없는 정보 보고에도 불구하고 북한군의 공격 가능성을 무시했으며, 중국군의 개입 가능성을 묵살하고 38도선 이북으로의 북진을 단행했다. 더구나 그의 호언장담과는 달리 중국군이 개입하자 미군은 미군 역사상 최대의 치욕으로 기억되는 장진호 패배를 당하는 등 중국군에 크게 밀렸다. 맥아더는 1960년 자신이 원자폭탄의 사용을 주장했다는 트루먼의 주장은 완전한 거짓이라고 말했지만, 뒤에 간행된 회고록에는 30~50발의 원자탄을 투하할 것을 계획했다고 쓰여 있다."[99]

지리멸렬 상태에 빠진 한국군 집중 훈련

1951년 5월 1일 맥아더의 뒤를 이어 극동군 사령관이 된 매슈 리지웨이는 워싱턴의 육군부로 1급 비밀 전문을 발송했다. 이 전문에서 리지웨이는 이승만이 요청한 한국군 10개 사단 추가 무장건을 언급하면서 반대 의견을 강력하게 피력했다. 이유는 지휘력이 엉망이고 훈련 상태가 형편없는 현재의 한국군에 무기와 장비를 지원하는 것은 밑 빠진 독에 물 붓기나 다름없다는 것이었다.[100]

리지웨이는 2개월 후인 7월 22일자 비밀 전문에서는 더욱 강도 높게 한국군의 지휘력과 기강 해이를 지적했다. 이건 리지웨이 혼자만의 생각이 아니라 미군 수뇌부의 공통된 의견이었다. 그들은 한국군이 '지리멸렬' 상태에 빠져 있다고 보았다. 이흥환의 말마따나, 미군 "장성들의 눈을 통해 본 한국전과 한국의 교과서에서 배운 6·25는 전혀 다른 나라의 다른 전쟁을 보는 것만큼이나 천양지차"였던 것이다.[101]

미 합참의장 오마 브래들리Omar Bradley, 1893~1981는 심지어 한국군 부대를 미군 장교들이 지휘하는 게 어떻겠느냐는 의견까지 내놓았다. 이승만은 미군 측의 주장에 어느 정도 동의하지 않을 수 없었다. 그래서 시작된 것이 '한국군 집중 훈련'이었다.

리지웨이의 뒤를 이어 1951년 4월 14일 미8군 사령관으로 부임한 제임스 밴 플리트James Van Fleet, 1892~1992는 그해 7월에 야전훈련사령부를 설치했다. 미9군단 부군단장인 준장 토머스 크로스Thomas Cross를 책임자로 하여 훈련 경험이 있는 150여 명의 미군 장교와 하사관을 훈련 담당 요원으로 투입했다. 이밖에도 밴 플리트는 1951년 12월 대구에 참모학교를 설치하고 1952년 1월 진해에 4년제 육군사관학교를 창설했다. 1951년 말에는 장교 250명을 선발해 미국으로 단기 유학을 보내기도 했다.[102]

더글러스 맥아더는 '영웅'인가?

더글러스 맥아더 이야기를 더 해보자. 그는 한국, 일본, 필리핀의 현대사에 큰 영향을 미친 인물이었고, 사실상 미국 패권주의의 화려함을 온몸으로 웅변해주는 인물이었기 때문이다. 타고난 군인이었던 그는 1880년 아칸소주 리틀록에 있는 병영에서 태어났다(이승만보다 5세 연하). 그의 아버지 아더 맥아더Arthur MacArthur, 1845~1912도 유명한 장군이었다. 그의 어머니 핑키 맥아더Pinky MacArthur는 남편의 진급을 위해 뛰었을 뿐만 아니라 자식 교육에도 극성스러울 정도로 열성적인 여인이었다.

맥아더는 셋째 아들이었다. 큰형은 해군 대령으로 죽었고 작은형은 유년기에 죽었다. 맥아더는 가장 탁월한 아들이었다. 그는 미 육사에 수석 합격했고, 미 육사 역사상 최초로 '올 A'(최우등)로 졸업했다. 그는 제1차 세계대전에 참전한 14개월 동안 13개의 훈장을 받을 정도로 혁혁한 무공을 세웠다.

그는 1919년에 귀국해 미 육군 역사상 최연소(39세) 육사 교장이 되었고, 이듬해에 또 최연소로 '정규 준장'으로 진급했다(그전엔 '임시 준장'). 그 후 그는 미국의 식민지인 필리핀 주둔 부대로 전출했다. 그는 필리핀 근무 중인 1922년 42세의 나이에 결혼을 했으나 8년 후 신문들이 아내의 염문 스캔들에 대해 써대자 이혼했다.

맥아더는 그의 나이 50세인 1930년에 육군참모총장이 되었다. 이때에 드와이트 아이젠하워Dwight Eisenhower, 1890~1969와 조지 패튼George Patton, 1885~1945이 소령 계급을 달고 그의 참모로 근무했다. 맥아더는 1935년에 퇴역해 필리핀으로 가서 사실상의 '군사총독' 노릇을 했다. 2개월 후 어머니가 사망했다. 맥아더는 어머니의 사망 직후인 1937년 57세의 나이로 19세 연하인 진 마리 페어크로스Jean Marie Faircloth, 1893~2000와 재혼했다. 그의 결혼생활은 원만했고, 그는 애처가를 넘어선 공처가였다.

　1940년부터 일본이 전쟁을 준비하고 있다는 사실을 눈치챈 미 육군은 퇴역한 맥아더를 다시 현역 대장으로 복귀시켜 필리핀에 미 극동지상군을 창설했다. 맥아더는 그 사령관 자격으로 일본에 승리했고 이어 6·25 전쟁을 맞이하게 된 것이었다. 맥아더는 1948년 공화당 대통령 후보 지명전에 부재자로 출마해 1차 투표에서 탈락한 적이 있었다. 같은 공화당원임에도 나중에 아이젠하워 행정부의 국무부 장관이 된 존 포스터 덜레스John Foster Dulles, 1888~1959는 전쟁 초기 도쿄에서 맥아더를 만

미 육군은 맥아더를 극동지상군 사령관으로 임명했으며, 6·25 전쟁 당시에는 유엔군 총사령관으로 활약했지만, 1951년 4월 11일 트루먼에 의해 해임당했다.

나고 온 뒤 트루먼을 만나 맥아더의 판단력에 문제가 있다고 말하면서 그의 소환을 건의했다고 한다.

결국 맥아더는 1951년 4월 11일 트루먼에 의해 해임당했다. 맥아더는 별 5개의 종신 원수로서 전역을 신청하지 않는 한 원수계급을 계속 유지할 수 있었지만, 그는 해임 즉시 전역을 신청했다. 맥아더는 리지웨이에게 트루먼이 아마 정신질환 때문에 자신을 해임했을 거라고 털어놓았다지만, 나중에 리지웨이는 맥아더에게 정신질환이 있는 게 아닌가 의심했다고 한다.

지나칠 정도로 화려한 경력 때문이었을까? 맥아더의 보좌관이었던 제퍼슨 데이비스Jefferson Davies는 맥아더가 언제나 성공에 대한 강박관념에 사로잡혀 있는 다분히 과대망상적인 기질의 소유자라고 말했다. 실패의 위협에 직면할 때마다 번번히 권총으로 자살해버리고 말겠다는 위협을 주위에 가했다는 것이다. 맥아더가 여러 차례 잠자는 자신을 깨워서 자살하겠다고 위협하는 바람에 한번은 '제발 잠 좀 자자'고 화를 냈더니 맥아더는 그다음 날 사과했다고 한다.[103]

한국에선 영웅이었던 맥아더

트루먼은 70대의 5성 장군이 19세 소위같이 하고 다닌다고 못마땅해했다. 선글라스, 옥수수 파이프, 팽팽한 모자, 잘 다린 바지 등으로 상징되는 맥아더 특유의 옷차림이 마음에 안 들었던 것이다. 맥아더 전기를 쓴 마이클 샬러Michael Schaller는 인간적으로 볼 때 맥아더는 독선적이며, 이기적 기회주의적이자 자아도취적 소아병 환자였다고 혹평했다.[104]

중국군의 참전에 대한 오판도 맥아더의 큰 실수로 거론되었다. 맥아더는 중국군이 대규모로 참전하지 않을 것이라고 판단했고, 일부 후퇴를 통해 방어적 진지를 구축하라는 본부의 지시를 무시하고 전격적인 북진을 지시했다. 이는 결국 미국에 거대한 재앙이 되었고, 합동참모본부는 플랜 B로 한반도의 포기와 대한민국 망명 임시정부의 수립까지도 고려해야 했다.[105]

그럼에도 맥아더는 한국에선 영웅이었다. 1964년 4월 6일 맥아더가 84세로 사망하자 『조선일보』는 "한국전쟁의 영웅이며 또한 비율빈比律賓(필리핀) 해방의 은인이었던 맥아더 원수의 서거를 못내 슬퍼한다"는 애도의 사설을 실었다. 이 사설은 한국 통일의 절호의 찬스가 맥아더의 해임으로 유실되었다면서, 그의 주장이 수포로 돌아간 것을 애달프게 생각한다고 말했다. "미국만이 독점한 원폭으로서 기선을 제하지 않았다는 사실은 끝내 만성적인 비운의 결과를 가져오고 말았다"는 끔찍한 말도 덧붙였다.[106]

한국인의 맥아더 숭배는 『조선일보』에만 국한된 것이 아니었다. 한 유명 재야인사는 4·19 혁명 당시 이승만이 하야하자 시위대 속에서 누군가가 "맥아더 장군께 가자!"고 외쳐 인천까지 가서 맥아더 동상에 헌화했다고 한다.[107] 맥아더 숭배는 1990년대까지 계속되었다. 맥아더를 무속신으로 모신 무당도 여전히 많았다. 1996년에는 대통령 김영삼이 전방부대를 방문한 자리에서 『조선일보』의 1964년 사설 내용과 똑같은 취지의 발언을 해서 논란이 벌어지기도 했다.[108] 1998년 인하대학교 정치외교학과 교수 서규환이 인천 지역 청소년 1,170명을 대상으로 인천을 대표하는 역사 인물을 조사했는데 여기서 맥아더는 20.3%를 얻어 1위

를 차지했다.[109]

　　2003년 7월 27일 정전 50주년을 맞이해 7월 24일 UPI통신이 내놓은 「한국전의 잊혀진 교훈」이라는 논평 기사는 트루먼과 맥아더 등 6·25 전쟁을 주도한 전쟁 수뇌부는 당시의 커다란 실책에도 한국을 공산화 위기에서 구해낸 영웅으로 잘못 평가되는 결과를 낳게 되었다고 말했다. 맥아더는 휘하 병력 훈련에 만전을 기하지 않아 전쟁 초기 부산을 제외한 남한의 거의 전부를 북한군에 내주었고 중공군의 대규모 진격을 예상하지 못하는 큰 실수를 저질렀음에도 높게 평가된 반면, 그의 후임인 유엔군 사령관 매슈 리지웨이는 전공에 걸맞은 합당한 평가를 받지 못했다는 것이다.[110]

역사 산책 10

6·25로 인한
전 국토의 묘지화

해방 후 장례는 신분제의 변화상을 보여주는 바로미터가 되었다. 이만갑은 "해방 후 민주주의가 사회를 풍미하는 강박관념이 되고 자유·평등·진보의 개념이 농촌사회에까지 침투하게 됨에 따라 양반이라는 신분적 위세는 과거와 같은 힘을 갖지 못하게 되었다"며 다음과 같이 말했다.

"해방 전만 하더라도 대부분의 농촌에서는 결혼과 장례가 있을 경우 양반집의 가마와 상여는 마을의 상민들이 매는 것이 관례였다. 해방이 되면서 농지개혁을 전후하여 경제적으로 대등한 입장에 서게 된 상민은 양반에 대해 이러한 봉사를 할 하등의 필요를 느끼지 않게 되었다. 게다가 상민 출신 가운데는 양반 출신도 자기들이 장례를 치를 때 상여를 메줘야 한다고 주장하는 사람도 나오게 되었다."[111]

1949년 11월 전국에 장의사는 4,000개소였는데, 보건부는 도시 미관과 시민 위생상 좋지 않다는 이유로 도심 번화가에 있는 장의사를 외곽으로 나가도록 조치했다.[112] 1950년 3월 서울시는 이태원 공동묘지

이양사업을 추진했는데,[113] 이때부터 이후 수십 년간 도시 인구가 계속 늘면서 공동묘지를 도시 외곽으로 옮기는 일이 늘 사회적 이슈가 되었다. 6·25 전쟁은 전 국토의 묘지화라는 비극을 초래했다.

『조선일보』 1951년 10월 17일자에 따르면, "서울 시내 장충단 공원을 비롯하여 효창 삼청 등 각 공원 구내에는 6·25 이후 불법 매장한 시체가 있는가 하면 심지어는 그대로 내버린 시체를 허다히 발견할 수 있는바 금번 서울시에서는 암장暗葬한 자는 즉시 발굴하여 공동묘지로 이장해야 할 것이며 차후 이 같은 암장이 발견될 경우에는 용서없이 처단할 방침이라고 일반에게 경고하고 있다".[114]

서울 홍제원 화장장은 초만원이었다. 『조선일보』 1952년 10월 21일자 「아우성치는 영혼들!」에 따르면, "자꾸 시체가 밀리기 때문에 화장장 당사자도 골치를 앓고 있거니와 시체를 매고 2~3일씩 화장장을 드나들어 겨우 처리시키는 형편이라 한다.······작년 8월 6일 개장한 이래 홍제원 화장장에서 처리한 총 시체 건수는 6,045건인바 현재 못 쓰고 있는 화구 15개를 고쳐서 사용하게 되면 그 처리 건수는 훨씬 늘 것인데 시 당국에서는 예산이 없다고 한 화구 수리비 300만 원씩을 지출 못하고 있다 한다".[115]

제6장

휴전회담:
개성에서 판문점까지

소련의 휴전 제의

김일성은 개전 1년 만인 1951년 6월께부터 전쟁을 승리로 이끌 수 없다고 판단했다. 마오쩌둥毛澤東, 1893~1976도 같은 생각을 하고 있었다. 마오쩌둥은 1951년 6월 5일 소련의 스탈린에게 보내는 비밀 서한에서 "한반도에서 전쟁을 수행하는 과정에서 우리는 재정 문제와 군사작전의 어려움 등 심각한 위험에 직면해 있다"며, "이에 대한 조언을 받기 위해 가오강高崗(중국 공산당 중앙위원)과 김일성 동지를 모스크바로 보냈겠다"고 밝혀 사실상 정전 의사를 표명했다.

이에 대해 스탈린은 "장기전은 중국군으로 하여금 전장에서 현대전을 습득케 할 뿐만 아니라 미국의 트루먼 정부를 흔들어 연합군의 군사적 권위를 꺾을 수 있다"며 반대했다. 그러나 스탈린의 이런 생각은 6월 13일 가오강과 김일성을 만난 뒤 바뀌었다. 스탈린은 마오쩌둥에게 "나도 현 시점에서 정전이 타당하다는 판단을 하게 되었다"고 알렸고 이에 따라 공산 측은 정전협상에 나서게 되었다.[116]

휴전을 원하는 건 트루먼도 마찬가지였다. 전쟁 발발 후 처음 7주간 미국인들의 전쟁 지지도는 65%였으나, 이는 1951년 2월경에 39%로 떨어졌다(1951년 10월경엔 33%로 떨어졌다).[117] 트루먼의 지지도는 전쟁 초기인 1950년 8월 43%를 기록한 이후 1951년 2월 26%, 1951년 5월 24%까지 떨어졌다(트루먼의 지지도는 휴전회담이 시작된 1951년 8월 31%로 올랐다가 전쟁이 답보 상태에 빠지자 1951년 11월 23%, 1952년 4월 28%로 내려갔다).[118] 이제 정치적 위험을 무릅쓰고 확전론자인 맥아더를 해임까지 한 마당에 휴전을 망설일 이유는 없었다.

1951년 6월 1일과 5일, 미 국무부 장관 단 애치슨Dean G. Acheson, 1893~1971의 요청을 받은 미국의 소련 문제 전문가 조지 케넌George F. Kennan, 1904~2005이 당시 유엔 주재 소련 대사 야코프 말리크Yakov Malik, 1906~1980와 비밀리에 접촉을 가졌다. 이들은 6일 뉴욕 근처의 롱아일랜드에서 만나 정전협상을 하기로 합의했다.[119] 이에 따라 말리크는 6월 23일 유엔 방송, 그래서 미국 내 방송 연설이라는 기묘한 방식을 통해 정전회담을 제의했다. 그는 '평화의 가치'라는 제목의 연설에서 "한국 문제의 평화적 해결을 종용하고 교전국 간의 휴전협상 토의가 시작되기를 소련 인민들은 희망한다"고 말했다.[120]

이승만은 6월 27일 휴전은 소련의 흉계라고 비난하는 담화를 발표했다. 이승만은 "소련의 지도자들이 무력으로 성취하지 못한 것을 이제 와서 양면 외교를 통해 달성코자 하고 있다"고 비난하면서 분단 상태에서 정전은 한국에 대한 '모욕'이라고 주장했다.[121]

7월 10일에 시작된 정전협상

그러나 미국과 소련·중국·북한이 원하는 일을 이승만이 뒤집을 수는 없었다. 특히 이승만을 돕는 미국으로선 한반도에서 전쟁은 지리적으로 워낙 불리했기 때문에 제한전으로 끝낼 수밖에 없었는데다 인명 피해가 워낙 막심했기 때문에 휴전을 더는 미룰 수 없었다. 1951년 6월 말 현재 미군 피해만 하더라도 사망 2만 1,300명, 실종·포로 4,400명, 부상 5만 3,100명이었다.[122]

맥아더의 뒤를 이어 유엔군 사령관이 된 리지웨이는 김일성과 중국군 사령관 펑더화이彭德懷, 1898~1974에게 6월 30일 휴전회담을 제의했고, 이들은 7월 1일 이 제의를 수락했다. 리지웨이는 6월 30일 성명에서 회담 장소로 원산항 근처에 있던 덴마크 병원선을 제의했지만, 개성을 원한 북한과 중국의 요구가 받아들여졌다.

개성은 북한의 점령 지역으로 15킬로미터를 들어가야 했기 때문에 유엔군 측이 심리적 위협을 느끼지 않을 수 없었는데, 북한은 바로 이걸 노린 것이었다. 게다가 회담 장소는 유엔군 작전 지역에서 제외되는 성역이 될 것이기에 북한 측은 개성 지역을 확실하게 확보할 수 있는 이점을 누릴 수 있었다.[123]

7월 1일 정전을 위한 예비회담은 북한의 그런 노림수를 잘 보여주었다. 유엔군 대표들은 헬리콥터를 타고 문산에 내려 지프차를 타고 북측으로 향했다. 유엔군 측은 사절 표시로 국제 관례에 따라 차에 백기를 달고 회담 장소인 개성 래봉장으로 이동했는데, 평양 방송은 국제 관례를 무시하고 미국 측이 "백기를 들고 와 사죄하고 배상을 약속했다"느니

북한은 유엔군이 개성으로 이동하자, "백기를 들고 와 사죄하고 배상을 약속했다"며 선전했다. 처음으로 얼굴을 마주한 유엔군과 공산군의 대표들.

"적군이 항복하러 오는 길"이라느니 하는 식으로 선전했다.[124]

7월 10일부터 본회담이 시작되었다. 유엔군 측 수석대표는 미 해군 극동지역 사령관인 중장 터너 조이Turner Joy, 1895~1956, 한국군 대표는 제1군단장인 소장 백선엽, 공산군 측 수석대표는 소비에트 조선인인 북한군 총참모장 남일이었다. 통역 장교로 참가한 선교사이자 미 해군 대위인 호러스 그랜트 언더우드Horace Grant Underwood, 1917~2004는 다음과 같이 말했다.

"첫 정전협상 모임 때였는데, 북한 측은 자신들이 유엔 대표를 내려다볼 수 있게 의자에 걸터앉으면서 우리에겐 방바닥에 등받이만 있는 의자를 주더군요. 지금 회상하면 웃음이 나오지만 그땐 그만큼 '기氣' 싸움이 치열했습니다.……한번은 북한군 소장이 유엔 대표에게 '탄말'을 하는 거예요. 저도 질 수 없어서 유엔군 소장의 말을 통역하면서 막 반말로 해댔죠. 그러니까 북한군 소장이 '어디서 대위 따위가 장군에게 반말을 하냐'며 화를 낸 적도 있습니다."[125]

'기 싸움'과 '눈 싸움'

터너 조이는 곧 자신의 의자를 정상적인 크기의 것으로 바꾸었지만, "그때는 이미 공산주의자들이 사진을 다 찍고 난 후였다".[126] 깃대 높이기 경쟁도 있었다.

"유엔군 측이 테이블 위에 작은 유엔기를 놓자 이 점에 대하여 미처 준비하지 않았던 공산군 측은 그날 오후 유엔기보다 10센티미터 정도 높은 북한기를 놓았으며 그 이튿날은 깃대 높이기 경쟁이 벌어져 기가 천장에 닿을 정도로 높이 올라가는 우스운 장면이 연출되기도 하였다."[127]

북측 대표단의 일원인 소장 이상조는 백선엽에 대한 모독도 서슴지 않았다.

"이상조는 어느 날 양측이 의견 대립으로 '귀측은 할 말이 없는가'라는 말만 주고 받은 후 약 1시간가량 무언으로 대좌하고 있는 도중 백지에 빨강 색연필로 낙서를 하더니 이것을 슬며시 내 쪽으로 비쳐 보였다. 거기에는 '제국주의자의 주구走狗는 상갓집 개만도 못하다'고 적혀 있었다."[128]

그야말로 기氣 싸움의 연속이었다. 기 싸움에 '눈 싸움'이 빠질 리 없었다. 고은의 「눈싸움 7시간」이다.

"길고 긴 휴전회담/지겹고/지겨운 휴전회담의/첫번째 회담이 시작되었다/유엔군 대표 조이 중장/북 대표 남일 대장/판문점 밖은 아직도 격전/조이 제안/휴전선은 경기도 연천·철원/강원도 금화·간성을 잇는 캔자스라인으로 정하자/남일 제안/전쟁 이전 38도선으로 복귀하자/다시 남일 전쟁 7개월 동안/우리 인민군은 38선 이남을 5개월간 점령했다/너희는 38선 이북을 겨우 2개월 점령했다/너희가 소위 캔자스라인을 주장한다면/우리는 저 아래 낙동강을 휴전선으로 주장할 것이다/조이/아니다 전쟁의 제공권 제해권은 완전히 우리가 장악했다/일본과의 전쟁에서도/단 한명 병사도 일본 본토에 상륙하지 않고 일본을 항복시켰다/남일/너는 중대한 사실을 망각하고 있다/일본을 항복시킨 건/먼저 조선인민의 해방투쟁/8년간 중국인민의 항일전쟁/그리고 소련참전이다/너희는 일본과 5년 싸웠으나/결국은 소련 참전으로 이긴 것이다/그 뒤/장장 7시간 10분은 입 다물고 눈싸움으로 보냈다/눈감으면 지는 눈싸움."[129]

이런 일화도 있었다고 한다. "북한 측 이상조는 콧등에 왕파리 세 마리가 달라붙었는데도 '인민군은 이렇다'는 것을 보여주기 위해선지 까딱도 안 하여 후일 조이 중장이 '지저분한 인간'이라고 평했"다는 것이다.[130] 이런 '기 싸움'이 시사하듯이, 회담의 난항은 이미 예고되어 있었다. 당장 문제가 된 격돌 의제는 38선을 군사경계선으로 할 것인지와 외국군 철수 문제 등이었다.

난항이 거듭되자 마오쩌둥과 김일성은 그래도 협상이 계속되기를 원한 반면, 스탈린은 전쟁 종결을 서둘러선 안 된다고 했다.[131] 북한에 대한 지원을 거부했던 스탈린이 그런 입장을 보인다는 건 그가 시종일관 6·25 전쟁을 오직 소련의 이익을 위해 이용하겠다는 계산을 드러낸 것과 다름없다.

한국을 배제한 샌프란시스코 평화조약

매슈 리지웨이는 휴전회담이 시작된 7월 10일 미 합동참모본부에서 "북한과 중국 공산군에 최대한 인적, 물적 피해를 안겨줌으로써" 협상이 타결될 수 있도록 군사적으로 압박하라는 지시를 받았다. 2년 후 아이젠하워 행정부의 국무부 장관이 되는 존 포스터 덜레스John Foster Dulles, 1888~1959에 따르면, "중국군에 뜨거운 맛을 보여줌으로써 우리의 명백한 우위를 (모든 아시아 국가들 앞에) 보여주지 못한다면 한국의 협상에서 얻어낼 것이 그다지 많지 않으리라 본다"는 이유 때문이었다.[132]

이후 8개월 동안 미 공군은 적의 통신망과 보급로 타격을 이유로 철도, 차량, 도로, 교량 파괴는 물론 마차나 손수레, 창고로 이용될 수 있다고 생각되는 모든 주택과 방공호에 네이팜탄과 소이탄, 세열탄細裂彈 등을 퍼부어댔다.[133] 헝가리 특파원 티보르 메레이Tibor Méray, 1924~2020의 증언이다.

"북한에서 움직이는 것은 무엇이든 군사적 표적이 되었으며, 들에서 일하는 농민들은 흔히 조종사들의 기관총 세례를 받았는데, 내가 받은 인상으로는, 그 조종사들이 움직이는 표적들을 쏘는 것을 즐기고 있었어요."[134]

그는 1951년 8월 압록강을 건너 '압록강과 수도 평양 사이의 완전한 폐허'를 목격했으며, 끊임없는 무차별 폭격 때문에 그의 일행은 항상 밤에만 이동해야 했다.

"우리는 달밤에 움직였기 때문에, 나의 인상으로는 마치 달 위를 여행하는 것 같았습니다. 왜냐하면 오직 폐허밖에 없었기 때문입니다.…… 모든 도시는 굴뚝들의 집합체였어요. 왜 집은 무너지고 굴뚝은 무너지지 않았는지 모르지만 나는 인구 20만의 도시를 통과하면서 수천 개의 굴뚝을 보았는데, 보이는 것이라곤 그것이 전부였어요."[135]

김일성과 달리 박헌영은 휴전을 반대하고 있었다. 김일성은 1951년 8월 14일 '해방 6주년 평양시민대회'에서 박헌영에 대한 사실상의 비판을 담고 있는 주장을 폈다. "벽에 몰린 미 제국주의자들이 휴전을 제의하는 것밖에는 대안이 없어 다시는 침략을 하지 않겠다고 휴전을 제의했다. 우리가 어떻게 평화를 받아들이지 않을 수 있겠는가?"[136]

남북한이 전쟁에 집중하고 있는 동안 미국은 샌프란시스코에서 패전국 일본에 매우 관대한 평화조약과 안보조약의 체결을 서두르고 있었다. 1951년 8월 20일 외무부 장관 변영태는 평화조약에 대한 비판성명을 발표했다. "평화는 적대성이 있는 곳에서 실현"되어야 하지만, 샌프란시스코 평화조약은 한국을 배제시킴으로써 그 목표와 의도를 스스로 훼손시켰다는 것이었다. 그러나 한국의 대일 요구는 대부분 기각된 채로 1951년 9월 8일 대일 강화조약과 태평양안보조약이 체결되었다.[137] 샌프란시스코 평화조약은 일본에 너무도 관대해 일본 총리 요시다 시게루 吉田茂, 1878-1967조차도 "그 관용에 있어서 사상 유례없다"고 고백할 정도였다.[138]

한국을 전승국에서 제외한 샌프란시스코 평화조약은 일본에 재일

샌프란시스코 평화조약에는 일본이 재일교포 문제 등의 보상 처리를 하지 않아도 되는 내용이 포함되었다. 샌프란시스코 평화조약에 서명하고 있는 요시다 시게루 총리.

교포 문제 등의 보상 처리를 하지 않아도 되는 성과와 더불어 영토 문제에서도 큰 이익을 안겨주었다. 일본은 이 틈을 이용해 독도까지 넘보았다. 『아사히신문』 1951년 9월 15일자는 「일본으로 반환되는 다케시마(독도)」라는 독도 탐방기를 사진과 함께 사회면 머리기사로 싣기까지 했다. 일본의 그런 작태는 한국이 전쟁으로 정신이 없는 틈을 타서 저지른 기만적인 술수였지만, 일본의 '독도 넘보기'는 이후 반세기가 넘게 계속된다.[139]

제2부 1951년

정전회담장의 '슬픈 에피소드'

김일성의 주장처럼 미국이 벽에 몰린 건 아니었다. 미국은 1951년 8월 내부적으로 미군이 군사적 어려움에 직면하게 될 경우 원자폭탄을 사용하기로 결정하고 10월에 '허드슨 하버Hudson Harbour'라는 암호명 아래 몇 차례 원자탄 투하 연습까지 실시했다.[140] 트루먼의 맥아더 해임 이유는 '원자탄 사용'이나 확전론이라기보다는 자신의 권위에 대한 도전이었음을 말해주는 대목이다.

정전회담은 8월 4일에 합의해 10월 25일부터 판문점에서 열리게 되었다. 도쿄 유엔군 사령부에 근무하던 문익환과 정경모는 통역 요원으로 뽑혀 1951년 늦가을 판문점에 도착했다. 김형수는 "회담은 언제나 3자가 나서서 진행되었다. 한편에는 미국 측 대표, 맞은편에는 조선 측 대표와 중국 대표, 공용어는 영어. 미국 대표가 말을 건네면 미국 측 통역자(문익환이나 정경모)는 우리말로, 또 중국 측 통역자는 중국어로 통역을 하고, 반대쪽에선 조선 대표가 뭐라고 하면 영어와 중국어 통역자들이 동시 중개를 하는 회담이었다"며 다음과 같이 말했다.

"한국 측 대표는 발표권이 없으니 미국 측 옵서버에 불과했는데 그나마 한국어도 영어도 할 줄 모르는 사람이 파견되어 있었다. 그 좁은 회담장에서 가끔 터져나오는 일본어가 한국 측 장군의 목소리라는 사실은 현실의 서글픔을 상징적으로 보여주고 있었다. 그렇게 판문점에서 영어·조선어·중국어·일본어가 마구 뒤섞여 사용되는 것을 보면서 문익환은 한국어의 운명에 주목해갔고 정경모는 국제정치의 역관계에 눈을 떠갔다."[141]

하루는 이런 일이 있었다고 한다. 북측에서 갑자기 항의가 들어왔는데, 미국 측 담당자는 모두 본국으로 휴가를 가버려 없었고 그래서 한국군 연락장교인 대령 이수영이 남측 대표로 나가게 되었다. 통역을 맡은 문익환과 정경모도 도쿄와 서울에 가 있어 통역은 호러스 그랜트 언더우드가 맡았다. 북측의 항의 내용은 "귀측의 비행기가 우리 마을에 들어와 기관포를 쏴서 어린애가 죽었소. 이건 정전협정 위반이오"라는 것이었다.

김형수는 『문익환 평전』에서 "이수영 대령은 분명 한국인이건만 우리 미군 비행기가 휴전선 근처를 침범하여 당신네 한국의 촌락에 있는 한 어린애를 죽였다는 보고를 우리 미군은 접수한 바가 없다는 의사를, 그것도 서툰 영어로 밝혔고, 그것을 다시 한국의 미국인이 서툰 한국어로 통역했던 것이다. 그리고 회담이 끝나 해가 뉘엿뉘엿 서쪽으로 떨어지는 무렵이었다"며 다음과 같이 말했다.

"회담장을 빠져나와 서로 갈라지는 지점에서 북측 장춘삼 대좌가 마침내 역겨워 못견디겠다는 듯이 시비를 걸었다. '여, 이수영 대령! 우리말 다 잊어버렸나?' 그때 언더우드의 음성으로 통역된 이수영 대령의 답변이 이랬다. '우리는 자유민주주의니까 영어로 말하고 싶을 때는 영어로 하고, 한국말로 하고 싶을 때는 한국말로 한다. 그건 우리 자유다!' 북측의 사고로는 납득할 수가 없었을 것이다. 까닭에 장춘삼 대좌가 가래침을 탁 뱉으면서 기어이 욕설을 해버렸다. '에이, 개새끼야!' 이 슬픈 에피소드야말로 당시 한국의 운명을 드러내는 희극적 상징의 하나였다. 북측의 엘리트들이 이데올로기에 경직되어 있다면 남측의 엘리트들은 한낱 '변방의 지식인'으로 전락해 있었다."[142]

조기 정전에 대해선 북한과 소련의 생각이 달랐다. 미군의 폭격 세례에 질린 김일성은 독자 행동에 나서 1951년 11월 유엔에 직접 조기 정전을 호소했다. 북한의 피해가 너무 심각해 더는 전쟁을 계속할 수 없다는 판단 때문이었다. 그러자 소련의 강력한 견제가 들어왔다. 소련 제1외무차관 안드레이 그로미코Andrei Gromyko, 1909~1989는 11월 19~20일 북한 주재 소련 대사 니콜라이 레베데프Nikolai Lebedev, 1901~1992에게 서한을 보내 "현 상황에서 북한이 유엔에 정전을 호소하는 것은 정치적 불이익만 초래할 뿐"이라고 경고했다. 그러나 북한은 조기 정전 노력을 포기하지 않았다.[143]

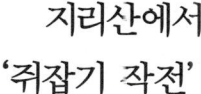
지리산에서
'쥐잡기 작전'

'낮에는 대한민국, 밤에는 인민공화국'

휴전회담이 진행되던 그 시기에 미군은 북한을 폭격하기에 바빴고, 남한 산악 지대를 파고든 북한군 잔류 세력은 빨치산 투쟁을 하기에 바빴다. 그래서 빨치산 세력이 가장 왕성한 지리산 일대는 '낮에는 대한민국, 밤에는 인민공화국'으로 변하는 세상이 되었다. 빨치산을 더는 방치할 수 없다는 결론이 내려졌다. 휴전회담의 한국 측 대표였던 백선엽은 1951년 11월 16일 토벌군 사령관으로 차출되었다. 최전선의 2개 사단도 토벌군으로 차출되었다. 이는 이승만이 미8군 사령관 제임스 밴 플리트James Van Fleet,1892~1992에게 간곡히 요청해 이루어진 것이었다.[144]

미군은 대대적인 토벌 작전에 60여 명의 미군 고문단을 파견했다. 선전전도 미군이 주도했다. 미군은 남원에 방송 시설을 갖추고 투항 권유 방송을 송출했으며, 투항 권유 전단을 도쿄에서 인쇄해 공수해왔다.

이 전단은 "그 넓은 지리산이 하얗게 덮일 정도로 대량으로 공중 살포" 되었다. 살포된 전단은 모두 992만 장이었다.¹⁴⁵ 살포된 전단 또는 삐라 가운데엔 '한 장이면 몇 사람이라도 통할 수 있다'는 단서가 붙어 있는 '귀순증'이라는 증명서 모양의 것도 있었다.

남부군 빨치산 출신인 이태에 따르면, "남부군에서는, 우설雨雪에 견디도록 두꺼운 모조지로 된 이 삐라를 주워다가 담배 마는 데 쓰거나, (용변 후의) 뒤지용으로, 연락문이나 기록 용지, 불쏘시개, 여성대원의 생리용으로까지 다양하게 이용했기 때문에 '귀순증' 같은 것을 주어 갖고 다닌다고 이상하게 생각하는 일은 없었다.……담배는 어쩌다가 농가에서 입담배를 입수할 때도 있지만 그것이 떨어지면 마른 단풍잎을 부셔서 삐라 종이로 말아 피웠다. 이것을 '메불'이라고 불렀다. 옛날 30년대에 총독부 전매국에서 만들던 '메불(단풍)'이라는 담배가 있었기 때문에 익살스럽게 그렇게 부른 것이다. 단풍잎도 아무 데나 있지는 않기 때문에 쌈지에 넣고 다니며 피웠다. 담배는 필수품이 아니니까 그쯤 되면 끊어도 될 법한데 그렇지가 않았다".¹⁴⁶

'과학적 신수 보는 법'이란 제목의 삐라도 있었다. 9개 항목 중 5개 이상이면 살 길을 찾으라는 내용인데, 그 9개 항목은 이런 것이었다. ① 따뜻한 온돌방에서 자고 싶다, ② 만난 음식을 배불리 먹고 싶다, ③ 빨치산은 머지 않아 소탕된다, ④ 여태 공산당 간부들에게 속은 것이 분하다, ⑤ 대한민국은 귀순자의 생명을 보호한다, ⑥ 부모처자를 다시 만나보고 싶다, ⑦ 김일성 장군은 매국노다, ⑧ 나는 대한민국의 진정한 국민이 되고 싶다, ⑨ 유엔군은 공산군보다 우세하다.¹⁴⁷

백선엽이 지휘하는 토벌군 부대의 이름은 '백白 야전전투사령부Task

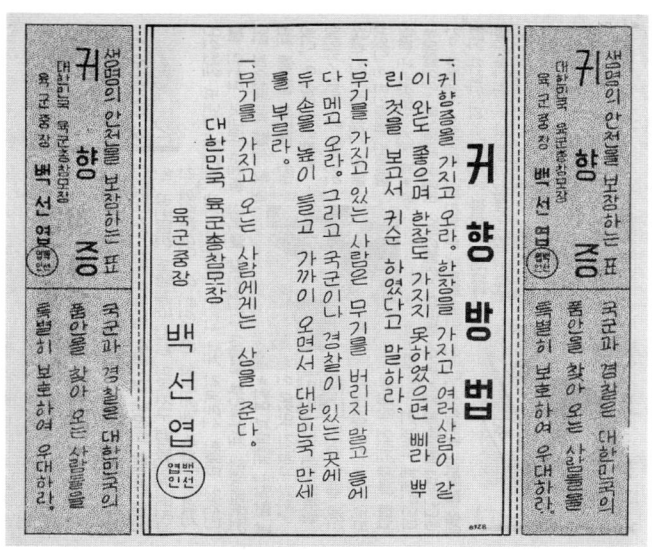

미군은 투항 권유 전단을 지리산이 하얗게 덮일 정도로 대량으로 살포했다. 여기에는 '구순증'이라는 증명서 모양의 것도 있었다. 빨치산 귀순 권유 전단. (대한민국역사박물관 소장)

Force Paik'였으며, 작전명은 '쥐잡기 작전Operation Rat Killer'이었다. 예하 부대는 수도사단과 제8사단을 비롯한 군경 합동으로 모두 3개 사단 4만여 병력이었다. '쥐잡기 작전'은 12월 2일 아침 6시부터 개시되었다. 남부군 출신인 이태는 이렇게 말했다.

"그 대군이 주요 능선과 골짜기를 점령하고 들어서니 넓다는 지리산이 밤이면 토벌군의 모닥불로 크리스마스 트리처럼 장식돼 버렸다. 능선을 따라 모닥불이 초파일의 연등 행렬처럼 점선을 그으며 늘어선 광경은 참으로 장관이었다. 빨치산이 어디 발붙일 곳이 없을 것 같은데 그래도 그 틈새에서 살아남는 것은 오직 상상을 절絶하는 인내력과 지리에 밝은 덕분이다."[148]

빨치산 투쟁의 행태

당시 지리산에는 이현상을 총사령관으로 하는 남부군단의 주력 3,800여 명이 출몰하고 있었다. 지리산의 이현상 부대는 1950년 8월 25일 경남 거창의 미군 사령부를 습격해 100여 명의 인명 피해를 냈고, 그해 12월엔 충북 단양경찰서와 문경경찰서를 기습하기도 했다. 1951년 7월 이현상 주재로 지리산에서 충남북, 전남북, 경남북 등 남한 6도 도당위원회 회의 개최해 이현상을 남부군 총사령관으로 추대했다.[149] 그러나 남부군은 여러 빨치산 조직 가운데 하나였을 뿐이다. 빨치산 조직마다 각기 행태도 달랐다. 『빨치산』의 저자 이영식은 이렇게 말했다.

"지리산에는 여자들로만 편성된 전투부대가 있었어요. 무기도 M-1과 똑같이 무거운 구식총을 주었어요. 그런 여자들이 신체적으로 볼 때는 더 강해요. 같이 밥을 굶어도 여자들이 더 오래 삽니다. 부상을 당해 창자가 나와도 여자들이 오래 살아요. 부상당했을 때 여자들이 제발 죽이고 가라고 막 소리를 질러요. 그러면 반드시 죽여야 되는 거고, 또 아무것도 못할 것 같으면 죽여야 돼요. 죽이는 게 불문율이고, '엄마 나 살려주시오' 이런 얘기는 안 해요. 그 생활에 있었던 사람들은 실질적입니다. 죽을 적에 깨끗이 죽어요."[150]

이영식은 포로를 죽일 때는 여자들 보고 죽이라고 했다고 증언한다.

"그러면 여자들은 아주 잔인하게 죽입니다. 왜 여자들은 그렇게 잔인하게 죽이느냐 하면, 여자들이 붙들리면 토벌대들이 윤간을 하고 총창으로 젖가슴을 베어내고 찔러죽이고 합니다. 혹은 산속에서 윤간하다가 여자가 축 늘어지면 산속 빈집에다 넣고 불을 싹 지릅니다. 이렇게 당하

여자 빨치산은 신체적으로 더 강하고 밥을 굶어도 부상을 당해도 더 오래 살았다. 사살된 여자 빨치산을 막대기에 매달아 운반하고 있는 토벌대.

니까, 여자들도 복수심에 타고 있기 때문에 붙잡은 경찰을 귀 자르고 코 자르고 찔러 죽입니다. 총탄이 아깝다고 돌로 때려죽이기도 해요. 잔인성이 양쪽 다 이루 말할 수가 없었지요. 포로수용소에 와서 여자들이 피어나는 걸 보니까 참 아주 신기한 생각이 들데요."[151]

이태는 인근 마을에 지하 조직을 만드는 건 불가능했다고 말한다.

"빨치산은 냄새도 다르고 육체가 달라놔서요. 일반인 행세를 할 수가 없었어요. 보통 사람하고 달랐습니다. 발바닥에는 두꺼운 살이 겹겹이 쌓여서 맨발로 다녀도 아무렇지도 않고 그랬어요. 아까 이 선생이 여성들이 잔학한 보복을 했다고 했는데, 남부군의 경우에는 경찰관이든 군인이든

잡히면 그 자리에서 석방을 했습니다. 이현상의 방침이 그랬습니다."[152]

고은의 빨치산 시

고은은 빨치산에 대해 여러 편의 시를 썼다. 세 편의 각기 일부만 감상해보자. 고은의 「노고단 밑」이다.

"낮에는 대한민국/밤에는 인민공화국이었다/또 낮에는 대한민국/밤에는 인민공화국이었다/무슨 장난인가/밤에는 빨치산에게/숨겨둔 양식 지고 가야 했다/다음날 아침에는/빨치산 토벌대에게/무서운/무서운 고문을 받아야 했다/좌도 저승길/우도 저승길."[153]

고은의 「빨래」다.

"피아골로 올라간 남편 임상래/전 남로당 소속 후보전사/어느날 밤 몰래/내려와/하룻밤 자고 먹새벽에 올라갔다/그때 정했다/검은 빨래 널어두면/위험하다는 것/흰 빨래 널면 안전하다는 것/몇달 동안/그 빨래로 남편 임상래가 내려왔다/그뒤/아무리 흰 빨래 널어도/남편은 오지 않았다/그날 밤도 그날 밤도/늦단풍/지리산 피아골 아래 아이 밴 아낙/뱃속에서 꿈틀 노는 아이한테/눈물바람 거두며 말했다/니 아부지 오라고 너도 빌어라/뱃속에서 빌어라/해가 져도 흰 빨래 걷지 않았다."[154]

고은의 「김학수」다.

"그믐밤/지리산 시루봉이 엉엉 울었다 한다/다음다음날/서남지구 전투경찰대 전과가 발표되었다/아군 4명 희생/공비 89명 사살 소총 9정 노획/공비 중에는 아이도 여럿 포함되었다/아이 김학수/학생복을 벗겨 태웠다/인월 고모네집에 다니러 왔다가 공비로 죽어야 했다/순창국민

학교 4학년/……/아버지는 공비 가족으로 다섯 번 조사 받았다/끝내 아버지는 미쳐 버렸다."[155]

남부군 총사령관 이현상의 최후

'쥐잡기 작전'은 1952년 1월 말까지 계속되었다. 육군본부 자료에 따르면, 토벌 결과는 사살 5,800명, 포로 5,700명이었다. 예상을 훨씬 뛰어넘는 수였지만, 미군 측은 1952년 3월에도 아직 3,000명 정도의 빨치산이 그 지역에 남아 있는 걸로 추정했다.[156]

'쥐잡기 작전' 이후에도 빨치산 토벌은 계속되었다. 귀순 빨치산들로 구성된 빨치산 토벌부대인 '보아라 부대'도 1953년 4월까지 토벌에 계속 참여했다. 이 부대는 1951년 10월 지리산 지구 전투경찰사령부 안에 특별히 설치된 사령관 직속부대로 창설 당시 38명으로 구성되었다가 나중엔 150명으로 늘었다. 제2대 전투경찰사령관으로 부임한 경무관 신상묵이 주변의 반대를 무릅쓰고 만든 부대라 "만천하의 의심 많은 사람들아, 두고 보아라, 이 부대의 눈부신 활약을 똑똑히 보아라!"는 뜻에서 '보아라 부대'로 명명한 것이었다. '보아라 부대'는 큰 전과를 거두었다고 한다.[157]

1953년 9월 18일 남부군 총사령관 이현상을 지리산 빗점골에서 사살한 수색대도 모두 빨치산 귀순자로 편성된 부대였다. 이현상을 사살한 김은석은 이현상의 호위병이었다. 그는 이현상을 사살한 후 시체에 대고 거수경례를 하면서 "선생님, 죄송합니다" 하며 울음을 터뜨렸다고 한다.[158] 그러나 이현상의 호위병이었던 김영태는 토벌대가 이현상을 사

1950년대 공비 소탕과 관련해, 주민들의 협조를 유도하기 위해 제작된 전단으로 공비들에게 맞서 궐기할 것을 권고하는 내용이다. (대한민국역사박물관 소장)

살했다는 사실을 부인했다.

"경찰과 군에서는 서로 자신들이 사살했다고 하고 있고 한편에서는 남로당이 밀사를 보내 쏘았다는 주장도 있다. 지리산 빗점골로 내려가던 그가 매복해 있던 군경으로부터 총격을 받아 부상한 것이 잘못 알려진 것이다. 그는 부상을 입고도 너끈히 산으로 올라왔고 나중에 총으로 자살했다."[159]

이현상의 죽음을 둘러싸고 그렇게 상반되는 주장이 있는 건 그가 그만큼 전설적 인물이었다는 걸 시사해주는 것이다.『남부군』의 저자인 이태는 이렇게 말했다.

"제가 생포되어 취조를 받을 때 제일 애를 먹었던 게 이현상의 축지법 쓰는 방법을 말하라고 하는 요구였습니다. 또 벽을 옆으로 이렇게 왔다갔다 걸어다녔다는데 그거 어떻게 하는 거냐고 묻기도 했습니다. 지금도 소백산맥 주변에는 그런 얘기가 많이 남아 있습니다. 담장을 훌훌 뛰어넘는다든지 하는, 중국 영화 같은 그런 얘기가 많은데, 실은 전혀 그런 신통력을 가진 분은 아니었고, 『남부군』에 쓴 대로 중후한 인상, 아주 과묵하고도 대단히 인정이 많은 분이었습니다. 그래서 사람들이 굉장히 따랐습니다. 거기 나온 대로 그저 선생님 말씀이라면 신의 계시처럼 알았습니다."[160]

이현상은 금산 출신으로 유진산과 임영신이 그의 어린 시절 친구였다. 이현상은 빨치산 투쟁을 하긴 했지만 남북 그 어느 쪽에도 속하지 못한 중간파적인 성격이 농후했다. 이태에 따르면, "남부군은 죽을 때 '인민공화국 만세!'보다 '어머니'를 더 많이 불렀던 것 같아요. 그리고 이현상을 방랑자라고 표현하는 사람도 있습니다. 그 방랑자는 어디에도 만족하지 못하고, 북이고 남이고 적응될 수 없는 상태를 말하는 것일 텐데, 저는 그런 느낌을 받았습니다".[161]

빨치산 활동을 하다 잡힌 사람들은 포로 교환 대상에서 제외되었다. 그들은 '폭도'로 분류되어 중형을 선고받았다. 빨치산 토벌은 1953년까지도 계속 강조되었으나 1954년부터 중요 과제의 위치에서 물러나게 되었고, 1956년 4월 9일엔 거창에서 지리산의 공비 토벌이 완료되었음을 축하하는 지리산 평화제가 거행되었다.[162]

그렇지만 1956년 7월 13일 전북 정읍에서 빨치산 1명이 사살되고, 2명이 생포되었다. 이로써 빨치산은 정부의 공식 기록에서 자취를 감추게 되지만, 빨치산이 완전히 사라진 건 아니었다. '마지막 여자 빨치산'이자 '지리산의 전설'로 알려진 정순덕이 지리산 내원골 민가에서 체포된 것이 입산 12년 만인 1963년 11월이었다.

이승만의 자유당 창당

이승만, "이젠 정당이 필요하다"

이승만은 1951년 8·15 경축사를 통해 "일반 국민이 정당의 의미를 철저히 알기 전에는 정당제도를 실시하는 것이 이르다고 생각"했으나, "지금은 시기가 와서 전국에 큰 정당을 조직"하겠다고 밝혔다. 그 이유는 가난한 노동자, 농민의 대변 기관이 부족하다는 것이었다.[163] 이어 이승만은 8월 25일 신당 조직에 관한 담화문을 발표했다. 그는 정당 조직이 아직 이른 것 같다고 한 이유는 '사색당쟁四色黨爭의 역사와 습관성' 때문이었다면서 이젠 정당이 필요하다고 말했다. 그러나 여전히 왜 이젠 정당이 필요하게 되었는지 그 이유는 밝히지 않은 채 이승만은 사당私黨은 피해줄 것을 요청했다.[164]

이승만은 말을 반대로 하고 있었다. 사당은 피해 달라는 말은 굳이 할 필요가 없었겠건만 그가 그런 말을 한 것은 사당을 만들겠다는 깊은 마음속 생각을 역설적으로 드러내는 것과 다름없었다. 물론 자유당이 이승만의 사당인지 아닌지는 훗날의 역사가 말해줄 것이었다. 그러나 창당 과정이 이승만의 뜻대로 돌아간 건 아니었다. 이승만이 정당을 원한 건 이젠 '사색당쟁의 역사와 습관성'이 사라졌기 때문이 아니었다. 이승만이 원한 건 대통령 직선제와 양원제 개헌이었다. 그러나 그 방향으로 개헌이 실시될 경우 자신들의 영향력 퇴조를 예상한 보수파 의원들의 반발이 만만치 않았다. 그래서 결국 원내 자유당과 원외 자유당이 각각 별개로 창당되는 기현상이 빚어졌다. 원외 자유당은 개헌 찬성, 원내 자유당은 개헌 반대였다.[165]

이범석은 누구인가?

주중 대사로 있던 이범석이 1951년 8월 31일 귀국했다. 이범석이 누군가? 대한민국 정부 수립 직후 이승만 밑에서 국무총리 겸 국방부 장관을 지낸 인물로 이승만에 대한 그야말로 맹목적인 충성파였다. 그는 결국 이승만에 의해 또 한 번 토사구팽당하게 되지만, 바로 그 점을 알아야 이승만이 이후 이범석을 앞세워 소기의 목적을 달성하는 과정을 이해할 수 있을 것이다.

이범석의 이승만에 대한 지극한 충성을 잠시 상기해보자. 국무총리이자 국방부 장관인 이범석은 1949년 7월 이승만의 대통령 취임 1주년 축하사祝賀辭에서 이렇게 말했다.

"3천만의 국부이시며 영명고매英明高邁하신 민족의 지도자이신…… 어두운 밤의 등탑燈塔이 되시었으며 넓은 바다의 나침반이 되시었습니다. 각하 있음으로써 세계의 우호열방이 우리와 굳은 손을 잡아주었고 각하 있음으로써 이 나라의 국기는 만세 반석 위에 굳어져 갑니다.……3천만의 동포는 오늘 모두 각하의 눈앞에 서기瑞氣 충만하고 각하의 무릎 앞에서 노래하고 춤추며 이날을 경축…….″¹⁶⁶

이 축하사와 같이 발표한 담화에서 이범석은 "이처럼 영명한 영도자가 있고도 국가에 우환이 있다면 이는 영도자를 받드는 국민의 정성이 부족한 것으로밖에 볼 수 없다"고 단언하면서 "진심 성의로써 받들어 명령을 준봉 실현함에 조그마한 사념도 주저도 있어서는 안 될 것"이라고 역설했다.¹⁶⁷

1949년부터 이승만의 생일은 국경일처럼 경축되었는데, 이때 나온 이범석의 이승만 탄신 축하연설의 한 대목은 이랬다.

"각하의 영명하심과 언담원촉하시는 정치적 탁견은 오십 년간의 겪으신 신산과 노고와 함께 결정되어 우리로 하여금 독립과 민주주의 정체하의 국가로서 영광과 자유와 평화를 구가케 하셨습니다.……우리 국가 민족의 원수이신 각하의 부단하신 정치적 제 분야에 있어서의 위대하신 영도는 우리 대한민국의 세계적 지위를 만방에 헌양시킨 것입니다."¹⁶⁸

'원내 자유당'과 '원외 자유당'

이승만은 자유당 창당의 대업을 이범석에게 맡겼다. 이범석은 창당을 위해 전국을 순회하며 일주일간 하루 평균 3차례 강연을 하는 강행군을 했다. 시간이 없었다. 대통령의 임기가 반년밖에 남지 않은 시점에서 개헌안을 통과시키기 위해선 서둘러야 했다. 이승만으로선 국회의 다수는 자신에게 적대적이므로 민의民意를 포섭하고 동원해야만 했다. 그래서 이범석의 탄탄한 민족청년단(족청) 조직 기반을 이용하고자 했던 것이다. 여기에 가장 조직이 큰 5개 사회단체(대한국민회, 대한청년단, 대한노동조합총연맹, 농민조합총연맹, 대한부인회)를 자유당 산하 기간 단체로 편입시킨 것도 이들의 전국적인 조직망과 수백만 회원의 힘을 이용하기 위한 것이었다.[169]

드디어 12월 17일 이범석을 중심으로 한 자유당이 탄생했다. 그러나 12월 23일 소장파 의원들이 중심이 된 또 다른 자유당이 탄생했다. 당시 정당 등록은 공보처에 하게 되어 있었다. 원래 소장파 의원들은 14일에 등록을 하러 갔다. 공보처는 "결성대회를 치른 후 오라"고 했다. 그래서 결성대회를 치른 23일 공보처에 등록하러 갔더니 이미 17일에 자유당이 등록되어 있으니 다른 이름으로 하라는 게 아닌가. 그러나 끝까지 자유당을 고집해 등록했고, 그래서 의원 중심의 '원내 자유당'과 족청 중심의 '원외 자유당'이 생겨난 것이다.[170]

이승만은 개헌을 반대하는 원내 자유당은 무시한 채 개헌을 열렬히 지지하는 이범석의 원외 자유당 결당식에만 선언문을 보내 치하했다. 이승만은 그 선언문에서 "오늘 자유당 결성식은 나의 반백 년 꿈의 성취를 보게 된 것"이라고 말했다(정부 측 개헌안에 반대하는 원내 자유당의 의원은 전부는 아니었지만 반 이상이었다).[171]

애초엔 당명을 자유당이라 하지 않고, 노동자와 농민들을 위한 당이라는 의미에서 노농당이라 부르려 했다. 그러나 "노농당이란 명칭은 공산당 냄새가 풍긴다"는 이유로 자유당으로 명칭을 바꾸게 되었다. 이에

이승만은 국회의 다수는 자신에게 적대적인 상황에서 민의를 포섭해야 했기 때문에 이범석에게 자유당 창당을 맡겼다. 1952년 자유당 〈당보〉. 상단 오른쪽에 '대통령 이승만 박사'와 왼쪽에 '이범석 장군 자유당 부당수'라고 적혀 있다. (대한민국역사박물관 소장)

대해 이승만은 1952년 1월 24일 발표한 '정당에 관한 담화'에서 이렇게 설명했다.

"그 명칭을 노농당으로 하려 했으나 자유당으로 한 것은 우리가 자유를 다 보존하여 노농 대중으로 하여금 정부를 보장토록 하는 데 그 근본 이유가 있다. 창당 목적은 노동자, 농민 대중을 대표한 정당을 만들어서 민주국가의 영구한 토대로서 정객이 이 사람들의 손에서 벗어나지 못하도록 하자는 데 있으며, 특수계급에 해당하는 한국민주당의 모든 세력자와 부유한 사람들의 의도를 받아 대다수 민중의 복리를 돌아보지 않고 특수조직을 만들어서 내각 조직을 한다면 나의 평생 목적에 위반된 것이므로 민주주의에 입각하여 대중인민으로 하여금 일민주의라는 정강 밑에서 전국의 대다수 인민을 모아 이 정강을 실천하며, 우리 대중이 나라의 주인이 되어서 정부가 소수세력이나 재산가의 손에 들어가지 않고 대다수가 소수민들의 압박을 받지 말아야 한다는 데 그 목적을 두고 있다."[172]

"이승만이 국민의 지지는 받았다"?

이 담화에도 좀 나오지만, 흥미로운 건 이승만이 자유당 창당 선언에서 민국당의 보수성을 혹독하게 비판했다는 점이다.

"민족 전체의 이익보다도 사리사욕과 정당의 권익을 위하여 정실인사와 협잡과 남용으로 국정을 모독하고 경제를 파탄시키며 문화도덕을 퇴폐시키고 국민 대중을 억압, 착취하고 있다. 이 반동세력들은 우리 헌법정신에 반역하고 시대의 흐름에 역류하여 신흥 특권계급을 형성하려고 갖은 방법으로 준동하고……."[173]

훗날 이승만의 지지자들은 이승만의 이런 발언에 근거해 이제 곧 나타나게 될 이른바 '부산 정치 파동'과 이후 내내 악화되는 이승만의 독재가 반동적인 국회를 누르고 민의를 따르기 위한 불가피한 조치였다는 식으로 옹호하게 된다. 예컨대, 이한우는 '부산 정치 파동'에 대해 이렇게 말한다.

"이를 정확히 이해하려면 '국회의 지지는 받지 못하고 국민의 지지는 받던 이승만'이라는 당시의 특수한 정세가 우선 고려돼야 한다. 기존의 연구는 언제나 이 점을 결여하고 있기 때문에 대부분 평면적이고 비현실적인 결론을 내리고 만다."[174]

그러나 '국회의 지지는 받지 못하고 국민의 지지는 받던 이승만'이라는 주장은 다른 건 제쳐놓더라도 국민방위군 사건과 거창 사건 앞에서 무력해지고 만다. 선량한 시민이라도 관官을 거역하면 언제 죽임을 당할지도 모른다는 공포감과 그것을 악용한 협박에 무력할 수밖에 없었던 민중의 처지야말로 정작 고려되어야 할 '당시의 특수한 정세'라고 보아야 할 것이다.

비유를 들어 말하자면, 최악最惡도 차악次惡을 비판할 수 있으며, 그 비판 내용이 타당한 것일 수 있다. 민국당이 보수적인 '특권계급'이었던 건 분명한 만큼 이승만의 민국당 비판에도 타당한 일면이 있는 것이다. 그러나 6·25 전쟁 발발에서부터 거창 사건에 이르기까지 이승만 정권이 저질러온 무수한 과오와 실정을 생각한다면, 이승만의 그런 비판은 최악의 차악 비판에 지나지 않았다. 이는 1952년으로 넘어가 '부산 정치 파동'의 내용을 살펴보면 좀더 분명해질 것이다.

전쟁 중의
뜨거운 교육열

'애국복권' 열풍과 도박 성행

1951년 7월 10일, 피란지 임시수도 부산의 시청 앞과 국제시장 등 10여 곳이 남녀노소로 인산인해를 이루었다. 재무부가 이날 '애국복권' 발매를 개시하자, 일확천금의 꿈을 안고 판매소에 몰려든 사람들이었다. "새치기 마라", "소매치기 조심하라" 등의 고함 소리가 요란했으며, 질서를 잡기 위해 경찰관까지 출동했다. 불특정 대중을 상대로 발행된 첫 현대식 복권의 인기는 폭발적이었다. 1장 액면가 500원씩인 '추첨식'뿐 아니라 당첨 여부를 바로 확인하는 200원짜리 '개봉식'을 함께 팔았다. 두 종류 모두 1등 상금은 액면가의 1만 배였다.

당시 이승만 정부는 "부동 자금을 산업 부흥 자금으로 흡수하기 위해 복권을 발행했다"고 했지만, 후방의 시민들은 '돈 놓고 돈 먹기'에 열광했다. 7월 10일 장맛비가 주르륵 내리던 날인데도 복권집 앞엔 우산도 받지 않은 사람들 행렬이 이어졌다. 전쟁통에 웬 복권 열풍인가 하는 궁금증에 당시의 신문은 이렇게 답했다. "지금처럼 가난하고 생명이 불안정한 시대에는 누구나 돈의 꿈을 꾸게 되는 법이다."[175]

똑같이 일확천금一攫千金을 노린 것이긴 하지만 복권과는 달리 불법인 도박도 성행했다. '전시상황에도 불구하고'가 아니라 '전시상황이기 때문에' 도박이 더욱 필요했던 건지도 모를 일이었다. 최봉영은 화투놀이가 대중적 놀이로 일반화된 것도 6·25 전쟁을 전후한 시기로 보았다.[176] 『조선일보』 1952년 11월 4일자는 "도박의 계절이라고도 할 수 있는 겨울이 다가옴에 따라 벌써부터 서울 시내 각처에서는 놀음판이 벌어지고 있다"며 "국가와 민족의 흥망을 갈고 싸우는 중대판국을 몰각하고 이같이 놀음이 성행하는 것은 민족적으로 큰 수치이며 또 나아가서는 승전에의 일대 암癌이라 아니할 수 없다"고 개탄했다.[177]

'삼팔따라지'의 교육열

그러나 다수의 사람들은 복권·도박과는 전혀 다른 유형의 '투자'를 했으니, 그건 바로 교육이었다. 한국인들은 학력이 어떤 재산보다도 안전하다는 것을 전쟁 중에 뼈저리게 체험했다. 다른 건 파괴되고 약탈당할 수 있지만, 학력은 사라지지 않는 재산이었다.[178] 1950년대의 교육열은 '교육 기적' 또는 '교육 혁명'이라고 불릴 만큼 뜨거웠다.

1950년대의 교육열은 38선을 넘어온 피난민들에 의해 더욱 뜨거워졌다. 그들에겐 '삼팔따라지'라는 별명이 붙었다. 아무것도 가진 게 없는 빈털터리라는 뜻에서 붙여진 별명이었다. 윤재걸에 따르면, "'3·8따라지'란 원래 노름판의 용어로 3과 8을 합해서 생긴 한 끗으로서 더이상 희망이 없는 제일 낮은 패를 두고 이름이었다. 북한 실향민들은 38선 이북 출신이라는 점과 더이상 희망이 없는 바닥인생이라는 점을 합성함으로써 자신들의 처지를 38따라지, 한끗 인생으로 비유하고 자조했던 것이다."[179]

그들에게 자녀 교육 이외에 그 어떤 희망이 있었겠는가? 오욱환에 따르면, "이들은 생존까지 위협받는 절박함 때문에 강한 생활력을 발휘하였으며 남한에서 이전의 사회경제적 지위를 되찾기 위해 자녀교육에 매우 열성적이었다. 실제로 이들 가운데 상당수는 강한 생활력 외에도 학력이 비교적 높았으며 현대적 사고방식과 진취적 사상을 갖고 있어 성취 지향성이 높았다. 이들의 성취 지향성은 대부분 도시에 거주함으로써 더욱 두드러졌다. 월남한 북한 주민들의 자녀 교육열은 남한 주민들의 자녀 교육열을 자극할 만큼 열성적이었다".[180]

6·25 전쟁 중의 교육

6·25 전쟁 중에도 3부제·4부제 수업까지 해가면서, 한 학급에 100명 이상 수용하는 것도 불사해가면서, 교육은 계속 이루어졌다.『뉴욕타임스』1951년 4월 23일자는 그런 모습을 이렇게 묘사했다.

"교외 어떤 산 위에서 그전 일본 신사神社 그늘에서, 어떤 국민학교는 개천 자리에서, 그리고 한 남자 중학교는 산 밑 골짜기에서 각기 수업을 받고 있다. 남한은 어디를 가든지, 정거장에서, 약탈당한 건물 안에서, 천막 속에서, 그리고 묘지에서 수업을 하고 있다. 교과서 있는 학생은 교

6·25 전쟁 중에도 개천 자리에서, 산 밑 골짜기에서 남한은 어디를 가든지 교육은 계속 이루어졌다. 1951년 7월 부산, 전쟁 중에도 학교가 열려 아이들을 가르쳤다. (사진 제공 : 이정모)

과서를 가지고, 책 없는 학생은 책 없는 대로, 지리·수학·영어·미술, 그리고 공민 교실로 다시 몰려들고 있다. 여학생들은 닭을 치고, 계란을 팔아서 학교를 돕는다. 안동에서는 학생들이 흙벽돌로 교사校舍 세 채를 이미 건축하였다."181

미국 기자의 눈엔 그런 모습이 이색적이거나 놀랍게 여겨졌을 것이다. 그래서 『뉴욕타임스』는 그런 모습을 얼마 후에 또 보도했다. 1951년 6월 8일자 기사의 일부다.

"다른 결점은 있을지언정, 한국은 그 교육제도를 계속하고 개선하기 위하여 진지하고 용감한 노력을 꾸준히 기울여왔다. 굶주림과 질병으로 수천의 생명이 희생된 엄동설한에도, 한국 정부와 유엔은 다수 학생의 학업을 계속시키는 방법을 발견하였다. 지금 국민학교에 있어 학령

아동의 대부분은 정규수업을 받고 있다.……전란戰亂을 당한 나라에서 예기할 수 있는 바와 같이, 교과서의 부족은 중대한 문제다. 그러나 어느 시골에 가도, 나무 밑에 학생들이 모여 앉아서 나뭇가지에 흑판黑板을 걸고, 떨어져가는 책을 나누어 보고 있다. 누더기를 입은 선생이 머리 위에 있는 나뭇가지를 꺾어서 만든 교편으로 가르칠 때, 6명 내지 8명의 학생들이 책 한 권을 나누어 보며, 암송暗誦하기 위하여 그 책을 이리저리 돌리고 있는 광경을 많이 볼 수 있다."[182]

서울의 대학들은 전쟁 중 피난지 부산에서도 문을 열었다. 당시 이화여대 영문과 학생 정의숙은 훗날 "기적! 기적이 있다면 그것은 우리가 6·25 사변 때 대학을 다니고 졸업을 했다는 사실일 것이다"고 회고했다.[183]

대학은 징집 회피의 수단

전황이 1951년 2월 중순부터 38선을 중심으로 대치 상태에 들어가자 문교부는 전시교육특별조처요강에 따라 부산, 광주, 전주, 대전 등 4개 도시에 '전시 연합 대학'을 설치하고 4월부터 학업을 계속하도록 발표했다. 그러나 휴전회담이 쉽게 성사될 것 같지 않자 1951년 9월 각 대학은 연합대학 대신 단독으로 임시대학을 개설하고 개강했다. 고려대는 대구에, 서울대와 연희대는 부산에 임시학교를 설치했다.[184]

1951년 2월 18일 대학생들에 대한 징집이 연기되는 조치가 취해지자 징집을 회피하기 위한 수단으로 대학생 수가 무서운 속도로 늘어났기 때문이다. 미래를 내다본 현명한 조처였을까? 실제로 그렇게 주장한 사람도 많았다. 이정규의 말을 들어보자.

"혹자는 한국전쟁 시기에 대학 재학생의 징집을 연기시킨 조처를 두고 국가의 장래를 내다보는 훌륭한 결정이라고 자찬하기도 하고, 이 시기에 대학의 설립이 추진되고 대학생이 증가한 것을 두고 전시에도 교육을 중단할 수 없다는 국민의 교육열에 기인하는 것으로 평가하기도 하지만, 당시 정치·경제·사회적 정황을 미루어볼 때, 과연 어떠한 계층의 사람들이 대학을 다닐 수 있었겠는가를 면밀히 분석하고 판단해볼 필요가 있다고 본다. 혹시 정치·사회의 권력층 혹은 기득권 계층이 그들의 자제에게 병역 기피의 수단으로 악용할 수 있는 길을 열어준 것은 아닐까? 교사와 고등학교 재학생마저도 전쟁에 지원하는 극단적인 상황에서 과연 전시에 대학생이 증가한 것은 바람직한 일인가? 하필이면 전시에 각 도에 국립대학 설립을 추진하였을까?"[185]

다음과 같은 대비가 더 가슴이 와닿는다.

"한국전쟁으로 인하여 한편에서는 젊은이들이 전쟁터에서 조국 수호를 위하여 목숨을 헌사하고 있었지만, 다른 한편에서는 전시 중임에도 불구하고 조국의 미래를 위한다는 명분으로 국가에서 제정한 특별법에 의하여 젊은이들이 대학을 다니고 있었다. 이러한 대조적인 행동 양상은 일제시대 조국 독립을 위하여 젊음을 산화한 애국자가 있었던 반면에, 일제의 동조자가 되어 동족을 핍박한 친일자도 있었던 이율배반적인 행동양상을 답습하고 있었다고 해도 과히 지나친 말이 아닐 것이다."[186]

이승만 왕조 시대의 관존민비

지도자 숭배에 관한 한 이승만 시대는 왕조 시대와 다를 바 없었으며, 관존민비官尊民卑가 최악의 형태로 노정露呈된 시대였다고 하는 점도 교육열을 부추겼다. 어느 정도로 최악이었던가? 어린 학생들은 주요 벼슬아치들의 이름을 줄줄이 외워야만 했다. 전쟁 기간에 대한 진덕규의 회고다.

"아침은 식은 죽으로 때우고 점심은 굶은 채 소를 몰고 나와 들녘의 풀을 뜯어먹게 하고는 굶어 숨진 옆집 친구를 그려보면서 그렇게 죽을 수도 있다는 알 수 없는 공포감이 스쳐가기도 했다. 그런데도 학교에 가면 대통령의 이름이며 각부 장관의 이름을 외워야 했다. 중학교 입학시험에 나온다면서 그렇게 외우게 했던 이승만, 신익희, 조병옥, 윤치영, 장택상, 이기붕 등등 그 시절의 이름난 사람들은 결코 우리 동네 사람들과는 다른 저 먼 나라의 사람들이었다. 그들도 우리 동네 사람처럼 봄철이면 죽으로 연명하면서 그렇게 살아가고 있을까? 그들도 우리 동네 사람처럼 전사한 자식이나 형제가 있을까? 그들도 우리 동네 사람들처럼 경찰이 그렇게 무섭고 읍사무소의 높은 사람들에게 쩔쩔매면서 살아갈까? 철이 나면서 안 일이지만 경찰의 최고 책임자가 바로 그들이었고 읍사무소를 쥐고 흔드는 사람들이 바로 그들이었으며, 결국 국가라는 것을 만들어 높은 자리를 차지했던 인물이 그들이었다는 것을 알고부터 다시는 그들의 이름 같은 것은 외우고 싶지 않았다."[187]

이승만의 임금 행세로 인해 강화된 관존민비 풍토는 공직 사회의 밑바닥까지 파급되었으며, 그로 인해 공직자는 국민 위에 군림하는 집단이라는 정체성을 갖게 되었다.

"관존민비 풍토는 해방 이후 지서 주임도 영감으로 불릴 정도로 '영감' 홍수 사태를 불러일으켰다. 뿐만 아니라 고관이 행차할 때는 북 두드리고 나팔 불고, 수업 중의 학생들이 나올 때도 있었지만, 수백 수천의 사람들이 도로변에 주욱 도열하여 신임 고관의 초도순찰을 기다렸다."[188]

관官으로 진입하는 건 곧 출세를 의미했다. 출세를 하기 위해선 고시를 패스해야 했다. 1949년 국가공무원법이 제정되었고, 이에 근거해 '고등고시령'과 '보통고시령'이 제정·공포되었다. 1950년 1월 16일 제1회 고등고시가 실시된 이래로 고시 패스는 대학생들의 꿈이 되었다.

대학은 권력에 접근하는 수단으로 인식되었다. 1950년대 주요 대학에서 자연과학에 비해 인문사회과학계 학생의 비중이 매우 높고 인문사회계 내에서도 법학과와 정치학과의 정원 비중이 상대적으로 높았다는 것도 그 점을 잘 말해준다. 1951년 전쟁통에 대구에서 개교한 고려대의 입학생 605명 중 110명이 정치학과, 168명이 법률학과, 나머지는 경제학과와 상학과 등이었다.[189]

정진상은 6·25 전쟁의 무차별적 파괴로 초래된 빈민화는 사회적 지위에 따른 위세의 평준화를 수반했다고 말한다.

"다시 새로운 계급과 지위 서열이 생겨날 때까지는 누구나 다 같은 처지의 사람들이 된 셈이다. 이러한 평준화 의식은 계층 상승·이동의 기회균등화로 나타났고, 이는 교육열을 불러일으킨 중요한 요소로 작용했을 것이다. 이러한 교육열에는 물론 입영 면제의 혜택도 작용했을 것이다. 어쨌든 기회균등의 이데올로기가 확산되고 교육열이 올라간 것은 장차 양질의 노동력을 창출하는 데 중요한 역할을 할 것이었다."[190]

| 제1부
1952년 | '군사 전쟁'과 '정치 전쟁' |

- 미국은 세균폭탄을 투하했는가?
- 부산: 경계가 없는 전쟁과 정치
- 거제도: 6·25 전쟁의 축소판
- 대통령 선거: 이승만과 아이젠하워
- 조선방직·삼성물산·기아산업
- 전쟁 속의 언론과 대중문화

미국은 세균폭탄을 투하했는가?

북한과 중국의 세균전 항의

1952년 2월 미국이 6·25 전쟁에서 세균폭탄을 투하했다는 주장이 소련, 중국, 북한에 의해 제기되어 세계를 떠들썩하게 만들었다. 2월 18일 소련의 모스크바 라디오는 미국이 천연두, 장티푸스, 나병 등의 세균을 살포했다고 비난했다. 뒤이어 2월 22일 북한 외상 박헌영이, 이틀 뒤엔 중국 외상 저우언라이가 미국이 세균전을 감행하고 있다고 유엔에 항의하는 성명서를 발표했다.

이들의 주장에 따르면, 미군이 비행기로 병균의 매개체가 되는 파리, 벼룩, 거미, 대합조개 등을 이용해 페스트, 탄저병anthrax, 콜레라, 뇌염 등을 포함한 수많은 병균을 유포시키고 있다는 것이었다. 2월 8일 중국군이 사로잡은 미군 2사단 38연대 소속 상병 제임스 체임버스James Chambers는 페스트 예방접종을 받은 상태였으며, 2월 11일 철원의 중국군 고지 위에선 F-15 비행기가 낮게 날더니 지름 10센티미터, 길이 20센티미터 크기의 회색 원통과 노란색 종이팩 등을 떨어뜨렸는데 그 속에는 파리·벼룩·개미 등의 곤충이 있었고, 벼룩에서 페스트 양성반응이 나왔다는 주장이 제기되었다.[1]

페스트는 중국 동북부 지역의 풍토병으로 한반도에서는 1912년 이후 한 번도 보고된 바 없었다. 그러나 600명이 살고 있는 평남 안주의 어느 마을에서만 2월 25일부터 3월 11일 사이 주민 50명이 페스트에 걸려 36명이 사망했고, 4월에는 군대에서 44건의 뇌염과 수막염이 나타났으며, 평양 인근에서는 5건의 콜레라가 발생해 3명이 사망했고 4월엔 43명이 급성 질병에 걸려 20명이 사망했다는 주장이 잇따라 제기되었다.[2] 미군 정보보고서도 1950년 한겨울과 1951년 초봄에 천연두와 티

미군이 전쟁 중에 세균폭탄을 투하했다며 북한 주민들과 중국군이 폭탄이 떨어진 주위에서 방역 작업을 하고 있다.

푸스가 북한과 남한 전역에서 보고되었다고 기록했다.³

1952년 6월 북한과 중국의 요구로 미국의 세균전 감행 여부를 조사하기 위한 국제과학조사단과 국제민주법률가협회가 구성되었다. 저명한 세균·곤충·생물학자들로 구성된 국제과학조사단은 2개월간 북한과 만주 일대 현장을 조사했다. 조사를 마친 이들은 북한과 만주의 오염지대에 인간과 동물에게 각종 전염병을 감염시킨 여러 가지 물고기, 풍뎅이, 거미, 벼룩, 모기, 쥐 등이 흩어져 있는 것을 발견했는데 이러한 생물들은 그 대부분이 지역 토산이 아니거나 아직 발생 시기가 안 되었다는 점에서 미 공군이 제2차 세계대전 중 일본군이 사용한 것과 유사한 방법으로 세균을 퍼뜨렸다는 결론을 내렸다. 조사에 참가했던 영국 학자 조지프 니덤Joseph Needham, 1900~1995은 "미국이 세균전을 수행했다는 것을 97퍼센트 확신한다"고 말했다.⁴

스스로 의혹을 키운 미국

미국은 그러한 결론을 인정하지 않았지만 공산권의 선전공세로 세계 여론은 점차 미국에 불리하게 돌아가고 있었다. 소련의 모스크바, 레닌그라드, 키예프, 민스크 등 각 도시에서는 노동자들이 예방접종을 받았다는 소식이 널리 알려졌으며, 베이징의 신문들은 이상하게 생긴 벌레나 썩은 음식 등의 사진을 세균전의 증거로 게재하기 시작했다.⁵

미국은 1925년의 생물학전生物學戰에 관한 제네바 협약에 서명하지 않았으며, 1950년 12월 미 합동참모본부는 1951년 말까지 생물학 무기를 사용할 수 있도록 준비를 완료하라고 연구 개발 부서에 지시한 바 있었다. 또 미국은 1952년 생물학전 프로그램에 5억 달러를 집행했다. 이런 사실들이 의혹을 키워 나갔다.[6]

미국은 전범으로 판명받은 일본인 세균 전문가를 재고용한 사실조차 인정하지 않아 의혹을 더욱 증폭시켰다.[7] 제2차 세계대전 당시 일본의 세균전을 담당했던 731부대는 전후 전범 재판을 피하는 대가로 모든 연구 결과를 미군에 넘겨주었으며, 미군에 한 달 새 2만 마리의 쥐를 납품하기도 했다.[8]

중국은 포로로 잡힌 미 공군 장교 25명이 생물학전에 참가했음을 시인했다고 발표했다. 미 검찰총장 허버트 브라우넬Herbert Brownell, 1904~1996은 "한국에서 공산주의자 심문관에게 협력한 미군 전쟁 포로들은 반역죄로 기소될 수도 있다"고 발언했다. 반역죄는 사형도 가능했다.[9] 미군 포로들은 나중에 미국에 돌아가서 과거 발언들을 모두 부인했지만, 그들이 과잉 대응을 한다는 느낌을 주었다. 미 합동참모본부가 1951년 2월 생물학전을 '전략·작전 및 비상 (전쟁) 계획'에 포함시키기로 결정했으며 동시에 군인들에게 적절한 훈련을 명령한 건 분명한 사실이지만 포로들은 그 사실까지 부인했기 때문이다.[10] 최근에 공개된 소련 문서는 중국과 북한의 조작설을 제시해 미국의 세균전 수행은 여전히 연구 과제로 남아 있다.[11] 그러나 중국과 북한의 조작설은 사실과는 거리가 있는 것 같다. 브루스 커밍스Bruce Cumings에 따르면, "한국에서 세균무기를 사용했는지 여부는 입증되지 않았지만, 최근의 중국 측 기술에는 중국과 북한의 지도자들이 틀림없이 세균전에 직면해 있다고 생각하여 주민들에게 예방접종을 실시하고, 해충을 박멸하고, 군인들을 특수복과 방독면으로 보호하는 대대적인 공중보건운동을 벌였다고 기록되어 있다".[12]

2000년 7월 2일에 방영된 MBC의 〈이제는 말할 수 있다: 일급비밀! 미국의 세균전〉은 '세균폭탄'의 존재 자체에 대한 그간의 논란을 잠재울 정도로 관련자들의 새로운 증언과 증거들을 제시함으로써 미국의 세균전 수행 가능성을 높여주었다.[13]

이승만, "휴전은 소련의 흉계"

1952년 들어서도 휴전회담을 둘러싼 논란은 계속되었다. 흥미로운 건 북한의 지도부에서는 이런 논란이 있었던 반면 남한에선 오직 한목소리뿐이었으며, 휴전을 찬성했다간 '빨갱이'로 몰리기 십상이었다는 점이다. 이승만이 1951년 6월 27일 "휴전은 소련의 흉계"라고 비난하는 담화를 발표한 이상 휴전에 찬성하는 건 '소련의 앞잡이'라는 소리를 듣기 십상이었다. 휴전 반대엔 여야與野의 구분이 없었다. 이승만에 대해 비판적인 대표적 야당지 『동아일보』도 1951년 5월 26일자 사설을 통해 공산군이 한반도에 남아 있는 상태에서 휴전은 소련의 함정에 빠지는 것이라고 주장했다.[14]

그러나 북한에선 김일성과 박헌영 사이의 갈등이 계속되고 있었다. 1952년 1월 25일 박헌영은 평양에서 열린 '전국농민열성자대회'에서 행한 연설에서 "만일 우리들 가운데 미제 침략자의 노예로서라도 살아야 한다고 생각하는 사람이 한 사람이라도 있다면 그는 옳지 않다"며 이렇게 주장했다.

"어느 나라의 인민도 자신들의 주권과 독립을 위해서 유혈 전쟁을 수행하지 않으면 안 된다. 침략자에 대항하여 체계적인 저항 투쟁을 전

휴전회담을 둘러싼 논란은 계속되었지만, 남한에서는 휴전을 찬성했다간 '빨갱이'로 몰리기 십상이었다. (『동아일보』, 1951년 5월 26일)

개하지 않는다면 노예로서 침략자를 위해 복무하는 길밖에 없다. 따라서, 우리는 승리를 얻기 위해 어떠한 희생도 주저해서는 안 되고, 지금부터라도 장기전을 계획하지 않으면 안 된다."[15]

박헌영의 주장에 대한 반박은 김일성의 '가장 충실한 동지'라 할 최용건이 1952년 2월 8일에 행한 '조선인민군 창설 제4주년 기념사'에서 나왔다. 최용건은 김일성의 휴전 노선을 옹호했다. 그는 "소련은 조선 전쟁의 평화적 해결을 강력히 요구해오고 있다"며 소련의 이름으로 휴전 반대파를 누르려고 했다.[16]

이승만은 1952년 3월 분단 상태에서 휴전은 한국에 대한 '사형선고'나 다름없다는 진단을 내리면서 "민족국가로 생존을 위하여 단독으로라도 계속하여 싸워나갈 것"이라고 주장했다. 그러나 이승만은 그런 주장을 하면서도 '휴전 불가'를 협상 카드로 이용했다. 트루먼은 3월 4일 이승만에게 서신을 보내 한국 정부가 계속 유엔군 사령부와 협력할 것이라고 약속해줄 것을 요청했지만, 이승만은 3월 21일 답신에서 그런 약속에 대한 대가로 한미간의 상호방위조약 체결과 한국 병력의 증강을 요구했다.[17]

1952년 4월엔 '통일 없는 휴전 반대 국민총궐기대회'가 열렸으며, 이런 종류의 데모는 휴전 협정이 맺어지는 그날까지 계속될 이승만의 협상 카드가 될 것이었다.

부산: 경계가 없는 전쟁과 정치

'쓰레기통'과 '장미꽃'

1952년 내내 남한은 '군사 전쟁'과 '정치 전쟁'을 동시에 치르고 있었다. 정치 전쟁은 군사 전쟁의 와중에서 더욱 격렬해졌다. 어찌보면 전쟁마저 정치의 연장인 듯 보였다. 전쟁을 정치에 이용했기 때문이다. 아니 정치는 전쟁의 연장이었고 또 전쟁은 정치의 연장이었는지도 모를 일이었다. 적어도 1952년 봄의 부산에 그 경계는 존재하지 않았다.

1951년 한국의 내정內政을 취재하고 간 외국 기자들은 "한국에서 민주주의를 기대한다는 것은 쓰레기에서 장미꽃이 피기를 기대하는 격"이라고 혹평을 하면서 적당한 선에서 휴전을 하고 손을 떼는 것이 좋겠다는 말들을 했다. 이 말은 영국의 런던『타임스』가 1951년 10월 1일자 사설에 인용하면서 널리 알려지게 되었다.[18]

외국 기자들은 국민방위군 사건과 거창 사건을 보고 그런 결론을 내

1952년 1월, 재집권을 위해 이승만이 제출한 직선제 개헌안이 부결되고 그 대신 국회가 내각책임제 개헌안을 제출하자 백골단, 땃벌떼 등의 단체들이 나타나 국회 해산을 요구하며 난동을 부렸다.

렸겠지만, 이 말은 1952년 봄에 일어난 이른바 '부산 정치 파동'에 대한 평가로 인구에 회자되었다. 이승만 정부는 1951년 11월 30일 직선제 개헌안을 국회에 제출했다. 공고 기간을 마치고 1952년 1월 28일 표결에 들어갔는데, 재석의원 163명 가운데 가결이 19표, 부결이 143표, 기권이 1표 나왔다. 이에 이승만은 "국회의원이 잘못하면 국민의 투표로서 소환한다"는 협박 성명을 냈다.

그 성명의 정신을 이어받은 '원외 자유당'은 18개 사회단체를 규합해 개헌안 부결 반대 민중대회를 개최하는 한편, "민의를 배반한 국회의원들을 소환하라"는 소위 국회의원 소환운동을 전개했다. 1952년 1월 말부터 부산엔 백골단, 땃벌떼, 민족자결단 등 각종 단체 명의로 된 "살인 국회를 해산하라"는 구호와 각종 전단이 넘쳐 흐르는 등 공포 분위기가 조성되기 시작했다.[19] ('땃벌떼'란 '땅벌떼'를 의미한다. 땅벌은 꿀벌과 달리 꿀도 치지 않고 독침만 갖고 있는 벌이다. '벌떼를 만난다'는 것은 느닷없이 혼난다는 뜻인데 이 벌떼가 바로 '땃벌떼'다. 주로 부산의 건달들로 구성되어 있던 땃벌떼는 갑자기 나타나 치고 빠지는 식의 폭력 행사로 악명이 높았다.)[20]

국회는 1952년 4월 17일 개헌선을 1명 초과하는 123명의 연서로 내각책임제로 개헌안을 국회에 제출했다. 1952년 4월 25일에는 시·읍·면의 의원 선거가, 5월 10일에는 도의회 의원 선거가 예정되어 있었다. 서울시의회 의원 선거를 포함해 한강 이북 지역은 전쟁을 이유로 제외되었다. 이승만은 이 지방의원 선거를 효율적으로 활용했다. 국회는 지방의회 선거를 감시하기 위해 휴회에 들어갔고, 의원들은 모두 지방으로 내려갔다.

자유당의 승리로 끝난 지방선거

이때 각 시·군에서는 지역구 출신 국회의원 환영대회라는 명칭 아래 공개 집회를 열고 내각책임제 개헌안에 서명했던 국회의원들을 공개적으로 성토했다. 청년단체들이 주동이 되어 '원외 자유당' 중앙 총본부에서 보내온 지령문에 따라 이루어진 일이었다. 이들은 국회의원들이 계속해서 내각책임제 개헌을 밀고 나가겠다면 민의를 배반하는 이런 국회의원들은 지역구민의 이름으로 소환하겠다면서 헌법에도 없는 국회의원 소환운동을 대대적으로 전개했다.[21]

4월 22일에 일어난 '서민호 사건'은 이승만에게 호재로 작용했다.

이는 국회의원 서민호가 지방의원 선거를 앞두고 출신 지역인 전남 순천에 갔다가 한 요정에서 그의 경호원과 육군 대위 서창선 사이에 벌어진 싸움을 말리면서 서창선이 권총을 뽑자 정당방위로 자신의 호신용 권총으로 상대를 먼저 쏘아 살해한 사건이다. 전시 중이라 장병이 휴가를 갈 때도 몰래 총기를 휴대하는 게 예사였고 국회의원쯤 되는 요인들도 호신용 권총을 휴대하던 때였다. 이는 이승만 정권이 서창선을 시켜 서민호를 본보기로 잡기 위해 꾸민 일이었으나 사건이 예상 외로 확대된 결과였다(5월 24일 경남과 전라도에 부분 계엄령이 선포되면서 서민호는 군법회의에 이송되어 사형을 선고받았다. 국회의원 130명의 요구로 재심을 한 결과 서민호는 8년형을 선고받았지만, 1953년 5월 계엄령이 해제되자 부산지법으로

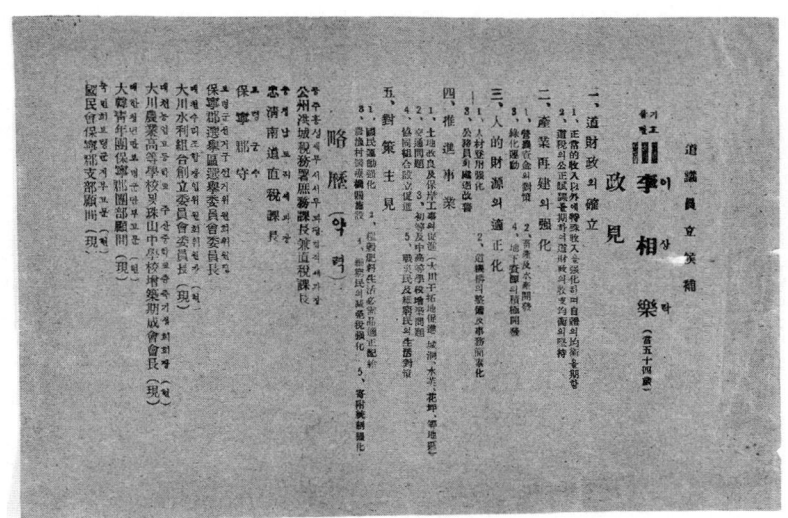

1952년 5월 10일 지방선거는 자유당과 친여계의 압도적 승리로 끝났다. 당시 도의회 의원 선거 중 충청남도의회 보령군 후보 이상락(기호 3)의 선거 공보. (대한민국역사박물관 소장)

이송되어 다시 배임과 업무상 횡령죄가 추가됨으로써 8년 10개월의 징역형을 선고받고 4·19 때까지 복역했다).²²

지방선거는 자유당과 친여계의 압도적 승리로 끝났다. 지방엔 관, 자유당, 어용조직만 존립이 가능했으며, 전시체제하의 공포 분위기가 가세한 탓이었다.²³ 그래서 훗날 이런 평가까지 나오게 되었다.

"1952년에 실시되었던 지방자치제도도 이승만 정권이 국회를 약화시키고 지방 토호들에게 족보에 기록할 벼슬자리를 주어 이들을 포섭하기 위해 실시한 것으로 풀뿌리 민주주의와는 거리가 먼 것이었다."²⁴

백골단, 땃벌떼, 민족자결단 등 정체불명의 폭력단체들은 더욱 신이 나서 매일 살벌한 시위를 벌이며 국회 해산과 국회의원 소환을 더욱 강하게 부르짖었다.²⁵ 또 전국애국단체 투쟁위원회 명의로 대통령 직선제와 양원제 지지 민의 데모, 가두시위, 국회 앞에서 성토대회, 민의 반대 국회의원 소환 요구 연판장 등 광적인 이승만 지지 운동이 전국적으로 전개되었다. 이 같은 시위들은 '원외 자유당'의 조직망을 이용해서 지방선거에서 승리를 거둔 자유당 출신 지방의원들이 한몫을 톡톡히 맡고 있었다.²⁶

조작된 '무장공비 사건'과 계엄령 선포

5월 26일로 예정되어 있는 내각제 개헌안 표결을 앞두고 이상한 일들이 잇따라 일어났다. 5월 21일 헌병사령관 원용덕은 부산 금정산에 무장공비가 출현해 미군 2명, 한국군 3명을 사살하고 도주한 사건이 발생했다고 발표했다. 사회 분위기는 더욱 살벌해지고 얼어붙었을 것이다.

나중에 밝혀졌지만, 이건 조작된 사건이었다.

당시 부산 시내에 무장공비 침투라는 건 불가능한 일이었다. 이는 김창룡이 대구형무소의 중형수들을 빼내 공비로 위장시켜 벌인 조작극이었다. 당시 대구형무소에 수감 중이었던 서민호는 김창룡이 대구형무소를 들락거리는 걸 여러 차례 목격했으며, 함께 있었던 중형수들에게서 직접 '거래 조건'을 들었다. 김창룡은 일이 끝나면 중형수들을 석방시켜주겠다고 약속했다는 것이다. 그러나 이들은 공비로 몰려 그 자리에서 사살되고 말았다.[27]

이승만은 5월 24일 공석 중인 국무총리에 장택상을 앉히고 이범석을 내무부 장관에 임명했다. 장택상은 이범석이 초대 국무총리로 있을 때 외무부 장관을 했는데, 재미있는 반전이었다. 장택상은 자신이 이끌고 있던 신라회 회원 21명을 대통령 직선제 개헌을 지지하는 쪽으로 돌렸다(장면은 4월 20일에 국무총리직을 사임했다. 신라회는 영남과 대한청년단 출신들로 구성되어 있었으며, 김영삼이 간사를 맡았다).[28]

이승만은 5월 25일 경상도와 전라도 일대에 아직 남아 있는 공비들을 소탕한다는 명분을 내세워 부산을 포함한 경상남도와 전라북도 일부 지역에 비상계엄을 선포했다. 계엄사령관엔 헌병사령관 원용덕이 임명되었다.

국방부 장관 신태영은 계엄 업무 지원을 위한 2개 대대 차출 지시를 대구에 있는 육군본부에 내렸다. 육군참모총장 이종찬은 참모회의의 결정으로 병력 차출을 거부하고, 각 부대에 "군은 본분을 망각하고 정사에 관여하는 경거망동을 하지 말라"는 요지의 '육군 장병에게 고함'이라는 육군 훈령 제217호를 하달했다.[29] (역사 산책 11: 이승만의 이종찬에 대한 분

노 참고)

5월 26일 50여 명의 국회의원이 등원하기 위해 탄 출근 버스가 크레인으로 헌병대에 끌려가는 사태가 발생했다. 다음 날 12명은 국제공산당과 결탁했다는 혐의로 투옥되었다. 국회는 5월 28일 비상계엄령 해제 요구에 관한 결의안을 채택했으며, 이틀 후에는 국회의원들에 대한 석방을 요구하는 결의안을 채택했다. 5월 28일 언커크UNCURK(국제연합한국통일부흥위원단)도 "헌법과 계엄법을 위배한 계엄령의 즉각 해제"를 요구하는 성명을 냈다. 그러나 모두 묵살당했다.

부통령 김성수의 '사임 이유서'

부통령 김성수는 이 같은 정국을 통탄하고 정치 파동에 대한 책임을 물으면서 5월 29일자로 사임서를 국회에 제출했다. 그는 '사임 이유서'에서 "그가(이승만이) 재선되면 장차 국회는 그의 추종자들 일색으로 구성될 것이며, 이후에 그는 자기의 3선, 4선을 가능하게 하도록 헌법을 자재自在로 고칠 수 있을 것"이라고 지적했다.[30] 김성수의 '사임 이유서'는 계엄하의 검열로 신문에는 실리지 못했으나 국회 본회의에서 낭독되었다.

"현 정부의 수반인 이 박사는 충언과 직언을 혐오하고 아부만 환영하며 그의 인사정책은 사적 친분으로 일관된 가운데, 자기 부하조차 항상 시기의 눈으로 보아 모든 국사를 그 자신이 일일이 직접 해결하려 하고 자신이 임명한 장관을 견제하기 위해 그의 심복을 차관에 배치하고 차관을 견제하기 위하여 다른 심복을 국장에 임명하는 것과 같은 수단을 써 그의 밑에서는 아무도 가진 바 역량과 포부를 발휘할 여지가 없다는 사실을 나는 너무도 잘 알고 있었습니다."[31]

김성수는 자신이 강력히 반대했지만, 이승만이 신성모를 주일 한국 대표로 임명한 것도 문제삼았다.

"천하가 주지하는 바와 같이 신성모는 가장 비민주적인 권모술수로써 국정을 어지럽혀온 장본인으로……그에게 벌을 주기는 고사하고 도리어 외교의 요직에 등용하여 국가를 대표하게 한다는 것은 민족의 정기를 살리기 위하여서나 정부의 기강을 세우기 위하여서나 또는 대외적인 체면을 유지하기 위하여서나 도저히 묵과할 수 없는 일이었습니다. 그래서 나는 그 부당성을 들어 임명을 철회할 것을 극력 주장하였습니다. 그러나 이 대통령은 끝내 고집하여 신성모를 일본에 파견하고 말았던 것입니다. 여기서 나는 국운이 기울어져감을 목전에 보고 일제 이래 수십 년간 가슴속에 겹쳐 쌓인 심화心火가 일시에 복받쳐올라 마침내 병석에 눕게 되었던 것입니다."[32]

김성수는 이어 내각책임제의 당위성을 역설했다.

"내가 부통령에 취임한 후 '각하閣下'라는 호칭을 폐지하기로 국무회의에서 정식 결정해 널리 공포되었음에도 불구하고 여전히 나에게 구두 혹은 서신으로 '각하'를 붙이는 사람이 끊이지 아니하였을 뿐 아니라 극단적인 예로는 '부통령 폐하陛下'라는 존칭을 써서 나에게 편지를 보내온 사람이 있을 정도입니다. 이 웃지 못할 사실에 접하고 나는 우리 국민을 빨리 민주화하기 위하여는 한 사람이 거의 황제에 가까운 강대한 권한을 쥐고 있는 현행 대통령제를 개변改變하지 아니하면 아니되겠다는 것을 통감하였던 것입니다."[33]

미국의 이승만 제거 계획

그러나 김성수의 간곡한 호소는 이승만에겐 마이동풍馬耳東風이었다. 6월 2일 이승만은 국무총리를 통해 5월 14일에 다시 제출했던 직선제 개헌안이 24시간 이내에 통과되지 않는다면 국회를 해산하겠다는 최후통첩을 발하라고 명령했다. 바로 그다음 날 트루먼은 주한 미 대사관을 통해 '돌이킬 수 없는 조치'를 취하지 말 것을 경고했다. 트루먼은 "정치적 위기를 완화할 조치를 취하지 않으면 한국은 위험한 정세에 부닥칠 것"이며 "한국에서 민주주의를 수호하기 위해 군경원조를 하고 있음"을 주지시켰다. 이에 대해 이승만은 "계엄령은 순수한 군사적 이유에서 선포된 것"이라고 주장했다.[34]

이즈음 이승만은 세계 언론에서 무수히 많은 욕을 얻어먹고 있었다. '독재자'는 기본이고 '파시스트'라는 비난까지 쏟아졌다. 마닐라의 『선데이 크로니클Sunday Chronicle』 1952년 6월 1일자는 이승만에게 "베테랑 파시스트"라는 딱지를 붙였고, 미국 『워싱턴스타』 1952년 6월 6일자도 이승만 정부에 "파시스트"라는 딱지를 붙이면서 비난했다.[35]

이승만이 말을 듣지 않자, 이즈음 미국은 이승만을 하야시킬 계획을 검토하고 있었다. 그런 기류가 한국군에까지 연결되어 쿠데타가 모의되기도 했다. 미수로 끝나긴 했지만, 이때에 육군 훈령 제217호를 기초한 육군본부 작전교육국 차장인 대령 박정희는 이승만에 대한 군부의 불신과 실망을 배경으로 쿠데타를 모의했다(문관으로 있던 박정희는 6·25 전쟁이 발발하자 1950년 7월 31일자로 현역에 복귀해 소령 계급장을 달았다).

1952년 5월 14일 박정희와 연계된 작전국장 준장 이용문, 제15연대장 대령 유원식 등은 장면(1952년 4월 20일 국무총리 사임)의 비서실장 선우종원을 찾아가 "장면 박사를 추대, 무력혁명을 하자"고 제의했지만 장면의 반대로 뜻을 이루지 못했다.[36] (이용문은 1953년 6월 23일 지리산 공비토벌 사령관으로 작전을 지휘하다 헬기 사고로 사망했는데, 이용문을 흠모했던 박정희는 이용문의 뜻을 9년 후에 실행에 옮긴다. 이용문의 아들 이건개는 1971년 31세의 젊은 나이에 최연소 서울시경국장이 된다. 대통령이 된 박정희는 이건개에게 "자네 아버지가 살아 계시다면 그분이 5·16을 주동했을 걸세"라고 말했다.)[37]

6월 12일 7개 도의 도의회 의원들과 전국의 시·읍·면 의원들은 부산에 집결해 국회의원 소환과 국회 해산을 결의하고 국회의사당 앞 광장과 대통령 관저 앞에서 연좌시위를 벌였다. 이 시위엔 18개 친여단체와 조선방직의 2천여 노동자들까지 동원되었다.[38]

6월 20일 전 부통령 이시영과 김성수, 두 달 전까지 국무총리였던 장면, 전 내무부 장관 조병옥, 김창숙 등 60여 명의 인사가 연대 서명해 부산 국제구락부에서 '반독재 호헌 구국선언 대회'를 열고자 했다. 그러나 이 대회는 폭도들의 난입으로 아수라장이 되고 말았다. 일부 인사들이 머리를 다치는 등 유혈이 낭자했다.

미국이 개입한 발췌개헌안 타협

그러나 다른 한편에선 타협책이 모색되고 있었다. 국무총리 장택상은 정부와 국회의 갈등을 해소시킨다는 명분 아래 정부 측 개헌안과 국회 측 개헌안을 절충한, 이른바 발췌개헌안을 협상 카드로 제시했다. 이는 대통령 직선제와 국회 양원제의 정부안을 뼈대로 국회의 국무위원

불신임권을 준다는 국회안을 합친 것이었다. 장택상을 중심으로 하는 신라회는 원외 자유당과 연합해 야당 의원들을 일면 설득하고 일면 위협하면서 이 안에 대한 서명작업을 벌여 나갔다. 초안이 작성된 지 20일 만인 6월 21일에 원외 자유당 63명, 신라회 20명, 원내 자유당 19명, 민우회 11명, 민국당 6명, 무소속 4명을 포함해 123명의 서명을 얻어냈다.

그때 의원들에게는 이런 위협이 가해졌다. "타협안에 서명하지 않으면 변란이 일어날 거요. 국회가 해산되고, 미군정이 실시될 거요." 장택상은 회고록에서 "신라회에서 발췌개헌안을 제출하여 가까스로 그 난국을 수습하게 되었는데 그 이면에는 공개할 수 없는 국제적인 모종의 계책이 있었다"고 술회했다. 이 발췌개헌안은 미국과 유엔이 개입해 이루어졌다는 걸 시사한 것이다.[39]

6월 21일 대통령 직선제와 양원제를 골자로 한 개헌안이 국회에 상정되자 내각제 추진 의원들은 국회 출석을 거부하고 잠적했다. 정족수 미달로 개헌안 심의가 이루어지지 못했다. 신익희, 조봉암 등 국회의장단 측은 미국 측의 타협책에 동조해 출석 거부 의원들에 대한 출석 권고에 합의했다.[40]

이런 가운데 6월 25일 부산 충무동 광장에서 거행된 6·25 두 돌 기념식에서 이승만 암살 미수 사건이 발생했다. 왕년의 독립투사 김시현과 유시태가 벌인 일이었다. 의열단원 출신인 유시태(당시 62세)는 민국당 의원 김시현의 양복을 빌려 입고 김시현의 신분증을 소지한 채 기념행사장에 들어갔다. 유시태는 이승만의 등 뒤 3미터까지 다가가 권총의 방아쇠를 당겼으나 불발이 되고 현장에서 체포되었다. 경찰과 특무대는 합동으로 수사를 펴 유시태를 조종한 혐의로 국회의원 김시현, 민국당원

부산 충무동 광장에서 거행된 6·25 두 돌 기념식에서 의열단원 출신인 유시태가 이승만을 향해 권총을 발사하는 암살 미수 사건이 발생했다. 경찰들에 의해 유시태가 체포되고 있다. (부산광역시립박물관 소장)

서상일 등 10여 명을 구속했다. 이 암살 미수 사건은 이승만을 지지하는 관제 시위의 불길에 기름을 퍼붓는 효과를 가져왔다.(역사 산책 12: 이승만 암살 미수 사건의 진상 참고)

7월 1일부터 국회 임시회의를 개최하기 위한 의원들의 강제 연행이 시작되었다. 개헌안의 의결 정족수는 123명이었는데 도무지 의원들을 모을 수가 없었기 때문이다. 7월 3일 이범석과 원용덕은 7월 5일까지는 여하한 수단을 써서라도 실종 의원 전원을 국회에 등원하게 한다는 내용의 포고문을 발표했다. 경찰과 계엄군을 동원한 수색이 실시되었다.[41]

먼저 붙잡혀온 의원들은 임시의사당에 연금되어 정족수가 찰 때까지 기다려야 했다. 이 일을 위해 국제공산당 혐의로 체포된 10명의 의원까지 석방·등원당했다. 7월 4일 185명 가운데 166명이 출석해 정족수에 이르렀다. 그날 밤 9시 30분 경찰과 관제 시위가 국회의사당을 완전 포위한 가운데 발췌개헌안 안건에 대한 표결에 들어갔다. 표결 방법은 기립 표결이었다. 개헌은 출석의원 166명 가운데 163명의 찬성으로 통과되었다. 3명은 기권이었으며, 반대는 단 1명도 없었다.

| 역사 산책 11 | ## 이승만의 이종찬에 대한 분노 |

　이승만은 계엄 병력 차출을 거부한 육군참모총장 이종찬을 5월 28일 부산으로 소환했다. 병력 차출 문제를 놓고 이승만, 신태영, 밴 프리트, 이종찬, 원용덕 등이 4시간에 걸친 설전을 벌였다. 그러나 작전지휘권을 가진 밴 프리트와 병력을 차출해야 할 이종찬이 반대해 이승만은 뜻을 이룰 수 없었다. 그래서 원용덕은 헌병, 공병, 의무대 등 비전투부대 2개 중대만으로 계엄 업무를 수행해야만 했다.[42]

　화가 머리끝까지 난 이승만은 육군참모차장 유재흥에게 "국군 최고 사령관의 명령을 거부한 참모총장을 포살捕殺하라"고 말했는가 하면, 밴 플리트에겐 "참모총장은 물러난 이시영 부통령의 4촌 동생"이라고 하여 파병 거부에 정치적 의도가 있는 것처럼 믿도록 했다. 또 나중에 리지웨이의 뒤를 이어 유엔군 사령관이 된 마크 클라크Mark Clark, 1896~1934에겐 "이 사람 할아버지가 한일합방 때 도장을 찍어 나라를 팔아먹은 사람"이라고 소개해 망신을 주었다. 물론 다 사실과는 좀 다른 이야기였다. 이시영과 이종찬은 4촌간이 아니라 14촌이었으며, 이종찬의 조부인 이하영은 을사조약 때엔 법무대신이었으나 한일합방 때에는 무직 상태였다.[43]

이승만식 의리로 보자면 배은망덕이었을 게다. 이종찬은 이승만이 "그런 인재를 왜 기용하지 않느냐"고 신성모를 질타해 1949년 6월 22일 국방부 제1국장(대령)에 임명된 뒤 불과 2년 만에 육군참모총장이 되었으니 말이다.[44]

그러나 이종찬은 군의 정치적 중립에 대한 확고한 소신을 갖고 있는 인물이었다. 밴 플리트는 이종찬이 위해危害를 당하지 않을까 염려되어 미군 헌병들을 총장 공관에 파견해 경비를 서게 했다. 이승만의 눈밖에 난 이종찬은 1952년 7월 22일에 우여곡절 끝에 해임되었으며, 밴 플리트는 여전히 안심이 안 돼 이종찬의 도미 유학을 주선해주었다.[45]

이종찬에 동조했던 작전국장 이용문과 정보국장 김종면도 좌천을 당했다. 신임 육군참모총장엔 32세의 백선엽이 임명되었다. 이즈음 미국에서 귀국한 정일권은 제2사단장에 부임했다. 당시엔 육군참모총장 하다 사단장 나가고 그런 식이었으며, 지휘체계상 전투 지휘는 사단장-군단장-미8군 사령관의 계통을 따라 이루어졌기 때문에 육군참모총장은 행정과 군수지원 총괄 업무를 맡았다(백선엽은 육군참모총장 재직 중인 1953년 1월 31일에 대장 진급을 했는데, 이는 한국 최초의 대장이었다).[46]

역사 산책 12

이승만 암살
미수 사건의 진상

 이승만 암살 미수 사건에서 가장 이해하기 어려운 건 경찰의 태도였다. 경찰은 사건 두 달 전에 국회의원 김시현이 암살 모의를 하고 다닌다는 결정적인 정보를 입수하고도 4월 7일 사찰 관계자 회의에서 김시현의 일거일동을 예의주시하고 당일 식장의 경계를 철저히 한다는 대책만 세웠다. 치안국장 윤우경은 사건이 나기 며칠 전에도 김시현과 비밀요담을 했고, 치안국 소속의 지프차를 김시현에게 빌려주기도 했다. 훗날 윤우경은 이렇게 주장했다.
 "김 의원을 불러, 이 박사를 암살할 계획을 세우고 있다는데 사실입니까 하고 물었지요. 김 의원은 술 취한 척하면서 딱 잡아떼더군요. 나는 충격을 주면 암살 계획을 취소할 것이라고 생각했습니다. 김 의원을 돌려보낸 뒤 김장흥 경무대 경찰서장에게 전화를 걸어 6·25 기념식에 각하가 나오시지 않도록 하라고 했는데 나오시고 말았습니다. 이 박사가 임시 가설 연단 위에서 연설을 하고 있는데 웬 영감이 국회의원석에서 일어서 이 박사 등 뒤로 다가가 권총을 겨누더니 '찰칵' 소리가 나더군요. 불발이 된 거지요. 이 순간 제가 덮쳐서 유시태를 쓰러뜨렸어요. 이 박사가 뒤돌아보시더니, '때리지 말고 조사해!'라고 말씀하시더군요."[47]

유시태의 변호인이었던 장후영은 이렇게 말한다.

"이승만 박사의 마음에 안 들면 국회의원들도 국제 공산당이나, 뭐 다 해서 올가미를 씌워 잡아가두던 시절인데 거사 가담 제의를 받았던 최양옥이 제보를 했는데도 당일 (대통령과 범인이) 식장에까지 나올 수 있도록 했다는 것은 앞뒤가 안 맞는다. 전쟁 중이라 권총은 흔해빠져 얼마든지 구할 수 있었는데도 하필 쓰지도 못할 권총이라니, 더구나 총은 녹슬고 탄환은 만든 지 30년도 넘은 것이라 군 기관에서도 '발사 불능'이란 감정을 했었다. 나는 저격이 연극이란 확신을 갖고 있다. 김시현은 독립운동을 했다고 하지만 타락한 것 같았다."[48]

김시현은 법정에서 애초부터 이승만을 죽일 생각은 없었다고 말했다.

"서상일로부터 200만 원을 받아 정용환(전직 형사)으로부터 모젤3호 권총 한 자루와 탄환 4발을 구입했다. 탄환 2발은 불발이었고 권총의 탄창도 좋지 않았다. 나는 대통령을 죽일 의사는 없었고 이런 사건을 일으킴으로써 대통령의 반성을 촉구할 생각이었기 때문에 불발탄임을 알고 구입하여 탄환을 물수건에 싸서 사흘 동안이나 두어 습하게 한 것이다. 나는 몸이 쇠약하여 유시태를 시켰다."[49]

재판에서 김시현과 유시태는 사형선고를 받았으나 무기징역으로 감형되었다가 4·19 뒤 풀려났다. 그런데 여러 책이 4·19 후 석방된 뒤 유시태가 "그때 내 권총이 나가기만 하였으면 이번 수많은 학생들이 피를 흘리지 않았을 터인데, 한이라면 그것이 한이다"고 말한 걸 인용하면서 그의 애국심이 많은 사람을 감동시켰다는 식으로 기록하고 있다.[50] 유시태의 이런 발언은 김시현의 발언과 앞뒤가 맞지 않는다. 의열단 출신인 유시태가 권총의 상태를 전혀 몰랐다는 것인가? 이승만 정권의 경찰이 어떤 경찰인데, 대통령 암살 모의자를 만나 타이르듯 했다는 것도 영 가슴에 와닿지 않는 이야기다.

 제3장

거제도: 6·25 전쟁의 축소판

17만 6,000여 명의 포로

유엔군은 1950년 11월 27일부터 거제도에 총 11.9제곱킬로미터(약 360만 평)이나 되는 대규모 포로수용소를 설치했다. 여기엔 정규 인민군 출신, 자신의 의사에 반해 인민군에 동원된 비공산주의자, 남한 출신의 의용군으로 참전한 공산주의자 또는 비공산주의자, 중국군 포로, 피난민 포로, 민간인 억류자 등이 수용되었다.[51]

전체 포로의 수는 17만 6,000여 명으로 여기엔 민간인 억류자 5만 4,000명, 중국군 2만 명, 여자 포로 3,000명이 포함되어 있었다. 1951년 하순 현재 17개 수용소는 60, 70, 80, 90 단위의 숫자로 표시되었다. 남한 출신 중심의 포로들은 6자로 시작하는 막사에, 북한 출신은 7자로 시작하는 막사에 수용하는 것을 원칙으로 했지만, 이 원칙이 제대로 지켜지지 않았다.

수용소 관리를 맡은 미군의 포로 분류는 전반적으로 보아 엉망이었다. 그래서 친공·반공 포로가 마구 뒤섞인 채로 수용되었는데, 이게 바로 비극의 씨앗이었다. 포로수용소 안에서 치열한 내부 전쟁이 벌어짐에 따라 거제도는 6·25 전쟁의 축소판이 되고 말았다.[52] 미군의 군기도 엉망이었다.

"당시 거제도에는 미군들을 좇아 들어온 '양공주'들이 미군 헌병 초소인 MP 다리에서 강둑을 따라 송정까지 판자촌을 형성하고 있었다. 주민들은 '미군 병사들이 이들 양공주와의 하룻밤을 위해 포로들의 금반

거제도 포로수용소에는 정규 인민군 출신, 비공산주의자, 중국군 포로, 피난민 포로, 민간인 억류자 등 17만 6,000여 명이 수용되었다. (부산광역시립박물관 소장)

지나 물품을 갈취하기도 했다'고 전하고 있다."[53]

할머니 김마레의 증언이다.

"미군들 겁나더래이. '색시, 색시, 색시 내놔라. 색시' 하고 돌아댕기면서 행패를 부리는데 문 밖에도 못 나갔다 아이가. 그때 나이 스물둘이었는디 결혼은 했지만 남편이 군대 가뿌려 미군들 눈 피할라꼬 다들 흰 옷만 입고 지낸기라. 흰옷 입고 방아 찧고 앉아 있으마 늙어 보이까 다른 흰옷 많이 입고 살았대이. 색시 안 내놓는다꼬 할배 하나는 미군한테 맞아 죽었다 아이가."[54]

포로수용소는 제3전선

포로에 대한 처우는 매우 열악했다. 거제도 포로수용소는 5배의 정원 초과를 한 가운데 포로들에 대한 비인간적인 처우를 하는 것으로 악명이 높았다.[55] 그러나 포로의 처우를 둘러싼 미군과의 갈등보다는 해방동맹이라는 친공 포로조직과 대한반공청년단이라는 반공 포로조직 사이의 유혈극이 더 빈번하게 발생했다. 인민군 포로라 하더라도 내부적으로 이념 갈등이 있기 마련이었다. 그 안에서도 조선민주당과 천도교청우당 당원들은 우익 조직을 만들어 좌익과 투쟁을 벌이기도 했다.[56]

조악한 식사에 대한 불만으로 1951년 6월 첫 번째 반란이 일어난 이후 잦은 유혈 사태가 발생해 수많은 포로가 죽어 나갔다. 리지웨이 사령부의 한 요원은 1951년 말까지 6,600여 명의 포로가 사망했다고 폭로했다. 그 포로들은 이송된 당시부터 쇠약한 상태였다고 공식 발표되었지만, 대부분은 기아, 일부는 치료 부족으로, 또 일부는 폭력으로 사망한

것이었다.[57]

1951년 7월경 미군은 포로수용소 정책을 '총력전의 새로운 분야'로 규정했다. 거제도 포로수용소를 공산주의에 대한 투쟁의 제3전선(제1전선은 휴전선, 제2전선은 후방의 빨치산)으로 간주한 것이다. 제3전선은 심리전쟁이었다. 이 전쟁에서 승리하기 위해 미군은 강제 수단을 동원해 포로에 대한 재교육을 강행했다. 이른바 '전향 공작'이었다. 이는 친공계 포로의 거센 저항을 야기해 유혈극 사태를 빚는 중요한 이유가 되었다.[58]

'자동송환' 대 '자유송환' 공방전

1951년 7월부터 시작된 휴전회담의 가장 큰 난제는 포로 송환 문제였다. 포로의 '자동송환'이냐 '자유송환'이냐를 놓고 북한과 미군은 지루한 공방전을 벌이고 있었다. 미군 측은 포로들의 의사를 먼저 묻고 원하는 대로 보내주자는 '자유송환'(또는 자원송환)을 주장했고, 북한 측은 포로들을 의무적으로 돌려보내야 한다는 '자동송환'을 주장했다.

제네바 협정 제118조에는 전쟁 포로는 전쟁이 끝나면 지체 없이 석방·송환되어야 한다고 명시되어 있었지만, 미군 측은 이를 무시하고 자유송환 원칙을 고집했던 것이다. 한홍구는 미국이 자유송환을 고집한 까닭은 표면적으로는 인도주의적 원칙에 따라 자신의 의사를 존중해야 한다는 것이지만, 실제로는 군사적 승리가 불가능한 상황에서, 도덕적으로나마 결정적 승리를 바랐기 때문이라고 말한다.

"많은 연구자들은 이런 정책이 과연 도덕적이고 인도주의적인 정책이었느냐에 대해 근본적으로 의문을 제기한다. 이 문제로 인해 정전협정

체결이 지연되는 동안 열악한 포로수용소에 갇혀 있는 포로들의 인권이 더욱 유린되었기 때문에 포로들은 오히려 자원송환 원칙의 희생자가 되었다는 것이다. 여기에 정전협정이 늦어지는 동안 발생한 양쪽의 엄청난 인명 피해를 포함하면 정치적 의도가 깔린 '인도주의'적 주장이 때로 얼마나 무의미한 희생을 초래했는가를 볼 수 있다."[59]

박명림도 미군 측이 자유송환 원칙을 고수한 본질적인 이유는 공산 포로들이 모국 송환을 거부할 때 또 그렇게 함으로써 얻는 반사적 이익, 즉 체제간 대결에서 심리적·도덕적·선전적 승리를 집요하게 추구했기 때문이었다고 말한다.

"미국에게 포로 문제는 단순히 전쟁을 종결짓기 위해 전쟁 포로 얼마를 교환하는 문제가 아니라 자유세계와 공산세계의 이념성을 다투는 이념전쟁 자체였고 그것에서의 승리야말로 미국에게는 위신과 명분, 그리고 이데올로기 싸움에서의 승리로 보였던 것이다."[60]

1952년 5월 휴전회담은 딱 하나만 빼고 거의 모든 의제에 관해 합의했는데, 바로 그 마지막 하나가 포로 교환 문제였다. 미국의 고집은 완강했다. 트루먼은 1952년 5월 7일 "자유송환 없이는 휴전도 없다"면서 "우리는 인간을 살육의 대상이나 노예 상태로 전락시키면서까지 휴전을 채택하지 않겠다"고 선언했다.[61]

그러나 그런 원칙에 따를 경우, 문제는 자유의사를 확인하는 방법이었다. 이게 바로 비극의 씨앗이었다. 미군은 반공 포로를 많이 만들어내는 것이 목표였기 때문에 반공 교육은 물론 협박과 고문까지 동원했던 것이다. 휴전회담의 미국 대표 단장 터너 조이Turner Joy, 1895~1956는 "송환을 원한다고 표명한 포로들은 모두 실컷 얻어맞아 골병이 들거나 살

해되었다.……대부분의 포로들은 겁에 질려 자신들의 선택을 정직하게 표현할 수 없었다"고 말했다.62

그러나 이는 훗날 공개된 일기의 이야기일 뿐 당시 공식적으로 다르게 말했으니 반공을 택하지 않는 포로들은 골병이 들거나 살해되는 운명을 감수해야만 했다. 반면 공산군 포로들은 수용소 안에서 비밀조직을 만들어 귀환을 거부하는 포로들을 테러하거나 살해했으니, 그 어느 쪽으로건 확고한 '신앙'이 없는 포로들은 이중으로 당할 수밖에 없었다.63

수용소 사령관 납치 사건

1952년 2월 18일 미군은 '훈련된 공산주의자'를 분류하기 의한 강제 분류심사에 '62수용소' 포로들이 죽창을 들고 저항하자 발포했다. 이 발포로 포로 77명이 죽고 140여 명이 부상당했다. 미군의 이런 잔학 행위를 놓고 국제적으로 비판이 일자 수용소 사령관인 모리스 피츠제럴드 Maurice J. Fitzgerald(대령)가 경질되고 프랜시스 도드 Francis Dodd, 1899~1973(준장)이 부임했다.64

1952년 3월 16~17일 친공 포로와 반공 포로 사이에 대규므 충돌이 벌어졌다. 이는 대한반공청년단이 반공궐기대회를 가지면서 친공 포로에게 돌을 던짐으로써 시작되었다. 본격적인 투석전이 벌어지자 미군이 친공 포로들을 향해 발포해 30여 명의 사상자가 발생했다.65 4월 10일 '95수용소' 포로들이 "김일성 만세, 인민공화국 만세"라는 구호를 외치며 인공기를 게양하자 미군이 총을 발사해 33명의 포로가 사망하고 57명이 부상을 입었다.66

1952년 5월 7일에는 수용소 사령관 프랜시스 도드가 친공 포로들에게 납치당하는 사건이 발생했다. 이날 '76수용소' 포로들은 포로 대우 문제를 놓고 도드와의 면담을 요구하는 항의 시위를 벌였다. 도드는 수용소 정문에서 포로들과 면담을 시작했다. 때마침 '똥통'을 버리러 나갔다가 들어오는 포로들에 밀려 도드는 포로들에게 납치된 것이다.

나토NATO 사령관으로 막 전임하려던 유엔군 사령관 매슈 리지웨이는 후임 마크 클라크Mark Clark, 1896~1984에게 짐을 지우지 않으려고 무력을 사용해서라도 유엔군의 권능을 지키라고 지시했다.[67] 리지웨이는 도드가 살해당하는 걸 각오했다. "전시에는 장군의 목숨도 일개 병졸의 목숨과 같은 값을 갖는다"는 게 그의 신념이었다.[68] 미8군 사령관 제임스 밴 플리트James Van Fleet, 1892~1992는 전차 20대와 화염방사 전차 5대를 부산에 집결시켰다. 무력 행사는 5월 10일 오전 10시로 예정되어 있었다.

5월 10일 오전 8시 포로들은 신임 포로수용소 사령관 찰스 콜슨Charles Colson에게 도드를 풀어주는 조건으로 미군의 세균전 수행과 미군이 그간 포로에 대해 저지른 야만적인 대우를 시인할 것 등을 요구했다.[69] 콜슨은 괴로웠다. 포로들의 요구를 거절하고 무력 행사를 할 경우 도드는 살해당할 것이고, 포로들의 요구를 받아들인다는 것도 상상하기 어려운 일이었다. 결국 콜슨은 도드의 생명을 구하는 쪽으로 선택했다.

콜슨은 미국은 세균전을 감행했다, 미국은 포로에 대해 야만적인 고문·위협·감금·학살을 자행했다, 포로의 자유의사에 따른다는 반공 포로의 송환 거부가 폭행과 고문 속에서 자행되었다는 사실을 시인하는 각서를 써주었다.[70] 포로들은 약속대로 도드를 풀어주었으나, 5월 12일에 취임한 신임 유엔군 사령관 마크 클라크는 도드와 콜슨 두 사람을 준

1952년 5월 7일 포로수용소 사령관 프랜시스 도드가 친공 포로들에게 납치당했다. 폭동이 일어나자 이를 진압하고 있는 미군 경비병들.

장에서 대령으로 강등시켰다. 미군은 콜슨 각서는 무효라고 선언했으며, 포로들에 대한 무력 보복을 준비했다. 그 임무를 띠고 새로운 포로수용소 사령관으로 육군 준장 헤이든 보트너 Haydon Boatner, 1900~1977가 임명되었다.

    보트너는 다시 예전 방식대로 포로들을 강력 통제했다. 6월 2일 "적기를 게양하는 모든 포로는 즉각 사살하라"는 명령이 내려졌다. 6월 10일 도드를 납치했던 '76수용소'를 상대로 본격적인 보복이 전개되었다. 공수대원 1,000명이 투입되었다. 이들이 화염방사기와 최루탄을 앞세우고 76, 77, 78 수용소를 통제하는 가운데 분쟁이 발생해 포로 41명이 사망하고 279명이 부상당했다.[71]

미군의 수풍댐 폭격

앞서 말했듯이, 1952년 5월경 휴전회담은 포로 교환 문제를 제외하고 거의 모든 의제에 관해 합의했다. 미국은 1952년 11월로 예정된 대통령 선거 전에 협상에서 개가를 올리기 위해 북한을 압박하는 강경 대응책을 썼다. 그건 바로 대대적인 북한 폭격이었다.[72]

6월 23일 미군은 500대 이상의 폭격기를 동원해 압록강에 있는 수풍댐과 10개의 수력발전소를 폭파했다. 백선엽, 이형근에 뒤이어 1952년 1월부터 6개월간 육군본부 참모차장으로 정전회담의 유엔 측 대표로 참석한 유재흥의 증언에 따르면, "회담 중에도 바로 옆 전선에선 미군의 B-29 폭격기가 적을 향해 네이팜탄을 쏟아부었습니다. 유엔군은 협정 체결 전까지 평양-원산선을 점령할 계획이었지만 실행에 옮기지 못했습니다".[73] 7월 11~12일 미군 폭격기들은 평양에 대한 일련의 대규모 공습을 감행했다. 첫 번째 공습에서만 2,000명이 사망하고, 4,000명이 부상당했다.[74]

북한 지도부의 조기 정전 희망은 수풍발전소가 폭격당한 이후 더욱 강렬해졌다. 8월 20일 스탈린과의 회담에서 중국 외상 저우언라이는 "수풍발전소가 폭격당한 이후 북한 주민들이 심하게 동요하고 있으며 심지어 일부 북한 지도부까지 정신적 공황 상태에 빠졌다"며 "이에 부담을 느낀 북한 동지들이 정전협상에 집착하게 되었다"고 밝혔다.[75]

평양 폭격과 백마고지 전투

미군의 폭격은 7~8월 '압력펌프작전'이라는 암호명으로 더욱 강화되었다. 8월에는 평양을 비롯한 북한의 78개 도시와 마을을 집중 폭격하는 초토화 작전을 전개했다.[76] 8월 29일의 평양 폭격에서만 6,000명이 사망했다.[77] 10월로 접어들자 폭격 목표물로 삼을 만한 도시와 산업시설이 남아 있지 않을 정도였다.[78]

1952년 여름 미국은 전폭기에 의한 전술 핵무기의 운반시스템이 완성되기 시작했으며, 원자포를 개발했고, 그해 11월엔 수소폭탄 실험에 성공했다. 미 군부는 크게 고무되어 포로 교환 문제에서 강경 대응하는 동시에 북한에 더욱 맹렬한 폭격을 가했다.[79]

지상전의 경우, 1952년 가을부터 국지전으로 이루어졌으나 곳곳에서 고지를 뺏고 빼앗기는 치열한 혈투가 벌어졌다. 가장 대표적인 혈투가 백마고지 전투였다. 1952년 10월 6일부터 철원 북쪽의 백마고지에서 제9사단(사단장 소장 김종오)은 10일간 1만여 명의 사상자를 내는 격전 끝에 고지를 지켰다.[80] 중국군은 1개 사단을 잃었다.

"백마고지. 철원 북서쪽 12km에 위치한 해발 395미터의 보잘것없는 야산. 지형과 산세가 말 같다고 해서 백마산이라 했던가. 중공군 포탄 5만 5,000발과 국군의 포탄 21만 9,954발 등 도합 27만 4,954발의 포탄으로 수목이 울창했던 산이 완전히 옷을 벗고 모래밭으로 변하여 마치 백마가 누운 듯하다 하여 백마고지라 이름했던가. 10일 동안 24번이나 고지의 주인이 바뀌었다지만 끝내 김종오 장군의 제9사단 장병들은 고지를 지켜냈다."[81]

1952년 10월 6일부터 10일간 철원 북쪽의 백마고지에서 전투가 벌어졌는데, 이 전투는 24번이나 고지의 주인이 바뀔 정도로 치열했다. 백마고지 전투 당시 제9사단 53탱크대대의 모습.

『조선일보』1952년 10월 19일자는 "28만 발의 포탄의 작열로 피아 1만 5,000명의 사상자를 내면서 10일간의 싸움 끝에 24번만에야 우리 손에 들어온 격전의 고지 백마산은 지금 싸움이 끝난 후 깊은 침묵 속에 잠겨 있다"고 보도했다.[82]

대통령 선거: 이승만과 아이젠하워

중석불 사건

동서고금을 막론하고 정치에 절대적으로 필요한 건 돈이었다. 해방 정국에서도 정치인들의 경쟁력은 정치자금 조달 능력에 큰 영향을 받았다. 그러나 본격적인 정경유착은 1950년대에 꽃을 피우게 되었다. 전쟁의 혼란 속에서 정부가 기업에 줄 수 있는 특혜가 그만큼 컸기 때문이다. 김경순은 1950년대 경제에서는 누가 얼마만큼을 국가에서 분배받을 수 있는가 하는 것이 기업에는 결정적인 것이었다며 다음과 같이 말했다.

"더욱이 인플레가 극심한 상황에서 기업가들은 매점매석, 가격인상, 탈세 등과 같은 비합법적 과정을 통해 자본을 축적해갔다. 국가기구는 경제적 이권에 거의 모두 개입할 수 있었고 기업을 언제든지 파멸시킬 수 있는 힘을 지니고 있었다. 따라서 정부로부터 특혜를 받아 살아나가는 정치에 유착한 자본가political capitalist는 이승만 정권의 수혜자로서 정권을 유지하는 주체 세력이었던 것이다. 바로 이렇게 정치자금의 헌납과 경제적 특혜가 상호의존적인 관료·자유당 과두지배자·기업가의 정치 연합구조를 형성시켰다."[83]

그런 연합구조는 1950년대 후반에 이르러 더욱 높은 밀도를 갖게 되며, 1950년대 초에 저질러진 정경유착은 노골적인 부패의 양상을 띠고 있었다. 1952년에 벌어진 대표적인 부패 사건은 이른바 '중석불重石弗 사건'이었다. 당시 무역상들이 이용할 수 있는 달러는 중석불, 종교불, 암달러, 원조불 등이었다. 중석불은 전략물자인 중석을 수출해 획득한 달러로서 이는 주로 기계류, 선박, 화물, 자동차 등 산업부흥 자재의 수입에만 사용할 수 있도록 용도가 제한되었다. 종교불은 기독교 선교와 전시 구호, 교회 사업 등을 위해 외국에서 송금된 달러였다.[84]

중석불은 긴급 식량 구입에 사용되기도 했는데, 이 과정에서 부패가 일어날 소지가 있었다. 중석을 수출해 얻은 미 달러화로 사들인 비료와 밀가루를 실수요자인 농민과 도시 영세민에게 싼값으로 배급해야 했지만 정부는 수입품의 80%를 몇몇 무역업자의 임의처분에 맡겨 폭리를 취하게 했던 것이다.

국회는 1952년 7월 18일 정부가 일부 민간업자들에게 수백억 원의 폭리를 취하게 했다는 항간의 설을 조사하기 위해 '정부 보유불 및 중석불에 의한 수입 양곡 비료 기타물자 취급사항 조사에 관한 건'을 가결, 12명으로 특별조사위원회를 구성했다. 7월 21일부터 조사한 결과, 영동기업 등 4개 무역업자들이 중석 대상代償 수입품인 비료와 밀가루를 자유 처분해 수백억 원의 폭리를 취한 사실이 밝혀졌다. 이 안건을 다룬 국무회의가 3차에 걸쳐 결의를 번복하는 등 여러 부당한 처사가 있었다

는 것도 밝혀냈다. 그러나 이 사건은 검찰의 외면으로 흐지부지되고 말았다.[85]

중석불 사건이 8월의 대통령 선거를 앞둔 정치자금 조성과 무관치 않으리라는 건 이후에 드러난 자유당의 정치자금 조달 방식을 보면 분명해지지만, 전시 상황에서 그걸 직접 밝혀내긴 어려웠을 것이다.

77세 대통령, 81세 부통령 후보

7월 15일 개정 헌법의 후속법인 정부통령 선거법이 개정되어 통과됨에 따라 각 정당은 8월 5일로 예정된 정부통령 선거를 향해 본격적으로 뛰게 되었다. 자유당은 7월 19일 대전에서 전당대회를 개최하고 대통령 후보에 이승만, 부통령 후보에 이범석을 공천했다. 이승만은 이 전당대회에 메시지를 보내 후보 지명을 하지 말 것과 자유당에서 당수·부당수 이름을 제거해줄 것을 요청했다. 그러나 이는 "발췌개헌안 자체가 이 박사의 연임과 직선을 위한 것이 분명하였다는 것을 인식한다면 또 하나의 흉계와 민의 동원 계획이었음을 시사하는 언명이었다".[86]

왜 그런 계획이 필요했던가? 이승만은 직선제 개헌 파동을 전후해 차기에 출마할 의사가 없음을 수차례 밝혔지만, 자신의 결정을 번복할 것을 요구하는 민의를 전국적으로 일으켜야만 했을 것이다. 자유당은 이승만의 재출마를 요구하는 탄원서에 350만 명이 서명했다고 주장했다. 그런 과정을 거쳐 이승만은 7월 24일 본의는 아니지만 민의 압력에 굴복해 양보했다는 걸 밝히면서 자신의 입후보 등록을 허락했다.[87]

그 계획의 또 다른 목적은 이범석 제거였다. 이제 대통령 직선제 개헌이 이루어진 이상 이범석의 역할은 끝난 것이었다. 이범석은 당선을 확신하고 부통령에 출마했지만, 이승만은 엉뚱하게도 선거 일주일을 앞두고 아직 입후보 선언도 하지 않았던 목사 함태영을 부통령 후보로 지지한다고 발표했다. 함태영은 81세로 77세인 이승만보다 네 살 연상이었다. 이는 누가 보더라도, 이승만이 "자기보다 나이 많은 연장자를 부통령 후보로 선택함으로써 자기의 후계자 선택을 명백하게 회피했다"는 걸 의미하는 것이었다.[88]

그러나 이승만의 발언 하나로 무명의 함태영이 당선되긴 어려운 일이었다. 이승만이 함태영을 지목하자 국무총리 장택상과 내무부 장관 김태선이 함태영의 당선 운동에 앞장섰다. 이들은 함태영의 당선을 위해 전국의 지방 행정조직과 경찰조직을 동원했다.[89] 이범석의 선거 운동에 나선 안호상의 증언이다.

"우리는 여수로 가 첫 강연을 시작했다. 그런데 옥외집회를 허락해주지 않아 옥내 강연을 할 수밖에 없었고 그 이후 우리는 옥외 허락을 거의 받지 못했다.……경찰은 전폭적으로 함 후보를 도와주고 있었으며 이범석 씨의 표가 많이 나오는 곳은 책임을 묻겠다는 정도의 지령이 내려져 있었다."[90]

이승만 74.6%, 조봉암 11.4%

야당의 대통령 후보로는 이시영, 조봉암, 신흥우 등 3명이었다. 민국당에서 이시영으로 단일 후보를 위해 조봉암에게 입후보를 사퇴하거나 단일전선 형성에 참여해달라는 제의가 들어왔지만 조봉암은 이를 거절하고 '혁신'을 부르짖었다. 조봉암은 정강의 첫 번째로 '공산당 독재'와 '자본가와 부패분자의 독재'를 동시에 반대한다고 천명했다.

그러나 보수 야당들은 이승만보다는 조봉암을 더 경계했다. 이는 모든 부통령 후보가 이승만을 대통령으로 모시겠다고 선언한 데서도 잘 나타났다. 부통령 후보로 출마한 조병옥을 경계한 정도가 아니라 아예 노골적으로 조봉암에게 색깔 공세를 폈다. 조병옥은 이승만을 대통령으로 모시겠다는 선언을 하진 않았다고 하지만, 조봉암보다는 이승만을 원한다는 걸 분명히 밝혔다.

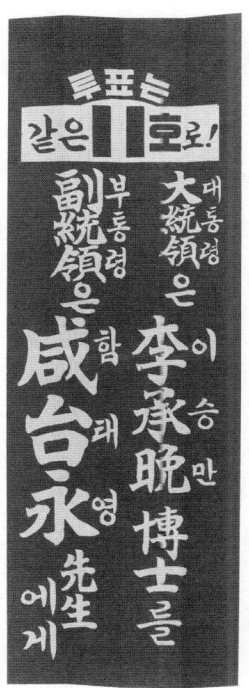

이승만은 재출마를 요구하는 탄원서를 핑계로 제2대 대통령 선거에 출마했고, 함태영을 부통령 후보로 선택했다. (국립민속박물관 소장)

"공산주의자가 아니라고 증명할 만한 아무런 태도 표명도 않고 있는 조봉암 씨가 집권을 꿈꾸고 대통령에 입후보하였다.……만약 조씨가 입후보를 철회하지 않고 또 그를 국민 다수가 지지하는 경향이 보인다면, 일시 헌법을 유린한 과오가 있을지라도 이승만 박사에게 표가 집중되도록 노력할 것이다.……조봉암 씨에게 대통령의 자리를 맡길 것이라면 차라리 김일성과 타협하였을 것이다."[91]

8월 5일에 치러진 선거에서 대통령에는 이승만, 부통령에는 함태영이 당선되었다. 이승만은 총투표 703만여 표 중 523만여 표(74.6%)를 얻었다. 조봉암은 79만여 표로 유효 투표의 11.4%를 획득했으며, 이시영은 76만여 표(10.5%), 신흥우는 약 22만 표를 얻었다.

부통령 후보들의 득표 수는 함태영 294만여 표(41.3%), 이범석 181만여 표, 조병옥 57만여 표, 이갑성 50만여 표, 이윤영 45만여 표, 전진한 30만여 표, 임영신 19만여 표, 백성욱 18만여 표, 정기원 16만여 표 등이었다.

이승만은 8월 16일 제2대 대통령에 취임했다. 이승만이 새로운 임기를 시작하게 되어 한숨 놓고 있을 때에 미국에선 아직 대통령 선거 운동이 치열하게 전개되고 있었다. 11월 5일로 예정된 대선엔 민주당 후보 아들라이 스티븐슨Adlai Stevenson, 1900~1965과 공화당 후보 드와이트 아이젠하워Dwight Eisenhower, 1890~1969가 맞붙고 있었다.

미국의 대통령 선거

미국의 6·25 전쟁 개입이 민주당 정권하에서 이루어진 일이라 공화당 후보인 아이젠하워가 휴전을 대표적인 선거 공약으로 내걸고 유세전을 펼치는 데에 유리한 고지를 점령하고 있었다. 공화당은 이 선거에서 6·25 전쟁을 "16년간의 민주당의 백악관 통치를 끝내버리기 위한 공격 수단으로 이용"했다.[92]

전황도 좋지 않았다. 1952년까지 미군 내에서 전선으로 버치되는 도중 탈주한 병사의 숫자가 전쟁 초에 비해 5배나 증가했다. 많은 병사가 자해를 해 현역에서 빠져 나가고 있었다. 영국 정부의 내부 기록에 따르면, 병원으로 후송되는 병사의 70%가 자해 때문인 것으로 밝혀졌다.[93]

국내외 여론도 날로 악화되어 미국으로선 전쟁을 더는 수행하기가 어려웠다. 미국 내에선 반전反戰 무드가 조성되었으며, 미국의 요청에 따라 거제도 반란을 진압하기 위한 군병력을 투입한 캐나다에서는 격렬한 반대 시위가 일어났다.[94] 유럽 지역에서는 미국을 규탄하는 시위가 연일 발생했다. 1952년 5월 12일 나토NATO 사령관으로 임명되어 유럽에 도착한 리지웨이를 반대하는 대규모 시위들이 일어났다. 파리의 벽에는 "돌아가라, 리지웨이!"라고 쓴 구호와 세균전으로 그를 비난하는 낙서로 가득 차 있었다.[95] 또 테헤란에서는 6·25 전쟁에 반대하는 폭동까지 일어나 12명이 사망하고 250명이 부상당했다.[96]

리지웨이의 나토 사령관 부임은 6·25 전쟁으로 인해 촉발된 프랑스 지식인 장폴 사르트르Jean-Paul Sartre, 1905~1980와 모리스 메를로퐁티Maurice Merleau-Ponty, 1908~1961 사이에 벌어진 간극을 더 벌어지게 만드는 계기까지 만들어주었다. 사르트르는 리지웨이의 부임에 항의하는 의미로 1952년 7월 「공산주의자들과 평화」라는 글을 써서 공산주의를 옹호했다. 그러자 메를로퐁티는 「사르트르와 과격 볼셰비즘」이라는 글로 비판했다. 이에 시몬 드 보부아르Simone de Beauvoir, 1908~1986가 「메를로퐁티와 의사 사르트르주의」라는 글로 응수했다. 결국 1953년에 메를로퐁티는 사회 평론지인 『현대Les Temps modernes』를 이탈함으로써 사르트르 일행과 결별했다.[97]

아이젠하워는 자신이 대통령에 당선되면 곧장 한국에 다녀오겠다는 공약과 더불어 "아시아인으로 하여금 아시아인을 대항케 하라"는 슬로건으로 유권자들의 지지를 받았다. 아이젠하워의 런닝메이트인 부통령 후보 리처드 닉슨Richard Nixon, 1913~1994도 1952년 9월 자신의 부패 혐의를 해명하는 '체커즈 연설Checkers speech'에서 "50만 명도 넘는 미국 젊은이가 한국에 있다. 그리고 이렇게 나쁜 상황에 처했던 적은 일찍이 없었다"고 역설했다.[98]

아이젠하워는 훗날 자신의 일기에 "유엔은 침략을 물리치기 위해 한국에 간 것이지 한국의 통일을 위해 한국에 간 것이 아니다"고 썼다.[99] 그게 바로 미국 유권자들의 생각이기도 했다. 그걸 간파한 이승만은 미국의 대통령 선거 기간에 미국에서 "우리에게 총을 주면 당신의 아들을 구할 수 있다"는 캠페인을 전개하게 했지만, 휴전이라고 하는 대세를 막기엔 역부족이었다.[100]

아이젠하워의 한국 방문

미국의 대통령 당선자 아이젠하워의 한국 방문은 은밀하게 이루어졌다. 이승만조차도 아이젠하워의 도착 일시와 장소를 정확히 알지 못했다. 12월 2일 수원비행장에 내린 아이젠하워는 이승만을 피해 다니기에 바빴다. 이승만은 아이젠하워를 위한 서울 시민 영접대회를 준비했다. 중앙청 앞 광장에 10만 시민이 모여 아이젠하워를 기다리고 있었다. 이승만은 그 자리에 먼저 참석해 아이젠하워 일행을 기다렸으나 아이젠하워는 참석을 거절했다. 막간을 이용해 이승만은 단상에 올라가 휴전을 반대하는 열변을 토했다.

그걸 아이젠하워가 들어야 하는 건데, 이승만으로선 참으로 안타까운 일이었을 것이다. 2박 3일의 아이젠하워 방문 일정이 끝나는 날, 이승만은 아이젠하워의 경무대 예방을 기대하고 있었다. 그래서 전 각료를

아이젠하워는 이승만조차도 도착 일시와 장소를 정확히 알지 못할 정도로 은밀하게 방문했다. 결국 아이젠하워는 경무대에 40분간만 머무르다 미국으로 출국했다. 아이젠하워의 내한을 환영하는 사람들. (광주광역시시립민속박물관 소장)

경무대에 불러들여 대기시켰다. 그러나 아이젠하워는 이것마저 거절했다. 서울시장 김태선을 보냈지만 김선태는 8군의 정문에서 제지되어 영내로 들어가 보지도 못하고 되돌아왔다. 이승만은 백선엽을 다시 보냈다. 백선엽은 미 고위 장성들에게 이렇게 나가면 앞으로 한국군의 협조를 기대하기 어려울 거라는 반협박을 해서 겨우 아이젠하워의 저녁 6시 경무대 예방 약속을 받아냈다. 아이젠하워는 경무대에 겨우 40분간만 머무르다 공항으로 직행했다.[101]

이건 백선엽의 증언에 따른 것이고, 좀 다른 내용의 이야기도 있다. 백선엽이 가서 사정해도 아이젠하워 측이 시간이 없다고 거절하자 화가 난 이승만은 즉각 아이젠하워에게 이런 메시지를 보냈다는 것이다.

"귀하가 이곳에 오지 않는다면 본인은 곧 국무위원들을 집무실에 불러들여 직접 성명을 발표하겠다. 본인은 성명서를 통해 미국 대통령으로 당선된 아이젠하워 장군이 한국을 방문하고 돌아가면서 한국 원수에 대한 고별 인사의 예의를 하지 않고 떠난다는 사실을 전 세계에 공표할 생각이다."

이 메시지를 받고 아이젠하워는 김포로 가다가 차를 돌려 경무대로 찾아가 이승만을 방문했다는 설이 있고, 또 김포로 가기 전에 경무대에 잠시 들렀다는 설도 있다.[102] 그 어느 쪽이건 분명한 건 아이젠하워는 가급적 이승만을 피하려고 했고 이승만은 어떻게 해서든 아이젠하워를 만나는 건 물론 그 만남을 널리 알리고 싶어했다는 것이다. 유엔군 사령관 마크 클라크는 회고록에서 "바로 출발해야 했기 때문에 만나는 시간은 매우 짧았다. 아이크(아이젠하워)가 작별을 고하자 이 대통령은 '내 각료들을 소개하겠다'면서 옆방으로 나갔다. 문이 열리자 방은 사람들로 가득 메워져 있었다"며 다음과 같이 말했다.

"분명히 이 박사가 미리 불러 대기시켜 놓은 것 같았다. 정장한 그들은 대통령 당선자를 만나려고 기다리고 있었다. 뿐만 아니라 신문기자, 사진기자, 무비 카메라맨 등이 들어왔다. 이 박사는 아이젠하워가 자신을 방문했다는 사실을 멋지게 기록에 남기려 했음이 틀림없었다. 아이젠하워는 잠시 후 방을 나갔다. 그러나 쉽사리 행사를 피할 수 없었다. 경무대 밖 도로에는 불빛이 휘황찬란했고 한국군 3군 의장대와 군악대, 그리고 사진기자들이 몰려 있었다. 마치 할리우드의 개봉 전야제 같았다."[103] (역사 산책 13: '청계천 화장실'과 '아이젠하워 양변기' 참고)

"백만학도에게 북진 명령을!"

아이젠하워는 왜 그렇게 이승만을 기피했던 걸까? 아이젠하워 정부의 국무부 장관이 될 존 포스터 덜레스가 아이젠하워에게 이승만과 정치 이야기는 될 수 있는 대로 적게 하라는 충고를 했기 때문이라고 한다.[104] 이제 아이젠하워는 해가 바뀌어 대통령이 된 후에 이 충고의 의미를 절실히 깨닫게 될 것이었다. 다른 정치적 이슈들과는 달리, 휴전 반대에 관한 한, 이승만은 적어도 피상적으론 전 국민적 지지를 얻고 있었다는 점도 이후 아이젠하워가 이승만을 상대하기 어려운 점이었을 게다. 서울대학교 『대학신문』 12월 1일자 기사가 그 점을 잘 말해주고 있다.

이 기사는 "백만학도에게 북진 명령을!/멸공통일의 열쇠를 쥔 아이크 만만세/환영 행렬 전시가를 압도/아 원수元帥 환영 학생대회 대성황" 등의 크고 작은 기사 제목들에 이어 이렇게 주장했다.

"우리 한국 통일의 열쇠를 가진 차기 미국 대통령 아이젠하워 원수의 내한에 제際하여 재부 4만여 청년 학생들의 자발적으로 조직된 중앙학생위원회 주최 '아 원수 내한 촉진 및 환영 학도대회'는 지난 26일 상오 11시부터 시내 충무로 광장에서 영광리에 개최되었다. 동 대회에서는 서울대학교를 비롯한 32개교의 대학 및 38개 고등학교의 4만 남녀 학생들이 '아 원수의 내한은 멸공통일의 열쇠', '삼천만은 기다린다 아 원수의 북진명령을' 등의 플래카드를 선두에 높이 들고 넓은 광장에 빈틈없이 운집한 가운데 주관주(연대) 군의 사회로 개최되어……."[105]

역사 산책 13

'청계천 화장실'과 '아이젠하워 양변기'

　농촌에선 화장실이 문제될 게 없었지만 해방 후 급격히 유입된 인구로 인해 서울은 공중 화장실 문제로 늘 몸살을 앓아야 했다. 당시 신문들을 보면 이게 단골 기사로 등장하고 있다. 예컨대, 『조선일보』 1947년 1월 18일자는 다음과 같이 보도했다. "수도의 현관인 서울역 공용변소에는 분뇨가 산을 이루고 있어 여객과 통행인의 코를 찌푸리게 하고 있는데, 내용을 알고 보니 청소 책임당국인 서울시 위생과에서는 중구 구청에 미루고 중구 구청에서는 아직 위생조합이 조직 안 되었으니 며칠 참아달라는 청탁이 있다 한다."

　서울엔 화장실 없이 사는 사람도 많았다. 아니 없는 건 아니었다. 그들이 애용한 건 개천이었다. 청계천변에 들어선 판잣집 사람들은 청계천이 곧 화장실이었다. 김원일의 『불의 제전』은 1940년대 '청계천 화장실'을 이렇게 묘사했다. "판잣집들이 개천 위까지 긴 말목(말뚝)을 박고 늘어서고부터 청계천은 그 정착민들의 화장실이 되고 말았다. 변소간에서 똥오줌을 누면 바로 청계천에 떨어졌다. 채소 쓰레기며 휴지가 그대로 버려져 여름이면 파리떼와 모기가 들끓고 겨울철 어지간한 추위에도 청계천 물이 잘 얼지 않았다."[106]

6·25 전쟁 중이라고 해서 볼 일 안 보고 살 수는 없었다. 그러니 아무리 전쟁 중이라도 악취만큼은 가급적 막아야 했다. 당시 화장실은 경찰 소관이었는데, 경찰은 악취가 안 나게끔 변소를 개량하는 운동을 주관했다. 서울시 경찰국은 1951년 9월 12일부터 10일간 변소 개량 독려에 나서기도 했다.[107]

당시 변소에선 사고가 자주 발생했으니 경찰이 맡을 만도 했다. 『조선일보』 1952년 9월 20일자에 따르면, "어린이를 가진 부모들에게 주의를 환기시키는 변사 사건. 즉 서울시 회현동 195번지 조씨의 2남인 진석(4세)이란 어린이는 지난 15일 오전 11시 50분경부터 행방이 묘연하여 그의 부모들은 사방으로 찾은 바 있었는데 17일 아침 10시 반경 자기집 변소간에 빠져 죽은 것을 발견하였다고 한다".

1952년 12월 미국 대통령 당선자 드와이트 아이젠하워의 한국 방문은 한국 화장실 역사에 한 페이지는 아닐망정 몇 줄은 기록할 만한 사건을 남기기도 했다. 아이젠하워의 숙소는 종로 3가에 있는 운현궁을 쓰기로 했다. 그러나 운현궁은 한옥이어서 화장실과 난방이 문제였다. 남은 기한은 15일에 불과했다. 미8군은 그 공사를 당시 38세의 건설업자 정주영에게 맡겼다.

홍하상은 "양변기라곤 구경도 해본 적이 없는 정주영이었지만, 기간 내에 공사를 마치면 공사비를 갑절로 주지만, 공사를 못하면 벌금을 갑절로 내는 데 합의를 하고 정주영은 공사에 착수했다. 전쟁 중이라 변변히 남아 있는 것이 없었지만, 정주영은 일꾼들을 이끌고 용산의 고물상부터 뒤지기 시작했다"며 다음과 같이 말했다.

"모두가 피난가버린 빈 고물상에서 정주영은 보일러 통, 파이프, 세면대, 욕조, 양변기 들을 하나씩 찾아냈다. 주인이 없어 고물상 문짝에 가져간 물건과 돈 받을 곳을 써놓고 돌아왔다. 그렇게 주워 모은 자재들로 밤을 새우고 공사를 강행한 끝에 열이틀 만에 수세식 화장실과 난방공사를 완료했다. 약속 시간 사흘 전에 정주영은 공사대금을 받으러 갔다. 공사가 성공리에 끝난 걸 확인한 미8군 관계자들은 정주영에게 '현다이 넘버원'이라며 칭찬을 아끼지 않았다. 이 두 가지 사건으로 미군 관련 공사는 모두 정주영에게 맡겨졌다."[108]

제5장 조선방직 · 삼성물산 · 기아산업

부산 조선방직 노동쟁의 사건

　부산 조선방직은 귀속 기업체로 6,000명의 노동자가 일하는, 당시로서는 대표적인 대기업이었다. 1951년 전체 공장 노동자 가운데 여성 비율은 25%였으며, 방직업엔 70% 이상이었다. 당시엔 "연약한 여자의 힘으로 송아지도 사고 옷가지도 장만하고 밭뙈기도 장만할 수 있는 길이란 방직공장 직공 벌이가 아니고서는 생각할 수 없는" 일로 표현될 정도로 방직공장 여공은 선망받는 여성의 직업이었으며, 여공을 비하해 부르는 '공순이'는 1960년대 후반부터 나온 말이었다.[109]

　1951년 9월 이승만과 정실 관계에 있는 강일매가 조선방직의 새로운 관리인으로 파견되었다. 강일매는 자의적 해고와 차별적 임금 지급으로 노동자들의 원성을 샀다. 강일매는 반발하는 노조 지도자들은 파면하고 어용 노조를 조직해 회사를 지배했다.[110]

강일매는 노동자들에게 욕설과 구타도 서슴지 않아 노동자들의 분노가 폭발하고 말았다. 노동자들은 12월 15일부터 공장 굴뚝에 "폭군 강일매는 물러가라"는 플래카드를 내걸었다. 남자 노동자들은 의복 뒷잔등에, 여자 노동자들은 머리 뒤에 모두 "폭군 강일매는 물러가라"는 표어를 써 붙이고 다니며, 같은 내용의 전단을 시내 각처에 뿌렸다. 강일매는 경찰과 폭력배를 동원해 탄압했다.[111]

1951년 12월 15일부터 1952년 3월 13일까지 3개월간 일어난 부산 조선방직 노동쟁의 사건은 1950년대 노동운동의 성격을 결정짓는 전환점이 되었다. 1946년 3월 10일에 결성된 대한노총은 어용 노조를 넘

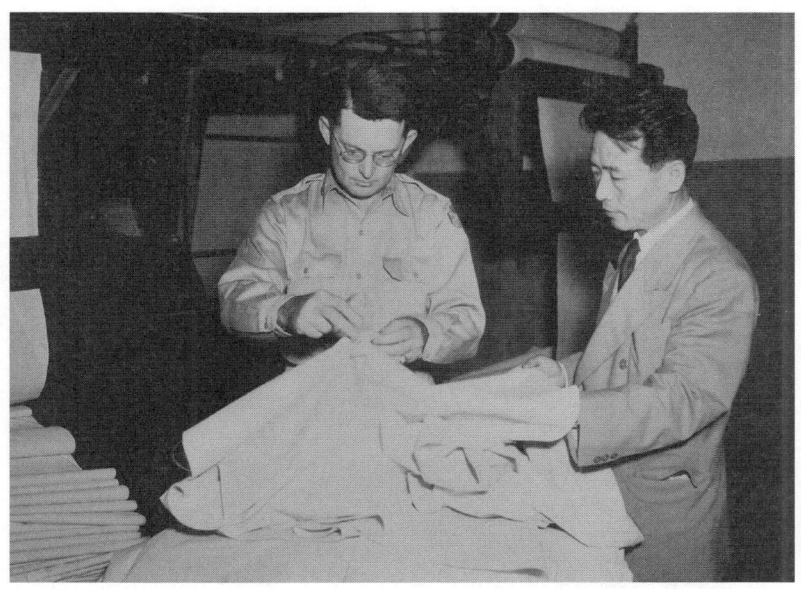

조선방직의 새로운 관리인으로 파견된 강일매는 노조 지도자들은 파면하고 어용노조를 조직해 회사를 지배했다. 1952년 1월 12일 조선방직을 시찰하고 있는 맥아더 사령관. (부산광역시립박물관 소장)

어서 '우익 정치 집단으로서 일종의 테러리스트 조직'이었다.[112] 1940년대 후반까지만 하더라도 대한노총 위원장 겸 초대 사회부 장관을 지낸 전진한과 이승만은 밀월관계였지만, 이 사건을 계기로 두 사람 사이의 노선은 차이를 보이게 되었다. 전진한은 극우 인사이긴 했지만 노동단체가 오직 정치적 도구로만 머무르기를 바란 이승만의 노동관엔 동의하지 않았다.

전진한은 대한노총 위원장의 자격으로 강일매를 방문해 교섭을 진행하려 했지만, 전진한은 욕설과 폭행을 당한 뒤 쫓겨나고 말았다. 이에 분개한 대한노총은 12월 19일 산하 17개 연맹 공동명의로 강일매를 비난했다. 강일매는 12월 23일 노조 간부를 추가 해고하는 것으로 강경 대응했다. 1952년 1월 21일 여성 노동자 1,000여 명이 국회의사당 앞에 몰려가 "강일매 사장 물러가라"는 시위를 벌였다.[113]

자유당의 하부 단체로 편입된 대한노총

국회는 진상조사단까지 구성해 강일매의 퇴임을 결의했지만, 이승만의 강력한 지지를 받는 강일매를 이겨내긴 어려웠다. 노동자들의 지원으로 국회의원 보궐선거에 당선된 전진한은 국회에 등원한 지 7일 만인 1952년 3월 11일 국회 발언을 통해 조선방직 노동자들은 3월 12일에 파업에 돌입할 것이며 이 사실을 국제노동기구와 세계 각국의 노동단체들에 알리겠다고 선언했다. 이승만은 그날 즉시 담화를 발표했다.

"조선방직 회사에 대해서 아직도 다소간 시비가 있는 모양이나 이 문제에 대해서는 아무런 시비가 있어도 다 소용이 없을 것이다. 정부의 방침은 공업과 정당 운동을 갈라 놓으려는 것이니, 만일 정당에서 각 공장과 생산기관을 붙잡아 가지면 거기서 나오는 돈을 가져다가 정당 운동 하기에 바빠서 공업을 다 결단내 놓을 것이므로 어떤 생산기관이나 특별히 정부 소관인 공장을 어느 정당에서든지 이용할 수 없는 것이다."[114]

이승만의 그런 위협에도 조선방직 노동자들은 3월 12일 파업을 단행하고 회사 정문을 나섰으나 폭력 진압을 당하고 말았다. 검찰과 경찰은 전진한을 소환 취조하고 노조 간부들에게 모진 고문을 가했다. 전진한은 3월 13일 굴복 성명을 발표했다. 파업 참여 노동자 1,000여 명은 해고되었고, 500여 명은 보다 못해 스스로 그만두고 말았다.[115]

1952년 11월 9일 부산극장에서 대한노총 전국대의원대회가 열렸다. 전진한은 이미 제거된 상태였다. 이승만은 이 대회에 메시지를 보내 대한노총 간부 1명을 자유당 중앙위원으로 삼겠다고 발표했다. 이는 자신의 3월 11일 담화 내용에 정면으로 위배되는 것이었지만, 이승만의 그런 방침에 따라 이후 대한노총은 자유당의 하부 단체로서 정치 도구화되고 말았다.[116]

"부산 정치 파동과 병행하여 일어난 부산 조선방직 쟁의를 계기로 전진한계까지 쫓겨나, 1952년 이후에는 이승만에 맹종하는 자들간이 대한노총에서 활개쳤다. 대한노총은 자유당의 기간 단체라고도 하겠지만, 이승만의 어용조직이자 사조직 같았고, 북진통일운동의 돌격대였다."[117]

쓰라린 패배를 맛본 전진한은 노동법의 필요성을 통감하고 1952년 12월 노동조합법, 노동위원회법, 노동쟁의조정법의 심의를 우선적으로 상정하자는 긴급동의안을 제출했다. 이 긴급동의안은 가결되었고, 1953년 3월 8일 노동조합법, 노동위원회법, 노동쟁의조정법이, 같은 해

5월 10일 근로기준법이 각각 제정·공포되었다. 그러나 이 법들은 강력한 국가 개입 조항을 담고 있었고, 그래서 이승만 정권은 이후 노동법을 중심으로 노동 통제에 임하게 된다.[118]

1년 만에 17배로 커진 삼성물산

전쟁 중엔 밀수가 극성을 부렸다. 밀수의 본거지는 일본의 오사카와 쓰시마였다. 밀수선들은 한국에서 주로 고철과 놋쇠를 싣고 나가 그 대신 포목, 여성용 액세서리, 화장품 등을 들여왔다. 평균 20배의 폭리였다. 당시 상공부 장관 이교선의 회고다.

"서울 수복을 전후해 고철 수입붐이 일었다. 철도 레일과 선반기계, 일본군이 버려두고 간 잠수함, 군함을 비롯하여 가정집의 문고리까지 빼어다가 고철로 팔아먹었다. 얼마나 심했던지 당시 일본 신문에는 한국에서 수입한 고철 속에서 군함이 나왔다고 대서특필할 정도였다. 고철 수출을 전면 금지시키자 장사꾼들이 재주를 부리기 시작했다. 거액의 노물 공세도 폈다.······당시 고철과 놋쇠 수출에 가담한 사람들은 단순 밀수꾼뿐만 아니라 이름 있는 무역업자들도 다수 있었다.······고철 금수령은 1951년 하반기에 풀렸다. 이에 따라 다시금 탄피 및 고철 수집에 열을 올렸는데, 오늘날 내로라하는 재벌 중 상당수가 이 틈에 기반을 다졌다."[119]

1952년에 가장 화려한 성장을 보인 기업은 이병철의 삼성물산이었다. 이병철은 6·25 전쟁 전 무역업으로 자본을 꽤 축적했는데, 6·25로 모든 게 다 무너졌다고 한다. 그가 회사를 재건한 것은 1951년 1월 11일. 그는 신설 형식으로 삼성물산주식회사를 창립했는데, 1년 만에 17배로 키우는 성공을 거두었다. 이병철의 회고다.

"우선 서울에서 무역을 하던 경험을 살려 가장 공급이 달리는 생필품을 하나하나 조사했는데 달리지 않는 물자란 하나도 없을 정도였다.……동란과 함께 국내 물자가 잿더미로 화하고 생산 능력이 마비된 데다가 전시 인플레로 물가가 엄청나게 치솟기 시작하자 정부로서도 관官·민수民需 할 것 없이 당장 수입을 촉진시키지 않을 수 없는 실정이었다. 이 당시 부산에서의 사업 경쟁이란 자금의 동원 능력과 기동력의 싸움이나 다름이 없었다. 자금의 동원 능력에 있어서는 우리를 능가하는 상사들이 적지 않았을 것이다. 그러나 기동력에 있어서는 삼성물산은 타사의 추종을 불허했었다고 자부한다. 경황없이 1년을 보내고 결산해 보니 3억 원의 밑천이 장부상으로나마 무려 17배 이상으로 불어나 있었다.……모두가 노력한 결과인 것만은 사실이지만 전쟁 경기라는 변칙적인 환경이 가져다준 산물이라는 자격지심을 주체할 길이 없었다."[120]

그다음으로 성공을 거둔 기업은 럭키화학이었다. 1952년 9월 구인회는 화장품 제조를 통해 번 돈으로 플라스틱 제조사업에 뛰어들었다. 그는 빗, 비누갑, 세숫대야, 화장품 뚜껑 등을 생산해 대히트를 쳤다. 당시 플라스틱 제품은 원가의 20~30배에 팔려나갔다. 럭키화학은 1955년에 10대 기업 중 4위로 급부상했다.[121] 럭키화학은 1954년부터 튜브형 치약을 처음으로 생산했다. 럭키치약은 미군 PX를 통해 흘러 나오던 콜게이트 치약과 맞붙어 3년 만에 치약 시장의 정상에 올랐다.

'삼천리호' 자전거의 탄생

해방 직전 우리나라엔 약 60만 대의 자전거가 굴러다녔는데, 해방 후 1950년대까지 신문지상에 나타난 자전거 관련 기사는 대부분 자전거 도둑에 관한 것이었다.[122] 1947년 정부 지원하에 자전거 자체 생산을 시도했지만, 결코 쉽지 않은 일이었다.[123] 윤홍식은 "많은 자전거가 국내에서 운행됐음에도 불구, 50년대 이전까지 국내의 자전거 산업 수준은 보잘것이 없었다"며 "가장 큰 원인은 일본이 기계공업의 기초산업인 동시에 철강, 화학, 전기 등 관련 산업에 파급 효과가 큰 자전거 산업이 한국에서 발전하는 것을 막기 위해 여러 가지 압력을 가했기 때문이었다"고 했다.[124]

해방 이후 부품생산을 중심으로 잠시 활기를 띠는가 싶었던 국내 자전거 산업은 6·25 전쟁으로 다시 원점으로 되돌아갔으며, 국산 자전거의 원조이자 아직도 많은 사람에게 자전거의 대명사처럼 인식되고 있는 '3000리호'가 처음 만들어진 것은 6·25 전쟁이 한창이던 1952년 3월 기아산업 부산공장에서였다.

기아산업의 창업주 김철호는 1923년 18세의 나이로 일본 오사카로 건너가 철공소 견습공으로 일하면서 자전거와 인연을 맺었다. 1930년 일본에서 기계부속품 제작회사인 삼화제작소를 설립, 꽤 큰돈을 모았던 김철호는 해방 1년 전인 1944년 8월 귀국, 그해 12월 1일 서울 남대문로 5가에 경성정공(주)을 창업했다. 이 회사가 바로 기아산업의 전신이며 삼천리자전거공업(주)의 모체였다. 창업 이후 한동안 중고 자전거의 차체나 부분품을 분해해 재생하거나 조립하는 일에 매달렸던 경성정공은 자전거에 대한 수요가 늘어나자 1946년 1월 영등포공장을 준공하면서 국산 자전거 개발에 착수했지만, '자전거 기술의 꽃'이라는 림의 벽은 뛰어넘지 못했다.

우여곡절 끝에 림 개발은 김철호가 일본에서 삼화제작소를 운영할 때 알게 된 일본인 기술자 와다 에이이치和田英一를 기술고문으로 영입해옴으로써 해결되었다. 그게 1951년 9월이었다. 1952년 1월 회사 이름을 기아산업으로 변경한 경성정공은 그 후에도 숱한 우여곡절을 거친 끝에 마침내 그해 3월 12대의 자전거 시제품을 완성하는 데 성공했다. 김철호는 "이 자전거 한 대를 완성하는데 20년의 세월과 나의 전 재산이 모두 들어갔다"며 감격했다. 국내 최초의 자전거엔 자유와 통일이 지상과제로 인식되고 있던 사회적 분위기에 맞춰 국토통일의 뜻을 내포하고 있는 '3000리호'라는 이름이 붙여졌다.

국산 자전거의 개발은 전쟁으로 모든 것이 침체되어 있던 당시로서는 큰 뉴스였기에 이승만 대통령이 직접 공장을 방문해 임직원들을 격려했고, 이후 기아산업 부산공장에는 국산 자전거를 구경하려는 명사와 학생들의 줄이 끊이지 않았다. 자체 중량의 5배 정도를 실을 수 있게 설계된 삼천리호 자전거는 전후 부흥 과정에서 편리한 운송 수단으로 각광을 받기 시작했다. 생산 초기 한 대값이 웬만한 회사의 과장급 월급에 해당하는 1,800환이었지만, 월 200~300대씩 생산되기 무섭게 팔려 나갔다. 원자재 조달이 어려워지자, 빈 드럼통을 강관자재로, 와이어 로프를 스포크(자전거살) 자재로 활용하기까지 했다.[125] 삼천리호 자전거는 전후 부흥을 위한 노력의 상징이었기에 그건 국민적 보호 대상이 되었다.[126]

전쟁 속의 언론과 대중문화

피난지 부산에서 신문의 활동

1·4후퇴 때엔 신문들도 피난을 갔다. 『동아일보』는 1951년 1월 10일 부산에서 처음에는 『민주신보』, 그다음엔 『부산일보』의 시설을 이용해 신문을 발행했으며, 『조선일보』는 1951년 2월 1일부터 역시 부산에서 속간호를 냈다. 『조선일보』는 1951년 8월 1일 다시 서울로 돌아와 신문을 속간한 반면, 『동아일보』는 1953년 7월 27일 휴전협정이 조인된 후인 8월 18일자까지 부산에서 발행하고 서울로 돌아왔다.[127]

주요 신문들은 이승만 정부에 대해 비판적이었다. 1952년 1월부터 1953년 3월까지 『동아일보』, 『조선일보』, 『경향신문』, 『서울신문』 등 4대지의 정부 시책에 대한 '찬성·협조적인 논평', '비난·비판·반대' 둘로 나누어 수적인 대비를 해보면, 『동아일보』가 12건:191건, 『경향신문』이 73건:151건, 『조선일보』가 100건:173건, 『서울신문』이 346건:134건

등이었다.[128]

　1907년(광무 11년) 7월 이완용 내각에서 공포한 신문지법(보통 광무 신문지법이라고 한다)은 언론 탄압의 법적 근거로 악명을 떨쳐왔는데, 이것이 해방 후에도 사라지지 않고 있다가 1952년 3월 19일에서야 국회에서 재적 118명 중 85명의 찬성으로 폐기되었다.

　그 사연은 이렇다. 『동아일보』 1951년 9월 25일자는 국민방위군 사건으로 사형이 확정된 부사령관 윤익헌을 구하려고 미 고위층에 거금이 들어갔다는 경찰 조서 내용을 보도했다는 이유로 탄압을 받게 되었다. 정부는 10월 9일 구한말에 만들어진 광무신문지법과 일제 치하에서 만들어진 형법 105조 3항을 적용해 편집인 고재욱과 기자 최홍조를 불구속 기소했던 것이다. 이에 국회는 11월 15일 '광무신문지법 폐기안', 11월 20일엔 '형법 105조 3항 폐기안'을 제안했다. 광무신문지법은 1952년 3월 19일에 폐기되었고, 형법 105조 3항은 2년 뒤 새 형법을 제정하면서 삭제되었다.[129]

　1952년 5월 부산 정치 파동시 『동아일보』가 비판적인 논조를 보이자 정부는 6월 1일 『동아일보』 주필 고재욱을 헌병사령부로 연행한 사건도 있었다.

　"정부 전복 음모로 조작하려는 것이 당국의 의도였으나 때마침 내한한 『뉴욕타임스』 발행인 설즈버거 Arthur Sulzberger 등이 이에 관심을 보이자 국제적 파문을 예상해 3일 만에 풀어주었다. 정부는 이후 『동아일보』 인쇄를 맡고 있던 『민주신보』에 압력을 넣어 인쇄 대행을 못하게 했고 그래서 『동아일보』는 『부산일보』, 『자유민보』 등을 전전하며 구걸 인쇄를 했다."[130]

'나는 너를 싫어한다' 사건

　　임시수도 부산에서 세상을 떠들썩하게 만든 대표적인 필화 사건은 '나는 너를 싫어한다' 사건이었다. 사건의 발단은 정치인 조병옥이 발행하던 월간 『자유세계』 1952년 1월호에 쓴 김광주의 소설 「나는 너를 싫어한다」였다. 성악가인 주인공이 '선전부 장관의 부인'인 '너'의 춤과 술과 돈과 권력과 육체의 갖은 유혹을 뿌리치고 뛰쳐나와 절연장을 쓰는 서간문 형식의 소설이었다.

　　2월 17일 오후 김광주는 부산 서대신동 소재 공보처장 이철원의 자택 안방에서 테러를 당했다. 이철원의 부인 이씨가 기자회견에서 밝힌 사건 경위를 들어보자.

　　"소설에 등장하는 여주인공인 우리나라 '선전부 장관 부인'이 음란한 행동을 하였다는 것은 우리나라 선전부 장관이 즉 공보처장이므로 이는 나를 암시하는 것이라고 볼 밖에 없다. 그래서 나는 분개한 나머지 소설가 김광주 씨를 만나서 재판소 앞에 있는 모 다방에서 취소해줄 것을 요구하였으나 결말을 얻지 못하여 조용한 장소를 택하느라고 나의 집으로 데리고 와서 말을 계속하던 중 웃방에서 엿듣고 있던 집안 젊은이가 달려들어 머리칼을 휘어잡고 발길로 차고 주먹으로 때리고 하므로 나는 당황하여 그러지 말도록 고함을 지르며 떼어 놓았다."

　　이에 대해 김광주는 "나는 공보처장의 부인이 성이 무엇인지조차 모르며 일면식도 없다. 매맞은 그날 처음 대면하였을 뿐이다. 그리고 소설 「나는 너를 싫어한다」는 모델이 없고 내가 가공적인 인물을 등장시켜 구상한 창작임을 분명히 말해둔다"고 밝혔다.[131]

『자유세계』(1952년 1월호)에 소설 「나는 너를 싫어한다」를 쓴 김광주는 공보처장 이철원의 자택 안방에서 테러를 당했다. 『자유세계』 창간호(1952년 1월호) 표지.

임헌영이 지적한 바와 같이, "이씨는 폭행을 만류했다고는 하나 어쨌든 권세가의 집안에서 끔찍한 폭행을 당했다는 사실은 전시 중인데도 가히 폭발적인 화제로 번져갔다. 가뜩이나 이승만 독재체제에 대한 반감도 고조되던 때라 여론 형성에 한몫 톡톡히 하는 판세였다".[132]

2월 18일 당국은 문제의 소설이 실린 잡지를 압수하기 시작했다. 한국기자협회가 항의하자 이철원은 이 소설에서 16회나 등장하는 '선전부 장관 부인'이란 어휘 중 '선전부 장관'이란 다섯 자만 삭제하고 계속 발매하도록 타협했다는 공문을 보내는 한편 각 신문사 편집국장 앞으로 이 기사를 다루지 말아줄 것을 당부하는 공문을 보냈다. 한편 문인들은 김광섭·모윤숙 등 불문에 부치자는 파도 있었지만 대다수는 강경대응을 주장했다.[133]

그런데 공보처는 2월 21일 돌연 그간의 태도를 바꿔 광무신문지법에 의거해 잡지 『자유세계』에서 「나는 너를 싫어한다」가 실린 16쪽 전체를 삭제토록 지시했다. 전국문화단체총연합회(문총)는 2월 23일 성명을 발표했다. 이 성명은 테러와 당국의 통제를 비판하면서도 성명서의 끝부분에서 다음과 같이 주장했다.

"그러나 전기前記 작품이 특정된 개인의 인신에 불미한 곡해와 오해를 야기시킬 수 있는 요소를 가졌다는 것은 작가의 의도 여하를 불구하고 작자의 과오라고 아니할 수 없다. 이 점에 대한 작자의 반성이 필요하다고 인정한다. 전기 사건을 계기로 우리는 문화인의 인권과 창작활동의 자유가 엄격히 보장될 것을 요구하는 동시에 현 전시하에 있어서 불건전한 호기심에 영합하는 저속한 작품의 출현을 경계하는 바이다."[134]

이 성명이 나온 직후 공보처는 더욱 고자세를 취하기 시작했다. 임헌영은 이와 같은 주장에 대해 이렇게 말한다.

"문총이 회원의 권익 옹호나 예술 창작의 자유 보장을 위한 단체가 아니라 권력의 시녀로서 존재한다는 것을 대놓고 뻔뻔스럽게 반증해준 대목이다. 바로 이런 문총의 단체적인 생리 구조가 이후 어떤 부당한 권력과도 손을 맞잡고 비판의식적인 예술의 숨통을 막는 역할을 수행할 수 있다는 전망을 가능케 한다."[135]

라디오 방송과 전쟁 공보 영화

1952년 8월 5일 대통령 선거를 앞두고 한국 최초의 대통령 후보자 정견 발표 방송이 이루어졌다. 대선을 앞둔 7월에 방송국에서는 대통령 선거에 출마하는 이시영, 신흥우, 조봉암 등 세 후보자에게 단 한 번 15분씩 마이크를 내주어 자신의 소신을 피력하게 했다. 이는 공직에 출마하는 입후보자에게 정견 발표를 위해 방송국이 시간을 제공한 최초의 기록이기도 하다.[136] 한국 방송에서 자기磁氣 테이프 녹음기가 최초로 사용된 건 1950년 9월이었는데, 이는 1952년경엔 방송 제작에 큰 기여를 했다.

"이 녹음기는 휴대가 간편할 뿐만 아니라 음질도 깨끗하였다. 이때부터 생동감과 현장감이 생생한 마이크 인터뷰 등의 다양한 프로그램을 기동성 있게 제작할 수 있었다. 이 녹음기의 등장은 방송보도의 쇄신, 더 나아가 기획보도 프로그램의 제작에 결정적인 기여를 하게 되었다. 따라서 이 자기 테이프 녹음기는 상품으로 흥청거리는 부산 번화가에 전쟁과는 무관한 사람처럼 배회하는 국민을 각성시키는 데 획기적인 역할을 한 것이다."[137]

1951년엔 5편, 1952년엔 6편의 영화가 제작되었는데, 대부분 전쟁 관련 선전 영화였다. 1951년 육군본부 후원으로 계몽영화협회가 제작하고 윤봉춘이 감독한 〈오랑캐의 발자취〉는 1·4 후퇴시 서울을 점령한 중국군의 만행과 폐허가 된 서울의 모습을 담았다. 손전이 감독한 극영화 〈내가 넘은 삼팔선〉은 대지주 출신이 북한에서 갖은 수난을 겪다가 월남해 국군에 입대해서 북한군과 용감하게 싸운다는 내용이었다. 1952년에 제작된 윤봉춘의 〈성불사〉는 징병을 피하기 위해 절에 들어온 청년을 주지승이 설득해서 자진 입대케 한다는 내용의 영화로서 국방부 장관이 주는 우수영화상을 받았다.[138]

〈아내의 노래〉와 〈전선야곡〉

1952년 10월 공보처는 월북작가가 작곡한 가요의 가창을 일제히 금지하고, 그때까지 출판된 유행가집에 게재된 것이라 할지라도 일체 판매를 금지시켰다. 이 조치로 조명암의 〈무정천리〉·〈세월은 간다〉·〈눈물 젖은 두만강〉, 박영호의 〈무명초〉·〈번지 없는 주막〉·〈불효자는 웁니다〉 등을 포함해 100여 곡의 대중가요가 판매·가창이 금지되었다.[139]

대중음악인들은 진중 가요를 제작하고 위문공연을 다니는 것으로 참전했는데, 1951년에 나온 대표작은 유호 작사, 손목인 작곡, 신연옥 노래의 〈아내의 노래〉였다. 이 노래는 남편 또는 애인을 전쟁터에 보내

대중음악인들은 진중 가요를 제작하고 위문공연을 다니는 것으로 전쟁에 참전했다. 야전병원에서 위문공연을 펼치는 모습.

놓고도 '즐거움이 넘칩니다'라고 주장하는 과격한 정치성을 드러내게 된다.

"임께서 가신 길은 영광의 길이옵기에/이 몸은 돌아서서 눈물을 갖추었소/가신 길에 내 갈 길도 임의 길이요/바람 불고 비 오는 어두운 밤길에서/홀로 가는 이 가슴에 즐거움이 넘칩니다."[140]

1952년의 대표곡은 유호 작사, 박시춘 작곡, 신세영 노래의 〈전선야곡〉이었다.

"가랑잎이 휘날리는 전선의 달밤/소리 없이 내리는 이슬도 차가운데/단잠을 못 이루고 돌아눕는 귓가에/장부의 꿈 일러 주신 어머님의 목소리/아아 아아아 그 목소리 그리워//들려오는 총소리를 자장가 삼아/꿈길 속에 달려간다 내 고향 내 집에는/정한수 떠 놓고서 이 아들의 공비는/어머님의 흰 머리가 눈부시어 울었소/아아 아아아 쓸어안고 싶었소//방아쇠를 잡은 손에 쌓이는 눈물/손등으로 씻으며 적진을 노려보니/총소리 멎어버린 고지 위에 꽂히어/마음대로 나부끼는 태극기는 찬란해/아아 아아아 다시 한번 보았소."[141]

이영미는 이 시기 대중가요의 노골적인 정치적 선택은 불가피했을 것이라고 말한다.

"태평양전쟁 때 대중예술인들이 동원되었듯, 6·25 때에도 대중음악인들은 육해공군의 정훈공작조에 편성되어(박시춘은 해군 정훈국 제2소대장이었다) 위문공연을 다니는 분위기였기 때문이다. 군인 소재의 대중가요는 이러한 상황의 산물이었다. 트로트적인 눈물의 정서와 이지리스닝적인 절제감으로 조율하면서 군인들의 최대의 애국심을 자아내도록 배려된 것은 어찌 보면 당연하다. 작품의 진정성 역시 전쟁의 고통의 형상화란 측면과 정치적 의도 사이에서 아슬아슬한 줄타기를 하고 있다."[142]

국군 장병 위문

6·25 전쟁 중의 국군 장병 위문은 어떠했을까? 여러 종류의 위문이 있었겠지만, 홍성원의 『남과 북』엔 쓴웃음을 자아내게 하는, 그렇지만 지금 기준으론 소리내 웃지 않을 수 없는 재미있는 이야기가 나온다. 국군 장병 위문을 하러 온 부인들이 "위문이랍시고 연출한 장병들 상대의 요란한 행사"가 오히려 장병들을 괴롭혔다는 이야기다.

"그들은 목청 좋은 부인을 선발하여 정전 반대 웅변을 한 시간 이상 열변으로 토로했고, 웅변이 끝나자 여흥이랍시고 전 단원이 단상에 늘어서서 〈북진가〉며 〈멸공滅共의 노래〉 등을 지칠 줄도 모르고 연달아 불러 젖혔다. 하긴 여자라는 이유 하나로도 장병들에겐 그들의 출현은 훌륭한 눈요기가 될 수 있다. 그러나 전방 장병들이 진정으로 원하는 것은 웅변이나 군가와 같은 반공과 멸공의 행사가 아니다. 멸공이나 북진통일, 휴전 반대 등의 웅변은 장병들에게는 위로는 고사하고 하품만 나오는 지긋지긋한 행사일 뿐이다. 그들은 이런 지겨운 행사보다는 〈베사메무초〉나 〈번지 없는 주막〉 같은 아무나 쉽게 따라 할 수 있는 흥겨운 유행가를 좋아했고, 젊은 무희들이 몸에 착 붙는 옷을 입고 신나게 몸을 비꼬는 엉덩이춤을 더 보고 싶어했다. 그러나 이번에 위문단으로 찾아온 부인들은 쉬고 있는 전 장병들을 한자리에 집합시켜놓고 간간이 군가를 섞어가며 두 시간 가까이 반공과 북진통일에 관해 열변을 토했다. 결국 그녀들은 장병들을 향해 멸공과 북진통일을 위해 모두 이 전쟁에서 목숨을 바치라고 부르짖고 있었다. 마치 멸공과 북진통일이 안 된 것은 장병들 때문이라는 듯 저마다 쨍쨍한 목소리로 목청껏 외쳐댄 것이다."[143]

이것도 '위문'이라고 불러야 할지 모르겠지만, 6·25 전쟁 중엔 위안부대도 가동되었다. 육군본부의 공식기록인『후방전사』는 "이성에 대한 동경에서 야기되는 생리작용으로 인한 성격의 변화를 예방하기 위해 특수위안대를 만든다"고 명시했다. 특수위안대 실적 통계표에는 전쟁이 한창이던 1952년 1년 동안 89명의 위안부가 20만 4,560차례의 위안 활동을 했다고 명시되어 있다.[144]

6·25 전쟁에 참전한 장성들의 회고록에도 간간이 그런 이야기가 나온다. 김희오의 회고록은 "제5종 보급품(군 보급품은 1~4종임) 수령 지시가 있어 가 보았더니 우리 중대에도 주간 8시간 제한으로 6명의 위안부가 배정되어 있었다"고 적고 있다.[145]

채명신의 회고록은 아주 재미있는 에피소드까지 소개하고 있지만, 그건 생략하고 일부만 인용한다. "당시 우리 육군은 사기 진작을 위해 60여 명을 1개 중대로 하는 위안부대를 서너 개 운용하고 있었다. 때문에 예비부대로 빠지기만 하면 사단 요청에 의해 모든 부대는 위안부대를 이용할 수 있었다. 그러니 5연대도 예외는 아니었고, 예비대로 빠지기도 전부터 장병들의 화제는 모두 위안부대 건이었다. 우리 5연대에서는 위안부대를 이용하는 데 몇 가지 규칙을 만들었다. 위안부대 출입은 티켓제로 운용토록 하였다. 그런데 아무에게나 티켓이 주어지는 건 아니다. 전쟁터에서 용감하게 싸워 공을 세운 순서대로 나눠준다. 물론 훈장을 받았다면 당연히 우선권이 있어 부러움의 대상이다."[146]

상이군인의 분노와 비극

백선엽은 육군참모총장 부임 초 이승만에게 이런 제언을 했다. "각하, 현재 군인의 봉급이 너무 적습니다. 본인은 겨우 먹고살 정도이나 가족을 부양하기에는 턱없이 부족한 실정입니다. 이 때문에 장교나 하사관이 병사들의 먹을 것을 빼앗아간다거나 부대 차량을 후생 사업에 빼돌리는 불미한 사건들이 빚어지고 있습니다. 선처가 있으시기를 바랍니다."

그러나 이승만의 반응은 완강했다. "그래, 군인이 돈맛을 알면 어떡하나. 군인이 애전愛錢을 하면 나라가 망해. 군인은 발런티어(자원봉사)하고 서비스하는 거야."

백선엽은 『군과 나: 백선엽 회고록』(1989)에 "나는 그 후로 다시는 이 문제를 거론할 용기를 되찾지 못했다"고 썼다.[147] 이 대화에서도 이승만이 세상 돌아가는 걸 전혀 모르고 있었거나 아니면 시대착오적인 발상의 소유자였다는 게 잘 드러난다. 이승만의 이런 '세상으로부터의 소외'나 시대착오적인 발상은 상이군인들에 대한 대우에도 큰 영향을 미쳤을 것이다(1959년 원호 대상자 실태조사에 따르면 상이군인과 상이경찰은 9만 3,042명이었다).[148]

1951년 5월 대한상이용사회, 1951년 11월 대한군인유족회가 결성되었지만, 이들은 아직 힘을 쓸 수 없었다. 1952년 가을 2~3만 명의 상이군인이 각지의 상이군인 정양원에 수용되어 있었다. 대전에도 국립 상이군인 정양원이 세워졌는데, 말이 좋아 정양원이지 상인군인들에 대한 대우는 형편없었다. 상인군인들은 거리로 나서지 않을 수 없었다.

"양쪽 다리를 잃은 사람은 동료의 등에 업혀서, 한쪽 다리나 팔을 절

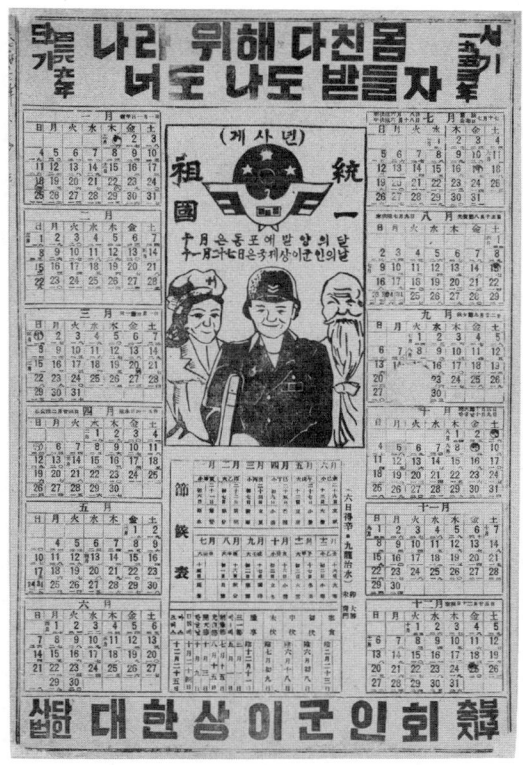

1951년 5월 대한상이용사회와 1951년 11월 대한군인유족회가 결성되어 상인군인들에 대한 처우 개선을 원했지만, 이들에 대한 대우는 형편없었다. 대한상이군인회 1953년 충북지부 달력.

단당했거나 눈을 잃은 사람은 비참한 모습 그대로 제발로 걸어서 관공서나 은행 등에 쳐들어갔다. 그러고는 가져간 물건을 사주기를 강요하거나 용돈을 내놓으라고 생떼를 쓰는 사람도 있었다. 정양원 앞길 일대는 어느덧 술에 만취된 자들이 모여서 자기네끼리 싸움판을 벌이는가 하면 길 가는 사람에게 희롱과 시비를 걸기도 해서 치안 부재 지대로 변해 버렸다. 그러나 나라를 위해 싸우다 몸을 다쳐 울분과 비통에 몸부림치는 이들을 인근 주민들은 감사와 연민의 마음으로 바라보며 불안과 불편을 참았고 이들 앞에서는 법도 그 기능을 멈추고 있었다. 경찰도 검찰도 이들에 대해서는 바라만 보고 있었을 뿐 어떠한 조치도 취하려 하지 않았다."[149]

1952년 가을 어느 날 왜관에서 경찰과 상이용사가 충돌을 빚은 사건이 벌어졌다. 부산의 상이군인들이 일제히 봉기해 열차를 탈취한 뒤 왜관으로 몰려가려고 부산역에 집결했다. 이들은 경부선 철도의 운행을 정지시키며 열차를 내달라고 격렬한 항의 시위를 벌였다. 치안국장 문봉제는 사태 수습을 거의 포기한 상태였다. 육군참모총장 백선엽이 대구의 육군본부에서 경비행기를 타고 현장에 달려와 수습에 나서야 했다. 정양원별로 예산을 쪼개어 조금 지급해주고 미8군도 모포 2만 장과 의료품을 지원해 급한 불을 껐다.[150]

"이러한 상황 속에서 연명을 위하여 몸부림치던 상이군인들이 일면으로는 물품의 강매를 시작하고 곳곳에서 구걸과 폭력적 방법으로 생계 유지를 도모하면서, 타면으로는 정부에 대하여 불만을 터뜨리게 된 것은 필연적인 사실이다."[151]

전쟁 중에도 크리스마스는 찾아온다

『조선일보』1952년 12월 13일자는 "숙명적인 전쟁이 벌어지고 있는 이 땅에 크리스마스는 또다시 찾아오고 있다. 약빠른 장사치들은 벌써부터 상점에 X마스 선물을 만들어 내놓고 X마스 장치를 내걸고 있다. 작년 이맘때보다는 안정된 환경에 있는 서울 시민 가운데는 벌써부터 X마스 날에는 어떻게 놀아야 되고 무슨 선물을 해야겠다는 골몰한 생각에 잠긴 사람도 많다. 아마 부산의 특수층에서는 금년의 X마스에 떠들썩하게 놀아보자는 생각에 바쁜 친구도 있으리라"면서 다음과 같이 말했다.

"그러나 금년의 X마스도 모든 면에 있어서 비극적이었던 1951년도의 크리스마스 때와는 대체로 다름이 없다. 일선의 병사들은 백마산에서 혹은 벙커 묘지에서 혹은 저격능선 수도고지에서 수없이 쓰러졌건만 서로 밀고 밀린 땅이라고는 별로 없고 또한 앞으로도 움직일 기세를 보이지 않고 있다. 작년의 X마스 때에는 한 개의 이름 없었던 산이 전투의 초점이 되어 '크리스마스' 고지라는 이름을 얻었고 많은 병사가 여기서 쓰러졌다. 오늘날 양군은 아직도 같은 땅에서 사격전을 전개하고 있다."[152]

『조선일보』1952년 12월 17일자는 "크리스마스를 앞두고 멸공전선에서 용전분투하는 우리 국군 장병을 위문하기 위하여 군경원호회 경기도 지부와 경기도 병사구 사령부에서는 방금 위문 및 위문품 수집을 추진 중에 있다. 동 위문단은 경기도 병사구 사령관을 수반으로 하는 18명의 제1반이 수도사단을, 경기도 문교사회국장을 수반으로 한 16명의 제2반은 제1사단을 위문코자 각각 오는 24일 상오 10시 출발할 예정이다"고 했다.[153]

1952년 크리스마스를 위해 서울시도 시내 각급 학교를 비롯해 일반 시민들에게서 위문품을 모집했다. 이때엔 미국 CBS의 유명 방송인인 에드워드 머로Edward Murrow, 1908~1965가 크리스마스 전선을 취재·보도하기 위해 내한來韓하기도 했다. 그가 16명의 제작진을 대동하고 한국전선을 직접 방문해 제작한 〈한국에서의 크리스마스Christmas in Korea〉는 미국 내에선 수작으로 평가를 받았지만 한국인들의 고통은 외면하는 한계를 드러냈다는 지적도 있었다.[154]

휴전으로 1953년의 크리스마스는 좀더 당당하게 축제 분위기를 누릴 수 있게 되었다. 휴전에 강력 반대했던 이승만도 1953년 11월 성탄 선물과 크리스마스 카드를 많이 만들어내자는 담화를 발표하기도 했다.[155] 『조선일보』 1953년 11월 25일자는 "국방부 정훈부에서는 성탄절 위문품으로 10종의 풍속을 그린 '크리스마스 카드' 25만 장을 12월 20일까지 일선 국군 장병에게 배부하리라 한다"고 보도했다.

『조선일보』 1953년 12월 15일자는 "거리에는 '크리스마스 트리'의 각종 '카드'가 진열되어 세말의 기분을 돋구고 있으며 굶주린 시민에게는 그림의 떡인 호화로운 '케이크'가 오고가는 행인의 입맛을 다시게 하고 있다"고 했고,[156] 『조선일보』 1953년 12월 26일자는 "만천하 인류의 행복과 평화를 위하여 십자가에 못박혀 희생된 예수 크리스도의 탄생 1,953주년인 25일의 성탄일을 맞이하여 전란 3년 만에 비로소 총소리 없는 서울에서 이날을 보내게 된 서울 시내는 곳곳마다 축하 일색으로 차 있었다"고 보도했다.[157]

머리말

1 전상인,『고개 숙인 수정주의: 한국현대사의 역사사회학』(전통과현대, 2001), 173쪽.
2 이제훈,「휴전일 아는 초중고생 2.9% 그쳐」,『한겨레』, 2003년 7월 26일, 5면.
3 김동춘,『전쟁과 사회: 우리에게 한국전쟁은 무엇이었나?』(돌베개, 2000), 7~9쪽.
4 김동춘,『전쟁과 사회: 우리에게 한국전쟁은 무엇이었나?』(돌베개, 2000), 26쪽.
5 「'그날의 음식' 먹기: "6·25의 고난을 잊지 말자"」,『국민일보』, 1991년 6월 22일, 15면.
6 김경일,「1950년대 후반의 사회이념: 민주주의와 민족주의」, 한국정신문화연구원 현대사연구소 편,『한국현대사의 재인식 4: 1950년대 후반기의 한국 사회와 이승만 정부의 붕괴』(오름, 1998), 23쪽.
7 윌리엄 스툭(William Stueck), 김형인 외 옮김,『한국전쟁의 국제사』(푸른역사, 2001), 709쪽.
8 박명림,『한국전쟁의 발발과 기원 II: 기원과 원인』(나남, 1996), 889쪽.
9 정진상,「한국전쟁과 전근대적 계급 관계의 해체」, 경상대학교 사회과학연구소 엮음,『한국전쟁과 한국자본주의』(한울아카데미, 2000), 50~51쪽.
10 정성호,「한국전쟁과 인구사회학적 변화」, 한국정신문화연구원 편,『한국전쟁과 사회구조의 변화』(백산서당, 1999), 45쪽.
11 김윤식·정호웅,『한국소설사』(문학동네, 2000), 349쪽.

제1부 1950년

1 강인철, 『한국기독교회와 국가·시민사회 1945~1960』(한국기독교역사연구소, 1996), 186~187, 247쪽.
2 「미신행위는 의연 성행: '대동굿'에 반장이 금품 모집」, 『조선일보』, 1950년 1월 26일, 조간 2면.
3 「또다시 미신타파 주간/구정 계기로 일대 국민운동」, 『조선일보』, 1950년 2월 9일, 조간 2면.
4 「신생활촉진위서도 미신타파 운동 전개」, 『조선일보』, 1950년 2월 18일, 조간 2면.
5 「복술가 일소 주간 5월 1일부터」, 『조선일보』, 1950년 4월 22일, 조간 2면.
6 「비명으로 변한 '호령': 복술가 등 쫓기에 당국은 기진(氣盡)」, 『조선일보』, 1950년 5월 17일, 조간 2면.
7 서중석, 「이승만과 북진통일: 1950년대 극우 반공독재의 해부」, 『역사비평』, 제29호(1995년 여름), 112쪽; 우사연구회 엮음, 서중석 지음, 『남·북협상: 김규식의 길, 김구의 길』(한울, 2000), 295쪽.
8 박명림, 『한국전쟁의 발발과 기원 II: 기원과 원인』(나남, 1996), 609, 617쪽.
9 안문석, 『북한 현대사 산책 2: 전쟁과 사회주의 건설』(인물과사상사, 2016), 15~18쪽.
10 염인호, 「조선의용군」, 『역사비평』, 제26호(1994년 가을), 170쪽.
11 김삼웅, 『한국 현대사 뒷얘기』(가람기획, 1995), 335~336쪽.
12 강인철, 「한국전쟁과 사회의식 및 문화의 변화」, 한국정신문화연구원 편, 『한국전쟁과 사회구조의 변화』(백산서당, 1999), 207쪽.
13 손호철, 『현대 한국정치: 이론과 역사 1945-2003』(사회평론, 2003), 179~180쪽.
14 강정구, 「미국과 한국전쟁」, 『역사비평』, 제21호(1993년 여름), 197쪽.
15 백기철, 「한국전쟁 무렵 학살된 문경 석달마을 어린이 26명 "추모비 세우는 데 53년…특별법 언제나"」, 『한겨레』, 2002년 12월 30일, 28면.
16 박명림, 『한국전쟁의 발발과 기원 II: 기원과 원인』(나남, 1996), 834쪽.
17 박명림, 『한국전쟁의 발발과 기원 I: 기원과 원인』(나남, 1996), 431쪽.
18 이호재, 『한국 외교정책의 이상과 현실: 이승만 외교와 미국 정책의 반성』(법문사, 2000), 439쪽.
19 전쟁기념사업회, 『한국전쟁사: 제3권』(행림출판, 1992), 27쪽.
20 이완범, 『한국전쟁: 국제전적 조망』(백산서당, 2000), 111쪽.
21 이호재, 『한국 외교정책의 이상과 현실: 이승만 외교와 미국 정책의 반성』(법문사, 2000), 431~432쪽.

22　정용석, 『분단과 통일: 통일을 향한 접근 논리』(단국대학교출판부, 1999), 119쪽; 서중석, 「이승만과 북진통일: 1950년대 극우 반공독재의 해부」, 『역사비평』, 제29호 (1995년 여름), 114쪽.
23　주익종, 「[새로 쓰는 대한민국 70년(1945~2015)] 자기 논 받은 농민들…"6·25 때 대한민국 지키는 데 앞장"」, 『조선일보』, 2015년 3월 21일.
24　전봉관, 「"인민에게 땅 공짜로 나눠준다"더니, 김일성이 북녘의 지주 됐다」, 『조선일보』, 2025년 1월 25일.
25　주익종, 「[새로 쓰는 대한민국 70년(1945~2015)] 자기 논 받은 농민들…"6·25 때 대한민국 지키는 데 앞장"」, 『조선일보』, 2015년 3월 21일.
26　전봉관, 「"인민에게 땅 공짜로 나눠준다"더니, 김일성이 북녘의 지주 됐다」, 『조선일보』, 2025년 1월 25일.
27　전쟁기념사업회, 『한국전쟁사: 제3권』(행림출판, 1992), 27쪽.
28　이호재, 『한국 외교정책의 이상과 현실: 이승만 외교와 미국 정책의 반성』(법문사, 2000), 433~434쪽.
29　Robert Sherrill, 「The Trajectory of a Bumbler」, 『New York Times Book Review』, June 5, 1983, p.30.
30　Barnet Baskerville, 「Joe McCarthy, Brief-Case Demagogue」, 『Today's Speech』, 2(September 1954), p.14.
31　김명환, 「[김명환의 시간여행] (108) "舊正 쇠는 건 時局 외면한 한심한 작태" 정부, 방앗간·정육점 봉쇄 등 '방해 조치'」, 『조선일보』, 2018년 2월 14일.
32　김성곤, 「"서구 우월감이 부른 팽창 정책"」, 『중앙일보』, 1999년 10월 19일, 19면.
33　이호재, 『한국 외교정책의 이상과 현실: 이승만 외교와 미국 정책의 반성』(법문사, 2000), 436쪽.
34　송광성, 「윤치영: 외세와 독재권력에 아부하여 '잘 먹고 잘 산' 자의 표본」, 반민족문제연구소, 『청산하지 못한 역사 1: 한국현대사를 움직인 친일파 60』(청년사, 1994), 72~76쪽.
35　김정원, 『분단한국사』(동녘, 1985), 153쪽.
36　이호재, 『한국 외교정책의 이상과 현실: 이승만 외교와 미국 정책의 반성』(법문사, 2000), 432쪽.
37　유숙란, 「선거의 권위주의적 운용과 역기능」, 한배호 편, 『한국현대정치론 I: 제1공화국의 국가형성, 정치 과정, 정책』(나남, 1990), 377~378쪽.
38　윤용희, 「자유당의 기구와 역할」, 한배호 편, 『한국현대정치론 I: 제1공화국의 국가형성, 정치 과정, 정책』(나남, 1990), 301쪽.

39 오유석,「1950년 5·30 총선: 위기로 몰린 이승만 정권」,『역사비평』, 제16호(1992년 봄), 50쪽; 유숙란,「선거의 권위주의적 운용과 역기능」, 한배호 편,『한국현대정치론 I: 제1공화국의 국가형성, 정치 과정, 정책』(나남, 1990), 389쪽.

40 이호재,『한국 외교정책의 이상과 현실: 이승만 외교와 미국 정책의 반성』(법문사, 2000), 441쪽.

41 오유석,「1950년 5·30 총선: 위기로 몰린 이승만 정권」,『역사비평』, 제16호(1992년 봄), 52쪽.

42 김성현,「[새로 쓰는 대한민국 70년(1945~2015)] 첫 總選(1948년)에선 여성 19명 모두 낙선…살해 협박·사무소 습격도 당해」,『조선일보』, 2015년 2월 12일.

43 서중석,「선거와 바람: 바람의 정치」,『역사비평』, 제60호(2002년 가을), 54쪽.

44 서중석,「선거와 바람: 바람의 정치」,『역사비평』, 제60호(2002년 가을), 54쪽; 서중석,『조봉암과 1950년대 (상): 조봉암의 사회민주주의와 평화통일론』(역사비평사, 1999), 69쪽.

45 김재명,『한국현대사의 비극: 중간파의 이상과 좌절』(선인, 2003), 86~87쪽.

46 오유석,「1950년 5·30 총선: 위기로 몰린 이승만 정권」,『역사비평』, 제16호(1992년 봄), 52~53쪽.

47 로버트 T. 올리버(Robert T. Oliver), 박일영 옮김,『대한민국 건국의 비화: 이승만과 한미관계』(계명사, 1990), 393~394쪽.

48 서중석,「선거와 바람: 바람의 정치」,『역사비평』, 제60호(2002년 가을), 54쪽.

49 조정래,「민중의 승리, 2대 국회의원 승리」,『태백산맥 6』(해냄, 1995), 234~235쪽.

50 강정구,「미국과 한국전쟁」,『역사비평』, 제21호(1993년 여름), 216~217쪽.

51 홍용표,「한국전쟁이 남북한 관계에 미친 영향: 김일성의 반미의식과 이승만의 반공의식 변화를 중심으로」, 한국전쟁연구회 편,『탈냉전시대 한국전쟁의 재조명』(백산서당, 2000), 320쪽.

52 박명림,『한국전쟁의 발발과 기원 I: 기원과 원인』(나남, 1996), 439~440쪽.

53 김영호,『한국전쟁의 기원과 전개 과정』(두레, 1998), 306~307쪽.

54 김창훈,『한국 외교 어제와 오늘』(다락원, 2002), 49쪽.

55 김학준,『북한 50년사: 우리가 떠안아야 할 반쪽의 우리 역사』(동아출판사, 1995), 146쪽; 로버트 T. 올리버(Robert T. Oliver), 박일영 옮김,『이승만 비록』(한국문화출판사, 1982), 322쪽; 윌리엄 스툭(William Stueck), 김형인 외 옮김,『한국전쟁의 국제사』(푸른역사, 2001), 65쪽; 채명신,『사선을 넘고 넘어: 채명신 회고록』(매일경제신문사, 1994), 98쪽.

56 김종오,『변질되어가는 한국현대사의 실상 상(上)』(종소리, 1989), 247~248쪽.

57　전쟁기념사업회, 『한국전쟁사: 제3권』(행림출판, 1992), 29쪽.
58　채명신, 『사선을 넘고 넘어: 채명신 회고록』(매일경제신문사, 1994), 97~98쪽.
59　노정팔, 『한국방송과 50년』(나남, 1995), 159~160쪽.
60　안용현, 『한국전쟁 비사 1: 건군과 6·25』(경인문화사, 1992), 216쪽.
61　조선일보사, 『조선일보 칠십년사 제1권』(조선일보사, 1990), 533~534쪽.
62　김성칠, 『역사 앞에서: 한 사학자의 6·25 일기』(창작과비평사, 1993), 59쪽
63　박명림, 『한국전쟁의 발발과 기원 I: 기원과 원인』(나남, 1996), 462~463쪽; 전쟁기념사업회, 『한국전쟁사: 제3권』(행림출판, 1992), 39쪽.
64　김창훈, 『한국 외교 어제와 오늘』(다락원, 2002), 50쪽.
65　이기택, 『국제정치사』(일신사, 2000), 471~472쪽; 안용현, 『한국전쟁 비사 1: 건군과 6·25』(경인문화사, 1992), 255~256쪽.
66　이한우, 『거대한 생애 이승만 90년 하(下)』(조선일보사, 1996), 78~79쪽.
67　박명림, 『한국 1950 전쟁과 평화』(나남, 2002), 163~164쪽.
68　김동춘, 『전쟁과 사회: 우리에게 한국전쟁은 무엇이었나?』(돌베개, 2000), 320쪽.
69　전쟁기념사업회, 『한국전쟁사: 제3권』(행림출판, 1992), 39쪽.
70　노정팔, 『한국방송과 50년』(나남, 1995), 161~162쪽; 최창봉·강현두, 『으리 방송 100년』(현암사, 2001), 84~85쪽.
71　한수영, 「한국전쟁기 도강과 잔류파」, 『역사비평』 편집위원회, 『논쟁으로 본 한국사회 100년: 『역사비평』 통권 50호 기념 별책』(역사비평사, 2000), 193쪽.
72　노정팔, 『한국방송과 50년』(나남, 1995), 161~162쪽; 최창봉·강현두, 『으리 방송 100년』(현암사, 2001), 84~85쪽.
73　복거일, 「[복거일의 이승만 오디세이] "전투기 보내달라" 6월 26일 새벽 3시, 잠든 맥아더를 깨웠다: ⑧ 6·25 전쟁과 초기 대응」, 『조선일보』, 2023년 10월 4일.
74　김동춘, 『전쟁과 사회: 우리에게 한국전쟁은 무엇이었나?』(돌베개, 2000), 9˚쪽.
75　박종인, 「[팩트 체크] 북한군 사진과 기록으로 본 한강 인도교 폭파 사건의 진실: 좌파의 날조, 우파와 국방부의 게으름이 '학살 괴담' 키워」, 『월간조선』, 2024년 7월호; 박종인, 「[박종인 기자의 '흔적'] 74년 만에 제자리로 돌아가는 6·25 인도교 폭파 사건의 진실」, 『조선일보』, 2024년 6월 8일.
76　안용현, 『한국전쟁 비사 1: 건군과 6·25』(경인문화사, 1992), 263쪽.
77　이한우, 『거대한 생애 이승만 90년 하(下)』(조선일보사, 1996), 84쪽; 정해구, 「채병덕: 일본 육사 출신의 대한민국 참모총장」, 반민족문제연구소, 『청산하지 못한 역사 1: 한국현대사를 움직인 친일파 60』(청년사, 1994), 236~237쪽.
78　김동춘, 「서울 시민과 한국전쟁: '잔류'·'도강'·'피난'」, 『역사비평』, 제51호 2000년

여름), 45쪽.
79 김원일, 『불의 제전 5』(문학과지성사, 1997), 146~147쪽.
80 브루스 커밍스(Bruce Cumings), 김동노 외 옮김, 『브루스 커밍스의 한국현대사』(창작과비평사, 2001), 375쪽; 신복룡, 「한국전쟁 다시 본다: 김일성은 왜 서울에서 3일을 허송했나?」, 『한국일보』, 2000년 5월 1일, 24면.
81 장행훈, 「소, 미핵(美核) 의식 '부산 공격' 저지: '6·25' 42주…러시아군사연 파포프 연구원 특별인터뷰」, 『동아일보』, 1992년 6월 25일, 5면.
82 정일화, 「40년 만에 다시 풀어보는 6·25의 수수께끼: '인민군 서울 3일' 모(毛)의 권고 때문」, 『한국일보』, 1990년 6월 17일, 5면.
83 한국정치연구회, 『한국정치사』(백산서당, 1990), 220~221쪽.
84 김종오, 『변질되어가는 한국현대사의 실상 상(上)』(종소리, 1989), 249쪽; 김영호, 「한국전쟁 연구의 향후 과제와 전망」, 한국전쟁연구회 편, 『탈냉전시대 한국전쟁의 재조명』(백산서당, 2000), 103쪽.
85 김동선, 「돌아온 노병 "50년 6월 29일 수원서 맥아더 만났다"」, 『시사저널』, 1991년 6월 27일, 76면.
86 김동춘, 『전쟁과 사회: 우리에게 한국전쟁은 무엇이었나?』(돌베개, 2000), 94쪽.
87 고은, 「김금덕」, 『만인보 17』(창비, 2004), 31~33쪽.
88 김동춘, 『전쟁과 사회: 우리에게 한국전쟁은 무엇이었나?』(돌베개, 2000), 94쪽.
89 한홍구, 『대한민국사 1: 단군에서 김두한까지』(한겨레신문사, 2003), 179~180쪽.
90 고은, 「주철규 소령」, 『만인보 17』(창비, 2004), 21~23쪽.
91 박명림, 『한국 1950 전쟁과 평화』(나남, 2002), 172~173쪽.
92 전쟁기념사업회, 『한국전쟁사: 제1권』(행림출판, 1992), 196~197쪽.
93 정일화, 「40년 만에 다시 풀어보는 6·25의 수수께끼: 스미스 부대는 '희생타'인가」, 『한국일보』, 1990년 6월 20일, 5면.
94 김창훈, 『한국 외교 어제와 오늘』(다락원, 2002), 51쪽.
95 브루스 커밍스(Bruce Cumings), 김동노 외 옮김, 『브루스 커밍스의 한국현대사』(창작과비평사, 2001), 372쪽; 전쟁기념사업회, 『한국전쟁사: 제1권』(행림출판, 1992), 200쪽.
96 브루스 커밍스(Bruce Cumings)·존 할리데이(Jon Halliday), 차성수·양동주 옮김, 『한국전쟁의 전개 과정』(태암, 1989), 92쪽.
97 전쟁기념사업회, 『한국전쟁사: 제1권』(행림출판, 1992), 200~201쪽; 서주석, 「한국전쟁과 이승만 정권의 권력 강화」, 『역사비평』, 제9호(1990년 여름), 139쪽.
98 홍용표, 「한국전쟁이 남북한 관계에 미친 영향: 김일성의 반미의식과 이승만의 반공

의식 변화를 중심으로」, 한국전쟁연구회 편, 『탈냉전시대 한국전쟁의 재조명』(백산서당, 2000), 323쪽.

99　정일화, 「40년 만에 다시 풀어보는 6·25의 수수께끼: 스미스 부대는 '희생타'인가」, 『한국일보』, 1990년 6월 20일, 5면; 박명림, 『한국 1950 전쟁과 평화』(나남, 2002), 189쪽; 박세길, 『다시 쓰는 한국현대사 1』(돌베개, 1988), 208쪽.

100　김형수, 「문익환 평전 29: 1950년 여름, 서울」, 『뉴스메이커』, 2003년 7월 3일, 72면.

101　김종오, 『변질되어가는 한국현대사의 실상 상(上)』(종소리, 1989), 250쪽.

102　브루스 커밍스(Bruce Cumings), 김동노 외 옮김, 『브루스 커밍스의 한국현대사』(창작과비평사, 2001), 375쪽.

103　강정구, 「미국과 한국전쟁」, 『역사비평』, 제21호(1993년 여름), 200쪽.

104　박명림, 『한국 1950 전쟁과 평화』(나남, 2002), 179쪽.

105　안용현, 『한국전쟁 비사 1: 건군과 6·25』(경인문화사, 1992), 410쪽.

106　전쟁기념사업회, 『한국전쟁사: 제3권』(행림출판, 1992), 497쪽.

107　박명림, 『한국 1950 전쟁과 평화』(나남, 2002), 105~106쪽.

108　정충신, 「"미국서 더 높이 평가" '6·25 전쟁 영웅' 백선엽 장군 4주기 추모식 다부동서 거행」, 『문화일보』, 2024년 7월 10일.

109　오제연, 「병영사회와 군사주의 문화」, 오제연 외, 『한국현대생활문화사 1960년대: 근대화와 군대화』(창비, 2016), 193~194쪽.

110　정해구, 「채병덕: 일본 육사 출신의 대한민국 참모총장」, 반민족문제연구소, 『청산하지 못한 역사 1: 한국현대사를 움직인 친일파 60』(청년사, 1994), 236쪽.

111　정해구, 「채병덕: 일본 육사 출신의 대한민국 참모총장」, 반민족문제연구소, 『청산하지 못한 역사 1: 한국현대사를 움직인 친일파 60』(청년사, 1994), 233~234쪽.

112　한홍구, 『대한민국사 2: 아리랑 김산에서 월남 김상사까지』(한겨레신문사, 2003), 183~184쪽.

113　고은, 「신성모」, 『만인보 16』(창비, 2004), 180~181쪽.

114　조지프 굴든(Joseph C. Goulden), 김쾌상 옮김, 『한국전쟁: 알려지지 않은 이야기』(일월서각, 1982), 112쪽.

115　정해구, 「채병덕: 일본 육사 출신의 대한민국 참모총장」, 반민족문제연구소, 『청산하지 못한 역사 1: 한국현대사를 움직인 친일파 60』(청년사, 1994), 238쪽.

116　이태호, 신경완 증언, 『압록강변의 겨울: 남북 요인들의 삶과 통일의 한』(다섯수레, 1991), 25~26쪽.

117　박명림, 『한국전쟁의 발발과 기원 I: 기원과 원인』(나남, 1996), 446쪽.

118　박명림, 『한국전쟁의 발발과 기원 I: 기원과 원인』(나남, 1996), 449쪽.

119 김성칠, 『역사 앞에서: 한 사학자의 6·25 일기』(창작과비평사, 1993), 138쪽.
120 브루스 커밍스(Bruce Cumings)·존 할리데이(Jon Halliday), 차성수·양동주 옮김, 『한국전쟁의 전개 과정』(태암, 1989), 88쪽; 이태호, 신경완 증언, 『압록강변의 겨울: 남북 요인들의 삶과 통일의 한』(다섯수레, 1991), 27~28쪽.
121 박명림, 『한국 1950 전쟁과 평화』(나남, 2002), 301쪽.
122 박명림, 『한국 1950 전쟁과 평화』(나남, 2002), 236, 310쪽.
123 김성칠, 『역사 앞에서: 한 사학자의 6·25 일기』(창작과비평사, 1993), 80~81쪽.
124 김성칠, 『역사 앞에서: 한 사학자의 6·25 일기』(창작과비평사, 1993), 85쪽.
125 이화여자대학교, 『이화 100년사』(이화여자대학교출판부, 1994), 321~322쪽.
126 김성칠, 『역사 앞에서: 한 사학자의 6·25 일기』(창작과비평사, 1993), 103~104쪽.
127 김원일, 『불의 제전 5』(문학과지성사, 1997), 162~165쪽.
128 김원일, 『불의 제전 5』(문학과지성사, 1997), 207~208쪽.
129 손정목, 『서울 도시계획 이야기: 서울 격동의 50년과 나의 증언 ①』(한울, 2003), 50쪽; 손정목, 「[남기고 싶은 이야기들] 서울 만들기: 잿더미 서울」, 『중앙일보』, 2003년 9월 2일, 31면.
130 김원일, 『불의 제전 5』(문학과지성사, 1997), 209~210쪽.
131 김원일, 『불의 제전 7』(문학과지성사, 1997), 29~30쪽.
132 강원용, 『빈들에서: 나의 삶, 한국 현대사의 소용돌이 1-선구자의 땅에서 해방의 혼돈까지』(열린문화, 1993), 298쪽.
133 박명림, 『한국 1950 전쟁과 평화』(나남, 2002), 630~631쪽.
134 존 메릴(John Merrill), 이종찬·김충남 옮김, 『새롭게 밝혀낸 한국전쟁의 기원과 진실』(두산동아, 2004), 232쪽.
135 김기진, 『끝나지 않은 전쟁 국민보도연맹: 부산·경남 지역』(역사비평사, 2002), 89쪽; 서중석, 「분단정부 50년의 재조명과 비극」, 『역사비평』, 제44호(1998년 가을), 59쪽.
136 한국반탁·반공학생운동기념사업회, 『한국학생건국운동사: 반탁·반공학생운동 중심』(대한교과서, 1986), 517쪽.
137 김원일, 『불의 제전 1』(문학과지성사, 1997년), 17쪽.
138 허만호, 「6·25 전쟁과 민간인 집단 학살」, 이병천·조현연 편, 『20세기 한국의 야만: 평화와 인권의 21세기를 위하여』(일빛, 2001), 268~269쪽.
139 심희무, 「'전주 지역 희생자 총 4,500여 명' 주장」, 『새전북신문』, 2003년 4월 21일, 13면.
140 심희무, 「좌-우에 의한 동족상잔 참극: 50년 전주형무소의 비극」, 『새전북신문』,

2003년 4월 21일, 11면.
141 김기진, 『끝나지 않은 전쟁 국민보도연맹: 부산·경남 지역』(역사비평사, 2002), 93쪽.
142 김기진, 『끝나지 않은 전쟁 국민보도연맹: 부산·경남 지역』(역사비평사, 2002), 93~94쪽.
143 정대하, 「"한국전 때 경찰이 인민군 위장 민간 학살 '나주 부대' 실체 확인"」, 『한겨레』, 2003년 10월 3일, 21면.
144 김호균, 「해남·완도의 '나주 부대' 양민 학살 사건」, 『월간 말』, 1993년 8월, 140~144쪽.
145 임철우, 「곡두 운동회」, 『우리시대 우리작가: 임철우』(동아출판사, 1992년 5판), 211쪽.
146 임철우, 「곡두 운동회」, 『우리시대 우리작가: 임철우』(동아출판사, 1992년 5판), 209~210쪽.
147 오연호, 「6·25 참전 미군의 충북 영동 양민 3백여 명 학살 사건」, 『월간 말』, 1994년 7월, 38쪽.
148 오연호, 「6·25 참전 미군의 충북 영동 양민 3백여 명 학살 사건」, 『월간 말』, 1994년 7월, 38쪽.
149 김삼웅, 『해방 후 양민학살사』(가람기획, 1996), 121~122쪽.
150 정구도, 『노근리는 살아 있다: 50년간 미국과 당당히 맞선 이야기』(백산서당, 2003), 25~26쪽.
151 정은용, 『그대, 우리의 아픔을 아는가: 정은용 실화 소설』(다리미디어, 1994), 168쪽.
152 정구도, 『노근리는 살아 있다: 50년간 미국과 당당히 맞선 이야기』(백산서당, 2003), 122쪽.
153 이만열·김윤정, 「'노근리 사건'의 진상과 그 성격」, 정구도 편저, 『노근리 사건의 진상과 교훈』(두남, 2003), 23쪽.
154 정은용, 『그대, 우리의 아픔을 아는가: 정은용 실화 소설』(다리미디어, 1994), 168~169쪽.
155 브루스 커밍스(Bruce Cumings), 김동노 외 옮김, 『브루스 커밍스의 한국현대사』(창작과비평사, 2001), 380쪽.
156 파냐 이사악꼬브나 샤브쉬나, 김명호 옮김, 『1945년 남한에서: 어느 러시아 지성이 쓴 역사 현장 기록』(한울, 1996), 253~254쪽.
157 정일화, 「40년 만에 다시 풀어보는 6·25의 수수께끼: '인민군 서울 3일' 모(毛)의 권고 때문」, 『한국일보』, 1990년 6월 17일, 5면.
158 손철배, 「서양인이 본 한국과 한국인」, 한국역사연구회, 『우리는 지난 100년 동안 어떻게 살았을까 3: 정치와 경제 이야기』(역사비평사, 1999), 147~148쪽.

159 브루스 커밍스(Bruce Cumings · 존 할리데이(Jon Halliday), 차성수 · 양동주 옮김, 『한국전쟁의 전개 과정』(태암, 1989), 87, 90쪽; 브루스 커밍스(Bruce Cumings), 김동노 외 옮김, 『브루스 커밍스의 한국현대사』(창작과비평사, 2001), 380쪽.
160 윤택림, 『인류학자의 과거 여행: 한 빨갱이 마을의 역사를 찾아서』(역사비평사, 2004), 134쪽.
161 이동훈, 「53주기 추모 행사 앞둔 노근리: "아직 추모비도 없어…정부는 왜 침묵하나"」, 『한국일보』, 2003년 7월 8일, A17면.
162 「"아직도 울부짖는 소리가…" CNN, 참전 미군 고백 방송」, 『대한매일』, 1999년 10월 2일, 21면.
163 「노근리 양민 학살 사건」, 『나무위키』; 정찬욱, 「[신간] 노근리 양민 학살사건 다룬 장편소설 '붉은 그늘': 고광률 대전대 교수, '어둠에 갇혀 있던' 노근리 재조명」, 『연합뉴스』, 2024년 11월 13일.
164 허만호, 「6·25 전쟁과 민간인 집단 학살」, 이병천 · 조현연 편, 『20세기 한국의 야만: 평화와 인권의 21세기를 위하여』(일빛, 2001), 270쪽.
165 박명림, 『한국 1950 전쟁과 평화』(나남, 2002), 174쪽.
166 김두한, 『김두한 자서전 2』(메트로신문사, 2002), 93~94쪽.
167 김두한, 『김두한 자서전 2』(메트로신문사, 2002), 98~99쪽.
168 안용현, 『한국전쟁 비사 2: 낙동강에서 38선』(경인문화사, 1992), 123~124쪽.
169 박명림, 『한국 1950 전쟁과 평화』(나남, 2002), 174~175쪽.
170 전쟁기념사업회, 『한국전쟁사: 제3권』(행림출판, 1992), 518~519쪽.
171 전국역사교사모임, 『살아있는 한국사 교과서 2: 20세기를 넘어 새로운 미래로』(휴머니스트, 2002), 202쪽.
172 전국역사교사모임, 『살아있는 한국사 교과서 2: 20세기를 넘어 새로운 미래로』(휴머니스트, 2002), 202~203쪽.
173 최정호, 『우리가 살아온 20세기 1』(미래M&B, 1999), 303쪽.
174 최정호, 『우리가 살아온 20세기 1』(미래M&B, 1999), 303~304쪽.
175 최정호, 『우리가 살아온 20세기 1』(미래M&B, 1999), 304쪽.
176 전국역사교사모임, 『살아있는 한국사 교과서 2: 20세기를 넘어 새로운 미래로』(휴머니스트, 2002), 202쪽.
177 김형수, 「문익환 평전 30: 판문점으로 날아간 비둘기 두 마리」, 『뉴스메이커』, 2003년 7월 10일, 80면.
178 전국역사교사모임, 『살아있는 한국사 교과서 2: 20세기를 넘어 새로운 미래로』(휴머니스트, 2002), 203쪽.

179 강정구,「미국과 한국전쟁」,『역사비평』, 제21호(1993년 여름), 202쪽.
180 전쟁기념사업회,『한국전쟁사: 제3권』(행림출판, 1992), 477쪽.
181 박명림,『한국 1950 전쟁과 평화』(나남, 2002), 101쪽.
182 박세길,『다시 쓰는 한국현대사 1』(돌베개, 1988), 214쪽.
183 임경석,『이정 박헌영 일대기』(역사비평사, 2004), 451~452쪽.
184 강호식,「[한국전쟁 50년] 남측 첩보전의 비밀: '얼굴 없는 부대' 8,000여 명 전천후 활약」,『경향신문』, 2000년 7월 5일, 13면.
185 안용현,『한국전쟁 비사 3: 북진과 1·4 후퇴』(경인문화사, 1992), 22쪽.
186 안용현,『한국전쟁 비사 2: 낙동강에서 38선』(경인문화사, 1992), 331쪽.
187 박명림,『한국 1950 전쟁과 평화』(나남, 2002), 441쪽.
188 김종오,『변질되어가는 한국현대사의 실상 상(上)』(종소리, 1989), 251쪽.
189 김문,「김연상 장군」,『장군의 비망록 II』(별방, 1998), 324쪽.
190 이정훈,「중공군 참전 경고한 주은래 자만에 빠진 도쿄의 맥아더」,『신동아』, 2000년 6월, 416~417쪽.
191 이정훈,「중공군 참전 경고한 주은래 자만에 빠진 도쿄의 맥아더」,『신동아』, 2000년 6월, 418쪽.
192 김동춘,『전쟁과 사회: 우리에게 한국전쟁은 무엇이었나?』(돌베개, 2000), 325쪽.
193 김동춘,『전쟁과 사회: 우리에게 한국전쟁은 무엇이었나?』(돌베개, 2000), 320~321쪽.
194 박원순,「전쟁부역자 5만여 명 어떻게 처리되었나」,『역사비평』, 제9호(1990년 여름), 185쪽.
195 박원순,「전쟁부역자 5만여 명 어떻게 처리되었나」,『역사비평』, 제9호(1990년 여름), 188~191쪽.
196 서중석,『조봉암과 1950년대 (하): 피해대중과 학살의 정치학』(역사비평사, 1999), 677쪽.
197 박원순,「전쟁부역자 5만여 명 어떻게 처리되었나」,『역사비평』, 제9호(1990년 여름), 177쪽; 한수영,「한국전쟁기 도강파와 잔류파」,『역사비평』편집위원회『논쟁으로 본 한국사회 100년:『역사비평』통권 50호 기념 별책』(역사비평사, 2000), 195~196쪽.
198 박원순,「전쟁부역자 5만여 명 어떻게 처리되었나」,『역사비평』, 제9호(1990년 여름), 179쪽.
199 김성칠,『역사 앞에서: 한 사학자의 6·25 일기』(창작과비평사, 1999), 251~252쪽.
200 김성칠,『역사 앞에서: 한 사학자의 6·25 일기』(창작과비평사, 1993), 296~298쪽.
201 박완서,『그 많던 싱아는 누가 다 먹었을까』(웅진닷컴, 2003), 252~253쪽.

202 박완서, 『그 많던 싱아는 누가 다 먹었을까』(웅진닷컴, 2003), 254~255쪽.
203 이연길, 「남북 첩보 전선의 생과 사: 6·25 전쟁 때의 첩보부대 KLO 고트(Goat) 대장 이연길 수기」, 『월간조선』, 1993년 9월, 644쪽.
204 강호식, 「[한국전쟁 50년] 남측 첩보전의 비밀: '얼굴 없는 부대' 8,000여 명 전천후 활약」, 『경향신문』, 2000년 7월 5일, 13면; 이규정, 「숨겨진 전쟁, 그리고 진실과 국익 사이」, 한국언론정보학회 편, 『이제는 말할 수 있다』(커뮤니케이션북스, 2002), 336쪽.
205 이용인, 「켈로부대의 숨겨진 전쟁: 한국전쟁 동안 미군 특수공작대로 활동한 노병들의 명예회복 선언」, 『한겨레21』, 1997년 7월 3일, 78~80면.
206 이연길, 「남북 첩보 전선의 생과 사: 6·25 전쟁 때의 첩보부대 KLO 고트(Goat) 대장 이연길 수기」, 『월간조선』, 1993년 9월, 642~643쪽.
207 김문, 「김연상 장군」, 『장군의 비망록 II』(별방, 1998), 323쪽.
208 안용현, 『한국전쟁 비사 2: 낙동강에서 38선』(경인문화사, 1992), 351쪽.
209 현기영, 「순이 삼촌」, 홍정선 외, 『해방 50년 한국의 소설 2』(한겨레신문사, 1995), 300~301쪽.
210 한수영, 『문학과 현실의 변증법: 한수영 문학평론집』(새미, 1997), 189쪽.
211 서중석, 『조봉암과 1950년대 (하): 피해 대중과 학살의 정치학』(역사비평사, 1999), 717~718쪽.
212 조향래, 「[대중가요의 아리랑] 〈28〉 영원한 진중가요 '전우야 잘 자라'」, 『아시아투데이』, 2023년 4월 13일; 「전우야 잘 자라」, 『나무위키』.
213 리처드 클라인(Richard Klein), 허창수 옮김, 『담배는 숭고하다』(문학세계사, 1993/1995).
214 김명환, 「[김명환의 시간여행] (58) 국민에게 담배 선물했던 박정희 대통령 "한산도 수루 금연 표지 철거" 지시도」, 『조선일보』, 2017년 2월 22일.
215 박완서, 『그 많던 싱아는 누가 다 먹었을까』(웅진닷컴, 2003), 257~260쪽.
216 서정주, 『미당 자서전 2: 서정주 전집 5』(민음사, 1994), 300~301쪽.
217 브루스 커밍스(Bruce Cumings)·존 할리데이(Jon Halliday), 차성수·양동주 옮김, 『한국전쟁의 전개 과정』(태암, 1989), 92쪽.
218 권영진, 「'6·25 살상' 다시 본다」, 『역사비평』, 제8호(1990년 봄), 301쪽.
219 권영진, 「'6·25 살상' 다시 본다」, 『역사비평』, 제8호(1990년 봄), 302쪽.
220 권영진, 「'6·25 살상' 다시 본다」, 『역사비평』, 제8호(1990년 봄), 302쪽.
221 정일화, 「40년 만에 다시 풀어보는 6·25의 수수께끼: '인민군 서울 3일' 모(毛)의 권고 때문」, 『한국일보』, 1990년 6월 17일, 5면.

222 김종혁 외, 「재조명 6·25: 남북 중 뒤처지면 마구 사살 미아리 고개」, 『증앙일보』, 1990년 6월 21일, 5면.
223 홍세화, 『나는 빠리의 택시운전사』(창작과비평사, 1995), 170쪽.
224 김삼웅, 『해방 후 양민학살사』(가람기획, 1996), 124~127쪽; 임재근, 「고양지역 민간인 희생자 합동위령제, 금정굴에서 거행: "진실규명과 평화공원 조성은 언제쯤…"」, 『오마이뉴스』, 2024년 10월 6일.
225 이용기, 「마을에서의 한국전쟁 경험과 그 기억: 경기도의 한 '모스크바' 마을 사례를 중심으로」, 역사문제연구소, 『역사문제연구 6호』(역사비평사, 2001), 42쪽.
226 이용기, 「마을에서의 한국전쟁 경험과 그 기억: 경기도의 한 '모스크바' 마을 사례를 중심으로」, 역사문제연구소, 『역사문제연구 6호』(역사비평사, 2001), 42~44쪽.
227 한수영, 「한국전쟁기 도강파와 잔류파」, 『역사비평』 편집위원회, 『논쟁으로 본 한국사회 100년: 『역사비평』 통권 50호 기념 별책』(역사비평사, 2000), 194쪽.
228 전쟁기념사업회, 『한국전쟁사: 제1권』(행림출판, 1992), 298~299쪽.
229 김창훈, 『한국 외교 어제와 오늘』(다락원, 2002), 53쪽.
230 김창훈, 『한국 외교 어제와 오늘』(다락원, 2002), 54~55쪽.
231 전쟁기념사업회, 『한국전쟁사: 제4권』(행림출판, 1992), 201쪽; 박명림, 「북한의 붕괴와 남한의 통치, 1950년 가을」, 한국정치외교사학회 편, 『한국전쟁과 휴전체제』(집문당, 1998), 51쪽.
232 김영진, 「"미국이 이기면 중공 망해 두려워 6·25 참전했다": 모택동 스탈린 전문서 비화 밝혀져」, 『국민일보』, 1992년 2월 27일, 5면.
233 김학준, 『북한 50년사: 우리가 떠안아야 할 반쪽의 우리 역사』(동아출판사, 1995), 155쪽; 박명림, 「북한의 붕괴와 남한의 통치, 1950년 가을」, 한국정치외교사학회 편, 『한국전쟁과 휴전체제』(집문당, 1998), 54쪽.
234 문창재, 「"소는 미 두려워 참전 꺼렸다": 흐루시초프 한국전 회고록 일서 불티」, 『한국일보』, 1991년 4월 25일, 18면.
235 박명림, 『한국 1950 전쟁과 평화』(나남, 2002), 761~762쪽.
236 전쟁기념사업회, 『한국전쟁사: 제4권』(행림출판, 1992), 221쪽.
237 전쟁기념사업회, 『한국전쟁사: 제4권』(행림출판, 1992), 223쪽; 김영호, 『한국전쟁의 기원과 전개 과정』(두레, 1998), 280쪽; 이달순, 『이승만 정치 연구』(수원대학교출판부, 2000), 157쪽.
238 안용현, 『한국전쟁 비사 3: 북진과 1·4 후퇴』(경인문화사, 1992), 116~117쪽.
239 하리마오, 『38선도 6·25도 한국전쟁도 미국의 작품이었다!: 전 극동지역 CIA 고위 간부 하리마오의 증언』(새로운사람들, 1998), 259쪽.

240　전쟁기념사업회, 『한국전쟁사: 제4권』(행림출판, 1992), 222쪽.
241　브루스 커밍스(Bruce Cumings), 김동노 외 옮김, 『브루스 커밍스의 한국현대사』 (창작과비평사, 2001), 394~396쪽.
242　박명림, 『한국 1950 전쟁과 평화』(나남, 2002), 612쪽.
243　브루스 커밍스(Bruce Cumings), 김동노 외 옮김, 『브루스 커밍스의 한국현대사』 (창작과비평사, 2001), 394쪽.
244　김창우, 「한국전쟁 초기 미국의 전쟁 정책과 북한 점령」, 최장집 편, 『한국전쟁연구』 (태암, 1990), 232~233쪽.
245　김창우, 「한국전쟁 초기 미국의 전쟁 정책과 북한 점령」, 최장집 편, 『한국전쟁연구』 (태암, 1990), 236~237쪽.
246　라종일, 「북한 통치의 반성: 1950년 가을」, 한국전쟁연구회 편, 『탈냉전시대 한국전쟁의 재조명』(백산서당, 2000), 363~364쪽.
247　김창우, 「한국전쟁 초기 미국의 전쟁 정책과 북한 점령」, 최장집 편, 『한국전쟁연구』 (태암, 1990), 233쪽.
248　김창우, 「한국전쟁 초기 미국의 전쟁 정책과 북한 점령」, 최장집 편, 『한국전쟁연구』 (태암, 1990), 236쪽.
249　김창우, 「한국전쟁 초기 미국의 전쟁 정책과 북한 점령」, 최장집 편, 『한국전쟁연구』 (태암, 1990), 236~237쪽.
250　라종일, 「북한 통치의 반성: 1950년 가을」, 한국전쟁연구회 편, 『탈냉전시대 한국전쟁의 재조명』(백산서당, 2000), 360~361쪽.
251　전쟁기념사업회, 『한국전쟁사: 제4권』(행림출판, 1992), 492~493쪽; 라종일, 「북한 통치의 반성: 1950년 가을」, 한국전쟁연구회 편, 『탈냉전시대 한국전쟁의 재조명』(백산서당, 2000), 367쪽.
252　전쟁기념사업회, 『한국전쟁사 제4권』(행림출판, 1992), 492쪽.
253　강원용, 『빈들에서: 나의 삶, 한국 현대사의 소용돌이 1-선구자의 땅에서 해방의 혼돈까지』(열린문화, 1993), 325~326쪽.
254　정일화, 「40년 만에 다시 풀어보는 6·25의 수수께끼: 후방 흔들리면 전선은 무너진다」, 『한국일보』, 1990년 6월 25일, 5면.
255　안용현, 『한국전쟁 비사 3: 북진과 1·4 후퇴』(경인문화사, 1992), 146~147쪽.
256　박명림, 『한국 1950 전쟁과 평화』(나남, 2002), 604~605쪽.
257　박명림, 「북한의 붕괴와 남한의 통치, 1950년 가을」, 한국정치외교사학회 편, 『한국전쟁과 휴전체제』(집문당, 1998), 83~84쪽.
258　박명림, 「북한의 붕괴와 남한의 통치, 1950년 가을」, 한국정치외교사학회 편, 『한국전

쟁과 휴전체제』(집문당, 1998), 84쪽.

259　김창우, 「한국전쟁 초기 미국의 전쟁 정책과 북한 점령」, 최장집 편, 『한국전쟁연구』 (태암, 1990), 237쪽; 라종일, 「북한 통치의 반성: 1950년 가을」, 한국전쟁연구회 편, 『탈냉전시대 한국전쟁의 재조명』(백산서당, 2000), 366쪽.

260　김창우, 「한국전쟁 초기 미국의 전쟁 정책과 북한 점령」, 최장집 편, 『한국전쟁연구』 (태암, 1990), 237쪽.

261　박명림, 「북한의 붕괴와 남한의 통치, 1950년 가을」, 한국정치외교사학회 편, 『한국전 쟁과 휴전체제』(집문당, 1998), 89~90쪽.

262　강정구, 「미국과 한국전쟁」, 『역사비평』, 제21호(1993년 여름), 207쪽; 박명림, 「북한 의 붕괴와 남한의 통치, 1950년 가을」, 한국정치외교사학회 편, 『한국전쟁과 휴전체 제』(집문당, 1998), 90쪽.

263　이재봉, 「피카소가 고발한 신천 학살」, 오연호, 『노근리 그 후: 주한미군 범죄 55년사』 (월간 말, 1999), 104~105쪽; 노재현, 「피카소와 '코끼리'」, 『중앙일보』, 2004년 5 월 5일, 27면.

264　유현산, 「"우익 치안대, 복수심에 불탔다": 신천 학살 관련 미 국립문서보관소 문서 최 초 입수…」, 『한겨레21』, 2002년 4월 25일, 34면.

265　김보근, 「'신천 비극' 좌우 대립설 설득력」, 『한겨레』, 2003년 8월 7일, 8면.

266　조준묵, 「망각의 전쟁: 황해도 신천 사건」, 한국언론정보학회 편, 『이제는 말할 수 있 다』(커뮤니케이션북스, 2002), 364쪽.

267　황석영, 「작가의 말」, 『손님』(창작과비평사, 2001), 261~262쪽.

268　유현산, 「"우익 치안대, 복수심에 불탔다": 신천 학살 관련 미 국립문서보관소 문서 최 초 입수…」, 『한겨레21』, 2002년 4월 25일, 36면.

269　김보근, 「'신천 비극' 좌우 대립설 설득력」, 『한겨레』, 2003년 8월 7일, 8면.

270　김보근, 「'신천 비극' 좌우 대립설 설득력」, 『한겨레』, 2003년 8월 7일, 8면.

271　한성훈, 「전쟁의 공포와 반미 애국주의」, 김학재 외, 『한국현대생활문화사 1950년대: 삐라 줍고 댄스홀 가고』(창비, 2016), 209~211쪽.

272　강인철, 『한국기독교회와 국가·시민사회 1945~1960』(한국기독교역사연구소, 1996), 186쪽; 조성기, 『한경직 평전』(김영사, 2003), 150쪽.

273　홍동근, 『미완의 귀향 일기: 홍동근 북한 방문기 상권』(한울, 1988), 119~120쪽.

274　강정구, 「미국과 한국전쟁」, 『역사비평』, 제21호(1993년 여름), 209쪽.

275　권영진, 「'6·25 살상' 다시 본다」, 『역사비평』, 제8호(1990년 봄), 303쪽.

276　서동만, 「한국전쟁과 김일성」, 『역사비평』, 제51호(2000년 여름), 29쪽.

277　박명림, 『한국 1950 전쟁과 평화』(나남, 2002), 666~667쪽.

278 박명림,『한국 1950 전쟁과 평화』(나남, 2002), 457쪽.
279 홍인표,「[한국전쟁 50년] 소련의 개입: 소, 조종사 등 7만 2천 명 극비 참전」,『경향신문』, 2000년 8월 23일, 13면.
280 브루스 커밍스(Bruce Cumings)·존 할리데이(Jon Halliday), 차성수·양동주 옮김,『한국전쟁의 전개 과정』(태암, 1989), 134쪽.
281 박세길,『다시 쓰는 한국현대사 1』(돌베개, 1988), 230쪽.
282 박세길,『다시 쓰는 한국현대사 1』(돌베개, 1988), 232~233쪽.
283 강정구,「미국과 한국전쟁」,『역사비평』, 제21호(1993년 여름), 203~204쪽.
284 「한국전쟁 50년: 모택동 장남 공습에 목숨 잃어」,『경향신문』, 2000년 8월 9일, 13면.
285 김종권,「"6·25 당시 한반도에 원자탄 40개 배치했다": 필립 코르소 한국전 당시 맥아더 사령부 정보처 특수계획과장의 충격 증언」,『월간조선』, 1996년 11월, 364~379쪽.
286 김계동,「한국전쟁 기간 영·미간의 갈등: 유화론과 강경론의 대립」, 한국전쟁연구회 편,『탈냉전시대 한국전쟁의 재조명』(백산서당, 2000), 188~190쪽.
287 브루스 커밍스(Bruce Cumings), 김동노 외 옮김,『브루스 커밍스의 한국현대사』(창작과비평사, 2001), 406~407쪽.
288 홍인표,「[한국전쟁 50년] 소련의 개입: 소, 조종사 등 7만 2천 명 극비 참전」,『경향신문』, 2000년 8월 23일, 13면.
289 김석환,「"중공군 위장…한국어로 교신했다": 한국전 참전 소 공군 지휘관 오시긴 씨 인터뷰」,『중앙일보』, 1990년 6월 25일, 5면.
290 김철웅,「"미 전투기 1,309대 격추시켰다": 소련 조종사로 참전 크라마렌코 예비역 소장」,『경향신문』, 2000년 8월 23일, 13면.
291 김종권,「"6·25 당시 한반도에 원자탄 40개 배치했다": 필립 코르소 한국전 당시 맥아더 사령부 정보처 특수계획과장의 충격 증언」,『월간조선』, 1996년 11월, 371쪽.
292 홍인표,「[한국전쟁 50년] 소련의 개입: 소, 조종사 등 7만 2천 명 극비 참전」,『경향신문』, 2000년 8월 23일, 13면.
293 류상영,「현대사 발굴: 한국전쟁에 참전한 일본군」,『월간 말』, 1990년 6월, 163~164쪽.
294 홍인표,「[한국전쟁 50년] 풀리지 않은 의혹: 일 극비 참전했다」,『경향신문』, 2000년 8월 30일, 13면.
295 박건식,「우리는 6·25 때 일본이 한 일을 알고 있다」, 한국언론정보학회 편,『이제는 말할 수 있다』(커뮤니케이션북스, 2002), 258~282쪽.
296 조성구,「현장 취재: 경남·전라 지역의 보도연맹원·양민학살」,『역사비평』, 제9호(1990년 여름), 168쪽.

297 조성구,「현장 취재: 경남·전라 지역의 보도연맹원·양민학살」,『역사비평』, 제9호(1990년 여름), 169쪽.

298 권복기,「"작전 지역 내 전원 총살·소각"」,『한겨레』, 2003년 7월 17일, 10면.

299 권복기,「"작전 지역 내 전원 총살·소각"」,『한겨레』, 2003년 7월 17일, 10면.

300 김영택,「함평 양민 학살사건: 아직도 맺힌 6·25의 한(恨)」,『사회문화리뷰』, 1997년 12월, 110~111쪽.

301 조성구,「현장 취재: 경남·전라 지역의 보도연맹원·양민학살」,『역사비평』, 제9호(1990년 여름), 170쪽.

302 김영택,「함평 양민 학살사건: 아직도 맺힌 6·25의 한(恨)」,『사회문화리뷰』, 1997년 12월, 141쪽.

303 김영택,「함평 양민 학살사건: 아직도 맺힌 6·25의 한(恨)」,『사회문화리뷰』, 1997년 12월, 133~134쪽.

304 전쟁기념사업회,『한국전쟁사: 제1권』(행림출판, 1992), 445쪽.

305 「흥남 철수 때 1만 4000명 피란시킨 빅토리호 선원 미 로버트 러니」,『조선일보』, 2002년 6월 25일, 18면.

306 김용삼,「흥남 철수 및 1·4 후퇴: 아비규환의 겨울 부두」, 월간조선 엮음,『한국현대사 119대 사건: 체험기와 특종 사진』(조선일보사, 1993), 100~101쪽.

307 김용삼,「흥남 철수 및 1·4 후퇴: 아비규환의 겨울 부두」, 월간조선 엮음,『한국현대사 119대 사건: 체험기와 특종 사진』(조선일보사, 1993), 101쪽.

308 김동춘,「서울 시민과 한국전쟁: '잔류'·'도강'·'피난'」,『역사비평』, 제51호(2000년 여름), 54~55쪽.

309 전쟁기념사업회,『한국전쟁사: 제1권』(행림출판, 1992), 381쪽; 안용현,『한국전쟁 비사 3: 북진과 1·4 후퇴』(경인문화사, 1992), 328쪽.

310 박종인,「[박종인의 논픽션 스토리 '大韓國人, 우리들의 이야기'] 마지막 피란선에서 태어난 '김치 파이브'…"은혜 갚으려 거제도 지켰죠"」,『조선일보』, 2015년 4월 10일.

311 조선일보사,『조선일보 칠십년사 제1권』(조선일보사, 1990), 527쪽.

312 김민환,『한국언론사』(사회비평사, 1996), 393쪽.

313 최준,『한국신문사』(일조각, 1987), 392쪽.

314 최준,『한국신문사』(일조각, 1987), 391쪽.

315 김을한,『한국신문사화』(탐구당, 1975), 297~298쪽.

316 김민환,『한국언론사』(사회비평사, 1996), 394쪽.

317 J. Fred MacDonald,『Television and the Red Menace: The Video Road to Vietnam』(New York: Praeger, 1985), p.32.

318 Frank Luther Mott, 『American Journalism: A History 1690-1960』, 3rd ed. (New York: Macmillan, 1962), p.848.
319 브루스 커밍스(Bruce Cumings)·존 할리데이(Jon Halliday), 차성수·양동주 옮김, 『한국전쟁의 전개 과정』(태암, 1989), 164쪽.
320 「6·25 재조명 〈4〉 李 대통령 호소 녹음기 없어 레코드판 담아 : 前 美 INS통신 기자 존 리치 씨 회상기」, 『조선일보』, 1990년 6월 24일.
321 「6·25 재조명 〈4〉 李 대통령 호소 녹음기 없어 레코드판 담아 : 前 美 INS통신 기자 존 리치 씨 회상기」, 『조선일보』, 1990년 6월 24일.
322 『Broadcasting』, July 24, 1950, p.18.
323 J. Fred MacDonald, 『Television and the Red Menace: The Video Road to Vietnam』(New York: Praeger, 1985), pp.35~36.
324 손상익, 『한국만화통사 하(下): 1945년 이후』(시공사, 1998), 57, 67쪽.
325 서정주, 『미당 자서전 2: 서정주 전집 5』(민음사, 1994), 250쪽.
326 김화, 『이야기 한국영화사』(하서, 2001), 182쪽; 정종화, 『자료로 본 한국 영화사 1: 1905-1954』(열화당, 1997), 138, 144쪽.

제2부 1951년

1 동아일보사, 『민족과 더불어 80년: 동아일보 1920-2000』(동아일보사, 2000), 310~311쪽.
2 홍성원, 『남과 북 3』(문학과지성사, 2000), 247~248쪽.
3 손정목, 『서울 도시계획 이야기: 서울 격동의 50년과 나의 증언 ①』(한울, 2003), 73~74쪽.
4 손정목, 『서울 도시계획 이야기: 서울 격동의 50년과 나의 증언 ①』(한울, 2003), 75쪽.
5 박명림, 『한국 1950 전쟁과 평화』(나남, 2002), 704쪽.
6 손정목, 『서울 도시계획 이야기: 서울 격동의 50년과 나의 증언 ①』(한울, 2003), 78~79쪽.
7 황일송, 「1951년 1월 강화도서 우익, 양민 200여 명 학살」, 『국민일보』, 2004년 2월 27일, 1면.
8 조이현, 「한옥에서 아파트로」, 한국역사연구회, 『우리는 지난 100년 동안 어떻게 살았을까 1: 삶과 문화 이야기』(역사비평사, 1998), 196~197쪽.
9 홍성원, 『남과 북 3』(문학과지성사, 2000), 378~379쪽.
10 홍성원, 『남과 북 3』(문학과지성사, 2000), 378~379쪽.

11 강원용,『빈들에서: 나의 삶, 한국 현대사의 소용돌이 1-선구자의 땅에서 해방의 혼돈까지』(열린문화, 1993), 319쪽.
12 강원용,『빈들에서: 나의 삶, 한국 현대사의 소용돌이 1-선구자의 땅에서 해방의 혼돈까지』(열린문화, 1993), 340~341쪽.
13 리영희,『분단을 넘어서』(한길사, 1984), 300~301쪽.
14 리영희,『분단을 넘어서』(한길사, 1984), 303~304쪽.
15 박명림,『한국 1950 전쟁과 평화』(나남, 2002), 702쪽;「월튼 워커」,『나무위키』.
16 김영호,『한국전쟁의 기원과 전개 과정』(두레, 1998), 301~302쪽.
17 브루스 커밍스(Bruce Cumings)·존 할리데이(Jon Halliday), 차성수·양동주 옮김,『한국전쟁의 전개 과정』(태암, 1989), 142쪽.
18 브루스 커밍스(Bruce Cumings)·존 할리데이(Jon Halliday), 차성수·양동주 옮김,『한국전쟁의 전개 과정』(태암, 1989), 142~143쪽.
19 「미 비밀해제 문건으로 본 한미동맹 50년사」,『월간중앙』, 2003년 4월, 212쪽.
20 김영호,『한국전쟁의 기원과 전개 과정』(두레, 1998), 273쪽.
21 김영호,『한국전쟁의 기원과 전개 과정』(두레, 1998), 273~274쪽.
22 「미 비밀해제 문건으로 본 한미동맹 50년사」,『월간중앙』, 2003년 4월, 212쪽.
23 「미 비밀해제 문건으로 본 한미동맹 50년사」,『월간중앙』, 2003년 4월, 212쪽.
24 백선엽,『군과 나: 백선엽 회고록』(대륙연구소출판부, 1989), 148쪽; 안용현,『한국전쟁 비사 3: 북진과 1·4 후퇴』(경인문화사, 1992), 335쪽.
25 이정훈,「중공군 인해(人海)에 빠진 맥아더의 기동전술」,『신동아』, 2000년 7월, 404쪽.
26 백선엽,『군과 나: 백선엽 회고록』(대륙연구소출판부, 1989), 154쪽.
27 Matthew B. Ridgway,『Soldier』(New York, 1956), pp.210~211.
28 박세길,『다시 쓰는 한국현대사 1』(돌베개, 1988), 241쪽.
29 박세길,『다시 쓰는 한국현대사 1』(돌베개, 1988), 241쪽.
30 강정구,「미국과 한국전쟁」,『역사비평』, 제21호(1993년 여름), 222쪽.
31 브루스 커밍스(Bruce Cumings)·존 할리데이(Jon Halliday), 차성수·양동주 옮김,『한국전쟁의 전개 과정』(태암, 1989), 143쪽.
32 브루스 커밍스(Bruce Cumings)·존 할리데이(Jon Halliday), 차성수·양동주 옮김,『한국전쟁의 전개 과정』(태암, 1989), 132쪽; 박세길,『다시 쓰는 한국현대사 1』(돌베개, 1988), 242쪽.
33 안용현,『한국전쟁 비사 3: 북진과 1·4 후퇴』(경인문화사, 1992), 262~264쪽.
34 박세길,『다시 쓰는 한국현대사 1』(돌베개, 1988), 242쪽.
35 백선엽,『군과 나: 백선엽 회고록』(대륙연구소출판부, 1989), 169쪽.

36　박세길, 『다시 쓰는 한국현대사 1』(돌베개, 1988), 242쪽; 조지프 굴든(Joseph C. Goulden), 김쾌상 옮김, 『한국전쟁: 알려지지 않은 이야기』(일월서각, 1982), 22~23쪽.
37　연시중, 『한국정당정치실록 2: 6·25 전쟁부터 장면 정권까지』(지와사랑, 2001), 16쪽.
38　한홍구, 『대한민국사 2: 아리랑 김산에서 월남 김상사까지』(한겨레신문사, 2003), 182~186쪽.
39　연시중, 『한국정당정치실록 2: 6·25 전쟁부터 장면 정권까지』(지와사랑, 2001), 17~18쪽.
40　신석상, 「신의 바람」, 『정통한국 문학대계 56: 최해군·안장환·양문길·신석상』(어문각, 1994), 361~365쪽.
41　리영희, 『분단을 넘어서』(한길사, 1984), 256쪽.
42　리영희, 『분단을 넘어서』(한길사, 1984), 256쪽.
43　한국정치연구회 정치사분과, 『한국현대사 이야기 주머니 1』(녹두, 1993), 222쪽; 연시중, 『한국정당정치실록 2: 6·25 전쟁부터 장면 정권까지』(지와사랑, 2001), 17~18쪽.
44　김종오, 『변질되어가는 한국현대사의 실상 상(上)』(종소리, 1989), 240쪽.
45　김종오, 『변질되어가는 한국현대사의 실상 상(上)』(종소리, 1989), 240쪽.
46　한홍구, 『대한민국사 2: 아리랑 김산에서 월남 김상사까지』(한겨레신문사, 2003), 184쪽.
47　한국정치연구회 정치사분과, 『한국현대사 이야기 주머니 1』(녹두, 1993), 223쪽.
48　연시중, 『한국정당정치실록 2: 6·25 전쟁부터 장면 정권까지』(지와사랑, 2001), 17~18쪽.
49　연시중, 『한국정당정치실록 2: 6·25 전쟁부터 장면 정권까지』(지와사랑, 2001), 19쪽.
50　한홍구, 『대한민국사 1: 단군에서 김두한까지』(한겨레신문사, 2003), 266~268쪽.
51　신석상, 「신의 바람」, 『정통한국 문학대계 56: 최해군·안장환·양문길·신석상』(어문각, 1994), 361~365쪽.
52　한홍구, 『대한민국사 2: 아리랑 김산에서 월남 김상사까지』(한겨레신문사, 2003), 184~185쪽.
53　이현희, 『우리나라 현대사의 인식 방법: 도전과 선택』(삼광출판사, 1998), 329쪽.
54　조현연, 「정일권: 탁사(濁史)로 얼룩진 '한국의 부도옹'」, 반민족문제연구소, 『청산하지 못한 역사 1: 한국현대사를 움직인 친일파 60』(청년사, 1994), 148쪽.
55　이현희, 『우리나라 현대사의 인식 방법: 도전과 선택』(삼광출판사, 1998), 329~330쪽.
56　한홍구, 『대한민국사 2: 아리랑 김산에서 월남 김상사까지』(한겨레신문사, 2003),

184쪽.
57 김동춘, 『전쟁과 사회: 우리에게 한국전쟁은 무엇이었나?』(돌베개, 2000), 95~97쪽.
58 홍성원, 『남과 북 6』(문학과지성사, 2000), 384~385쪽.
59 서중석, 「이승만과 북진통일: 1950년대 극우 반공독재의 해부」, 『역사비평』, 제29호 (1995년 여름), 150쪽.
60 김귀옥, 「왜 월남 실향민은 반공수구 세력이 되었을까?: 월남 실향민과 반공·반북의 역사적 만남」, 『인물과사상』, 제30권(2004년 3월), 313쪽.
61 리영희, 『분단을 넘어서』(한길사, 1984), 297쪽.
62 이임하, 『여성, 전쟁을 넘어 일어서다: 한국전쟁과 젠더』(서해문집, 2004), 67쪽.
63 노민영·강희정 기록, 『거창양민학살: 그 잊혀진 피울음』(온누리, 1988), 152쪽.
64 연시중, 『한국정당정치실록 2: 6·25 전쟁부터 장면 정권까지』(지와사랑, 2001), 23~24쪽; 조선일보사, 『조선일보 칠십년사 제1권』(조선일보사, 1990), 555쪽.
65 고은, 「박영보 면장」, 『만인보 16』(창비, 2004), 228~230쪽.
66 고은, 「거창 이복남」, 『만인보 16』(창비, 2004), 218~219쪽.
67 연시중, 『한국정당정치실록 2: 6·25 전쟁부터 장면 정권까지』(지와사랑, 2001), 23~24쪽.
68 연시중, 『한국정당정치실록 2: 6·25 전쟁부터 장면 정권까지』(지와사랑, 2001), 23~24쪽.
69 한국정치연구회 정치사분과, 『한국현대사 이야기 주머니 1』(녹두, 1993), 213쪽.
70 이영석, 『야당 40년사』(인간사, 1987), 81~82쪽.
71 서중석, 『조봉암과 1950년대 (하): 피해 대중과 학살의 정치학』(역사비평사, 1999), 685쪽.
72 김삼웅, 『해방 후 정치사 100장면: 해방에서 김일성 죽음까지』(가람기획, 1994), 72~73쪽.
73 김삼웅, 『해방 후 정치사 100장면: 해방에서 김일성 죽음까지』(가람기획, 1994), 73쪽.
74 김중순, 유석춘 옮김, 『문화민족주의자 김성수』(일조각, 1998), 240~241쪽.
75 연시중, 『한국정당정치실록 2: 6·25 전쟁부터 장면 정권까지』(지와사랑, 2001), 26쪽.
76 리영희, 『분단을 넘어서』(한길사, 1984), 274~275쪽.
77 서중석, 『조봉암과 1950년대 (하): 피해 대중과 학살의 정치학』(역사비평사, 1999), 685쪽.
78 선우종원, 『격랑 80년: 선우종원 회고록』(인물연구소, 1998), 139~141쪽.
79 박명림, 『한국 1950 전쟁과 평화』(나남, 2002), 330쪽.
80 신현기, 「'거창 양민학살' 국가 보상해야」, 『경향신문』, 2003년 3월 14일, 17면.

81 김철웅, 「고통스런 진실, 안이한 거짓」, 『경향신문』, 2004년 4월 5일, 13면.
82 박기석, 「24년간 16번의 시도, 번번이 무산된 거창 사건 지원법… '재정 부담' 정부가 반대」, 『서울신문』, 2024년 11월 4일.
83 김두천, 「신성범 의원 거창 민간인 학살 유족회 운영 국비 지원 길 연다」, 『경남도민일보』, 2024년 10월 29일.
84 백선엽, 『군과 나: 백선엽 회고록』(대륙연구소출판부, 1989), 167쪽.
85 손정목, 『서울 도시계획 이야기: 서울 격동의 50년과 나의 증언 ①』(한울, 2003), 81쪽.
86 김병걸, 『실패한 인생 실패한 문학: 김병걸 자서전』(창작과비평사, 1994), 179~180쪽.
87 손정목, 『서울 도시계획 이야기: 서울 격동의 50년과 나의 증언 ①』(한울, 2003), 81, 100~101쪽.
88 손정목, 『서울 도시계획 이야기: 서울 격동의 50년과 나의 증언 ①』(한울, 2003), 101~102쪽.
89 홍용표, 「전쟁 전개 과정에서의 한·미간의 갈등: 이승만의 북진통일론과 미국의 대응을 중심으로」, 한국전쟁연구회 편, 『탈냉전시대 한국전쟁의 재조명』(백산서당, 2000), 212~213쪽.
90 온창일, 「한국전쟁과 한미상호방위조약」, 한국전쟁연구회 편, 『탈냉전시대 한국전쟁의 재조명』(백산서당, 2000), 384~385쪽; 한국정치연구회, 『한국정치사』(백산서당, 1990), 258쪽.
91 조지프 굴든(Joseph C. Goulden), 김쾌상 옮김, 『한국전쟁: 알려지지 않은 이야기』(일월서각, 1982), 22쪽.
92 김성진, 『한국정치 100년을 말한다』(두산동아, 1999), 149쪽.
93 윌리엄 스툭(William Stueck), 김형인 외 옮김, 『한국전쟁의 국제사』(푸른역사, 2001), 360쪽; 김세균, 「한국전쟁과 미국의 외교·군사정책」, 백낙청·정창렬 편, 『한국민족민중운동연구: 리영희선생 화갑기념문집』(두레, 1989), 280쪽.
94 딘 러스크(Dean Rusk), 「미국 전 국무장관 딘 러스크의 증언」, 『옵서버』, 1991년 11월, 556쪽.
95 최진섭, 『한국 언론의 미국관』(살림터, 2000), 228쪽.
96 2003년 5월 11일과 18일에 방영된 MBC 2부작 〈이제는 말할 수 있다: 맥아더, 신화와 진실〉; 전지현, 「맥아더의 정치적 야망」, 『매일경제』, 2003년 5월 17일, 27면.
97 백선엽, 『군과 나: 백선엽 회고록』(대륙연구소출판부, 1989), 175쪽.
98 서중석, 『조봉암과 1950년대 (상): 조봉암의 사회민주주의와 평화통일론』(역사비평사, 1999), 254쪽.
99 한홍구, 『대한민국사 1: 단군에서 김두한까지』(한겨레신문사, 2003), 209~210쪽.

100 이흥환 편저, 『미국 비밀 문서로 본 한국 현대사 35장면』(삼인, 2002), 220~221쪽.
101 이흥환 편저, 『미국 비밀 문서로 본 한국 현대사 35장면』(삼인, 2002), 224쪽.
102 백선엽, 『군과 나: 백선엽 회고록』(대륙연구소출판부, 1989), 198~199쪽.
103 이정훈, 「중공군 참전 경고한 주은래 자만에 빠진 도쿄의 맥아더」, 『신동아』, 2000년 6월, 400~432쪽; 조지프 굴든(Joseph C. Goulden), 김쾌상 옮김, 『한국전쟁: 알려지지 않은 이야기』(일월서각, 1982), 19~22, 95~96쪽; 박세길, 『다시 쓰는 한국현대사 1』(돌베개, 1988), 246쪽.
104 한홍구, 『대한민국사 1: 단군에서 김두한까지』(한겨레신문사, 2003), 210쪽.
105 박태균, 「[광복 70주년 특별기획-김호기·박태균의 논쟁으로 읽는 70년] (8) 맥아더 재평가 논쟁」, 『경향신문』, 2015년 5월 27일.
106 최진섭, 『한국 언론의 미국관』(살림터, 2000), 225~226쪽.
107 한홍구, 『대한민국사 1: 단군에서 김두한까지』(한겨레신문사, 2003), 207쪽.
108 한홍구, 『대한민국사 1: 단군에서 김두한까지』(한겨레신문사, 2003), 209쪽.
109 한홍구, 『대한민국사 1: 단군에서 김두한까지』(한겨레신문사, 2003), 207쪽.
110 「"한국전 맥아더 과대평가": UPI '6·25 교훈' 게재」, 『세계일보』, 2003년 7월 26일, 9면.
111 이만갑, 「1950년대 한국 농촌의 사회구조」, 박지향 외 엮음, 『해방 전후사의 재인식 2』(책세상, 2006), 400~401쪽.
112 「번화가 장의사는 도시 미관상 불가」, 『조선일보』, 1949년 11월 23일, 조간 2면.
113 「이태원 유연(有緣) 묘지 속히 이장하라고」, 『조선일보』, 1950년 3월 22일, 조간 2면.
114 「공원 내 불법 매장 곧 공동묘지로」, 『조선일보』, 1951년 10월 17일, 조간 2면.
115 「아우성치는 영혼들!: 저승길 만원에 '새치기'도 있다」, 『조선일보』, 1952년 10월 21일, 조간 2면.
116 이동현, 「정전협정 50년: 52년 수풍댐 폭격 맞자 북 지도부 '공황'」, 『중앙일보』, 2003년 7월 25일, 19면.
117 Callum A. MacDonald, 『Korea: The War before Vietnam』(New York: Free Press, 1986), p.30.
118 박세길, 『다시 쓰는 한국현대사 1』(돌베개, 1988), 278쪽.
119 김창훈, 『한국 외교 어제와 오늘』(다락원, 2002), 55~56쪽.
120 김철범, 『한국전쟁과 미국』(평민사, 1995), 312쪽.
121 홍용표, 「전쟁 전개 과정에서의 한·미간의 갈등: 이승만의 북진통일론과 미국의 대응을 중심으로」, 한국전쟁연구회 편, 『탈냉전시대 한국전쟁의 재조명』(백산서당, 2000), 212쪽.

122 신복룡, 「한국전쟁의 휴전」, 한국정치외교사학회 편, 『한국전쟁과 휴전체제』(집문당, 1998), 109~110쪽.
123 전쟁기념사업회, 『한국전쟁사: 제1권』(행림출판, 1992), 414쪽.
124 정원수, 「"정전이란 불안 상황 속에도 한미방위조약 덕 경제발전": 백선엽 6·25 50주년 기념사업위원장」, 『한국일보』, 2003년 7월 25일, A6면; 김창훈, 『한국 외교 어제와 오늘』(다락원, 2002), 56쪽.
125 김봉기, 「"정전협상 기싸움 치열 반말 오가며 언쟁도": 정전협상 때 유엔군 통역 장교 원일한 박사」, 『조선일보』, 2003년 7월 23일, A8면.
126 윌리엄 스툭(William Stueck), 김형인 외 옮김, 『한국전쟁의 국제사』(푸른역사, 2001), 434쪽.
127 전쟁기념사업회, 『한국전쟁사: 제1권』(행림출판, 1992), 415쪽.
128 백선엽, 『군과 나: 백선엽 회고록』(대륙연구소출판부, 1989), 213쪽.
129 고은, 「눈싸움 7시간」, 『만인보 17』(창비, 2004), 80~81쪽.
130 안용현, 『한국전쟁 비사 3: 북진과 1·4 후퇴』(경인문화사, 1992), 497~498쪽.
131 이동현, 「정전협정 50년: 52년 수풍댐 폭격 맞자 북 지도부 '공황'」, 『중앙일보』, 2003년 7월 25일, 19면.
132 스티븐 엔디콧(Stephen Endicott)·에드워드 해거먼(Edward Hagerman), 안치용·박성휴 옮김, 『한국전쟁과 미국의 세균전』(중심, 2003), 158쪽.
133 스티븐 엔디콧(Stephen Endicott)·에드워드 해거먼(Edward Hagerman), 안치용·박성휴 옮김, 『한국전쟁과 미국의 세균전』(중심, 2003), 161쪽.
134 브루스 커밍스(Bruce Cumings), 김동노 외 옮김, 『브루스 커밍스의 한국현대사』(창작과비평사, 2001), 416쪽.
135 브루스 커밍스(Bruce Cumings), 김동노 외 옮김, 『브루스 커밍스의 한국현대사』(창작과비평사, 2001), 416~417쪽.
136 김학준, 『북한 50년사: 우리가 떠안아야 할 반쪽의 우리 역사』(동아출판사, 1995), 164쪽.
137 이완범, 『한국전쟁: 국제전적 조망』(백산서당, 2000), 159쪽; 박진희, 「이승만의 대일인식과 태평양동맹 구상」, 『역사비평』, 제76호(2006년 가을), 110~111쪽.
138 김학준, 『한국전쟁: 원인·과정·휴전·영향』(박영사, 2003), 386쪽.
139 박건식, 「우리는 6·25 때 일본이 한 일을 알고 있다」, 한국언론정보학회 편, 『이제는 말할 수 있다』(커뮤니케이션북스, 2002), 279쪽.
140 김창훈, 『한국 외교 어제와 오늘』(다락원, 2002), 57~58쪽.
141 김형수, 「문익환 평전 30: 판문점으로 날아간 비둘기 두 마리」, 『뉴스메이커』, 2003년

7월 10일, 80면.
142 김형수, 「문익환 평전 31: 역사의 막다른 골목에서」, 『뉴스메이커』, 2003년 7월 17일, 77~78면.
143 이동현, 「정전협정 50년: 52년 수풍댐 폭격 맞자 북 지도부 '공황'」, 『중앙일보』, 2003년 7월 25일, 19면.
144 백선엽, 『군과 나: 백선엽 회고록』(대륙연구소출판부, 1989), 219쪽.
145 백선엽, 『군과 나: 백선엽 회고록』(대륙연구소출판부, 1989), 221, 226쪽.
146 이태, 『남부군: 최초로 공개된 지리산 빨치산 수기』(두레, 2003), 443~444쪽.
147 「공중 전단으로 보는 6·25」, 『한국일보』, 1990년 6월 20일, 16면.
148 이태, 『남부군: 최초로 공개된 지리산 빨치산 수기』(두레, 2003), 361쪽.
149 배명재, 「"이현상은 자살했다": 남부군 총사령관의 호위병 김영태 씨」, 『경향신문』, 2000년 7월 12일, 13면.
150 이영식 외, 「강동정치학원과 지리산 유격대」, 『역사비평』, 제2호(1988년 가을), 356~357쪽.
151 이영식 외, 「강동정치학원과 지리산 유격대」, 『역사비평』, 제2호(1988년 가을), 357쪽.
152 이태 외, 「강동정치학원과 지리산 유격대」, 『역사비평』, 제2호(1988년 가을), 360쪽.
153 고은, 「노고단 밑」, 『만인보 16』(창비, 2004), 54쪽.
154 고은, 「빨래」, 『만인보 17』(창비, 2004), 42~43쪽.
155 고은, 「김학수」, 『만인보 17』(창비, 2004), 128쪽.
156 정해구, 「백선엽: 빨치산 토벌 지휘한 월남 반공 장교」, 반민족문제연구소, 『청산하지 못한 역사 1: 한국현대사를 움직인 친일파 60』(청년사, 1994), 207~208쪽.
157 신기남, 「빨치산 토벌대 '지리산 보아라 부대'」, 『역사비평』, 제2호(1988년 가을), 390~395쪽.
158 이태, 「『남부군』에서 못다한 이야기: 이현상의 죽음에 대한 새 자료를 중심으로」, 『역사비평』, 제2호(1988년 가을), 326쪽.
159 배명재, 「"이현상은 자살했다": 남부군 총사령관의 호위병 김영태 씨」, 『경향신문』, 2000년 7월 12일, 13면.
160 이태 외, 「강동정치학원과 지리산 유격대」, 『역사비평』, 제2호(1988년 가을), 346쪽.
161 이태 외, 「강동정치학원과 지리산 유격대」, 『역사비평』, 제2호(1988년 가을), 361쪽.
162 정정길·김행범, 「지방행정의 내용」, 김병찬·정정길 공편, 『50년대 지방자치: 지방행정과 의회활동의 실태와 의미』(서울대학교출판부, 1995), 134~135쪽.
163 서주석, 「한국전쟁과 이승만 정권의 권력 강화」, 『역사비평』, 제9호(1990년 여름), 141쪽.

164　연시중, 『한국정당정치실록 2: 6·25 전쟁부터 장면 정권까지』(지와사랑, 2001), 37쪽.
165　서주석, 「한국전쟁과 이승만 정권의 권력 강화」, 『역사비평』, 제9호(1990년 여름), 141~142쪽.
166　서중석, 「이승만 정권 초기의 일민주의와 파시즘」, 역사문제연구소 편, 『1950년대 남북한의 선택과 굴절』(역사비평사, 1998), 34쪽.
167　서중석, 「이승만 정권 초기의 일민주의와 파시즘」, 역사문제연구소 편, 『1950년대 남북한의 선택과 굴절』(역사비평사, 1998), 35쪽.
168　박명림, 『한국전쟁의 발발과 기원 II: 기원과 원인』(나남, 1996), 675쪽.
169　윤용희, 「자유당의 기구와 역할」, 한배호 편, 『한국현대정치론 I: 제1공화국의 국가형성, 정치 과정, 정책』(나남, 1990), 279~281쪽; 서주석, 「한국전쟁과 이승만 정권의 권력 강화」, 『역사비평』, 제9호(1990년 여름), 141쪽.
170　선우종원, 『격랑 80년: 선우종원 회고록』(인물연구소, 1998), 149쪽.
171　연시중, 『한국정당정치실록 2: 6·25 전쟁부터 장면 정권까지』(지와사랑, 2001), 41~43쪽.
172　연시중, 『한국정당정치실록 2: 6·25 전쟁부터 장면 정권까지』(지와사랑, 2001), 37, 43쪽.
173　박태순·김동춘, 『1960년대의 사회운동』(까치, 1991), 19쪽.
174　이한우, 『거대한 생애 이승만 90년 하(下)』(조선일보사, 1996), 110쪽.
175　김명환, 「[김명환의 시간여행] (88) 전쟁통에 발행한 '애국福券' 인기 폭발 "생명이 불안정한 시대에 '돈의 꿈' 꿔"」, 『조선일보』, 2017년 9월 20일.
176　최봉영, 『한국인의 사회적 성격 (II): 일반이론의 적용』(느티나무, 1995), 209쪽.
177　「전시(戰時)를 저바린 일부 남녀 군상! 놀음판 벌려놓기 시작: 겨울철 앞두고 단속 긴요」, 『조선일보』, 1952년 11월 4일, 조간 2면.
178　정성호, 「한국전쟁과 인구사회학적 변화」, 한국정신문화연구원 편, 『한국전쟁과 사회구조의 변화』(백산서당, 1999), 48쪽.
179　윤재걸, 「'시대어'를 통해 본 광복 50년: '한끗 인생'으로 치부된 '6·25' 피난민」, 『토요신문』, 1995년 3월 11일, 16면.
180　오욱환, 『한국사회의 교육열: 기원과 심화』(교육과학사, 2000), 259쪽.
181　오욱환, 『한국사회의 교육열: 기원과 심화』(교육과학사, 2000), 248쪽.
182　오욱환, 『한국사회의 교육열: 기원과 심화』(교육과학사, 2000), 248쪽.
183　이화여자대학교, 『이화 100년사』(이화여자대학교출판부, 1994), 328쪽.
184　박명림, 「1950년대 한국의 민주주의와 권위주의: 민주주의 '제도'와 권위주의 '실천'의 역사적 조건」, 역사문제연구소 편, 『1950년대 남북한의 선택과 굴절』(역사비평사,

1998), 119쪽.
185 이정규, 『한국사회의 학력·학벌주의: 근원과 발달』(집문당, 2003), 127쪽.
186 이정규, 『한국사회의 학력·학벌주의: 근원과 발달』(집문당, 2003), 126쪽.
187 진덕규, 『한국 현대정치사 사설』(지식산업사, 2000), 42~43쪽.
188 서중석, 『조봉암과 1950년대 (상): 조봉암의 사회민주주의와 평화통일론』(역사비평사, 1999), 468~499쪽.
189 김동춘, 『근대의 그늘: 한국의 근대성과 민족주의』(당대, 2000), 153쪽.
190 정진상, 「한국전쟁과 전근대적 계급 관계의 해체」, 경상대학교 사회과학연구소 엮음, 『한국전쟁과 한국자본주의』(한울아카데미, 2000), 50~51쪽.

제3부 1952년

1 조준상, 「"미군 6·25 때 세균무기 사용했다"」, 『한겨레』, 2003년 7월 5일, 27면; 브루스 커밍스(Bruce Cumings)·존 할리데이(Jon Halliday), 차성수·양동주 옮김, 『한국전쟁의 전개 과정』(태암, 1989), 184쪽.
2 스티븐 엔디콧(Stephen Endicott)·에드워드 해거먼(Edward Hagerman), 안치용·박성휴 옮김, 『한국전쟁과 미국의 세균전』(중심, 2003), 29쪽.
3 스티븐 엔디콧(Stephen Endicott)·에드워드 해거먼(Edward Hagerman), 안치용·박성휴 옮김, 『한국전쟁과 미국의 세균전』(중심, 2003), 167쪽.
4 박명림, 「한국전쟁의 전개 과정」, 최장집 편, 『한국전쟁 연구』(태암, 1990), 125~126쪽; 박은봉, 『한국사 100장면』(실천문학사, 1997), 488쪽.
5 Burton I. Kaufman, 『The Korean War: Challenge in Crisis, Credibility, and Command』(Philadelphia: Temple University Press, 1986), p.265.
6 스티븐 엔디콧(Stephen Endicott)·에드워드 해거먼(Edward Hagerman), 안치용·박성휴 옮김, 『한국전쟁과 미국의 세균전』(중심, 2003), 165, 250쪽.
7 브루스 커밍스(Bruce Cumings)·존 할리데이(Jon Halliday), 차성수·양동주 옮김, 『한국전쟁의 전개 과정』(태암, 1989), 187쪽.
8 김명섭, 「냉전의 종식과 연구의 열전」, 한국전쟁연구회 편, 『탈냉전시대 한국전쟁의 재조명』(백산서당, 2000), 85~86쪽; 박건식, 「우리는 6·25 때 일본이 한 일을 알고 있다」, 한국언론정보학회 편, 『이제는 말할 수 있다』(커뮤니케이션북스, 2002), 277쪽.
9 스티븐 엔디콧(Stephen Endicott)·에드워드 해거먼(Edward Hagerman), 안치용·박성휴 옮김, 『한국전쟁과 미국의 세균전』(중심, 2003), 254쪽.
10 스티븐 엔디콧(Stephen Endicott)·에드워드 해거먼(Edward Hagerman), 안치

용·박성휴 옮김,『한국전쟁과 미국의 세균전』(중심, 2003), 258쪽.

11 김영호,「한국전쟁 연구의 향후 과제와 전망」, 한국전쟁연구회 편,『탈냉전시대 한국전쟁의 재조명』(백산서당, 2000), 110쪽.

12 브루스 커밍스(Bruce Cumings), 김동노 외 옮김,『브루스 커밍스의 한국현대사』(창작과비평사, 2001), 405쪽.

13 김환균,「미국은 세균전 의혹에서 자유롭지 않다」, 한국언론정보학회 편,『이제는 말할 수 있다』(커뮤니케이션북스, 2002), 214~235쪽.

14 홍용표,「전쟁 전개 과정에서의 한·미간의 갈등: 이승만의 북진통일론과 미국의 대응을 중심으로」, 한국전쟁연구회 편,『탈냉전시대 한국전쟁의 재조명』(백산서당, 2000), 212~213쪽.

15 김학준,『북한 50년사: 우리가 떠안아야 할 반쪽의 우리 역사』(동아출판사, 1995), 165쪽.

16 김학준,『북한 50년사: 우리가 떠안아야 할 반쪽의 우리 역사』(동아출판사, 1995), 165쪽.

17 홍용표,「전쟁 전개 과정에서의 한·미간의 갈등: 이승만의 북진통일론과 미국의 대응을 중심으로」, 한국전쟁연구회 편,『탈냉전시대 한국전쟁의 재조명』(백산서당, 2000), 213~214쪽.

18 조선일보사,『조선일보 칠십년사 제1권』(조선일보사, 1990), 561쪽.

19 한용원,「군부의 제도적 성장과 정치적 행동주의」, 한배호 편,『한국현대정치론 I: 제1공화국의 국가 형성, 정치 과정, 정책』(나남, 1990), 269쪽; 연시중,『한국정당정치실록 2: 6·25 전쟁부터 장면 정권까지』(지와사랑, 2001), 53쪽.

20 이광석,『시라소니 평전』(동아일보사, 2003), 255쪽.

21 연시중,『한국정당정치실록 2: 6·25 전쟁부터 장면 정권까지』(지와사랑, 2001), 54~55쪽.

22 박경수,『장준하: 민족주의자의 길』(돌베개, 2003), 251쪽.

23 서중석,「미군정·이승만 정권 4월 혁명기의 지방자치제」,『역사비평』, 제13호(1991년 여름), 47쪽.

24 한홍구,『대한민국사 1: 단군에서 김두한까지』(한겨레신문사, 2003), 22쪽.

25 박경수,『장준하: 민족주의자의 길』(돌베개, 2003), 251쪽.

26 연시중,『한국정당정치실록 2: 6·25 전쟁부터 장면 정권까지』(지와사랑, 2001), 54~55쪽.

27 조갑제,『고문과 조작의 기술자들: 고문에 의한 인간 파멸 과정의 실증적 연구』(한길사, 1987), 68쪽; 정지환,『대한민국 다큐멘터리: 독립기자 정지환의 역사 추적기』(인

물과사상사, 2004), 33~36쪽.
28 김영삼, 『김영삼 회고록: 민주주의를 위한 나의 투쟁 1』(백산서당, 2000), 84쪽.
29 한용원, 「군부의 제도적 성장과 정치적 행동주의」, 한배호 편, 『한국현대정치론 I: 제1공화국의 국가 형성, 정치 과정, 정책』(나남, 1990), 270쪽.
30 연시중, 『한국정당정치실록 2: 6·25 전쟁부터 장면 정권까지』(지와사랑, 2001), 57쪽.
31 동아일보사, 『민족과 더불어 80년: 동아일보 1920-2000』(동아일보사, 2000), 317쪽.
32 동아일보사, 『민족과 더불어 80년: 동아일보 1920-2000』(동아일보사, 2000), 317~318쪽.
33 동아일보사, 『민족과 더불어 80년: 동아일보 1920-2000』(동아일보사, 2000), 318쪽.
34 한용원, 「군부의 제도적 성장과 정치적 행동주의」, 한배호 편, 『한국현대정치론 I: 제1공화국의 국가 형성, 정치 과정, 정책』(나남, 1990), 270쪽; 연시중, 『한국정당정치실록 2: 6·25 전쟁부터 장면 정권까지』(지와사랑, 2001), 58쪽; 한국정치연구회 정치사분과, 『한국현대사 이야기 주머니 1』(녹두, 1993), 252쪽.
35 Seymour M. Vinocour, 「Syngman Rhee: Spokesman for Korea (June 23, 1951-October 8, 1952) A Case Study in International Speaking」, Ph.D. Dissertation, Pennsylvania State University, 1953, pp.316~317. 이 박사학위 논문을 쓴 시모어 비노쿠어(Seymour M. Vinocour)는 1945~1946년 동안 한국의 미군정 요원으로 일한 적이 있으며, 1951년 12월에서 1952년 10월까지 이승만의 공보비서관으로 일했다.
36 선우종원, 『격랑 80년: 선우종원 회고록』(인물연구소, 1998), 153~155쪽; 한용원, 「군부의 제도적 성장과 정치적 행동주의」, 한배호 편, 『한국현대정치론 I: 제1공화국의 국가 형성, 정치과정, 정책』(나남, 1990), 271~272쪽.
37 선우종원, 『격랑 80년: 선우종원 회고록』(인물연구소, 1998), 157쪽.
38 한국정치연구회 정치사분과, 『한국현대사 이야기 주머니 1』(녹두, 1993), 252쪽.
39 한국정치연구회 정치사분과, 『한국현대사 이야기 주머니 1』(녹두, 1993), 252쪽; 김진국·정창현, 『www.한국현대사.com』(민연, 2000), 92쪽; 연시중, 『한국정당정치실록 2: 6·25 전쟁부터 장면 정권까지』(지와사랑, 2001), 59쪽.
40 한국정치연구회 정치사분과, 『한국현대사 이야기 주머니 1』(녹두, 1993), 254쪽.
41 윤용희, 「자유당의 기구와 역할」, 한배호 편, 『한국현대정치론 I: 제1공화국의 국가 형성, 정치 과정, 정책』(나남, 1990), 303~304쪽.
42 한용원, 「군부의 제도적 성장과 정치적 행동주의」, 한배호 편, 『한국현대정치론 I: 제1공화국의 국가 형성, 정치 과정, 정책』(나남, 1990), 270쪽.
43 한용원, 『한국의 군부정치』(대왕사, 1993), 161쪽.

44　한용원, 『한국의 군부정치』(대왕사, 1993), 162쪽.
45　한용원, 『한국의 군부정치』(대왕사, 1993), 162쪽.
46　백선엽, 『군과 나: 백선엽 회고록』(대륙연구소출판부, 1989), 283쪽.
47　조갑제, 『고문과 조작의 기술자들: 고문에 의한 인간 파멸 과정의 실증적 연구』(한길사, 1987), 71쪽.
48　조갑제, 『고문과 조작의 기술자들: 고문에 의한 인간 파멸 과정의 실증적 연구』(한길사, 1987), 70~71쪽.
49　조갑제, 『고문과 조작의 기술자들: 고문에 의한 인간 파멸 과정의 실증적 연구』(한길사, 1987), 70쪽.
50　김삼웅, 『해방 후 정치사 100장면: 해방에서 김일성 죽음까지』(가람기획, 1994), 78쪽.
51　한국정치연구회 정치사분과, 『한국현대사 이야기 주머니 1』(녹두, 1993), 227쪽.
52　한국정치연구회 정치사분과, 『한국현대사 이야기 주머니 1』(녹두, 1993), 228쪽.
53　김택수, 「거제 포로수용소의 미군 만행」, 『월간 말』, 1992년 6월, 119쪽.
54　김택수, 「거제 포로수용소의 미군 만행」, 『월간 말』, 1992년 6월, 114~115쪽.
55　Burton I. Kaufman, 『The Korean War: Challenge in Crisis, Credibility, and Command』(Philadelphia: Temple University Press, 1986), p.266.
56　신일철, 「한국전쟁의 역사적 의의」, 양호민 외, 『한반도 분단의 재인식 1945~1950』(나남, 1993), 425쪽; 한국정치연구회 정치사분과, 『한국현대사 이야기 주머니 1』(녹두, 1993), 229쪽.
57　브루스 커밍스(Bruce Cumings)·존 할리데이(Jon Halliday), 차성수·양동주 옮김, 『한국전쟁의 전개 과정』(태암, 1989), 178쪽.
58　한국정치연구회 정치사분과, 『한국현대사 이야기 주머니 1』(녹두, 1993), 230쪽.
59　한홍구, 『대한민국사 1: 단군에서 김두한까지』(한겨레신문사, 2003), 217쪽.
60　박명림, 「한국전쟁의 전개 과정」, 최장집 편, 『한국전쟁 연구』(태암, 1990), 124쪽.
61　온창일, 「한국전쟁과 한미상호방위조약」, 한국전쟁연구회 편, 『탈냉전시대 한국전쟁의 재조명』(백산서당, 2000), 388쪽.
62　브루스 커밍스(Bruce Cumings)·존 할리데이(Jon Halliday), 차성수·양동주 옮김, 『한국전쟁의 전개 과정』(태암, 1989), 180~181쪽.
63　김성진, 『한국정치 100년을 말한다』(두산동아, 1999), 150쪽.
64　Burton I. Kaufman, 『The Korean War: Challenge in Crisis, Credibility, and Command』(Philadelphia: Temple University Press, 1986), p.266.
65　한국정치연구회 정치사분과, 『한국현대사 이야기 주머니 1』(녹두, 1993), 232쪽.
66　한국정치연구회 정치사분과, 『한국현대사 이야기 주머니 1』(녹두, 1993), 233쪽.

67　전쟁기념사업회,『한국전쟁사: 제1권』(행림출판, 1992), 468쪽.
68　매슈 B. 리지웨이(Matthew B. Ridgway), 김재관 옮김,『한국전쟁』(정우사, 1981), 237쪽.
69　Burton I. Kaufman,『The Korean War: Challenge in Crisis, Credibility, and Command』(Philadelphia: Temple University Press, 1986), p.266.
70　박명림,「한국전쟁의 전개 과정」, 최장집 편,『한국전쟁 연구』(태암, 1990), 125쪽.
71　Burton I. Kaufman,『The Korean War: Challenge in Crisis, Credibility, and Command』(Philadelphia: Temple University Press, 1986), pp.268~269; 한국정치연구회 정치사분과,『한국현대사 이야기 주머니 1』(녹두, 1993), 236쪽.
72　김세균,「한국전쟁과 미국의 외교·군사정책」, 백낙청·정창렬 편,『한국민족민중운동 연구: 리영희선생 화갑기념문집』(두레, 1989), 282쪽.
73　윤상호,「"전쟁은 영화 아닌 엄연한 현실 확고한 안보관으로 북을 봐야": 정전회담 산 증인 유재흥 전 국방장관」,『동아일보』, 2003년 7월 24일, A8면.
74　브루스 커밍스(Bruce Cumings)·존 할리데이(Jon Halliday), 차성수·양동주 옮김,『한국전쟁의 전개 과정』(태암, 1989), 190쪽.
75　이동현,「정전협정 50년: 52년 수풍댐 폭격 맞자 북 지도부 '공황'」,『중앙일보』, 2003년 7월 25일, 19면.
76　스티븐 엔디콧(Stephen Endicott)·에드워드 해거먼(Edward Hagerman), 안치용·박성휴 옮김,『한국전쟁과 미국의 세균전』(중심, 2003), 164쪽.
77　브루스 커밍스(Bruce Cumings)·존 할리데이(Jon Halliday), 차성수·양동주 옮김,『한국전쟁의 전개 과정』(태암, 1989), 190쪽.
78　김세균,「한국전쟁과 미국의 외교·군사정책」, 백낙청·정창렬 편,『한국민족민중운동 연구: 리영희선생 화갑기념문집』(두레, 1989), 282쪽.
79　김세균,「한국전쟁과 미국의 외교·군사정책」, 백낙청·정창렬 편,『한국민족민중운동 연구: 리영희선생 화갑기념문집』(두레, 1989), 284쪽.
80　백선엽,『군과 나: 백선엽 회고록』(대륙연구소출판부, 1989), 248쪽.
81　유현종,『장편소설 백마고지: 김종오 장군 일대기』(을지출판공사, 1985), 356~357쪽.
82　유현종,『장편소설 백마고지: 김종오 장군 일대기』(을지출판공사, 1985), 359쪽.
83　김경순,「관료기구의 형성과 정치적 역할」, 한배호 편,『한국현대정치론 I: 제1공화국의 국가 형성, 정치 과정, 정책』(나남, 1990), 243~244쪽.
84　이한구,『한국 재벌 형성사』(비봉출판사, 1999), 60쪽.
85　김현우,『한국국회론』(을유문화사, 2001), 133~134쪽.

86 윤용희, 「자유당의 기구와 역할」, 한배호 편, 『한국현대정치론 I: 제1공화국의 국가 형성, 정치 과정, 정책』(나남, 1990), 296쪽.

87 윤용희, 「자유당의 기구와 역할」, 한배호 편, 『한국현대정치론 I: 제1공화국의 국가 형성, 정치 과정, 정책』(나남, 1990), 297쪽.

88 김정원, 『분단한국사』(동녘, 1985), 171쪽.

89 안철현, 「제1~2공화국 정당정치의 전개 과정과 특성」, 안희수 편저, 『한국정당정치론』(나남, 1995), 260쪽.

90 안호상, 「안호상 박사 회고록: 부통령 선거」, 『문화일보』, 1995년 4월 4일, 19면.

91 서중석, 『조봉암과 1950년대 (상): 조봉암의 사회민주주의와 평화통일론』(역사비평사, 1999), 69~70쪽; 오유석, 「이승만 대 조봉암·신익희」, 『역사비평』, 제17호 (1992년 여름), 146쪽.

92 조지프 굴든(Joseph C. Goulden), 김쾌상 옮김, 『한국전쟁: 알려지지 않은 이야기』 (일월서각, 1982), 14쪽.

93 브루스 커밍스(Bruce Cumings)·존 할리데이(Jon Halliday), 차성수·양동주 옮김, 『한국전쟁의 전개 과정』(태암, 1989), 200쪽.

94 브루스 커밍스(Bruce Cumings)·존 할리데이(Jon Halliday), 차성수·양동주 옮김, 『한국전쟁의 전개 과정』(태암, 1989), 181, 193쪽.

95 브루스 커밍스(Bruce Cumings)·존 할리데이(Jon Halliday), 차성수·양동주 옮김, 『한국전쟁의 전개 과정』(태암, 1989), 188쪽.

96 Burton I. Kaufman, 『The Korean War: Challenge in Crisis, Credibility, and Command』(Philadelphia: Temple University Press, 1986), p.266.

97 정명환 외, 『프랑스 지식인들과 한국전쟁』(민음사, 2004), 249쪽.

98 브루스 커밍스(Bruce Cumings)·존 할리데이(Jon Halliday), 차성수·양동주 옮김, 『한국전쟁의 전개 과정』(태암, 1989), 206쪽.

99 Dwight D. Eisenhower, 『The Eisenhower Diaries』, ed. Robert H. Ferrell (New York: W.W. Norton, 1981), p.248.

100 Seymour M. Vinocour, 「Syngman Rhee: Spokesman for Korea (June 23, 1951-October 8, 1952) A Case Study in International Speaking」, Ph.D. Dissertation, Pennsylvania State University, 1953, p.235.

101 백선엽, 『군과 나: 백선엽 회고록』(대륙연구소출판부, 1989), 258~259쪽.

102 한표욱, 『이승만과 한미외교』(중앙일보사, 1996), 138~139쪽.

103 한표욱, 『이승만과 한미외교』(중앙일보사, 1996), 140쪽.

104 윌리엄 스툭(William Stueck), 김형인 외 옮김, 『한국전쟁의 국제사』(푸른역사,

2001), 623쪽.
105 최진섭, 『한국언론의 미국관』(살림터, 2000), 229쪽.
106 김원일, 『불의 제전 5: 김원일 장편소설』(문학과지성사, 1997), 216쪽.
107 「변소 개량 주간 실시」, 『조선일보』, 1951년 9월 13일, 조간 2면.
108 홍하상, 『카리스마 vs 카리스마: 이병철·정주영』(한국경제신문, 2001), 64~66쪽.
109 이임하, 『계집은 어떻게 여성이 되었나: 한국 근현대사 속의 여성 이야기』(서해문집, 2004), 127~130쪽.
110 나카오 미치코, 「1950년대 한국노동운동의 분기점: 조선방직 쟁의연구」, 『역사비평』, 제12호(1991년 봄), 151~154쪽.
111 김낙중, 『한국노동운동사: 해방후 편』(청사, 1982), 145~147쪽.
112 조순경·이숙진, 『냉전체제와 생산의 정치: 미군정기의 노동정책과 노동운동』(이화여자대학교출판부, 1995), 125, 312쪽; 김낙중, 『한국노동운동사: 해방후 편』(청사, 1982), 80~83쪽.
113 김낙중, 『한국노동운동사: 해방후 편』(청사, 1982), 145~147쪽.
114 김낙중, 『한국노동운동사: 해방후 편』(청사, 1982), 151쪽.
115 김낙중, 『한국노동운동사: 해방후 편』(청사, 1982), 153~154쪽.
116 김낙중, 『한국노동운동사: 해방후 편』(청사, 1982), 167쪽.
117 서중석, 「조봉암의 사회민주주의와 '제3의 길'」, 『역사비평』, 제47호(1999년 여름), 110쪽.
118 강성태, 「일제에서 현재까지의 노동 악법 연구」, 『역사비평』, 제2호(1988년 가을), 270쪽.
119 이한구, 『한국 재벌 형성사』(비봉출판사, 1999), 59~60쪽.
120 공제욱, 「한국전쟁과 재벌의 형성」, 경상대학교 사회과학연구소 엮음, 『한국전쟁과 한국자본주의』(한울아카데미, 2000), 87쪽.
121 이한구, 『한국 재벌 형성사』(비봉출판사, 1999), 65쪽.
122 「자전거 상습 절도범 체포」, 『조선일보』, 1946년 6월 23일, 조간 2면; 「자전거 만37대 백여 회의 절도범을 일망타진」, 『조선일보』, 1948년 3월 4일, 조간 2면; 「자전거 전문의 절도범을 체포」, 『조선일보』, 1953년 2월 6일, 조간 2면; 「3인조 자전거 절도」, 『조선일보』, 1957년 7월 7일, 조간 2면; 「자전거 절도 체포」, 『조선일보』, 1958년 11월 9일, 조간 2면; 「자전거 절취 무려 30여 회」, 『조선일보』, 1958년 11월 25일, 석간 3면; 「자전거만을 전문으로 소년 3인조의 절도 체포」, 『조선일보』, 1959년 2월 23일, 석간 3면; 「자전거를 위협 약탈」, 『조선일보』, 1959년 11월 10일, 석간 3면; 「1년간 백 대나 꼬마 자전거 절도단」, 『조선일보』, 1959년 11월 24일, 조간 3면; 「10대 소년

일단 12명 '자전거 도둑'」, 『조선일보』, 1959년 12월 3일, 석간 3면.
123 「자전거 2만 대 생산계획」, 『조선일보』, 1947년 10월 7일, 조간 2면.
124 윤홍식, 「기업 살린 히트상품: 16-기아산업 삼천리호 자전거」, 『국민일보』, 1993년 2월 1일, 9면.
125 윤홍식, 「기업 살린 히트상품: 16-기아산업 삼천리호 자전거」, 『국민일보』, 1993년 2월 1일, 9면.
126 「국산품으로 충분!: 자전거·성냥 도입을 중지」, 『조선일보』, 1954년 4월 23일, 조간 2면.
127 김민환, 『한국언론사』(사회비평사, 1996), 394~396쪽.
128 한원영, 『한국현대 신문연재소설연구 상』(국학자료원, 1999), 60쪽.
129 동아일보사, 『민족과 더불어 80년: 동아일보 1920-2000』(동아일보사, 2000), 313~315쪽; 김학준, 『가인 김병로 평전: 민족주의적 법률가, 정치가의 생애』(민음사, 2001), 386쪽.
130 동아일보사, 『민족과 더불어 80년: 동아일보 1920-2000』(동아일보사, 2000), 319쪽.
131 임헌영, 「작가 김광주에 대한 폭행 사건의 교훈 ③: 문총, 회원 보호보다 권력에 굴종」, 『대한매일』, 1999년 3월 11일, 15면.
132 임헌영, 「작가 김광주에 대한 폭행 사건의 교훈 ①: "작품 모델 밝혀라" 작가 테러」, 『대한매일』, 1999년 3월 1일, 15면.
133 임헌영, 「작가 김광주에 대한 폭행 사건의 교훈 ②: "예술활동 보장하라" 문화인 성명」, 『대한매일』, 1999년 3월 4일, 15면.
134 임헌영, 「작가 김광주에 대한 폭행 사건의 교훈 ③: 문총, 회원 보호보다 권력에 굴종」, 『대한매일』, 1999년 3월 11일, 15면.
135 임헌영, 「작가 김광주에 대한 폭행 사건의 교훈 ③: 문총, 회원 보호보다 권력에 굴종」, 『대한매일』, 1999년 3월 11일, 15면.
136 김성호, 『한국방송인물지리지』(나남, 1997), 235~236쪽.
137 김성호, 『한국방송인물지리지』(나남, 1997), 235~236쪽.
138 호현찬, 「이념 갈등서 이산 아픔까지 민족 비극 영상화」, 『서울신문』, 1990년 6월 14일, 11면.
139 강인철, 「한국전쟁과 사회의식 및 문화의 변화」, 한국정신문화연구원 편, 『한국전쟁과 사회구조의 변화』(백산서당, 1999), 232~233쪽.
140 이영미, 『흥남부두의 금순이는 어디로 갔을까』(황금가지, 2002), 69쪽.
141 이영미, 『흥남부두의 금순이는 어디로 갔을까』(황금가지, 2002), 74쪽.
142 이영미, 『한국 대중가요사』(시공사, 1998), 112쪽.

143 홍성원, 『남과 북 5』(문학과지성사, 2000), 110~111쪽.
144 엄경용, 「"한국전쟁 당시 위안부 운영했다": 김귀옥 경남대 교수 주장…육본문서·회고록 등 근거」, 『내일신문』, 2002년 2월 25일, 22면.
145 엄경용, 「"한국전쟁 당시 위안부 운영했다": 김귀옥 경남대 교수 주장…육본문서·회고록 등 근거」, 『내일신문』, 2002년 2월 25일, 22면.
146 채명신, 『사선을 넘고 넘어: 채명신 회고록』(매일경제신문사, 1994), 267~268쪽.
147 백선엽, 『군과 나: 백선엽 회고록』(대륙연구소출판부, 1989), 253쪽.
148 이임하, 『여성, 전쟁을 넘어 일어서다: 한국전쟁과 젠더』(서해문집, 2004), 68쪽.
149 정은용, 『그대, 우리의 아픔을 아는가: 정은용 실화 소설』(다리미디어, 1994), 286~287쪽.
150 백선엽, 『군과 나: 백선엽 회고록』(대륙연구소출판부, 1989), 254~255쪽.
151 정정길·김행범, 「지방행정의 내용」, 김병찬·정정길 공편, 『50년대 지방자치: 지방행정과 의회활동의 실태와 의미』(서울대학교출판부, 1995), 135~136쪽.
152 「X마스 임박한 전(全) 전선 꼭같은 작년과 오늘: 다름없는 고지서 여전한 총포격」, 『조선일보』, 1952년 12월 13일, 조간 2면.
153 「X마스 위문 경기도에서 계획」, 『조선일보』, 1952년 12월 17일, 조간 2면.
154 J. Fred MacDonald, 『Television and the Red Menace: The Video Road to Vietnam』(New York: Praeger, 1985).
155 강인철, 『한국기독교회와 국가·시민사회 1945~1960』(한국기독교역사연구소, 1996), 186쪽.
156 「호화로운 세모 풍경 X마스 트리도 부쩍 늘다」, 『조선일보』, 1953년 12월 15일, 조간 2면.
157 「고요한 밤, 거룩한 밤: 찬송가 밤거리를 더듬으며 1953년 성탄절은 밝다」, 『조선일보』, 1953년 12월 26일, 조간 2면.

한국 현대사 산책
1950년대편 1권(개정증보판)

ⓒ 강준만, 2025

초판 1쇄   2004년 7월 9일 펴냄
개정증보판 1쇄   2025년 10월 10일 찍음
개정증보판 1쇄   2025년 10월 17일 펴냄

지은이 | 강준만
펴낸이 | 강준우
인쇄·제본 | 지경사문화

펴낸곳 | 인물과사상사
출판등록 | 제17-204호 1998년 3월 11일

주소 | (04031) 서울시 마포구 동교로22길 29 성지빌딩 301호
전화 | 02-325-6364
팩스 | 02-474-1413

www.inmul.co.kr | insa@inmul.co.kr

ISBN 978-89-5906-812-8 04900
     978-89-5906-811-1 (세트)

값 22,000원

이 저작물의 내용을 쓰고자 할 때는 저작자와 인물과사상사의 허락을 받아야 합니다.
파손된 책은 바꾸어 드립니다.